博瑞森图书
BRACE

企业阅读 本土实践

计划与物流精益改善之道

于晓光◎著

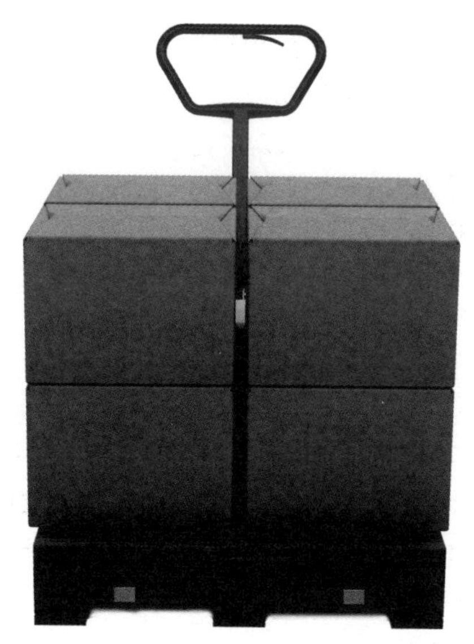

中华工商联合出版社

图书在版编目（CIP）数据

计划与物流精益改善之道 / 于晓光著 . —北京：中华工商联合出版社，2019. 12

ISBN 978-7-5158-2628-8

Ⅰ. ①计…　Ⅱ. ①于…　Ⅲ. ①企业管理－物流管理－研究　Ⅳ. ①F273. 4

中国版本图书馆 CIP 数据核字（2019）第 243316 号

计划与物流精益改善之道

作　　者：于晓光
责任编辑：于建廷　王　欢
责任审读：郭敬梅
封面设计：仙　境
责任印制：迈致红
出版发行：中华工商联合出版社有限责任公司
印　　刷：河北宝昌佳彩印刷有限公司
版　　次：2020 年 1 月第 1 版
印　　次：2020 年 1 月第 1 次印刷
开　　本：710mm × 1000mm　1/16
字　　数：425 千字
印　　张：26. 75
书　　号：ISBN 978-7-5158-2628-8
定　　价：88. 00 元

服务热线：010－58301130
团购热线：010－58302813
地址邮编：北京市西城区西环广场 A 座
19－20 层，100044
http://www. chgslcbs. cn
E-mail：cicap1202@ sina. com（营销中心）
E-mail：gslzbs@ sina. com（总编室）

笔者自2010年加入咨询行业，从事精益系统变革咨询已经9年。接触过上百家企业，自己深入辅导过的企业也超过40家，辅导的内容覆盖了精益咨询的方方面面，从最基础的现场5S管理、班组管理、效率课题改善到六西格玛质量改善、计划与物流控制，在这些项目中，最复杂的是计划与物流系统的咨询。

咨询复杂的关键在于两点：

其一，计划是一个跨部门的流程，前端是市场和销售，同时也受产品开发的影响；后端是采购和生产，计划部本身是一个协调部门，但又没有绝对的管控权力。很多计划子流程到底该由哪个部门负责并没有明确的标准，因此变革推动难度极大。这点不像是车间现场推进5S管理，基本都是车间自身的工作，只要公司高层支持就容易落地。计划物流系统的改善会影响多个部门的利益和指标，制定一个多方满意的方案并落地非常困难，基于数据的决策是计划改善的关键。

其二，计划模式受企业在产品链中的地位、产品种类和工艺等方面的影响。品牌制造商和零部件供应商在产业链中地位不同，其计划模式就大不相同；汽车、家电、卫浴产品工艺差异很大，计划模式也不同。笔者接触过的企业计划模式大致可以按照消费品、工业品、品牌商和供应商划分，这样就有了4类企业，4种不同类型的企业计划模式各有其特点。因此，计划咨询没有一个固定的模式，必须结合企业的运营特点来定制化。

经过多年的实践，公司的精益咨询团队打造出的精益制造系统（YPS系统）包含9个模块，计划与物流模块是这9个模块中的一个，其推进步骤是笔者主导开发的。经过几十个项目的推进，参考通用汽车全球制造系统的框架，总结出了客户需求驱动的计划、控制与物流持续改善模式（C－PCL模式），逐步形成了自己的咨询产品并应用于多个客户。本书就是详细陈述如何使用这种方法进行企业的计划与物流系统分析，并给出了几个行业案例。

第 1 章系统地阐述了 7 步法的推进思路；第 2 章至第 7 章，结合企业案例讲述每一步的推进方法；第 8 章至第 14 章，介绍使用 7 步法在家电、装备制造、建材家居、医药、包装材料 5 个行业的推进案例，此外还单独介绍了两家美资企业——上海通用汽车和飞思卡尔半导体（原摩托罗拉半导体事业部）的计划和物流管理的实践内容。

本书适合企业中从事产品交付的相关人员，销售部的订单管理人员、需求预测人员，生产部计划人员，工艺部的工业工程师，车间的生产调度人员，采购部的物料计划人员及公司内部的革新人员阅读，同时对咨询行业的同仁也有参考意义。

目录

第4章 需求管理

第5章 供应计划

第6章 车间排程与交付管理

第7章 制造业物流管理

第 1 章

计划流程改善方法概述

计划流程改善包括7个步骤，本章讲述7个步骤的推进思路。如图1－1所示。

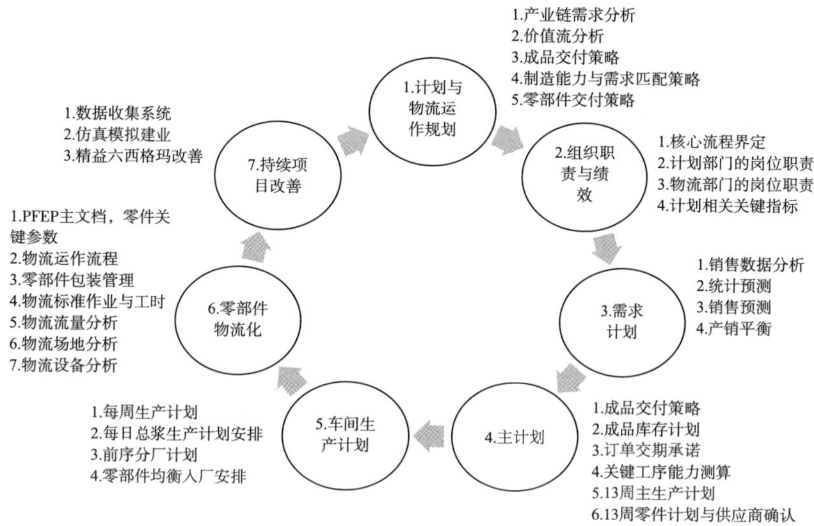

图1－1　计划流程改善的7个步骤

1.1　计划与物流系统运作规划

计划与物流运作规划是计划与物流咨询的第一步，这是一个跨部门的供应链顶层设计流程，需要计划部、销售部、采购部三方部长一级参与，需要收集大量的数据来支持决策，包含以下5个步骤：

第一步：产业链分析。

品牌制造商从总体上分析最终客户需求、渠道需求、自制能力、供应商及二级供应商的供货周期，找出影响交付的关键因素。图1－2是对家电行业的产业链分析，这一步主要是分析消费者、销售终端、经销商、品牌制造商、供应商的需求和计划模式。

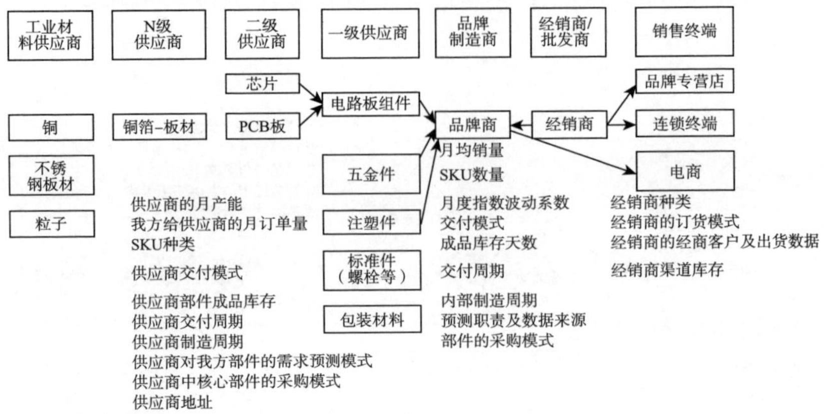

家电行业准时化交付分析框架:

1）从需求出发，分析各环节的订货模式及制造周期；决定制造模式和库存点。

2）缩短关键环节制造周期，优化数据统计，预测，计划流程；降低整个供应链的库存

图 1－2　对家电行业的产业链分析

第二步：价值流分析。

价值流分析包括宏观价值流和微观价值流分析，宏观价值流分析绘制企业层面的价值流图，分析影响交期的原因，包含当前预测模式、订单接收、主计划、车间计划、采购计划各个环节，这一步主要是分析各个环节的交付周期。如图 1－3 所示。

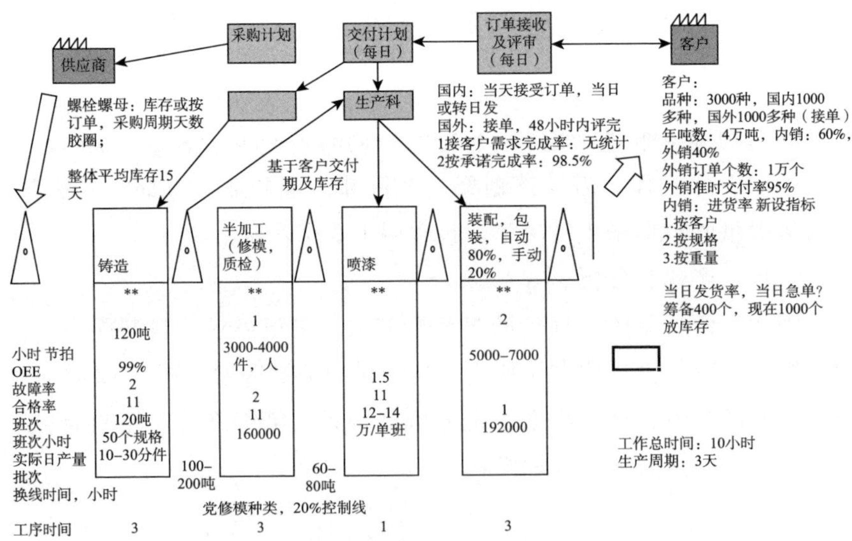

图 1－3　车间价值流分析

针对不能满足客户需求的产品线和车间，采用微观流程图的形式进行分析，找出影响车间准时交付的原因并加以改善。如图1－4所示。

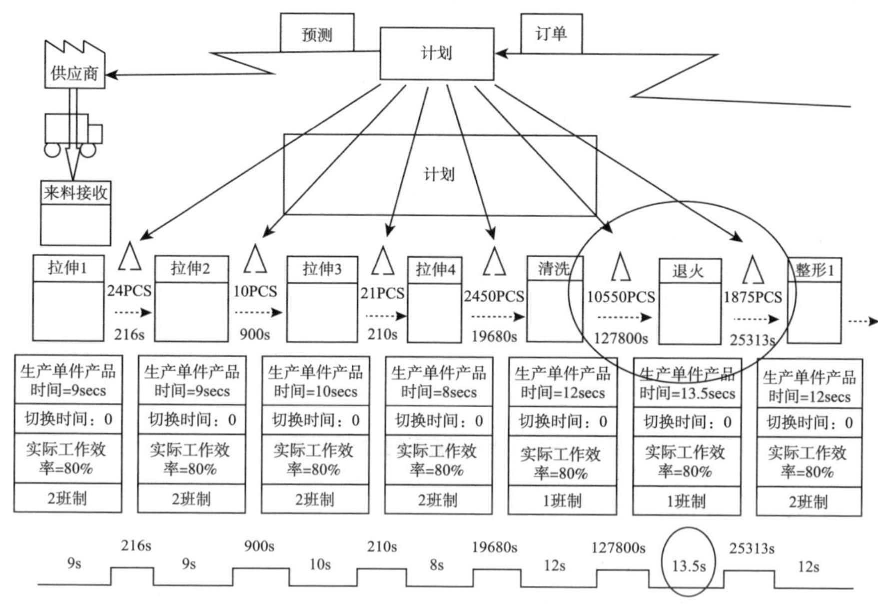

图1－4　车间微观流程图

第三步：成品交付分析。

分析成品产品的组合及销量，以及需求波动，将产品进行ABC分类，制定不同的交付策略。如图1－5所示。

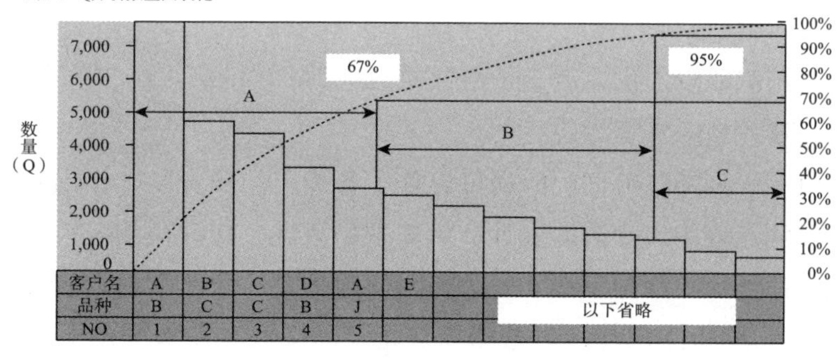

图1－5　成品产品的组合及销量

根据前面的内容，制定每一种产品的交付策略，包含按订单制造、按库存备货、按订单装配、按订单设计等制造策略。

第四步：制造能力与需求匹配策略。

根据成品的寿命周期、需求稳定性、制造成本，合理确定需求－制造能力匹配策略。常见的有三类制造策略：制造与需求匹配、制造能力均衡、混合制造策略。如图 1－6 所示。

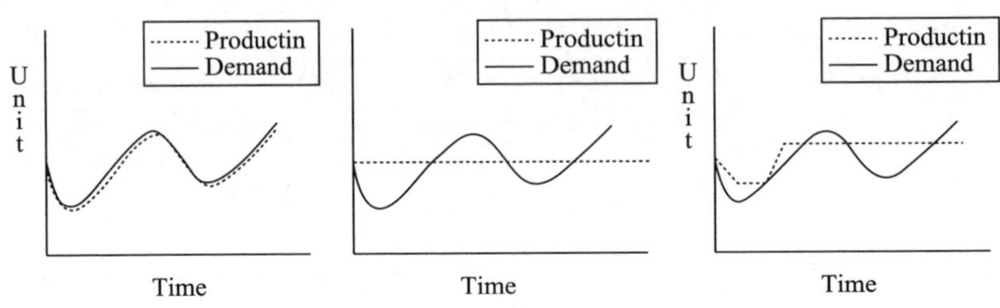

图 1－6　需求－制造能力匹配策略

第五步：零部件交付策略。

根据成品的交付模式，零件的交付周期和制造批量，制定零件的交付策略、备库方式或根据订单制造、订单装配。具体内容在第二章详细展开。

1.2　组织职责与供应链指标

计划组织职责与供应链交付指标梳理是 7 步法的第二步，包含 4 步。

第一步：核心流程界定。

关键是识别那些跨部门的交付流程中各部门的职责和工作内容。具体地说，预测流程中出货数据统计、历史数据清洗、统计预测、销售促销预测、新产品导入预测等工作到底由哪个部门负责；新产品导入过程中产品 BOM 维护、零部件包装、工艺路线、新产品工时、期量等由哪个部门确定；产品退市时成品如何消耗、供应商处的库存如何管理、模具能力规划等问题由哪个部门负责；生产过程中，当需求变化时，产能测算由谁负责；成品出货网络设计。

这些关键的流程职责如果没处理好，会让企业在日常运行中反复处理相同的问题。如图1－7所示。

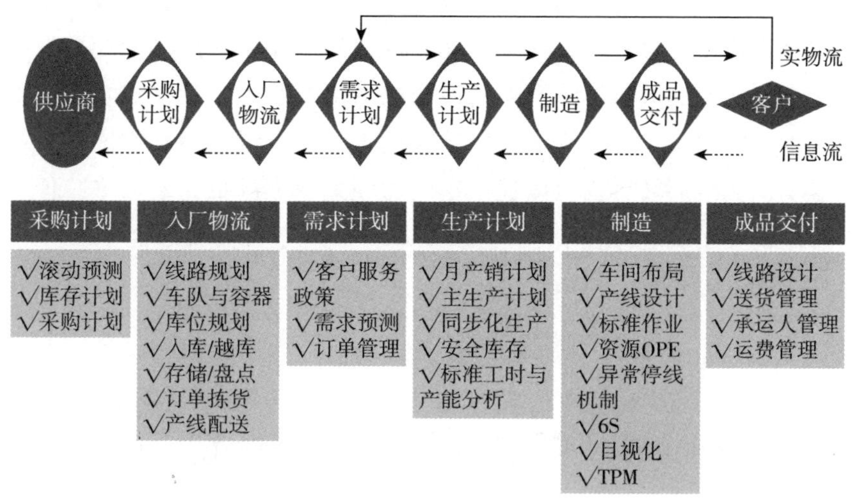

图1－7　核心流程

第二步：计划部岗位与职责。

这一步是将计划部的主要工作分解，设立不同的岗位，笔者见过的多数企业的计划部的角色设定都不清晰，很多工作没有分解到具体的人，给后端生产和物流部带来很多困扰。

第三步：物流部岗位与职责。

主要包括零部件入厂物流和仓库、制造配送物流、成品配送物流等，很多公司将零件物流内容与计划部归为一个部门，成品物流工作划归到销售部；另外一些部门将所有的物流工作划归到独立的物流部。

笔者对比国内很多知名企业的物流岗位设置与上汽通用的物流岗位设置，发现多数企业都缺了管理内容。

第四步：计划相关指标。

计划相关的指标主要是交付率、库存、成本。其中，交付率指标是关键指标，包括客户要求的交付率、承诺交付率、车间生产计划完成率、供应商准时交付率等多个子指标，需要信息系统的支持。

库存周转率指标包含成品、在制品和原材料库存指标。成品库存周转率是由成品制造策略决定的；在制品周转率基本与制造交期相关，是精益改善的重点；原材料库存周转率受成品交付策略、部件制造周期、零部件交付策略等影响，管理非常复杂。

成本指标包含自制成本和外购成本，计划流程影响的自制成本主要是计划的月度均衡性会影响人均效率和关键资源利用率，成品库存数量与效率是两个互相冲突的目标；影响的外购成本主要是入厂运输成本及零部件包装成本，批量运输可以降低入厂运输成本，但会增加零部件库存成本和仓储成本；标准周转容器可以提升车间作业效率，降低包装成本，但会增加返程运输费用及仓库包装管理人工，每一个环节都需要综合考虑。

详细的分析在第三章展开。

1.3 需求计划或项目计划

改善的第三步是需求计划或者项目计划优化。

消费品品牌商和工业品品牌商的交付模式差异很大，消费品品牌商的需求管理一般称为需求计划；工业品品牌商的需求管理一般都是项目制管理，称为项目计划。消费品供应商和工业品供应商的计划模式受到品牌商的计划影响。第四章主要围绕消费品品牌商的需求计划管理展开，工业品品牌商的项目计划主要是在装备制造行业计划案例那一章进行分析。

消费品品牌商的需求计划包含以下 4 个标准步骤：

第一步：销售数据分析。

这一步的关键是要将产品分解到顾客层级进行分析，区分顾客是重复订货还是偶发订货，理解每个客户的订货模式、订货批次。这需要企业具备数据仓库，同时开发一些诊断逻辑。

能够预测的产品进行统计预测；对于不适合使用历史出货数据的行业与产品，开发定性预测模型。

第二步：统计预测。

这一步的关键是要先进行数据清洗，然后再进行统计预测，统计预测要识别产品的趋势、周期性和季节性。同时，要重点针对新产品进行预测。预测可以基于信息系统，也可以基于电子表格的宏命令。

第三步：销售预测。

需要销售根据促销等信息，计算市场活动对正常出货的影响，并在统计预测上增添数据。同时，要考虑促销对相关产品的影响，对快消品行业积累的大量的数据进行分析；笔者曾初步分析过化肥行业促销的影响。

第四步：产销平衡。

根据成品的保质期、客户要求、库存成本、销售的季节性、产品的可预测性、制造成本摊销等做出产销平衡决策。

这种思路谈得多做得少，很少有公司有足够的数据来进行这方面的详细分析，著名的供应链沙盘游戏——橙汁游戏就包含这方面的内容。

1.4 主生产计划与物料需求计划

第四步改善是主计划流程和物料需求计划流程的改善，主要包含以下6个步骤：

第一步：成品交付策略维护。

根据产品的交付策略，在信息系统中维护制造策略，MTO、MTS、ATO只是最基本的制造策略。在实践中，不同的企业针对自己的需求细化了更多的策略，这些都要在信息系统中维护。表1－1是某公司的计划策略。

表1－1 某公司的计划策略

订单制造	描述
BTOC	按照客户净需求制造，如果不选择其他模型，该模型为默认模型
BTOCM	照客户净需求制造，设定最小起订量
BTOCX	按照客户净需求，乘以×%的宽放系数
BTOCBF	按照客户净需求，系统自动进行需求－能力平衡
BTOCT	生产产品，按照设定的最大量目标
BTOCA	按照预设的最大量、×%宽放系数、客户净需求中的最大值，自动进行计算

第二步：成品库存计划。

为每一种 MTS 的产品维护安全库存，为 ATO 产品维护半成品库存，为 MTO 产品维护原材料库存，安全库存设置或者采用统计方法，或者采用最大或最小值，具体的方法要根据产品的 ABC 属性确定。

第三步：承诺。

订单交期的承诺逻辑和订单评审流程，这一步需要开发信息系统来进行追踪并分析。如图 1－8 所示。

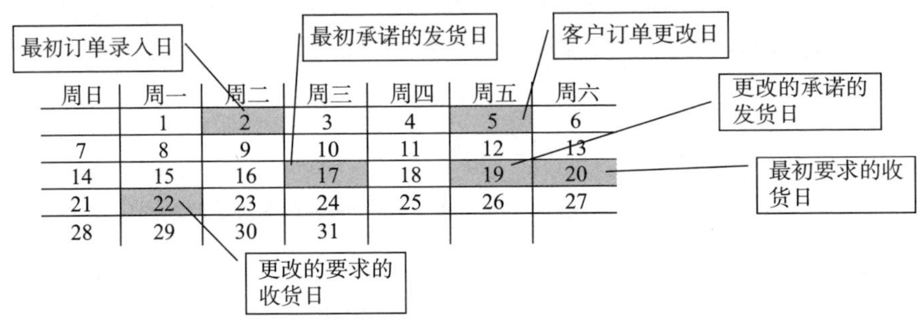

图 1－8　订单交期

第四步：关键能力测算。

这一步包括 3 个重要环节：工作中心维护、产品工艺路线维护、产品工时维护。如何将车间的设备划分到设备组是一个关键问题，特别是当产品具备多种工艺路线时，这一步做得不好会生成不可行的计划。

产品工艺路线维护：机械产品加工路线往往是可以调整的，如何合理地划分产品的工艺路线，对制造成本和设备负荷都有较大影响。

产品工时维护：由哪个部门负责维护工时，如果保证工时的准确性，用于计划是一个很难解决的问题。

第五步：生成 13 周滚动主计划。

计划的展望期必须超过产品交付的整体周期，包括设计、制造、采购、订单评审、物流等周期，一般的企业至少要进行 3 个月的滚动主计划。

第六步：生成零件 13 周需求计划并与供应商确认。

基于 13 周主计划，将零件需求传递给供应商，并要求供应商及时给出反馈，对于供应商不能准时交付的情况，或者及时开发新的供应商，或者调整 13 周主计划。

详细的推进步骤在第五章阐述。

1.5 车间生产计划

第五步是优化车间生产计划，不同行业的车间生产计划模式差异很大，这里以汽车、家电产品为例。如图1－9所示。

图1－9 车间生产计划

第一步：每周生产计划。

每周三从订单管理系统下载T＋2/T＋3周的订单后，整理为周计划初稿并发送给各部门确认，这里主要是采购部确认物料可得性、工艺部确认新产品导入的进度，确定最终版的周生产计划及问题跟踪单。如表1－2所示。

表 1－2　每周生产计划

产品	型号	类别	订单总量	计划产量	周一	周二	周三	周四	周五	周六
洗衣机	A	5KG	472	472	472					
洗衣机	B	6KG	500			500				
洗衣机	C	7KG	2000				500	500	500	500

第二步：每日生产计划。

从周计划中导出 T＋1 到 T＋3 日的生产计划，根据发货顺序，整理为初稿。如表 1－3 所示。

表 1－3　每日生产计划

序号	型号	当日订单	工作日期	当日需求
1	×××	150	2011－12－29	150
2	×××	190	2011－12－29	149

这个订单顺序会导入 MES 系统，生成零件拉动计划。

第三步：前序分厂计划。

汽车、家电工厂主要进行壳体加工，包括冲压、焊接、涂装工序，冲压件体积大，压缩在制品数量是管理难点。

对于冲压件，关键是冲压批量与切换管理；对于焊接，关键是焊接生产线的一个流设计，即通过传送带将离散的焊接工序连接起来，缩短焊接制造周期。然后快速切换；对于涂装，主要是保证喷涂合格率，避免批量返工。

第四步：零件入厂日计划。

对于装配为主的企业，计划的关键点是保证物料的准时到达，这里要将物料设为 T－2、T－1 和 T 日，通过订单倒逼的模式保证物料按时到厂，保证总装线的顺利生产。如图 1－10 所示。

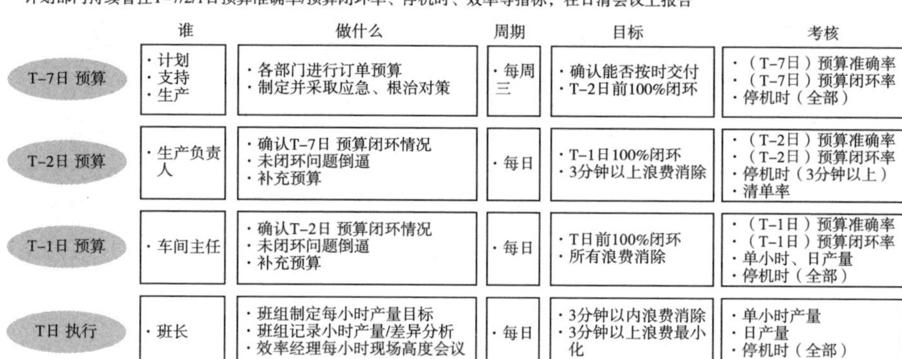

图1-10 零件入厂日计划

第六章会详细分析各种制造模式的车间计划管理。

1.6 零部件物流规划

第六步是零部件物流规划，汽车、家电类企业将零部件准时送达工厂产线，并控制住仓库面积是非常有挑战的工作。大多数企业的门口送货商都在排长队，2~3个小时的排队时间很正常；仓库面积巨大，甚至接近装配线的面积，企业采用各种方法也无法解决。但去参观丰田和通用工厂，让人印象最深刻的就是有序的物料流动。这里有很多关键点，就像炒菜一样，如果推进的先后顺序不对，就无法炒出美味的饭菜。推进入厂物流包括7个步骤：

第一步：PFEP主文件建立。

PFEP指为每个零件做计划，PLAN FOR EVERY PART，是精益物流管理的起始点，包含外协、存储规则、配送信息和包装信息，典型的表格如表1-4所示。这是一个工作量巨大但强有力的工具。

表 1 –4　PFEP

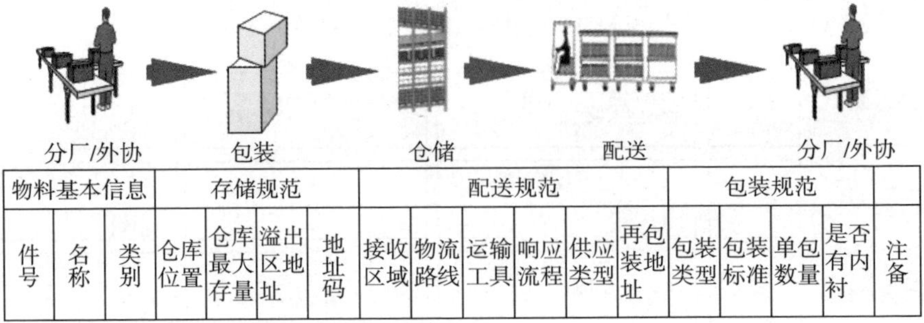

物料基本信息			存储规范				配送规范						包装规范				
件号	名称	类别	仓库位置	仓库最大存量	溢出区地址	地址码	接收区域	物流路线	运输工具	响应流程	供应类型	再包装地址	包装类型	包装标准	单包数量	是否有内衬	注备

第二步：零件包装管理。

在这四个环节中，笔者认为要先从包装管理入手，包装管理有 2 个关键点：原包装上线还是要转包装、包装的尺寸管理。

早期都是纸箱直接上线，给车间环境管理带来很大困扰，但如果在仓库翻包装，又涉及作业人员；如果采用塑料周转箱，周转箱的回收控制也复杂，需要额外的面积。

此外，很多公司的采购部工作不细致，在新产品导入时，并没有明确规范包装数量和尺寸，供应商自行选择了包装形式，同一个物料可能有两种包装形式，给仓库运作带来困扰。是否要设立包装工程师，这个工程师隶属于仓库还是工艺部，不同单位的做法不一样。

第三步：物流运作流程。

物流运作流程包含入厂的时间窗口设计、检验流程、入库流程、库存储位设计、拣货流程、配送上线多个流程，涉及采购、计划、仓库、质量 IQC、车间、供应商，这项工作必须在 PFEP 上，针对每类物料分别制定。如表 1 –5 所示。

表 1 –5　物流运作流程

供应商	送货时间点	送货量	备注
A	18：00 –19：00	保证本日 20 点到次日 12 点前生产需求	采购按照每日订单计划，邮件通知供应商次日 12 点前生产需求计划
B	19：00 –20：00		

续表

供应商	送货时间点	送货量	备注
C	次日 11：00－12：00	保证次日12点到本日20点前生产需求	

第四步：物流标准作业与工时。

由于仓库管理人员是流动作业，工时测定比车间复杂。由于作业有周期性，忙闲不均，所以很少有企业测定工时。这类工作其实是工业工程的范畴技术，笔者在多家企业推进了仓库标准工时，提升了效率。

第五步：物流量分析。

分析物流量主要是用于物料的仓储布置以减少搬运距离，提升效率。主要使用SLP方法里面的从动表计算流量，物流量以物流体积×运输距离计算，物流体积通常可以按照折算的托盘个数计算，或者以立方米计算。例如某种物料每天使用1000箱，每个托盘可以放置50箱，从储存区到备料区的距离100米，那么该物料的物流量是1000/50×100＝2000托米。

某公司的主要物料的每日物流量如表1－6所示。

表1－6　物流强度从至表

序号	零件分类	备料区（托·米）	拆包区（托·米）	合计（托·米）
1	钣金件	350	160	510
2	大结构件	2200	590	2790
3	电机	550	200	750
4	电源	700	200	900
5	塑胶件	300	100	400
6	线材	300	100	400
7	组件	1500	600	2100
合计		5900	1950	7850

第六步：物流场地分析。

这步是基于产品安全库存、采购频次、箱件数、包装尺寸等数据计算每一种物料的仓储面积需求。

第七步：物流设备分析。

根据前面测量的物流量、物流标准工时等数据计算叉车等物流设备需求。

1.7 持续的改善项目推进

在完成前面的计划与物流规划、计划组织与职责设计、计划流程优化后，下一步是利用改善课题的模式进行专项改进。计划和物流模块因为涉及多个部门，又涉及各部门指标，问题的交流和改善只能基于数据，DMAIC 六西格玛方法论是一个非常有效的方法。

第一步：数据收集系统。

通过 ERP、MES、WMS 等系统收集数据，最好是能在数据仓库中设计出标准表单进行分析。在不具备条件时，只能采用手工表单和电子表格的方式统计各类报表。

第二步：仿真模型建立。

可以针对库存管理、入厂物流等各个环节建立 WHAT - IF 模型，例如采购批量减少一半，对库存的影响等。这种模型的建立可以帮助计划员做出事前预判，采用电子表格就可以了。

第三步：精益六西格玛课题改善。

精益六西格玛课题是基于数据分析的专项改善，对于流程类项目，特别是跨部门的项目有很强的威力。笔者做过很多的计划项目都是通过数据分析找出问题点，说服各相关部门的。

在计划和物流的 4 个领域中，常用的精益工具主要包括工业工程的方法研究、价值流分析工具、拉动生产工具。需求计划中应用精益工具并不多，供应计划中需要使用期量和标准工时数据，IE 的方法研究是标准工时设定的主要工具。车间计划中会使用价值流分析、拉动生产计划、切换频次管理、关键资源 OPE 管理等多种工具，制造物流会使用精益布局 SLP、拉式配送、单元线等多项精益工具。

在计划改善方面，精益工具可以帮助企业缩短交付周期，提高效率。

在笔者辅导的项目中，价值流图是最有用的精益工具，给销售、主计划、采购、车间提供一个直观的物料流和信息流图，让大家迅速了解到实际的交付周期，找到问题点，达成改善共识。

笔者最近接触的几个客户都强调要将价值流管理单独作为一个咨询主题，然而接触下来，笔者发现很多客户未理解价值流图的用处和局限性。客户希望的价值流分析是一个包含企业运营管理全流程的诊断，系统地分析增值活动与浪费，然后持续地推进改善，并希望建立一个机制，能够定期重复进行价值流分析。

这其实是一种广义的价值流管理。笔者不太赞成这种思路，企业的各项管理流程有不同的适用工具，将价值流图这个工具应用于运营管理的全流程诊断是不合适的，企业应该根据面临的问题合理选择工具包。

价值流图这个工具最初导入时主要适用于离散制造车间的交付周期和在制品分析，用于缩短交期、降低在制品库存。后面进一步拓展到公司层面，将客户订单下达、主生产计划和供应商交付的内容也一并纳入，将制造价值流图称为“车间级价值流图”，将包含计划和采购内容的价值流图称为“公司级价值流图”。此时这个工具已经有些力不从心了，笔者见过大多数企业绘制的公司级价值流图并没有多大的用处。如果希望进行深入分析，还需要导入不同的工具。

1）分析计划交付流程可以参考美国运营管理协会的标准计划流程。

2）分析总装线效率更适合用LOB方法。

3）分析关键资源效率可以用OPE管理模型。

4）分析设施布局可以用“产品布置原则”。

5）分析现场浪费可以用“七大浪费改善巡查”。

即使是车间级价值流图，很多公司也使用得不恰当，效果也不好。价值流图绘制一般都按照周改善的方式推进，成立跨部门的小组，绘制当前的价值流图，找出库存积压点、关键资源的切换频次和切换周期、设备的利用率等数据。然后头脑风暴列出改善点，定义未来的价值流目标，其实就是目标车间在制库存水平和交付周期。这个目标库存水平和交付周期往往是领导硬拍下来的，例如当前交付周期降低30%。虽然很热闹，大家很激动，但最终收效很小。

十几年前，笔者在飞思卡尔做精益专员时，也是在顾问的指导下这么做的。当时笔者对美国那个顾问提出疑问，封装周期缩短 1 天、测试周期缩短 2 天，意义何在？当时顾问的回答是，通过降低在制品库存可以减少车间占用面积，更好地响应客户需求、减少资金占用。笔者分析，公司的原材料和成品库存才是大头，车间节约的 1 ~2 天库存折算成利息，一年几十万元的成本，还不如几台设备提升 OEE 的多。如果推进周期缩短的目标，一定要和满足客户需求相关联。

用六西格玛方法诊断计划流程：

六西格玛是摩托罗拉发明的用来解决质量问题的工具，我们可以认为供应链流程中出现的问题也是一种广义的质量问题。通过实施六西格玛，可以降低各环节的交付周期波动，实现稳定供货。

六西格玛在供应链计划改善中更重要的意义在于用事实和数据来展示问题点，说服各职能部门达成一致。在大企业，跨部门的问题是最难解决的问题，传统的流程变革方法、精益方法很难说服相关利益方，而六西格玛提供了一种客观的方法来帮助员工决策。

小结：供应链计划与物流是一个复杂的链条，一个环节做不好，企业的交付、库存、成本就会受到很大影响。这篇概述简要地介绍了笔者的需求驱动的计划 – 控制 – 物流 C – PCL 的 7 步法推进，后面 2 ~7 章会详细介绍 1 ~6 步，而在 8 ~ 14 章中结合案例讲精益六西格玛方法在改善中的应用。

第 2 章

计划与物流运作规划

计划与物流战略咨询的第一步是计划与物流运作规划，本质上就是对几个关键问题在企业各个部门间达成共识。

从销售的成品交付角度：成品交付模式是按库存出货还是按订单交货，如果是订单交付，是订单制造还是订单装配，标准交付周期是多久，旺季时如何进行订单交期承诺；如果是库存交付，成品安全库存是多少，如何考核。

从制造角度：制造周期是多久，产线布局是按照工序布局还是按照产品线布置；针对需求的季节性是采用什么策略，是严格按照需求制造还是可以提前备库均衡生产；自制或外购策略，哪些部件自制、哪些外购；生产经济批量是多少，即销售最小订单数量是多少。

从采购角度：零件交付周期；零件的备货策略，供应商是按照零件订单制造还是需要供应商备库；采购频率和供应商送货频次或批量。

从物流角度：物流资源与需求的匹配，包含仓储、运输资源与需求波动的匹配，仓储人力与需求波动的匹配。

从财务角度：库存周转率如何控制，单位制造成本如何降低，如何充分利用生产资源而控制资金占用。

对于消费品品牌商，通常销售部希望交付周期短、成品库存少、销售订单批量不受制约；计划部希望销售部能提供稳定的预测；生产部希望各月负荷能均衡降低成本，同时单一品种订单批量大；采购部希望需求预测展望期超过采购周期。很多需求是冲突的，因为各个部门都有自己的利益诉求，所以达成共识非常困难。供应链顶层设计需要运营副总和销售副总直接参与，有时候研发副总也需要参与；具体推进过程中生管部、销售部、采购部、物流部各方部长必须亲自参与项目，决策需要收集大量的数据，这样才能说服不同的利益相关者，并达成一致。

笔者根据自己的经验，建议分成 5 步分析：

1）产业链需求分析；

2）价值流分析；

3）成品交付策略确定；

4）制造策略确定；

5）零部件交付策略确定。

2.1 产业链需求分析

产业链需求分析是指分析最终消费者、零售商、批发商、品牌制造商、零件供应商等角色的当前计划和库存管理的方法，以及这么做的决策因素。

分析主要是从品牌制造商的角度出发，通过分析上下游的计划方法与决策的逻辑，结合双方的力量对比设计出一个妥协的运营策略。

笔者先确定一个分析框架，然后利用这个分析框架针对家电、医药和成套装备三个行业分别进行产业链分析。

2.1.1 产业链需求分析框架

供应链交付策略的第一个问题是交付周期设计，包含成品交付周期、零部件交付周期、自制件制造周期。

供应链交付周期策略，即如何设计产品的交付周期与交付模式。产品或部件是按照库存出货，订单设计、制造、装配出货；供应链各环节如何设计安全库存，产品交付周期、内部制造周期、零部件交付周期的管理。

供应链是包含最终客户、经销商、品牌制造商、供应商的网络，从客户的角度可以大致分为消费品供应链与工业品供应链两类；从制造的层级看，可以分为品牌制造商和供应商两类。这样就有四类企业：消费品成品制造商、消费品部件供应商、工业品成品制造商、工业品部件供应商。通常来说，供应链的权力在成品品牌制造商手里，因此供应链战略管理更多的是针对消费品成品制造商和工业品成品制造商，例如汽车行业的通用、大众和丰田。在一些特殊情况下，权力转移到核心部件供应商，如电子行业中，往往是半导体供应商拥有更强的供应链地位，如英特尔与电脑厂家、高通与手机厂家。在某些供应链中，渠道又拥有更强的话语权，如药品产业链中的医院。

不同行业如汽车、家电、手机、医药、机器装备、工业电气设备等的成品交付模式、部件交付模式完全不同。即使同样的行业，不同企业的交付模式也完全不同，例如家电行业的海尔和格力就采用完全不同的订单交付模式。海尔起家是冰箱产品，冰箱产品的季节性较弱，因此海尔供应链推行的是按单制造；而格力是生产空调起家的，空调销售季节性强，格力采用的是均衡生产、反季节促销。表2－1是笔者接触过的一些行业的订货模式。

表2－1　一些行业的订货模式

<table>
<tr><th colspan="2">行业</th><th>代理商订货模式</th><th>最终客户需求模式</th></tr>
<tr><td rowspan="5">消费品行业</td><td>汽车</td><td>4S店可以随时下单，厂家基于ATP供货承诺，如果有库存，可以库存出货；无库存车型2～4周交付周期</td><td>现车或订货</td></tr>
<tr><td>家电</td><td>代理商每月向厂家订货，交付周期4～6周；代理商每周向厂家订货，交付周期2～3周（海尔）</td><td>现货</td></tr>
<tr><td>建材卫浴</td><td>代理商每月向厂家订货，交付周期6～10周</td><td>现货</td></tr>
<tr><td>服装</td><td>每年2次大的订货会，每月订单调整</td><td>现货</td></tr>
<tr><td>医药</td><td>医药分销公司可以随时向厂家下单，厂家库存出货为主</td><td>现货</td></tr>
<tr><td rowspan="4">工业品行业</td><td>电力装备</td><td>基本是制造商对最终用户</td><td>招标制度，交付周期18个月</td></tr>
<tr><td>工程装备</td><td>月订单，交付周期6～8周</td><td>现货或订货</td></tr>
<tr><td>化肥</td><td>代理商可以随时向厂家下单，厂家库存出货为主</td><td>现货</td></tr>
<tr><td>暖通铸件</td><td>代理商可以随时向厂家下单，厂家库存出货为主</td><td>招标制度</td></tr>
</table>

从供应链计划的角度看，制造商对经销商、终端销售和消费者的最重要的考虑因素是交付周期，包含正常交期和缺货时的产品优先分配。图2－1是笔者给家电客户做的分析框架，这个框架经过修改也可以应用于其他行业。

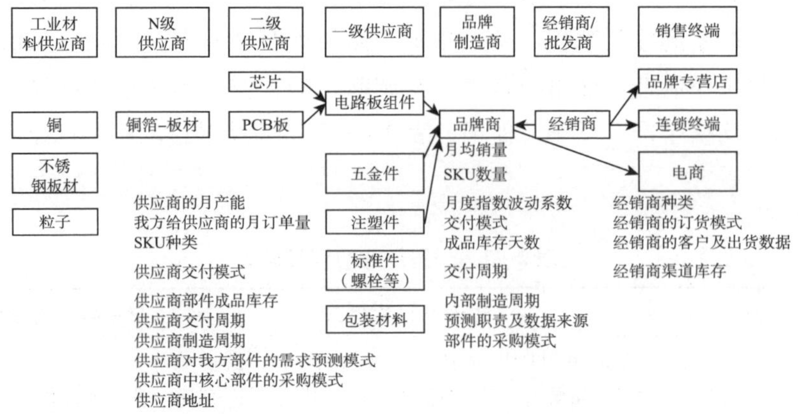

家电行业准时化交付分析框架：
1）从需求出发，分析各环节的订货模式及制造周期；决定制造模式和库存点；
2）缩短关键环节制造周期，优化数据统计，预测，计划流程；降低整个供应链的库存

图 2－1　家电客户的分析框架

2.1.2　两家电行业的各角色需求与计划分析

供应链中的关键角色包含消费者、销售终端、销售渠道、品牌商、部件供应商、原材料供应商等，分析需求从消费者端开始。

（1）消费者采购模式分析。

最短的消费者交期是销售终端从自己保有的库存中销售产品给消费者，周期为零；稍长的交期是消费者在终端选择产品，从经销商仓库发货给消费者；最长的交期可以是接到订单后品牌商开始制造，然后把成品发送给消费者。

很明显，如果消费者肯等待，接到订单后品牌商才开始制造，整个供应链中成品库存最低。我们可以认为消费者的需求决定了各环节的交期及库存配置。

首先，设想消费者去国美看上一款豆浆机，店员说现在缺货，要 2 周才能交付，估计消费者会立刻扭头去马路对面的苏宁，所以豆浆机必须在零售商的终端保有库存。如果消费者购买洗衣机，由于涉及配送，消费者不会从终端提货，洗衣机的库存就可以放在经销商的仓库中，从经销商仓库发货。正是由于消费者喜欢去苏宁和国美比价，导致制造商必须为苏宁

和国美制造不同的产品，因此制造商只会持有自家专卖店生产的基本型号库存，给国美和苏宁的特供型号要国美和苏宁下订单生产，所以渠道中的主要库存在大型经销商的中央仓库中，同时大型经销商会有意控制库存，这就需要缩短成品的交付周期。

我们可以发现，消费者对多数消费品都是要求库存交付的，只有汽车等高价值产品可以等待一定时间。

这意味着一定会存在成品库存，只不过是存在分销渠道中还是品牌制造商手中。

（2）制造商供货周期分析。

前面分析了终端对客户、经销商对终端的交期，这里进一步分析制造商对经销商的供货周期。厂家给经销商出货可以分为库存出货或订单出货两种模式，家电行业等多数是按照订单 + 预测来安排计划的。B 类、C 类产品按照经销商订货生产，A 类产品按照订单 + 预测生产，预测主要是用于均衡产能。经销商的订货模式分为两种：传统的月订货模式和滚动的周订货模式。月订货模式一般是每月第 1 周经销商下订单；第 2 周厂家订单评审，与供应商确认零件交付；第 3 ~4 周安排投料生产；N +1 月的 1 ~4 周逐步交付，我们可以认为交期是 28 ~60 天。也有周计划模式，第 N 周周一或周二代理商下订单；周三、周四评审，排生产计划；第 N +1 周计划一般是锁定的。

第 N 周订单安排第 N +2 周生产，从代理商下达订单到收到产品是 14 ~21 天。汽车行业很多都是这种模式，部分家电行业也采用这种模式。这里谈到的交期都是指产能满足需求的情况，如果 N +2 周产能已经满了，则订单推迟到 N +3 周。制造商通过缩短成品交期，实现滚动 N +2 周交付，可以帮助经销商快速响应市场波动，但给制造商的生产计划和部件采购带来了更大的压力，同时也增加了零部件供应商的计划和库存管理的压力。国内采用滚动周交付的主要是海尔，极少持有成品库存；格力和美的还是传统的月订货模式，而且会在淡季时囤积很多成品。

影响交付周期的另一个因素是自制周期，家电行业内部主要是冲压、焊接、涂装、总装，内部 4 ~5 天就可以完成。笔者认为，家电制造商的最佳实践是 A 类产品按预测生产，B 类、C 类产品按订单生产；代理商周订货，N 周下 N +2 周的订单。

对于卫浴等产品，内部制造周期为28～35天，采用N+1月交付模式更好。

当品牌制造商确定了自己的成品交付策略、主计划模式后，下一步需要设计供应商的交付周期及库存控制模式。

(3) 零部件的交期。

分析的关键点：

1) 制造商的主计划展望期和冻结期。

2) 供应商生产周期。

3) 部件SKU种类。

4) 供应商工厂与制造商距离、运输物流量。

笔者辅导过的一家小家电企业，其将五金、注塑件生产都外包了，自己只负责总装。主计划是月计划模式，N月给供应商下达N+2月的计划，然后每周告知下周的日交付计划，但并不锁定，真正的提货计划是T日下达T+2日总装计划，要求供应商T+1日送货。

在这种模式下，供应商肯定都是提前生产好部件库存，按采购订单交付给制造商。随便去哪家供应商工厂，都能见到大量的部件库存。企业认为这是快速响应市场，但笔者认为，市场确实有波动，但是短期内是可预测的，作为一个合格的品牌制造商，有责任实现一个相对稳定的主计划，需要用一定的成品库存来平衡需求，不能简单地将库存和交付压力传递给供应商。如果制造商的主计划是N+2周模式，N周周四下达第N+2周的计划，那么理论上生产周期短于7天的部件供应商都可以按照订单生产，其他的供应商需要按照预测来备库生产。对于小家电企业，注塑件和五金件基本可以实现按订单生产，只有长周期的电子件和精加工机械件需要提前备库，长周期物料只能靠预测来指导供应商生产，设定合理库存，大一些的家电厂商如海尔会做13周滚动预测，并将成品预测转化为零件的周需求并发送给供应商，要求供应商确认。

我们做供应链管理就是要准时供货并压缩库存，目标是供应商能按照主计划每日生产，准时交付。供应商不能准时交付，多数是计划控制问题，要解决2个问题：

1) 制造商计划的稳定性。

如果制造商不能锁定T+1周的计划，经常进行调整，那么所谓的供应商按计划生产就成了空话，供应商只能按库存备货。

在T+1周锁定的情况下，如果每日的计划顺序进行大幅度调整，也会影响交付。例如本来排在周五的产品要求提前到周二进行装配，供应商也可能不能按时提供。

2）供应商交付周期及波动。

供应商的交付周期包括订单评审周期、物料采购周期、排队周期、制造周期、运输周期。订单评审周期为1天，运输周期是固定的，按1天计算。对于一般的部件，可以要求供应商必须保有一定量的原料库存，采购周期为0天。排队周期假定为1天，那么制造周期需要压缩为4天。

绝大多数的五金和注塑件生产都可以满足4天交付的周期。对于部分交付不好的供应商，制造商可以用价值流图工具对零件厂商的生产过程进行分析，通过实施设备一个流布局、关键设备的快速切换和批量缩小、每日工序库存进销存报表控制、制造返工率控制等手段来缩短部件供应商的制造周期短于4天。

影响交付周期的主要是排队时间，这个是波动的。波动来源一个是设备切换波动导致了排队时间，例如注塑件生产要有一定批量。10个部件，供应商只有一台设备，它可能会安排每天生产两种，但制造商可能周一到周五每天都需要少量的这10个部件。另一个排队周期是供应商对制造商订单的优先级排序带来的排队周期，就像前面提到的，旺季时人力不足，供应商优先给其他制造商提供产品。

周订单锁定比较容易，但要说日订单顺序，调整要求也不能太高，随便一家供应商质量问题就会造成计划调整。这里面的小技巧是排主计划时将那些特殊规格的品种放在周一和周二，将A类品种放在周三到周五。然后，要求供应商对常规品种设置一个安全库存。当C类产品部件供应出现问题，需要推迟时，将A类产品提前。

汽车行业的JIT供货，供应商处只保留1天部件成品库存，需要制造商对经销商的库存管理、供应商的质量管理、产能管理都处于非常高的水平。国内的家电企业由于无法管控国美这样的大渠道商，同时家电行业的利润水平也不支持供应商严格实施类似汽车行业的TS16949那样的质量管理体系。按照笔者的经验，除非供应商提供的是标准化的部件，供应商处能控制3天的部件成品库存就已经很理想了。

小结：家电企业在零售店都是按照库存出货，经销商处持有库存；经销商与品牌制造商之间是周计划或月计划模式，交付周期2～6周不等；零部件供应商多数都持有零部件库存，根据品牌制造商的需求交付，这个库存往往在2～4周。

2.1.3 医药行业的需求分析

医药行业是一个特殊的消费品行业，监管与风险管控是这个行业最重要的主题。传统医药的利润较高，保障供应是更重要的主题，渠道库存非常高，可以注意一下，我们每次在医院拿到的药是否有生产日期在3个月以内的。对比一下面包供应，笔者常去门口的小超市购买桃李袋装面包，这家工厂在北京，笔者在天津，基本上都能买到昨天生产、当日上市的面包，这两个行业供应链的库存管理水平差异巨大。

如图2－2所示，在国内医药行业，主要的销售发生在医院，部分非处方药销售发生在零售药房，目前网络购药还没发展起来。这个产业链中包含患者、医院、零售药房、纯销经销商、分销经销商、品牌药制造商、原料制造商几个角色，下面分别分析需求。

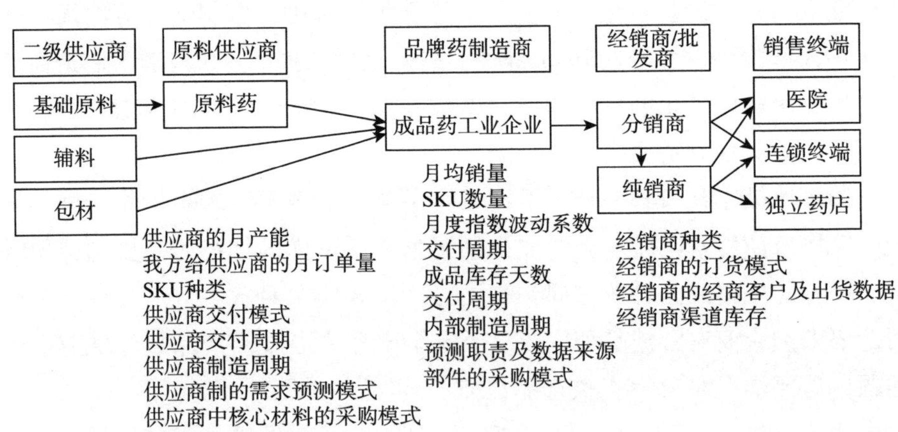

图2－2 医药行业产业链

（1）患者的需求分析。

首先，分析医院看病的情况，患者基本上没有选择药品的自由，基本按照医生的处方抓药；医生都有自己的用药习惯，不会轻易调整用药习惯；而每家医院的医生数量、每个医生每天的接诊量基本变化不大，除了感冒药等部分品类，药品消费并没有季节性。因此，逻辑上每种药品的需求应该是稳定的，但最后传递到品牌制药企业时，需求波动巨大。

医院药房对医生开出的门诊单的药品必须是 100% 满足的，设想一下，患者去医院看病，医生开完药，患者去药房取药被告知无货，需要后期快递上门，然后具体交付日期还定不下来，会发生什么后果？所以，药品在医院是库存贮备出货，可以认为交期为零，除非某类药品出现整体短缺，基本上医生希望药房能够 100% 供货，缺货率为零。

其次，分析患者自行去零售药房购药的情况。一般头疼脑热或者跌打摔伤之类的小病，患者会选择去药房购药，多数情况下患者会有指定的品种，例如感冒了去买药，如果缺货，患者有时候会去邻近的药房买，更多的情况是会看店面有什么相似种类的药，因此零售药房的库存控制实际上是可以出现一定缺货率的。

（2）医院的需求管理与订货模式。

一家成熟的三甲医院基本上会有 5000 个品种的药品在使用，基本上药房是按照固定货位管理的，货位大小根据日均用量、药品的体积来确定。采购计划的方式基本是按照最大量或最小量管理的，低于最小量则下订单，补充到最大量。

所有医院的普遍情况是压缩药房面积来扩大门诊面积，药品的库存在不断下降，导致小批量、多品种、每日送货成为常态。医院药房将医药供应作为纯销经销商的考核指标，其中缺断货率是最关键的指标。准时交付是另一个重要的服务率指标，北京、上海这样的大城市，交付周期普遍设定为半天，即医院上午下订单，经销商下午送货；下午下订单，经销商第二天上午送货，紧急订单 2 小时送达。由于药房更习惯下午下订单，因此交付集中在第二天上午。

笔者几年前做的一个项目，统计了上海地区各家医院的订货频率，基本可以归纳为三种模式：每日订货、每周两订、每周订货一次。

每日订货就是天天下单，这种方式一般都是药房面积紧张的大医院。这种大医院一般都是每天 15：00－16：00 给纯销经销商下达转日的订单，要求第二天上午送达。因为在上海和北京这种大城市，传统三甲医院的院内空间极为紧张，医院都会给出明确的送货时间窗口，例如 8：30－9：30 是上药分销供货、9：30－10：30 是国药供货、10：30－12：00 是其他小配送商供货。对于三甲医院，医药配送商一般都要负责药品摆放到药房的货架的工作，为了提升效率，药品都是采用固定货位的管理模式。此外，如果出现漏订，或者需求突然波动、库存不准的情况，医院药房也会在 12：00 之前下达订单，要求配送商下午补货。

每周两次订货基本都是周一、周四订货，要求分销商在周二和周五送货；采用这种订货模式的医院往往是药房面积较大的医院；每周四订货可以确保周五送达，用于周六、周日、周一和周二上午的需求；周一早上药房上班后，根据短缺情况订货，周一的订货是周二上午送达，只要覆盖周二下午，周三、周四全天和周五上午的需求就行，在这个基础上再增加一些安全库存覆盖波动。

有些医院药房面积很大，就可以一周订货一次，在上海，有些郊区的三甲医院就采用这种模式。如果配送商和医院药房关系较好，就可以错开周二和周五送货高峰，充分利用配送能力降低成本。

（3）纯销经销商的计划模式。

纯销经销商通常经营着几千个品种，每日为几百家客户进行配送，因为药品各环节对资质文件检查非常严格，检验环节很费时，其基本上对单一品种都是 1 周或 2 周从分销经销商处订货一次。如果一周订货一次，每次订货量就是 1 周均用量，然后再加上经验库存；如果 2 周订货一次，每次就是订 2 周的量。一般分销经销商都是持有足够的库存的，交付周期都很短——2～3 天。分销经销商和纯销经销商很多都处在一个城市，交付属于城配，因此订货时并不需要考虑整车运输，按需订货就可以。这样纯销分销商的库存基本上都是 1～3 周的库存。希望进一步降低这个库存，除非增加订货频次，例如每个品种每周订货 1 次甚至 2 次，但这会给物流部、质检部门带来很大的工作量，除了那种价值很高或者体积很大的品种，不会每周多次订货。

（4）分销经销商的计划。

分销经销商包括两种模式：一种是厂家定指标；另一种是按照需求订货。

厂家有指标的情况下，基本都是厂家在季度末月末整车发货给分销经销商，库存都压在分销商仓库里，很多国外的药厂都采用这种模式，这种模式下库存可能会有2~3个月。

国内的药厂多数生产仿制药，基本上都是分销经销商根据库存情况给药厂下订单，药厂自己持有成品库存。

无论哪种情况，分销经销商都会尽量整车订货。药品本身是高附加值的产品，这种整车订货将均衡的需求变化为不均衡的需求，给供应链增加了很大压力。一般来说，也会有2~3周的成品库存。

（5）品牌药厂的计划模式。

品牌药制造厂家都是备库生产，根据月均需求，同时考虑能力利用。由于生产及检验周期长，整个交付周期超过4周，N月需要排N+2月的生产入库计划，为了应对需求波动，成品库存都比较高，基本上有2个月的成品安全库存。

（6）原料药厂家的计划。

原料药厂家对于一般大宗品种会备库生产，很多库存会高达6个月，特殊的原料药品种会根据客户订单来生产，国外的出口产品都是根据订单生产。

总结：医院是库存出货模式，医院库存一般不超过7天；纯销经销商一般是1~2周订货模式，存货2~3周；分销经销商库存较高，总代模式会有1~2个月库存，此时厂家库存较低；按需采购模式库存在3周，品牌制造商是备库模式，库存有1~2个月。整个渠道里积累了接近12周的成品库存。

医院和纯销分销商喜欢采用最大量或最小量的订货模式；分销经销商喜欢采用整车运输模式。本来医院相对稳定的需求到了品牌制造商处月均需求波动很大吗？由于品牌制药厂只能拿到分销经销商的订货数据，对发生在医院和药房的出货数据无法掌握，没法控制牛鞭效应。这点与汽车和家电行业差异很大，因此患者不太可能在医院买到近期制造的药品。

2.1.4 装备制造企业的产业链需求分析

笔者服务过的装备制造业，从计划管理看可以分为两大类：一类是发电设备，如汽轮机、电机、桥架、母线、控制柜等专用装备企业；另一类是起重机、纺织机械为代表的通用设备类企业，这两类差异很大。工程机械多数情况下是按预测+订单的模式制造；而发电设备企业则完全是订单制造，这种制造策略的差异主要缘于客户需求的差异。

装备行业的产业链主要包括工业客户、经销商、制造商、零件制造商几个角色。装备行业很少采用多级分销，多数企业都是一级经销商制，部分企业在国内是自建销售渠道。

（1）分析专用装备类企业的产业链需求方式。

1）工业客户的计划模式。

客户包含5大发电集团，以及一些企业电厂，客户都是根据需求进行招标。现在的情况是客户都是尽量推迟招标时间来降低资金占用，使得留给成套制造商的交付周期越来越短，像火电三十万机组的交付周期经常被压缩到12个月，成套制造商承受了非常大的压力。

2）品牌制造商的计划模式。

制造商都是按订单制造，很多项目还需要根据客户现场的情况调整设计方案，基本上每个项目都会在标准产品上进行局部设计，排产都是采用项目计划的模式。根据客户要求的交付日期反推各项物料的投产和完工时间。

一般来说，都是边设计边制造，对于长周期零件需要首批设计后出图，采购也都是按订单采购，很少储备原材料库存。

在发电企业，转轴一般是交付周期最长的部件，有些企业会根据预测提前储备一些周的毛坯部件，来满足客户的短交付周期要求。

3）零部件供应商。

根据品牌制造商的订单制造，有一些零部件公司标准化程度做得较好，会提前做好毛坯件库存，在接到订单后只需要进行最后的精加工和装配工序。

（2）分析通用设备制造商的计划模式。

1）客户需求。

客户是一些大型厂矿企业或者独立的建筑商，在确定需求后，希望尽快交付，如果交期过长，客户可能会选择其他品牌的类似产品。

2）品牌制造商的计划模式。

多数采用预测+订单结合的模式，N月排N+1月的投料计划。内部基本就是下料、焊接、涂装、装配、调试等几个大的工序，制造周期在

3 ~5周，影响交付的主要是底盘的车桥和液压缸等关键部件。对于需求较大的产品，根据预测来生产成品；对于需求较低的大吨位产品，则是根据客户订单安排产品，在车间生产时优先安排这些产品加工，以缩短整体交付周期。

3）零件供应商的计划模式。

以液压件为例，其制造周期长于品牌制造商的制造周期，因此液压件厂都是采用预测的形式提前投料，加工出毛坯件，在品牌商排好月计划并分解为液压件交付计划后，再进行精加工和装配来满足主机厂的需求。一旦毛坯件的库存计划与主机厂的需求计划未匹配好，就需要赶工来满足。库存主要是毛坯件。

在以三个行业为例进行了产业链的各角色的计划和库存初步了解后，下一步要利用价值流管理工具进行详细分析，找出改善点。

2.2 交付价值流分析

2.2.1 价值流图定义与应用

在对产业链进行了初步分析后，下一步是利用价值流图这个工具来分析交付和库存。价值流定义：当前产品通过其基本生产过程所要求的全部活动（包括增值和不增值活动）。包含从原材料到产品交付，到顾客手中的生产流；从概念到投产的设计流。这里一般指的是生产流。

价值流图是一个非常有名气的工具，基本上每个企业负责生产和计划的人都听说过这个工具，市面上也有很多书籍介绍这个工具，但真正用好这个工具的企业极其有限。笔者服务过的一些国内企业虽然推进精益已经很多年，但依然不会有效使用这个工具，缺少可操作的案例是关键。

笔者最近接触的几个客户都强调要将价值流管理单独作为一个咨询主题，然而接触下来，笔者发现客户多半是未理解价值流图的用处和局限性。客户希望的价值流分析是一个包含企业运营管理全流程的诊断，系统地分析增值活动与浪费，然后持续地推进改善，希望建立一个机制，能够定期重复进行价值流分析。

价值流图这个工具起源于日本丰田，最初是对企业内部的计划与物料供应进行分析，后面分解到企业的整体交付流程。绘制企业层面的价值流图，分析影响交期的原因，包含当前预测模式、订单接收、主计划、车间计划、采购计划环节。我们可以将制造价值流图称为“车间级价值流图”，将包含计划和采购内容的价值流图称为“公司级价值流图”。

价值流图的第一本书是美国学者所编写的《价值流图析》，里面采用了阿克米冲压工厂作为例子来讲述价值图的绘制，如图2－3所示。

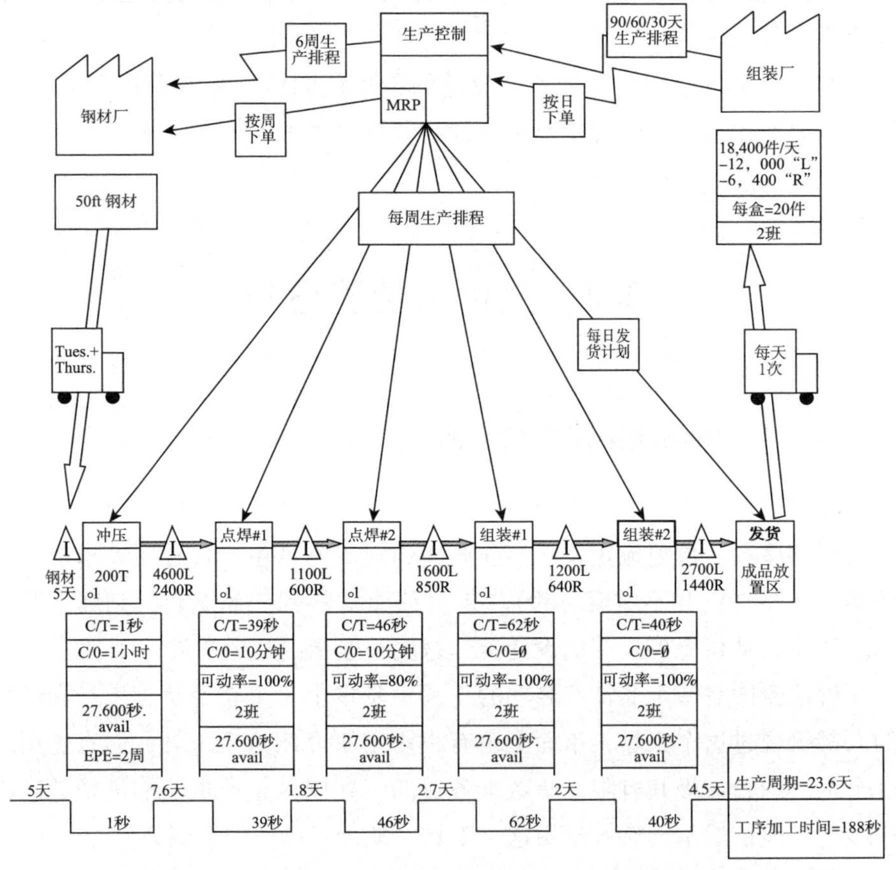

图2－3 价值图的绘制（本图来源于《价值流图析》）

这个例子是对真实工厂的简化，只包含两个产品，这两个产品的加工路线是一致的，且操作工时也是相同的，只涉及切换管理；客户也假定是固定需求的单一客户，计划被简化。当读者试图在自己企业中应用价值流工具时，面临以下几个困难：

1）价值流图在计划层面只适合宏观分析，无法进行细节分析，实际上是无法指导实际工作的。

2）在车间层面，标准的价值流工具只适合那种单一加工路线、不同产品的工时默认相同的情况，在更复杂的车间环境中很难绘制。

针对第一种情况，笔者更习惯使用周或日计划展开表进行分析，绘制产品的完整交付周期循环。

针对第二种情况，如果车间生产的不同产品的工艺路线不同或者工时差异较大，可以在价值流中采用一些变通的方法计算均值或者百分比来展示，然后使用更精细的工具进行分析，这些工具会在书中逐一介绍。

2.2.2 宏观价值流分析

（1）宏观价值流图。

宏观价值流图主要是让各个部门从整体上把握现状，对存在的问题达成共识，典型的宏观价值流图如图2－4所示。

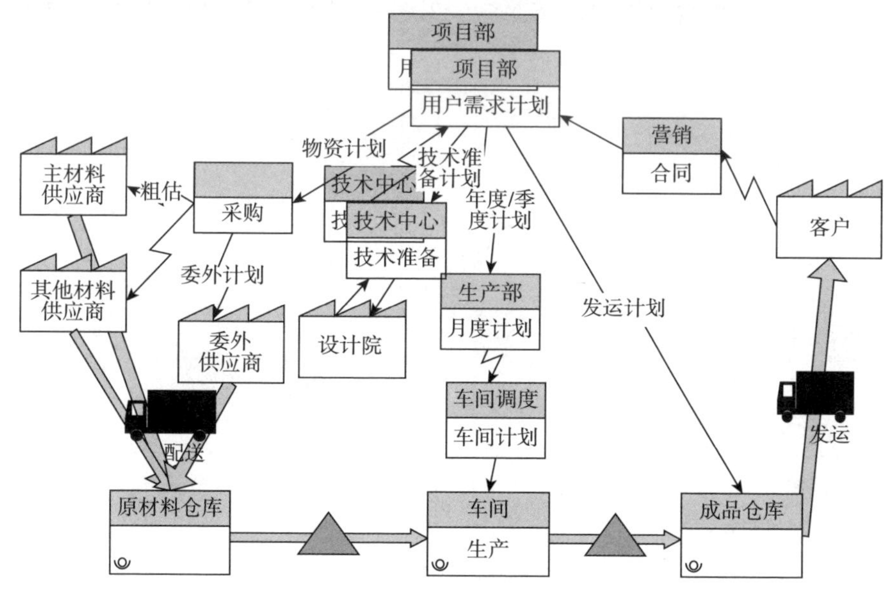

图2－4　宏观价值流图

这种图形的模式可以让公司相关部门有一个总体上的认识，掌握各环节的彼此关系，但无法进行深入分析，深入分析可以使用交付流程－周期表。

（2）交付流程－周期表。

这个工具是一项在各大公司计划部广泛适用的工具，实际是甘特图在计划领域的应用。

1）将计划流程详细分解为流程步骤。

2）使用网络图表示每个流程的衔接顺序。

3）统计每个步骤所需要的平均周期。

4）将计划展开为甘特图的形式。

一般是分两个层级进行这个计划表：第一步是滚动周计划，主要是需求计划和主计划流程；第二步是滚动日计划，主要应用于车间计划。表2－2是某五金龙头公司改善前的滚动周计划流程，当前的成品交付模式是N＋2月。

表2－2　某五金龙头公司改善前的滚动周计划流程

当前产品计划																
	N月				N＋1月				N＋2月				N＋3月			
	1周	2周	3周	4周	1周	2周	3周	4周	1周	2周	3周	4周	1周	2周	3周	4周
代理商下单																
订单管理部评审																
物流部及事业部评审																
订单下达																
长周期零件采购计划下达																
长周期零件分批交货																
生产订单下达					##	##	##	##								
生产入库									##	##	##	##				
代理商分批提货											##			##		
五金内部制造周期4周，阀芯件交付周期6～7周																

通过这个表单，我们可以看到代理商从下单到提货要 3 ~ 4 个月，这么长的交付周期根本无法响应市场需求波动。如果保证市场不缺货，或者代理商持有大量成品库存，或者代理商不提货，成品库存压给厂家。通过表 2 - 2 可以知道为什么当前交付周期这么长，并进行模拟交期分析，有 3 个因素影响了交期。

1）在这个例子中，长周期零件是阀芯件，需要在总装时使用，该零件交付周期长达 6 ~ 8 周，严重地制约了产品交付周期，缩短阀芯件的交付周期基本上是 3 类措施：

- 要求供应商储备阀芯件成品库存；
- 要求供应商先期制造毛坯，储备毛坯库存，待接到订单后精加工交付；
- 要求供应商缩短制造周期。

至于采用哪种模式，需要结合厂家自身的需求、在供应链中的地位、阀芯件的型号和毛坯种类几个关键因素。

2）五金龙头的内部制造周期要 35 天，也是制约交付的关键因素，需要进一步对车间价值流进行分析。

3）订单评审要 2 周，周期长。周期长的主要原因是生产部在接到代理商订单后，要就每个订单和供应商去核对零部件交期，而核对交期都是采用手工电子表格的形式进行核对，费时费力。

2.2.3 车间价值流分析

针对不能满足客户需求的产品线和车间，采用微观流程图的形式进行分析，找出影响车间准时交付的原因并加以改善。

即使是车间级价值流图，很多公司也使用得不恰当，效果也不好。价值流图绘制一般都是按照周改善的方式推进，成立跨部门的小组，绘制当前的价值流图，找出库存积压点、关键资源的切换频次和切换周期、设备的利用率等数据。然后，头脑风暴列出改善点，定义未来的价值流目标，其实就是目标车间在制库存水平和交付周期。这个目标库存水平和交付周期往往是领导规定的，例如当前交付周期降低 30%，但最终收效很小。

十几年前，笔者在飞思卡尔半导体做精益专员，也是在顾问的指导下这么做的。当时，笔者对美国那个顾问提出疑问，封装周期缩短 1 天，测试周期缩短2天，意义何在？顾问的回答是："通过缩短在制品库存可以减少车间面积占用，更好地响应客户需求，节约资金占用。"

笔者分析：公司的原材料和成品库存才是关键，车间节约的1~2天库存折算成利息，一年几十万元的成本，还不如几台设备提升OEE多。至于快速客户响应，对于紧急订单，公司都是安排专人跟进，周期远远短于改善目标。至于车间面积占用，半导体是高值产品，一天的产量一个手推车就放下了。

后来我做了咨询才意识到，车间价值流分析主要是解决两个问题。

1）解决从客户需求分解下来的车间交期目标。

从客户需求开始，反推出各车间的交付目标。然后，利用价值流图这个工具解决交期。前面的五金龙头公司的例子，车间缩短周期的目标要根据公司对客户的承诺来确定。在N+3月交付模式下，并不需要车间缩短交期。只有在公司层面决定改销售模式为N+2月时，才有缩减交付周期的动力。

2）解决车间面积不足的问题。

在工厂提升产量的情况下，新增设备不断挤压在制品的存放空间，在制品过多时就会影响车间效率。

车间价值流图分析的一个主要目的是分析库存高低，一般库存高的地方就是存在问题的地方。可以按工序展开绘图，然后到现场统计各道工序之间的库存。有一个公式—LITTLE RUE，说明了交期和库存的关系。

$$交付周期=库存/日产量$$

下面的例子是笔者在一家家电企业进行的价值流分析，如图2-5所示。

通过价值流分析，发现该供应商生产周期长达14天，不能满足7天的交付要求，库存压在金工和抛光。

对金工车间绘制详细的价值流图，发现库存主要积压在退火工序前，整整一万件库存，大约40托盘的货物。退火工序节拍时间13.5S，比前道拉伸工序作业时间12S长。由于公司采用计件制，前道工序的工人会不停地生产以提升效率。各道工序的每天生产时间都一样，因此库存就在退火工序前慢慢积累起来。

项目组要求通过延长加班时间来解决瓶颈问题，同时导入按工序的生

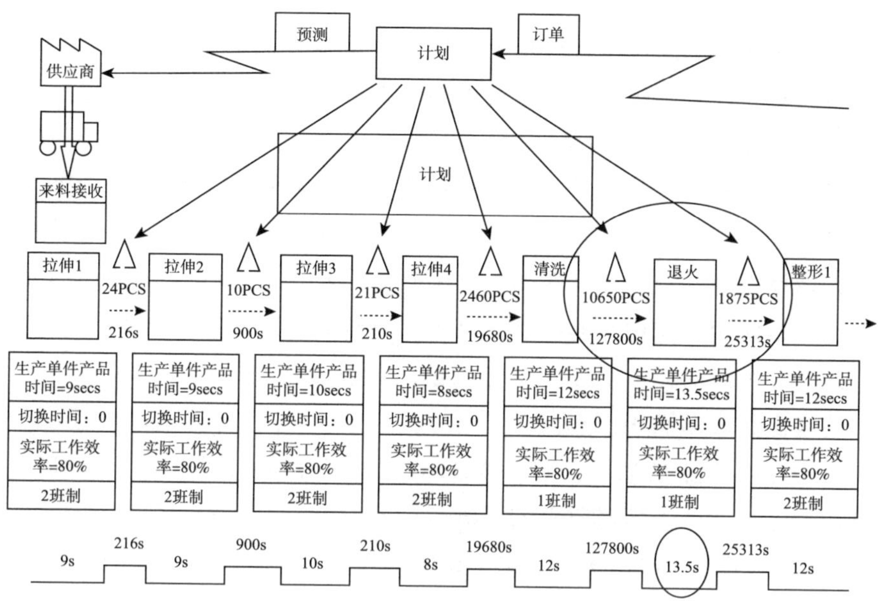

图2－5　家电企业的价值流分析

产进度表，确保每道工序均衡生产。

抛光车间面临的主要问题是返工过高，以及抛光人手不足导致库存积压。项目组重新确定了抛光合格品验收标准，导入抛光一个流产线来解决问题。

绘制车间价值流图的第二个核心问题是各道工序的基础数据统计。单个工序的数据一般包含该工序的设备数量、工人数量、单件产品周期时间（加工时间）、每周工作几天、每天几个班次、每班几小时、生产批量、切换批次、设备切换时间、设备利用率、设备故障率、良品率。

很少有企业能够完整地提供上述数据，难点在于单件产品周期时间、设备利用率、故障率数据、良品率等，一般只有企业有MES系统的情况下才有这些数据。

统计这些数据的核心其实是对各工序产能是否均衡进行分析，下面逐个数据进行讨论。

1）产品周期时间（加工时间）。

这个数据结合客户周需求来分析设备需求数量、人员需求数量。

多数工厂都是多产品同时生产，每个产品的工序周期时间都不一致，折中的办法是先在电子表格中统计出每个产品的工序周期时间，然后按周统计一段时间的产品比例，计算出加权的产品工序时间。然后，根据这个工序周期时间计算出每周需求的设备小时数。

2）设备数量和员工数量。

单个工序的设备数量是结合产品种类一起分析的，如果产品种类很多而设备数量少，则意味着较多的设备切换。一般离散制造业是以模具来决定是否切换，因此统计产品数据时需要将每个产品在每个工序使用的模具统计出来，使用相同模具的产品在该工序可以视为同一个产品族。

此外，可以对比各工序的设备数量，一般设备数量最少的工序可能会由于切换次数较多而积压库存。

各工序的作业员数量与设备数量对比，在工业工程里叫“人机比”，是分析是否存在一人多机改善的突破点。

3）每周工作天数、每天班次、每班工作时长。

市场需求都是有季节性的，而设备产能是固定的，为了充分利用设备能力均衡生产，企业往往调整每周工作天数、每天班次、每班工作时长。

前面已经计算出每个工序的设备需求小时数，根据可用的设备数，可以计算出该工序的设备负荷，从而得出每台设备最小的周工作天数、班次、工作时长。

笔者在国内辅导过上百家企业，有些企业是淡季每周工作 5 天、旺季每周工作 6 天；更多的企业是淡季每周工作 6 天、旺季每周工作 7 天；有些化工企业会每周工作 7 天。一般都是两班制，每班工作时长 8～12 小时。从企业的班次设定可以看出企业的管理重点，是充分利用生产能力降低成本，还是灵活调度响应市场、控制成品库存。

此外，有些企业中部分瓶颈工序的班次会与其他工序不同，这样会造成比较严重的在制品库存问题。例如笔者服务过的一家生产马桶的工厂，窑炉是按照 7 天 24 小时运作，而前后工序在淡季时都会每周只工作 5 天，这样在窑炉工序前后各积压了 2～3 天的在制品库存，现场一片混乱。

4）生产批量、切换批次、设备切换时间。

很多企业不区分订单批量和生产批量，会在生产数据统计管理上带来很多问题，也会对交期带来负面影响。笔者建议，当一个订单批量很大时，将其拆解为小的生产批，最好一个生产批的生产周期接近各道工序半个班的能力，这样前后工序可以每半个班交接一次，可以有效地控制交付周期。

切换批次不同于生产批量，是指关键资源多久从一个型号切换为另一个型号，这个切换批次是由单次设备切换时间和单件生产时间两者确定的。一般来说，切换时间占总开工时间不应超过10%，最好能控制在5%。假定某产品1分钟生产一件，切换时间是1小时，则单次切换周期为1小时/5%，20个小时，意味着2.5天切换一次。如果能控制在10分钟，则200分钟就可以切换一次。这也是丰田单分钟换模的目标来源。

5）设备利用率、设备故障率、良品率。

设备利用率=良品产量×制造周期/当班开工时间。一般机加工企业的这个数据都在70%以内；一些大型机加工企业，这个比例甚至不到40%，大量的时间花在工件装夹、刀具更换上，因此推进标准作业，多台位切换工装成为提升效率的关键。

在考虑到良品率和返工后，前后各工序的产能需求会有差异，一般都是前工序产能稍大于后工序。

作为一名计划人员，需要熟练掌握根据客户周需求、理论加工时间、设备利用率、良率等数据计算设备需求、人员需求的技能。

如果分析结果发现某些工序出现瓶颈，或者工序间库存过多，则需要列出改善措施来提升效率或者降低在制库存。

2.3 成品交付策略与零件交付策略

成品交付策略和零件交付策略必须放在一起分析才能制定。

成品交付策略说起来很简单，大致可以分为四类：按库存备货、按订单制造、按订单装配、按订单设计。但企业一般有多种产品，具体哪类产品采用何种策略并没有统一的方法可以确定。

品牌制造企业的零件采购策略其实就是零件制造企业的成品制造策略，也包括库存出货、订单装配或精加工、订单制造、订单工程交付四大类。

各类模式的交期如图 2－6 所示。

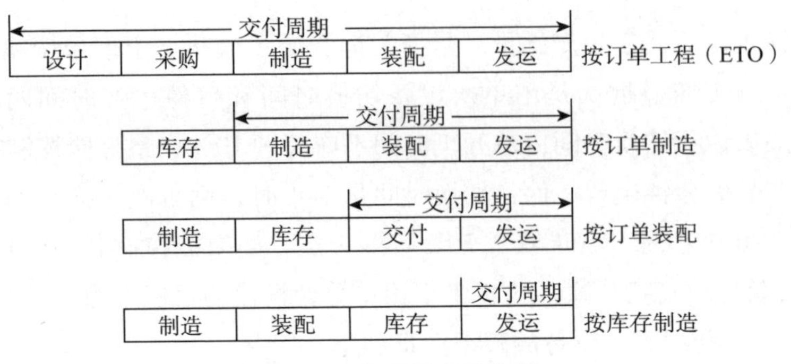

图 2－6　各类模式的交期

针对何种成品或零部件采用何种策略，4×4 就有 16 种组合，是由企业在供应链的地位决定的。笔者认为，按照消费品行业和工业品行业展开分析会更清晰。

2.3.1　消费品行业的品牌制造企业的成品交付策略和零部件制造企业的交付策略

消费品制造企业主要是指汽车、家电、电子、食品和医药等行业的品牌制造商，其制定成品交付策略的出发点是控制市场的缺断货率，以及防止低需求产品出现呆滞成品库存，同时合理利用制造资源以降低制造成本。

消费品企业的常见做法是常销产品采用库存出货或者订单装配，在接到代理商订单时从成品库存发货，或者在 1 周内进行最终装配发货；采用库存出货模式的企业多数会做滚动 3 个月的成品出货预测，然后分解 BOM，将滚动需求发送给供应商，并要求供应商根据预测，或者正式订单交付零件。

对于非常销产品，可以要求代理商下达订单后采用订单交付模式，此时供应商根据订单制造。

这里面的矛盾在于如果供应商接到订单再制造产品，交付周期较长，市场可能出现缺货。例如笔者服务过的一家彩色印刷企业，其客户是宝洁、纳爱斯、雀巢等快消品企业，由于包装更新换代快，这家印刷企业接到客户订单才开始生产，交付周期在 2～3 周。一般来说，宝洁等客户会有一定的印刷包装库存，但当计划发生变化时，客户可能会追加订单，此时印刷企业无法影响消费品制造商的紧急订单。

笔者服务过的另一家酶制剂企业，客户也是宝洁和纳爱斯等，其制造周期长达2个月，但宝洁等公司并不持有酶制剂安全库存，因为酶制剂种类很少，宝洁的多种产品共用相同的酶制剂，因此酶制剂企业可以自行根据预测生产安排库存。

消费品制造商供应链的难点在于成品发货的市场预测，这也是最关键的管理流程。作为消费品制造商的供应商，对各家企业的订单需求稳定性有着切身的认识，同样是洗涤剂行业，宝洁的预测稳定性要远好于联合利华，同时急单也更少。

笔者开发了表2－3，针对汽车行业进行分析。

表2－3　汽车企业成品制造策略

		MTS	ATO	MTO	ETO
	零件/整车	常规车型	无	低需求车型	法拉利等超豪华车型
零部件企业制造策略	MTS	轮胎等		轮胎、发动机、车桥等	无
	ATS	门把手等颜色件、仪表盘等装配、车桥		门把手等颜色件；仪表盘等装配	无
	MTO	自动变速箱等、小型注塑件、冲压件等		自动变速箱等、选装件	所有部件
	ETO	无		无	客户定制件

汽车产品在渠道中一般都有1～2个月的渠道库存，主要是一些常销车型。因此，常销的成品车会按照库存计划安排生产；一些高配车型，或者某些特殊颜色的车型，会根据经销商的订单生产；基本没有采用ATO的模式安排生产，一些超豪华品牌如法拉利等车型会接受客户特殊要求定制化生产。

根据笔者在汽车厂工作的经验，零部件制造企业中发动机、轮胎、车桥等基本是提前储备库存生产；小型注塑件和冲压件供应商都是按订单生产；颜色件都是 ATS 模式，按客户订单进行最后的喷漆；大型注塑件如仪表盘、保险杠等也是 ATS 模式，按订单装配，提前储备零部件。这其实是由供应商的制造周期和整车厂的制造周期联合确定的。

品牌制造商生产分发动机制造和整车制造，发动机制造是单独的工厂，发动机成品用于总装，是基于总装计划提前安排生产，有一定库存。整车生产包含冲压、焊接、涂装和总装 4 大工艺。一个典型的总装厂是年产 30 万的规模，一般包含一条大型冲压线，3～4 条焊接线、2～3 条涂装线、2 条总装线，每天大约生产 1200 台车。冲压线会冲压多个型号产品，基本上生产批量会在 500～1000 件；制造周期为 2 天，焊接周期为 1 天、涂装为 1 天、总装 1～2 天、内部制造周期为 6 天，因此汽车厂计划部会排 N+2 周计划，即 N 周的周四或周五排 N+2 周的总装下线计划。然后，会将这个计划分解为零件需求发送给供应商作为提货计划。

汽车品牌制造商一般都会给供应商至少滚动 6 个月的周预测计划作为供应商备料计划，其中 4 周内的作为确认订单保证使用。然后 N 周周五下达 N+2 周的核实计划，这个一般不会变。根据零件使用工位和体积，T 日需求物料会要求供应商在 T－2 日、T－1 日，甚至 T 日送达。

如果供应商的制造周期短于 6 天，可以根据汽车厂的 N+2 周计划安排自己的生产计划，部件成品库存可以得到有效控制。如果长于这个周期，则必须根据汽车厂给出的预测生产，由于汽车厂临时调整计划，因此必须有一定量的安全库存。实际上，各家零部件厂的库存都在 2～4 周，有些管理不善的零部件企业库存甚至高达 6～8 周。有些供应商采用精益方法组建一个流生产线降低制造周期，或者采用延迟定制的方法。

对于汽车仪表盘、座椅这类大型组件，供应商一般都会采用标准化设计，先期制造出标准化的零部件，然后根据客户的需求进行最后阶段的组装。

颜色件也是，很多供应商会完成未喷漆的毛坯件半成品，根据客户需求最后喷漆。

这里面的特例是自动变速箱，这种部件制造投资巨大，而且只有几家供应商，如日本爱信等。这类部件都是整车厂按年度需求分解到周需求下达订单给变速箱企业，然后库存都储备在整车企业中。

分析完汽车制造企业，我们来看看家电企业的情况，家电企业普遍采用月计划、周提货的模式。

家电企业的制造基本上就是冲压、焊接、涂装和总装。冲压、焊接和涂装周期合计为3天，因此家电企业多数是采用N+1周的计划模式，就是每周四排锁定下周周一到周三的总装计划；然后每周一排当周周四到周六的总装计划，也是安排供应商在总装需求的T-2、T-1、T日交付零件。在这种模式下，基本上所有部件都采用MTS，供应商处库存都很高。这是因为当有质检需求的情况下，周一才下达周四总装用的零件订单，由于国内制造企业质量问题和内部仓库管理问题，周二就要供应商交付零件，然后周二进行质量检验入库，周三时仓库要提前备料。而家电企业一般计划均衡性做得都不好，基本上供应商都有至少4周的零部件成品库存。

这里笔者想讨论一下N+1周和N+2周交付模式的差异。消费品制造企业一般渠道中都有足够的成品库存，如果采用N+2周计划的模式，绝大多数供应商的制造周期都少于6天，可以按照制造企业的订单来制造。这样供应链中的整体库存都会大幅度降低，整体也会降低。而采用N+1周的计划模式，几乎所有的供应商都必须储备部件成品库存来满足准时交付的需求。但笔者辅导过的很多家电企业的计划部都不肯实施N+2周计划，因为销售部会经常下达紧急订单，但实际上只要成品预测和库存管理得好，实施N+2周计划完全可以不出现常规产品缺货的情况。

这里面还是企业计划部的本位主义在作怪，而且国内所谓的家电龙头企业也都是从小企业发展起来的，眼界还没那么高。例如笔者辅导过的一个家电企业的生产计划部长就说："供应商如何交付是他的事，做不好就不要供货了，我就是下达订单，然后考核。"其实，在这种计划模式下，内部的计划部更累，因为每次下达订单后都要和供应商确认能否够交付，如果不能交付，还要改总装计划。常销产品还好，供应商一般都备有足够库存；对于配销产品，往往是周计划一旦调整高产量，供应商立刻反馈不能供货，最终还是无法快速供货。

2.3.2 工业品制造企业的成品交付策略

最典型的工业品制造商是发电设备和工程机械这样的装备制造商，如果说消费品制造商的成品交付策略有一定的规律性，工业品制造企业的交付策略则完全不同，甚至同一个行业的不同企业都可能采用完全不同的策略。

一般工业品制造商都是按照客户订单来制造成品，很少进行中长期的成品预测，接到客户订单后再下达零件采购订单，交付周期都很长。有一些常规型号也可能有成品或者部件储备库存，但这种方式并不常见。

现在进入了以交期为竞争工具的时代，而工业品企业的产品多样性使得供应链管理更复杂。一般消费品品牌制造商的成品 SKU 都在 1000 种以内；而工业品制造商的成品 SKU 数量多的可以达到 16 万种。

笔者总结了自己辅导过的几家企业的成品和零件交付策略，每家企业基本都是针对不同产品混合制定成品和零部件交付策略的，如表 2－4 所示。考虑的出发点包括制造周期、发运是否整车运输、成品是否要定制化、设计标准化等。

表 2－4　工业品行业成品制造策略

<table>
<tr><td rowspan="6">工业品行业零部件企业制造策略</td><td></td><td>MTS</td><td>ATO</td><td>MTO</td><td>ETO</td></tr>
<tr><td></td><td>常规输气管件
中小型起重机</td><td>阀门
小型电动机
常规监控系统</td><td>大中型起重机
出口输气管件</td><td>汽轮机/电机
开关柜
专用监控系统
大型履带吊</td></tr>
<tr><td>MTS</td><td>螺栓等紧固件、车桥、发动机、变速箱</td><td>螺栓等紧固件</td><td>发动机、变速箱</td><td>无</td></tr>
<tr><td>ATS</td><td>液压件</td><td>转轴、电路板</td><td></td><td>电器仪表</td></tr>
<tr><td>MTO</td><td>结构小件</td><td>转盘</td><td>结构件、液压件等</td><td>结构件、线圈等
电路板、轴、汽缸、叶片</td></tr>
<tr><td>ETO</td><td>无</td><td></td><td></td><td>母线</td></tr>
</table>

（1）工程机械公司。

某集团是世界前十的工程机械品牌制造商，其吊车产品常年世界排名第一。吊车产品大体分为汽车吊、履带吊和随车吊三类，汽车吊分为中小吨位（25 吨）、中大吨位（100 吨）及超大吨位（500～1000 吨）。

1）中小吨位产品是以库存出货的方式组织交付的，各销售公司预计下个月的销量，下达预测订单给制造部，制造部生产入库。这主要是由于中小吨位吊车生产厂家众多、竞争激烈，虽然产品质量较好，但竞争对手的产品也有一定的竞争力，客户一般不愿等待。

一般销售公司每个月月初会给出 N + 2 月的订单需求，工程机械制造包括下料、焊接、加工、涂装、总装等环节，整个内部制造周期大约在 4 ~ 6 周，因此对于短制造周期的结构件，供应商都可以根据制造订单来安排生产。

对于螺栓这类通用紧固件，一般都是制造商自己采购作为库存使用。

发动机、变速箱和车桥这类关键部件，由于制造周期长于内部制造周期，而且车桥厂的产能紧张，一般都是制造商根据平均用量提前储备一定量的标准库存。好在这类部件的通用性强，例如 25 吨起重机有十几个型号，但车桥是通用的，因此车桥的需求是稳定的。

交付的难点是液压件，这个部件每个型号的车型都有自己的款式。液压件的制造周期比其他结构件周期长。液压件公司只能自己做出需求预测并安排生产，如果预测与制造商订单不一致，会导致交付问题。

2）中大吨位产品基本都是按照客户订单制造的，这类产品需求量不大，基本都是国内的大型建设公司使用，用户和厂家一般都是长期合作关系。

由于交期较长，所有部件供应商都是根据制造商的订单制造的。

3）特大吨位（500 吨以上）产品一般都是根据客户的需求定制的，根据客户的使用场景进行专门的工程设计，所有部件基本都是根据供应商的订单制造。

4）起重机产品基本不采用 ATO 模式。

（2）某电气装备集团。

该集团是国内最大的民营桥架、封闭母线和电力开关柜制造企业，这个行业的成品基本都是 ETO 的形式，交付周期在 30 ~ 60 天。开关柜是几种基本柜型，根据设计院提出的技术要求进行工程设计，然后采购。结构件等都是根据订单生产；电力仪表供应商一般都采用 ATO 的模式供货，先期完成部件，根据需求进行参数调整出货。

（3）某发电装备集团。

该集团是国内最大的汽轮机、火电发电机、锅炉成套设备制造商，成品都是采用 ETO 的形式，所有的零件供应商基本都是根据该公司的订单进行生产的。其中，影响整个产品交期的主要是转轴、高中压外缸和中厚板。

中厚板主要是由于国内集中在一家钢厂，哈电、东电、上电都从这家钢厂采购，供应商产能相对紧张。

转轴的供应商主要是一重、二重等大型锻件厂，产能是固定的，内部制造周期相对稳定，关键是订单排队时间。如果供应商延期交付就会压缩内部制造周期，如果延期过多就会导致整个项目延期。

（4）某输配气管件集团。

该公司是国内最大的输水输气的管道阀门弯头制造企业，其产品大量出口。整体 SKU 超过 16 万种，国内销售的 SKU 超过 10000 种，国内产品采用 MTO 模式，承诺经销商在 48 小时内交付，主要是由于铸件经销商本身并不持有库存，都是将产品从厂家直接配送到工地，因此必须保证齐套配送。快速交付是该公司的核心竞争力。

国外销售的 SKU 品种十几万种，都是根据各国的法规要求设计的，国外产品都是根据客户订单制造，交期 40～60 天。

国内销售的阀门产品采用 ATO 模式，先铸造并机加工好部件，然后根据客户订单进行喷漆和装配。采用这种模式主要是因为阀门产品有多种颜色，一个基本产品会衍生出 6～8 种颜色成品，如果每种 SKU 都准备库存，库存会非常高。采用 ATO 模式可以有效降低库存，而且部件在装配前储存更节约仓库空间。

（5）某安防企业。

该企业是世界排名第一的安防设备制造企业，其产品包含民用和商用两类。民用产品，如家用的网络摄像头是采用库存出货模式；而商用产品分为按订单制造、按订单设计两类。按订单制造交期又分为 1 周和 2 周两种，1 周交期的产品基本是成熟的量大的产品，供应商都备有零件；2 周交期的产品是量小的现有产品，需要供应商根据该公司的订单安排零件生产。

在电子行业分为结构件、紧固件、功能件和包材。紧固件价低量多，一般该公司自己持有库存。结构件会占据较大的仓储空间，一般都是存放在供应商处，供应商按订单送货，结构件都是按该公司的订单生产。对于功能件而言，芯片供应商都是按订单制造，由于芯片生产要3个月以上，该公司选择自行储备芯片库存。

工业品制造商的成品和部件交付模式远比消费品制造商复杂，要考虑客户、品牌制造商、供应商的交期、供应链的地位、成品运输是否要求整车、产品结构等多种因素。更多的是依靠经验，顾问也只有多见多问，才能找到合理的管理模式。

2.4 制造能力规划策略

在企业制定了成品和零部件交付策略后，下一步需要制定制造策略来满足成品交付策略的需求，包含能力均衡规划、交付周期规划、生产批量规划三个重要主题。

2.4.1 制造能力与需求匹配策略

根据成品的寿命周期、需求稳定性，制造成本合理确定需求－制造能力匹配策略。基本包含三类制造策略：制造与需求匹配、制造能力均衡、混合制造策略，如图2－7所示。

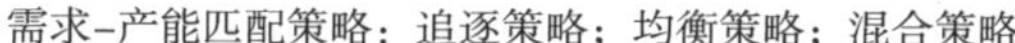

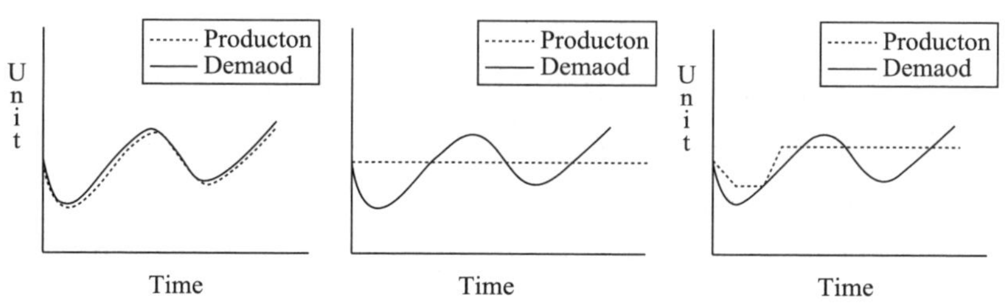

图2－7 需求－制造能力匹配策略

这又是供应链管理中一个理论简单、落地困难的问题，采用混合策略比较合理，但库存多了会影响资金周转率，增加成品仓库面积，还会影响产品的货架寿命。在咨询过程中，笔者看到很多企业由于库存过高，临时调低产量。这里的关键是要做成品的产销存预算，提前预估出每周的库存目标及库位需求，要提前筹划。

要将成品库存考核目标细化，将均衡产能用的这些品种不纳入周转率考核。笔者在辅导项目中发现，销售部拒绝做均衡产能计划。问其原因，总是给出例如市场波动大，可能会造成呆滞；库存高影响资金周转等理由。一旦选定了 A 类产品，将 A 类产品的库存不计入周转率考核，销售部就不反对了。

2.4.2 交付周期设计与设备组织方式

如果当前的制造交期不能满足成品交付策略，需要通过改善降低交付周期，其中产线布局调整是最主要的方式。

产线的设备组织方式包含固定场地式、按工序布局、按产品流布局，每种布局方式的效率、周期和柔性都不同，需要对产品进行 PQ/PR 分析决定。

如果按照工序布局，基本上一个工序就要一个班次。如果一个典型的产品机加工包含 10 道工序，则需要 10 天完成；而按照产品流布局，可以有效降低在制品库存和交付周期，如果将 4 个工序连接在一起，交付周期可以从 4 天压缩到 1 天。

但目前产品种类变化快、上市快、下市也快，产品组合的变化会影响工序的设备能力负荷，从而导致原来设计的产品流布局需要经常调整。笔者曾在一家半导体封装测试工厂做 IE，随着技术革新，单个芯片的面积越来越小，而每个产品上的线数越来越多。

不同的工序受到产品组合变化的影响是不一样的。从前到后，关键的工序包括粘片（DB）、打线（WB）、注塑、切割。粘片工序可以“颗”近似计算产能；打线工序要按照线数，注塑是一条上有几颗物料，按条数计算；切割与变长相关，其实还是与面积相关。随着每颗物料体积减小、线数增加，同样的颗数需要的 WB 设备变多而注塑设备变少、切割设备变少，半导体封装测试设备往往都装有移动小轮，可以很方便地调整布局。

2.4.3 经济生产批量

以设备为主的生产都有经济生产批量的概念。经济生产批量是制造部和销售部的一大冲突，批量低了影响效率和成本；批量大了，一些低需求的产品很难销售出去。

以笔者辅导过的化工行业为例，生产部规定每个批量最少是 80 吨，但某些产品月均销量只有 10 吨，80 吨的产品要销售 8 个月，再考虑安全库存、渠道库存，这 80 吨产品的尾数到了客户手里估计要 10 ~ 12 个月，客户很容易不满意。但每次切换要损失几百公斤的产品，因此为这个批量问题在生产部和销售部之间议而不决。

笔者采用 5 个为什么反复追问，根本原因在于，随着发展，企业导入了大规模生产设备，老旧的设备由于体积小、批量低、生产中单位损耗高、人均效率低，生产部因此淘汰了这些设备，但老设备也有优点，每次切换时损失物料少。生产部有吨损耗的指标，随着设备升级，最小生产批量的门槛也从 20 吨提升到了 80 吨，因此引起销售部的不满。

这是生产部设备选型未考虑产品订单结构组成的事项，解决的方案只有导入较小型设备来生产低需求的产品，后续这家公司在总部工厂导入了一些小型化的生产线来专门制造低需求的产品。

第3章

计划相关绩效与组织职责

在完成计划与物流规划，确定了成品交付策略和零部件交付策略、制造与需求匹配策略后，下一步就是要确定与供应链管理相关的绩效指标与部门职责。供应链组织的核心管理是质量、交付、成本。

例如一家跨国半导体企业的供应链组织的目标定为90/70/50/0，即90%的承诺订单准时交付率；70天库存周转率；50%毛利率；0重大客户投诉（质量内容不在本书讨论范围）。这四个指标很好地覆盖了供应链的关键指标，其他如预测精度、生产计划完成率、物料齐套性等是围绕承诺订单准时交付率展开的；而关键资源利用率、人均效率都是围绕毛利率展开的；成品、在制品、原材料库存都是围绕库存周转率展开的。

绩效指标都是围绕着核心流程设立的，与产品交付相关的核心流程，其中会涉及企业的销售订单管理部、生产计划部、采购部/物资部、制造部、成品物流部等相关部门。

各部门指标考核不一致会带来各部门之间的冲突，例如消费品行业的销售管理部的主指标是销售额，但通常会承担成品库存周转指标，因此不希望成品库存过高；而生产计划部希望通过一定的成品安全库存来提升准时交付率，或者均衡生产以充分利用车间的生产能力来降低成本。供应链管理需要合理地设置指标来驱动各部门努力提升交付率和降低成本。

交付率、库存、生产效率、客户响应是最核心的指标，本章按照消费品、工业品企业分析交付率和库存、生产效率和客户响应来分析。

交付率指标是最关键的指标，交付率指标包含4类指标：客户要求的交付率、承诺交付率、生产及时完成率、物料的准时交付率。在咨询过程中，笔者发现各个企业对交付率的定义和统计方式大相径庭，基本还是可以按照消费品行业的制造商或供应商、工业品行业制造商或供应商进行分析。

3.1 消费品制造商的交付率指标

前面分析过消费品品牌制造企业有两种成品交付模式：成品库存出货模式、销售代理商的订单出货模式。

3.1.1 成品出库模式的交付率管理

医药、日用化工等行业基本上都采用成品出库模式，在这种模式下，企业或者按照48小时内发货率，或者按照下单时的库存可用率进行交付率考核。如果企业的ERP系统相对完善，交付率数据可以得到准确地记录，考核相对简单，但也存在一些问题。

问题1：是按照订单数量还是订单笔数考核缺货率?

如果按照订单数量考核，想到的是A类量大的产品不会缺货，这样指标会很好看，但销售部肯定希望各类品种都能满足代理商订单。

因此，有些公司又提出按订单笔数考核缺货率，但这种情况下客服人员有可能通过满足B类、C类客户的需求来提升这个指标。笔者服务过的一个消费品客户，对主计划部的主要考核指标是拣货率，即客户下达订单后按时交付的笔数或总笔数。运行一段时间后，发现A类客户缺货率居然比B类、C类客户还高。究其原因，缺货时，1个A类客户一次要100吨的货，而这100吨的货可以同时满足很多笔B类、C类客户的订单需求。在某个产品处于临近缺货时，客服人员就开始进入控货模式，优先将小客户的需求预留出来，以此提升交付率。

一些公司的做法是将数量缺货率和订单笔数缺货率综合，各自占50%的权重。然后，按照客户打款先后顺序发货，杜绝客服人员挑选订单。

问题2：重复订单如何计算交付率。

如果一个客户一次订货未满足，后面该客户天天下这个物料的订单，算是一笔延误订单还是客户每下一次订单就算一次延误?当缺货时，一个客户恐慌性订货，即一次订平时好几个月的货，这样是否算缺货?

笔者辅导过的一个全国性的医药商业企业，其北京分公司严格按照医院的订单笔数计算，就发生过某种药品短缺后，一个医院药房的工作人员每天下单，而这家企业就每次记录一次缺货，一个医院在2周内就发生了14笔缺货。而同样的情况在该集团上海分公司医药商业企业就只算一次。具体怎么定义，实际上是计划部和销售部长期博弈的结果。

同样在这家商业企业，一个客户本来每周用5盒药，发现缺货后，一次订了40盒，然后连续8周不订货，这导致新补充的药品在其他几家医院都断货了。

前面的例子都是说客户不会配合计划部弄虚作假。当客户是企业的经销商时，还会有其他问题出现。笔者还遇到一个国内著名的化肥企业，他们的衡量指标是平均发货天数，即接到订单到装车发货的天数，考核天数是三天，销售部抱怨生产部交付周期长，但从SAP提取指标，平均不到三天，完全满足公司考核。进一步分析，发现该公司有20%的撤单。原来，当某种产品生产部超过7天还不能交付，生产计划员就直接联系地区的销售经理，要求代理商先在SAP中撤单，等产品生产出来再重新下订单。这样一来，交付指标很理想，但实际客户需求未得到满足。对于复合肥生产，每次切换产品，成本损失是4万元。对于C类产品，生产部不累积80吨的订单是不安排生产的，而经销商下订单是随机的，这样就有可能需要等待2~4周才能发货。后来，笔者给出的建议是采用轮次计划，即提前安排好C类产品的生产时间，例如每月第一周生产C1、第2周生产C2，要求经销商提前一周的周五前下单。如果经销商错过本次计划，就只能下个月再订货。

所以，做好交付率考核需要运营管理部根据公司的实际业务需求综合考量、堵住漏洞，关键点是要建立一个良好的信息系统进行监控。

3.1.2 订单交付模式的消费品企业的订单交付率考核

笔者辅导过的家电企业多数采用这种模式，每个月做计划时是经销商报需求给销售部，销售部与生产部就产能、关键物料的供应情况进行均衡后的产销平衡计划。因此，很少有对销售部的订单交付率的考核，而是对生产部的按承诺的计划完成率的考核。

产能一般不是焦点，销售部和生产部对每个月的产能都有比较清晰的标准共识。问题的焦点在于对品种的承诺，特别是对一些需要长周期零件的新产品或者低需求产品，经常发生的问题是销售提出销量增长，生产说缺少物料没法支持。一般销售部都是N月给N+1月订单，然后再给出N+2月预测，但有些电子产品，如显示屏、芯片的交付周期都是4~6个月，零件交期长于销售预测展望期。生产部只能根据自己的预估进行采购，但显示屏这类专用物料一旦买多了，销售说卖不了这么多就会生成呆滞品库存。这是生产部的重要考核指标，因此生产部不愿意多买。解决这类问题的方法只有一个，就是每个月就这些长周期零件订一个总需求量计划。

销售部和生产部争执的另一个焦点在于对代理商的周插单的交期承诺。对于销售部来说，代理商缺货意味着销售业绩的损失，恨不得生产部时刻赶工，但生产部对插单深恶痛绝。通常销售部和生管部会约定一个插单的上限比例，例如约定每月插单不能超过月订单的 20%。每一笔插单，生管部必须重新计算零件需求，然后找供应商核对新增的零部件能否供应。经常遇到的情况是，A 类产品的成品，品牌商准备了储备库存，而代理商不会周插单。代理商下达的周插单，往往包含一些特殊零件，生管部缺少这类零件储备，无法供货。这时，销售部会抱怨，如果生产部能准时供货，我们能提几个百分点。有些公司，销售部会单独将周插单的响应比例做统计并汇报给高层。笔者辅导过的一个著名的家电企业，其 7 公斤的滚动洗衣机使用的一个特殊零件来自意大利，一般这种洗衣机月销量不过 3000 台。但是，年底时，市场做了一个活动，半个月内就消耗掉所有的安全库存，而意大利的供应商根本不肯大幅度提高供货量。

一般来说，品牌商对生产部考核生产计划完成率，而客户订单交付率或承诺交付率很少考核。

3.1.3 生产交付率考核

这个交付率基本都是计划部对制造分厂进行的考核，一般都是按照周考核的模式，例如海尔就是计划部给生产部下达交付订单，按周考核入库数量和品种。因为家电工厂安排 6 天工作，有些工厂就规定如果前 6 天完成了当周产量则不需要加班；如果完不成，需要部分人加班来完成订单。因此，这个指标普遍在 95% 以上。如果不能完成，往往是重大的设备、质量或者物料短缺问题。

3.1.4 对物料齐套率的考核

汽车和家电这类企业，会提前几天在 SRM 下达送货单，要求供应商按送货单供货，然后对比实际送货和要货信息，自动计算准时交付率，如表 3 -1 所示。

表3－1　PUS单

<table>
<tr><td colspan="5">发往：
供应商：上海 ××公司
地址：×××
电话：×××</td><td colspan="4">Duns#编号：×××
联系人：×××</td></tr>
<tr><td colspan="5">交货日期：××
窗口时间：12：00－12：30
卸货口：××
交货地点：××</td><td colspan="4">收货联系人：××
电话：××
SGM计划跟踪人员：××
电话：××
承运商：××</td></tr>
<tr><th>序号</th><th>零件号</th><th>零件名称</th><th>交货数量</th><th>实际数量</th><th>包装数</th><th>料箱数</th><th>料箱号</th><th>备注</th></tr>
<tr><td>1</td><td></td><td></td><td></td><td></td><td></td><td></td><td></td><td></td></tr>
<tr><td>2</td><td></td><td></td><td></td><td></td><td></td><td></td><td></td><td></td></tr>
</table>

有些企业的信息化管理能力不足，采购订单是在系统中发布的，一般一周一个订单，而提货计划是靠手工发送电子表格给供应商。这种情况下，供应商送货时只有采购订单号，例如1笔订单是1000件，计划要求供应商每天送200件，仓库只能在系统中查该订单号是否存在，如果没有该订单号而且数量未满则收货，根本没法进行供应商物料准时交付率考核，只能基于车间的停线记录，即由于供应商晚交付而造成的总装线停机。

不要觉得只有小公司才会发生这样的事情，笔者辅导的一家年产值50亿元的国内上市企业，计划基本靠手工，对供应商准时交付率考核就流于形式。

笔者帮他们分析数据还发现了一件有趣的事情，由于月底考核材料库存指标，有些前期安排的订单后面推迟了需求，但采购订单已经下达了，供应商会在月底未经计划人员的同意自行将零件交付，仓库也接收了，然后月底财务就付款了……

由于公司太大，每日零件种类太多，依靠手工方式来监控是不可能的，必须上马SRM系统，要求供应商按照提货订单交付。

家电行业的部件供应商可以分为：功能件如芯片类供应商；结构件如

五金/注塑件供应商；包装材料供应商；紧固件供应商；原材料供应商。每类供应商的交付模式和交付率考核都不同。

结构件和包装材料供应商统计这个指标比较容易，一般客户的订单上都写明了产品和交货期，直接按这个考核，只要采购量不超过模具产能，一般都是假定供应商有足够的产能供货，而且供应商一般都备有零件成品库存，或者按照总装计划生产，结构件生产只要供应商不出现批量质量问题，交付率是可控的。事实上，如果去给国内家电企业配套的那些结构件和包装材料的供应商仓库看看，随便哪个物料号的周转天数都不会低于2周。

紧固件一般都是批量采购，很少出现短缺情况，因此交付率指标并不重要。

家电行业的金属板材等使用种类并不多，也是和厂家签年度合同、批量采购，缺货的概率不高。

真正的难点是功能件，例如电机、芯片、电路板等，供应商往往有自己的品牌和知识产权，不能轻易更换供应商；制造设施投资也比较大，同时有很多的客户，如果多个客户同时下单，供应商在局部时间并不能按照制造商的需求供货。

笔者服务过的一家美资半导体企业，客户包括索尼、西门子、格力等家电或电子企业，同时追踪客户订单交付率 COTD、承诺订单交付率 POTD 和生产计划完成率 FOTD，COTD 通常只有 60% ~70%；POTD 在 80% ~ 90%，FOTD 在95%以上。对供应链计划部主要的考核指标是 POTD，对工厂的考核指标是 FOTD，COTD 并不进行考核。每个产品都有一个生产期量，例如封装为4天、测试为6天。然后，为每个工厂设定了周产能。接到客户订单后，将订单分配到工厂，超过产能的订单推迟交付期，并反馈给客户。这有一个前提，半导体行业由于具备专有技术、设备投资又大，企业承诺的交期如果不能满足客户需求、客户职能等，客户通常会自己备一部分芯片安全库存。由于制造企业自己持有芯片安全库存，也很少对芯片企业进行交付率考核。

3.2 工业品制造企业的交付率考核

笔者服务过的工业品制造企业包含两类：一类是成套装备企业；一类是通用工业品企业。这两类企业的交付模式大不相同，前一类是以项目制管理，后一类是多品种小批量的重复制造，两者的交付流程和交付率考核模式完全不同。

3.2.1 成套装备企业的交付率

消费品制造企业面对的是代理商，缺货损失的是潜在销量，而成套装备企业的订单如果延迟交付，很可能会引起客户方的罚款。但笔者辅导了非常多的成套企业，没有哪家企业有成熟的项目准时交付率数据及考核。有以下几个原因：

（1）客户真实需求日期与合同签订交付日期并不一致。

成套装备企业的合同交付日期多数不按照合同签订日期，而是在项目执行过程中不断签备忘录，因为签订合同一般都在18个月前，其间的项目实施进度很可能会延后，成套装备价值高、体积大，如果完工了业主不能接收，会给企业带来财务和运营方面的大麻烦。但有些项目停滞又不完全是业主能控制的，国内火电企业项目基本上都是抢跑，还没拿到发改委的批条就开始组织项目，一旦国家政策变化，项目停滞风险很高。因此，需要项目经理不断地与业主确认交期。

（2）合同交付日期不具备操作性。

很多业主前期项目组织混乱、招标组织混乱，要求的交付日期不具备操作性。例如笔者见过一个合同，签订的火电合同要求6个月交付周期，实际业主自身的项目进度完全不会按这个周期管控。也有企业明知不能及时交付也去签约，先把合同签下来后期再想办法。

（3）未准时交付对当期项目带来不良影响。

一些民营电厂或者民营企业自备电厂的项目，这些企业招标进度滞后，项目交期往往非常紧张，一旦延误就会按天数罚款，对交付率有非常高的要求。但一些国营大厂的合同即使延期也不会罚款，在这种情况下，企业可能会优先保障周期短的民营企业合同而将国企的合同推后，然后去做一些工作弥补。

（4）由于业主和设计院原因造成的项目延期。

例如设计院进度滞后、业主付款不及时等原因也会造成项目延期。

总之，由于业主不严谨，导致成套装备企业没法科学地统计项目准时交付率数据。这与波音的飞机交付形成了鲜明的对比，波音公司与航空公司签订合同时，根据自己的现有订单数量、产能情况排出订单交付周期。笔者与某公司生产部部长聊过这个问题，他说国外的发电企业，如三菱等企业，每年就固定安排多少项目，超过了就往后排；不像有些企业，即使超产能也接单，然后靠加班、找外扩资源来实现交付。在国外火电是夕阳行业，只有1～2家制造商；而国内不同，除了三大企业外，还要很多中小型企业可以做30万火电，如果企业不承诺交期，就拿不到订单。未来火电新订单会萎缩，企业主要靠改造项目和售后维修盈利，现阶段一定要多抢占市场，因此很多合同签得不合理，肯定延期也要签。

在经济突飞猛进的年代，成套装备企业面临的是需求大于供给的市场，因此项目准时交付率确实很难管理。但在产销均衡的年代，项目交付率逐渐被各大发电企业关注，准时交付已经成为企业的一个竞争优势。

生产完成率：成套装备企业，如汽轮机生产非常复杂，需要十几个分厂协作，前后衔接。保证不同前序分厂的零件的同时交付，对总装分厂来说难度极大，基本按照生产部制定的计划对各分厂进行考核，交付数据的统计非常困难，在缺少ERP的情况下，只能靠人工按照部套齐套性考核。

原材料或零部件交付：基本按照合同招标，约定交付日期，实际上很少对供应商的准时交付率进行考核。因为很多合同规定的交付日期本身就不是企业需要的日期，供应商晚交付并不会对生产有影响，如果供应商按时交付，制造企业还可能不肯接收；还有一些情况，合同提出的交期供应商根本无法满足，例如转轴制造要4～5个月，有时候合同直接规定3个月交付，供应商也是先签下合同，然后延期交付。

笔者服务过一家欧洲的矿山机械企业，发现情况与国内企业完全不同。首先是每个月就产出四台，超出产能的订单就往后排。然后分解到供应商的零部件交付周期到周，按周考核供应商交付。合同签订日期基本就是要求交付日期，很少调整，供应链有条不紊。

总之，国内成套装备制造企业基本上是接单时超过产能，交期不足的单子都接，交付时看哪个项目紧张就优先交付，很多项目延期交付；供应商也采用同样的策略来对付制造商。

3.2.2 通用工业品企业的交付率考核

笔者对辅导过的两家企业的成品交付率印象极其深刻，这两家企业都是各自行业里的世界冠军。这两家企业的信息化都很强大、执行力也强，各类过程数据统计非常健全，而且依赖数据的分析也在持续改进。

某输配气管件企业是世界上最大的输水输气管路铸件企业，成品超过16万种，其对国内代理商承诺的是通用产品接到订单48小时内交付。不同产品的制造周期在10~20天，这么多成品，要及时齐套地将货物发送出去，对整个供应链计划提出了极高的要求，交付率就是以接到客户订单到发货满足需求的比例，大约在98.5%。

内部的生产交付率：分别考核各车间的交付率，每个产品的制造总期量、每个车间的制造期量都有明确标准。对于延误的订单，会分解出各部门的实际天数，分清责任。

材料交付率：该企业主要是紧固件标准件和包装材料，供应商的工厂就在企业附近，供应商都备有库存，交付率很高。

该企业的信息系统是自行开发的系统，结合自身行业特征开发，功能非常强大，计划基本抛开了手工电子表格辅助，主计划、车间派工、完工都在这个系统完成。

某安全设备公司，成品超过10万种。其成品交付率非常复杂，第一类产品是通过超市渠道销售的，如网络摄像头产品系列。这些产品是采用库存出货模式，以客户下单时的库存满足率为指标；第二类是常规商用产品，这类产品是4天交付，接到客户订单4天准时交付；第三类是客户一些简单定配置的产品，这类产品交付周期是14天，包含接单、设计、专用部件制造，基本上准时交付率都能超过98.5%。笔者印象最深的是无论客户多小的订单，这家企业都做，生产线上很多订单只有1个产品，制造系统柔性化极高，而且过程的信息管控非常强大。

内部的生产交付率：前端的电子工厂是按预测生产，生产好备件后入库，电子工厂交付率与成品交付率是分开的。电子工厂更重要的指标是生产效率，总装工厂的生产交付率就是以合同交付率进行考核的。

零部件交付率：在 ERP 中对供应商的准时交付率进行考核，数据非常翔实准确。

该企业使用的 ERP 是 SAP，其做了非常多的二次开发，这家公司是笔者见过的对 SAP 软件应用得最好的国内公司，计划流程非常规范、数据准确、信息化功能强大。

对于这样的拥有超过 10 万种成品的企业，如果没有强有力的信息化系统执行是无法实现准时交付的，企业交付不好，客户就会离去，企业也不会发展强大。正是由于企业执行力强，才能开发出强力的信息系统，而强力的信息系统又助力企业的供应链进一步强大。

如果不能用数据管理交付率，供应链优化就是一句空话。

3.3 消费品制造商的库存考核

计划影响到的成本主要是库存和生产资源利用率。库存包含成品库存、在制品库存、原材料库存，主要是管理周转率。此外，呆滞品库存也是未计划的结果。生产资源的利用率主要是会影响固定资产的成本分摊。后面也是以分消费品和工业品行业进行分析。

3.3.1 库存周转天数如何计算、如何考核

企业管理离不开库存周转率这个指标，通常上市公司的库存周转天数采用的公式为：库存周转天数 = 库存金额/（年销售金额）×360。这个算法通常用于年度考核。

对于负责考核的部门来说，有几个重要问题，考核频次、考核部门、考核公式。

问题 1：考核频次作为一个重要指标，每年考核一次肯定频率过低了，按照季度考核还是按照月度考核，哪种更合理？

笔者认为，这要看企业的产品结构和制造周期。对于多数企业来说，

产品制造周期通常在1个月以内，按照月度考核更科学，能反映当期管理问题。而某些装备制造行业，生产周期长达6个月，每个月考核一次库存周转天数是没有意义的，可能季度考核和半年考核更合理。

问题2：考核公式。

月度考核该采用什么样的公式？常见的有三个算法：

1）库存金额/（滚动12个月的销售金额）×360

2）库存金额/（滚动3个月的销售金额）×90

3）库存金额/（上个月的销售金额）×30

当企业制造周期短于1个月时，根据当期原则，选用公式3似乎是最合理的。但这又有一个现实的困难，在中国的消费品行业，有所谓的六大节促销，导致月与月之间的出货量差异很大。特别是2月份，很多公司基本没有出货，这导致库存周转天数波动极大。采用公式2，可以适当减小销售波动的影响。

此外，有些公司根据历史数据，给每个月设定了不同的库存周转天数指标，可以使考核相对合理。

对于那些生产周期长于1个月的企业，车间的在制品库存往往是用于支持未来几个月销售的产品。笔者曾经服务过的一家丹麦企业，就做出了一个基于预测/未来订单的库存周转天数指标。就是同时计算当月的库存/未来3个月的销售预测/预算，当月的库存/过去3个月的销售量，从里面取较低的那个数值作为考核值。

问题3：考核部门。

库存按照使用状态可以划分为原材料库存、在制品库存、成品库存，该如何分解到各部门？

成品库存通常划归给销售部，同时生产计划部要部分承接该指标。在制品库存主要划归给生产部，生产计划部要部分承接该指标。原材料库存通常分解给采购部，有些公司部件采购的职责划分给计划部，则该指标由计划部负责。

对人力资源部门来说，既要通过考核指标来规范业务部门的管理，又要避免不合理的考核指标造成业务部门无法执行，如何科学地计算指标也是用尽了心思。就是库存周转天数这么一个简单的核心指标都没有标准答案，需要根据自身企业的业务特征来制定。

3.3.2　库存出货模式——如何管理及考核成品库存

成品按库存出货的企业，通常对主计划部考核成品库存指标和缺货率指标，而对销售部考核预测准确度。逻辑是销售部通常对市场更了解，因此应该负责月度产品预测，而主计划部可以根据销售提供的预测数据，并结合历史的预测准确度（预测与实际出货的差异）来设定成品安全库存。

目标设定通常基于历史数据逐步降低，带来了两个冲突。

首先，成品安全库存受到预测精度的影响，也就意味着主计划员和预测计划员之间无休止的冲突。预测计划员通常是对月销售进行预测，而主计划员是针对周/天进行排产。

下面这个例子，预测计划员认为自己的预测精度在两种情况下是100%，而主计划员认为第一种预测精度只有50%，如表3－2所示。

表3－2　预测精度

	1周	2周	3周	4周
预测	1000			
实际出货1	500		500	
实际出货2	250	250	250	250

如果要求销售人员进行预测，一个明显因素是销售人员为了避免缺货，会夸大未来的销售趋势。笔者曾经服务过的一个丹麦酶制剂企业，每个月的预测都比实际出货量超出了30%。后来大家发现用过去3个月的平均销量来做预测，比销售人员的预测精度更高。最后的结果是主计划员排产只是参考销售预测，更多的是根据历史销售的平均值来安排主计划生产。

其次，会带来主计划部和生产部之间的冲突。由于主计划部有成品库存指标考核，在销量下降的月份，主计划部会降低更多的库存来满足库存周转天数考核。而生产部希望充分利用生产能力，即在淡季时，主计划员能安排更多的产品。国内很多企业是计件制生产，如果计划部不下达订单，工人收入下降，会影响工人的离职率。而在旺季，计划部常常强迫车间周末连续生产，甚至一个月不休息一天，高强度、长时间的工作导致质量问题频发，这时候生产部就开始抱怨计划部在淡季时不储备产品。

笔者辅导过的一家铸造企业，最初也面临同样的问题，最终通过将成品分为A类、B类、C类，只针对B类、C类产品进行周转天数考核，对A类产品的周转天数不考核，用A类产品来平衡淡季的产能，降低了B类、C类产品的库存，同时提升了关键资源的利用率。

笔者建议综合考虑关键资源利用率和成品库存天数两个指标。其中，成品库存天数分解为A类产品库存天数和B类、C类产品库存天数。对于非上市公司，可以不考核A类产品库存天数；对于上市公司，对A类产品半年和一年的库存周转天数进行考核，平时每个月只考核B类、C类产品周转天数。

3.3.3 订单出货模式——如何管理及考核成品库存

订单出货模式的成品库存管理及考核似乎是一个无解的问题，生产部按照客户订单要求的交付时间将产品生产出来，但到交付日期，客户推迟提货甚至取消了订单。这些库存该考核哪个部门？考核销售人员？销售人员说："代理商渠道中已经有了很多成品库存，没钱继续提货了，而且市场波动大，某些型号库存高，另外一些型号库存低。"考核主计划员？主计划员说："我是按照销售部的要求进行的生产，订单生产模式下降低成品库存难度极大，更重要的是控制风险，避免客户订单调整造成的呆滞品。"

那么，销售部能否管理代理商，确保代理商按照订单提货？

对于品牌商，代理商下达订单后，企业组织生产，如果代理商不提货，企业可以进行考核，还可以将这些产品发给其他客户。风险主要在于C类产品的订单，当代理商取消订单，这些产品就变成呆滞库存。

此外，一些产品的生产讲究经济批量。对于化工产品，每次切换设备都会损失原料，费用在几千元到几万元不等。以复合肥生产为例，切换一次设备的综合成本高达3万元。所以，生产部会设定一个经济批量，这会导致产生较高的成品库存。如果累计订单低于经济批量，生产部根本不安排生产。

对于机加工零件，经济批量主要是设备切换工时，一道机加工工序时间不过10秒，切换一次需要1个小时，小订单根本不够支付加工成本。

对于陶瓷马桶，由于一副模具生产出来需要连续生产 90 天，以一条产线 16 套模具计算，产品会连续生产 1440 件。如果该产品需求只有每月 100 件，多出来的产品就成为成品库存。

库存管理的重点在于 C 类产品的库存管理和生产经济批量。

3.3.4 生产在制品库存与车间期量管理

生产在制品包括车间在制品和在制品库的半成品。多数企业车间在制品考核的部门是制造部，而在制品库半成品考核的部门是计划部。车间在制品周转天数 = 车间库存金额/车间月产值 × 30。这个数据相对容易提取及考核。

对于单件生产，有一个近似的公式 LITTLE RULE，车间在制品 = 生产周期 × 日产量。如果每天生产 100 件产品，生产周期为 3 天，则车间在制品为 300 件。从这个角度看，降低车间在制品和缩短生产周期是相同的。因此，控制车间库存的重点是管控制造期量。

对于按照订单交付的制造企业而言，期量可能是最重要的计划参数，包含订单评审周期、生产周期、采购周期、成品交付周期几个期量；对于部分企业，还包括产品设计周期。其中，生产周期是最关键的内容。

生产期量的制定主要有 3 种方法：历史数据法、按工序分配固定周期、工序累加制造周期 × 安全系数。

第一种方法适合于车间中不同的产品工艺路线相似，企业根据投料时间、完工的实际时间的平均值来确定周期。这种方法并不科学，存在较大的改进空间。

第二种方法是将产品的工序展开，根据工序的制造周期给定一个相对固定的期量。以某机械企业为例，对于中小金工零件，每道工序期量设为 1 周，虽然加工时间可能只有 1 小时。

对于某企业，其机加工工序每个工序期量设为 1 天。

这个期量实际上是从两个责任主体的交接来考虑的。由于信息化系统相对滞后，两个部门之间交接需要当面点数，为了提高交接的效率，采用固定周期的交接模式。每周或每天的固定时刻两个分厂进行交接点数。

第三种方法适用于一些关键部件的管理。以某机加工零件为例，其工序长达 30 道，如果每个工序都是按周交接的模式是无法满足客户需求的。

这些产品基本都是前工序完工后，立刻与后工序进行交接点数。这种模式对生产控制资源要求较高。

设定什么样的系数是第三种方法的核心内容。笔者在飞思卡尔工作时，公司总部聘请了 TBM 咨询顾问进行指导，当时总部要求降低所有产品的制造周期，大家询问如何设定周期目标、安全系数水平、LT/CT。美国顾问回答，如果能做到 LT/CT 达到 2 的水平，就可以算是一流水平了。然后，精益小组计算了自己的系数，发现封装大约在 2.5 ~3 倍水平，而测试生产在 3 ~4 倍的水平。

后来，笔者从事咨询行业，每次给客户计算 LT/CT 的比值时，发现基本超过了 4 倍的系数。笔者按照 3 倍的系数作为项目目标，都能有效地降低客户的制造周期。

唯一的例外是一家发电设备客户，其产品交付周期接近 18 个月，其中转轴的加工周期接近 8 个月，当时客户立了一个改善项目，缩短转轴的制造周期。统计完历史数据，发现该企业的平均 LT/CT 系数只有 1.6 倍，完全打破了笔者的认识。原来转轴加工是客户的关键路径，企业专门安排了一名转轴计划员负责安排转轴生产，该计划员采用的是手工排甘特图的方式，规划了每一根转轴在每一个机台的开工、完工时间。对于关键工序，每个班次的加工量都有严格的规定，所以保障了这个系数。

很少有企业直接对生产期量进行考核，而是通过控制开工和完工日期进行考核。计划部规定了车间的交付日期和开工日期，通过计划完成率进行考核。

在笔者接触过的企业中，只有飞思卡尔半导体对生产期量专门开发了系统进行监控，按产品 SKU 计算出每个产品、每个季度的均值和 75% 的上限均值。如果实际周期超过了期量标准，则供应链计划部要求制造部提出改进措施；如果实际周期低于期量，则要求制造部在系统缩短期量标准。

对于制造部来说，缩短期量意味着交期考核更为严格，一般都是抵触缩短期量。聪明的部门甚至通过控制完工时间来凑期量。以笔者服务过的飞思卡尔来说，有一个部门就在完成所有的工序之后，不立刻报完工，而是等到接近周五的时候集中报工，这样可以保证实际的平均期量与系统设定期量基本匹配。

笔者记得有这样一个客户，公司将在制品库存的指标分解给生产部，生产部又将指标下达给各分厂。机加工件分厂厂长和笔者沟通时说："于老师，我觉得在制品考核不该考核分厂。首先，每个产品都有生产期量，这个生产期量是生产处和分厂一起制定的，由生产处最终审核通过的。其次，生产处运行ERP，分解生产订单，从交付日期倒推开工日期。如果没到建议开工日期，分厂根本没法打印工票开工生产。生产处既然控制住完工日期、生产期量、开工日期，库存就确定了，与分厂根本没关系，考核分厂是不合理的。这个车间在制品天数受产品组合影响变化大，分厂有些产品制造周期大约1个月，有些产品3个月，最长的产品要6个月。当前的车间在制品是为1~6个月以后的需求准备的，用哪个月的产值更合理?"

"我赞同您的观点，直接考核车间在制品周转天数，对于产品组合非常复杂，生产周期差异很大的车间来说，并不是一个非常合理的方式，采用每个产品控制生产期量可能是更合理的方法。这种方法用于衡量总装车间的在制品，或者产品相对单一的加工车间更为合理。在叶片分厂，要降低在制品库存，不如直接按照产品族考核生产周期降低比例更合理。"

很多客户推进精益第一步是做5S，而推进5S的难点则是车间物料的摆放。

对于总装车间，笔者曾经辅导过很多客户，其总装车间的装配线旁库存堆积如山，影响作业员的作业效率。很多时候连通道也堵塞住，此时推进精益的第一步就是按照车间需求、按日/班次将物料配送到车间超市，然后由车间专职的物料员将物料根据需求从车间超市配送到产线旁。此时，总装车间在制品数量一般控制在1~2天。

对于多工序的加工车间，一般包含两种类型：一类是产品的工艺路线基本相同，如半导体封装，虽然有十几道工序，但加工路线基本相同；另一类是产品的工艺路线不同，甚至包括回流工序，如某公司的金工和叶片车间。对于第一类加工车间，考核在制品周转天数相对容易，但第两类加工车间，在制品周转天数考核指标是没法合理设置的，也就意味着无法考核。

在制半成品通常存放于推/拉节点。以小家电企业为例，前序的注塑工序讲究经济批量，需要一次生产1000件产品；而后序的总装每日出货可能只有100件，在注塑车间和总装车间之间会形成一个半成品仓库。如果希望降低这部分库存，需要从预测精度提升、缩短注塑机切换时间入手。

3.3.5 原材料库存目标设定、控制和考核

原材料库存数据是最容易获得的，也最容易考核，多数公司的目标设定方式都是基于历史数据逐年降低天数。一般公司会基于公司的职责划分考核物料管理部或采购部。

笔者辅导过超过30个降低原材料库存的项目，效果明显的不多。几个大幅度下降的都是采用了所谓的“VMI库存”，简单说就是通过让供应商将物料放在制造商处，等用了才给供应商付款来实现的。

为什么降低原材料库存这么难？如果单独挑选出一种物料进行采购－入库－使用－库存分析，我们可以发现很多产品库存都处于高位，但真的降低这部分库存会发现基本不可能。

由于丰田对TPS的推广持积极态度，基本上每个推行精益的企业要么去日本参加过标杆学习，要么去国内一汽丰田或广汽丰田参观现场。所有参观过丰田的人都惊叹于其内部的物流体系，部件在需要时恰好运送到总装工位。

一般制造企业推进制造系统变革的顺序是先导入平衡记分卡或目标管理等来改变公司的绩效体系，在绩效体系推进2～3年后，发现很多行动计划无法落地，进而开始导入精益变革。通常第一步都是导入5S和目视化管理；然后导入IE改善来提效；随后导入班组建设来提升基础管理水平；第二年导入TPM进行设备管理，同时有些企业会导入PPAP过程质量控制及六西格玛项目来提升质量。企业在推进2～3年精益变革后就开始进入一个平台期，似乎各项精益工具都应用了，也有了一定成效，但与参观过的世界一流企业相比还差一些，于是很多企业开始将精益从车间推广到整个供应链，开始推进计划及物流变革、供应商管理变革。此时，企业会发现真正的困难出现了。即使是笔者曾经服务过的国内一流的家电企业，如海尔和美的，其物流管理水平对标丰田和通用汽车也有很大差距。

每次客户听说笔者曾经在通用汽车的计划物流部工作，都会提出“为什么汽车行业能将物流做得那么好?”的疑问。

在笔者看来，汽车行业物流做得好的基础是汽车主机厂计划稳定性做得好，而计划稳定性的实现依靠的是主机厂对经销商和零件供应商的有效

管控。

对经销商的有效管控保证了3个月的滚动主生产计划的稳定性，而对零件供应商的有效管控保证了零件按时按量按质的交付，从而保证了2周内日计划的冻结，避免反复调整日计划及零件交付计划。

零部件采购计划模式包括：基于预测、基于主生产计划、基于近期的历史用量、最大量、最小量。

零件可以分为长周期零件和短周期零件。对于长周期零件，基本都是基于预测或历史用量，然后增加一定的安全库存。2~4周的安全库存是最常见的设定。

对于短周期零件，按理说是基于主生产计划来供货，但笔者辅导过的多数国内客户，主计划的冻结期根本无法保障，周一排周三的计划，甚至有些厂商周一才能给出周二的计划，不能锁定主计划的原因在于客户急单，部分供应商供货质量问题导致的计划调整。在这种情况下，要求供应商快速供货的同时，还要保证供应商整车送货，即使供应商处库存很多，多数制造企业的原材料库存都会超过1周。一般公司总经理看到这么多原材料库存，都会问："××厂商就在公司附近，每周送2~3次货，为什么库房还有这么多库存?"

笔者以前工作过的一家企业，其包材采购计划是由仓库人员负责的，仓库经理就是由于包装材料频繁爆仓，占用了大量车间通道面积而被老板解职的。实际上，在该企业的生产交付模式下，包装材料就该占据这么大面积。负责采购原材料的计划员其实没有招数降低库存水平。

3.4 工业品行业的库存管理

工业品行业的成品库存管理指标和原材料库存管理指标与消费品企业差异较大，但车间在制品的考核与控制方式差异并不大。

3.4.1 成套行业的库存考核

成套行业的库存管理最大的难点是成品库存管理，最容易出的问题是项目完工了，却不能按期发货给客户，客户由于各类原因推迟了接收的进度。一般企业都是树立了两类指标考核项目经理：库存周转天数、入库后延迟发货的项目数量。

成套行业的成品库存降低只能依靠项目经理与客户的及时沟通、对客户整体项目进度的把控。

成套行业的原材料库存为原材料和部件。部件都是按项目订单采购，部件库存的最大风险是已经采购但发生了设计变更造成的呆滞库存。一般来说，仪表等的设计变更意味着该部件基本没有机会再次被使用，但公司在该仪表寿命到期前很少有办法处置。一些公司设置了报废指标，由仓库记录每一种物料呆滞产生的原因并按年度考核。

原材料如钢板和 U 钢也是基于项目采购的，但采购所使用的是预估用量，与正式用量之间会产生偏差。此外，有些钢材品种有最小起订量，会比预期用量多买一些，因此会产生额外的物料。

一般公司都是直接考核物料的周转天数，同时会设立一些鼓励措施，鼓励设计人员定期优先使用呆滞物料，鼓励各部门采用代用的方式消耗呆滞物料。

原材料管理中经常会出现一个黑洞，就是所谓分厂的二级库，由于发料时钢板和 U 钢都有一定的尺寸，分厂使用后会出现尾料。一些公司的物管部门不肯接受分厂退返的物料，导致分厂内部积累了大量的钢板库存，一般车间都没有 ERP 的物料管理功能，只能靠电子表格台账记录。管理不好的分厂，时间长了会台账混乱，实物与台账对应不上。物管部不能退库的原因：一是尾料通常是小尺寸的钢板，退回物管部也很难再次利用，呆滞物料就累计在物管部；二是与 ERP 使用相关，成套企业按照项目管理，发料时物料已经归集到该项目成本，分厂退料财务很难做账。

一些企业管理比较规范，严格按项目退库的政策，一个项目完工后，其车间部件和材料一定要退库。这种方式较好地保证了车间现场的有序生产，值得推荐。

3.4.2 通用工业品行业的库存考核

笔者观察到的通用工业品行业最关注交付率，其次是生产效率，对库存管理也侧重于避免出现成品呆滞品而导致产品最终报废。

通用工业品企业一般都是采用 A 类和 B 类产品备库生产，C 类产品按订单生产的模式。其中 A 类、B 类产品都是设定标准的安全库存和经济生产批量，如果库存低于安全库存，则按标准经济批量组织生产。

为了均衡生产、提升车间效率、降低成本，一般 A 类产品还会根据当月需求，在淡季时多生产一些，从而实现削峰填谷的作用。

相对应的，通用工业品的企业的成品库存考核通常是 B 类、C 类库存的周转天数和呆滞库存数量，对 A 类产品库存数量并不严格考核。

这样的设置体现了成品库存管理目标与生产效率目标如何协调一致。

通用工业品企业的原材料库存管理与成套企业差异很大，倒是与消费品制造企业的库存管理模式很相似，基本都是按照安全库存和经济运输批量采购原材料和库存。

3.5 生产效率

2010 年，笔者进入咨询行业，那几年经济环境比较好，客户最关心的是在场地不变的情况下产出增加，公司在攻单时最爱向客户承诺的指标是人均效率提升，那么在项目立项时该如何测定人均效率呢？

人均效率 = 产出/投入人力

这个公式看着简单，但进行核算时发现问题很多。首先，产出是用产值、产品产出数量还是产品产出工时来衡量？其次，投入人力是按照车间额定人数、出勤人天数还是实际出勤工时来衡量？

产值受到原材料成本、销售价格的影响，效率提升 10% 还不如材料波动影响大。所以，直接用产值肯定不合适。

如果用产品数量，对于汽车和家电行业来说，虽然也存在问题，但勉强能用。笔者接触过的家电企业，基本上都是按照产品数量，然后人为地增加一个产品难度系数。例如海尔其将 5kg 的洗衣机系数设为 1，6kg 的洗衣机系数设为 1.1，7kg 的洗衣机系数设为 1.2，每生产一台 6kg 的洗衣机等同于生产 1.1 台 5kg 洗衣机。但如果遇到产品结构之间差异巨大的公司，如五金龙头生产，这种方法就不适用了。例如最简单的产品只需要加工 3

个孔，最复杂的产品有7个孔。公司对效率的考核是按照套数来衡量，随着消费升级，复杂产品占比越来越高，这意味着不管车间如何努力，效率都在下降。

如果按照工时，问题更大了。谁来测定工时，怎么保证工时可靠？很多企业的人均工时每个月400~500小时，而实际出勤时间只有200小时，用人均工时衡量效率就是个笑话。

对于投入人力的衡量，理论上按照完工时间、开工时间最合理，但每天的完工时间实际上是测不准确的。只要公司考核人均效率，而车间实际又达不到，车间就会想尽一切方法来实现。例如某家电企业，其产品下线时进行扫描，公司规定完工时间按当班最后一个产品的扫描时间。如果当班出现了异常问题，工人会在快下班时，提前将线上未完成的几十台产品先扫描入库，然后继续加班一个小时，来完成当班的效率考核指标。这样一来，考核完工时间是完全没有意义的。所以，国内的企业多数都是按照出勤天数考核效率。

那么，是否存在一个标准的公式来测定效率呢？笔者的观点是没有一个统一的标准适用于所有企业，只能根据企业的产品结构、工艺特点有针对性地设定公式。笔者认为，最简单、可操作的方式是基于产品加权系数法，而加权系数则是根据产品结构特征用公式计算的，只要能保证总体偏差不大，即使某些产品计算值与实际值有差异，也不影响考核。

即使企业建立了生产效率的合理考核公式，开始从信息系统收集数据，很快企业管理者就会发现季节性需求对每个月人均效率的影响，会导致没法考核车间每月的人均效率。淡季时需求下降，人数不变，人均效率下降，怎么考核？

基本上所有的消费品都有季节性，企业能采取的措施无非是按需求生产、按产能均衡生产、混合式生产（同时考虑需求和产能，找到最佳点）。

应对淡季的方法：一是增加需求，将旺季的需求提前生产；二是降低产能。最简单的方法就是给工人放假。例如很多企业春节有1个月的假期。但其他月份的淡季怎么应对？丰田的方案是淡季每周上四天，休息三天；旺季时每周上6天，休息1天，旺季多上1天用淡季的休假来冲抵，而且这个安排是在年初的时候就设定好了。汽车厂是严格按照节拍生产的，在这种情况下，汽车行业的人均效率是可统计、可管理的。

丰田能这么做主要是因为汽车行业的季节性规律强，而且渠道中始终有 30～60 天的成品库存。此外，汽车销售需要在车管所上牌照，丰田能够准确掌握渠道中的成品车库存数量及终端销售数量。汽车产品 5～6 年换代，在车型上市半年后，除非发生异常事件，一款车的未来销量基本是可估的，其他行业基本不具备这个条件。在淡季时，也不敢给工人放假；在旺季时，工人数量又不足。

3.6 客户响应的评估与生产计划稳定性评估

客户订单的快速响应和生产订单稳定性这两件事，在很多企业其实是相关的。

销售系统对生产系统不满的地方往往是生产系统对客户的紧急订单响应速度不够快；而生产系统对销售系统的不满包含紧急订单多、订单批量小、月度之间不均衡。

对紧急订单的响应进行衡量的企业很少见，因为难点在于客户的紧急订单很多是无法实现的。例如正常是 60 天交付，客户下达一个 50 天的订单，生产系统可以赶工；如果客户下达一个 10 天的订单，对于企业来说，无论如何不能满足。那么生产系统如何做才算是快速响应呢？如果只有一个紧急订单，那么生产系统肯定能响应。如果紧急订单比例过高，该如何响应呢？

笔者在 SCOR 模型里面看到有关于交付柔性的介绍，但感觉操作性不强。

笔者在一家汽轮机企业见到相对合理的判定准则。这家企业的每个产品都有标准期量，各分厂按照标准期量交付；如果是紧周期产品，分厂按照标准期量的 70% 进行赶工；原则上计划部紧急订单（短于标准期量的订单）不超过 30% 的比例。

计划稳定性是比计划柔性更难以定义和衡量的数据，“我们公司计划的最大问题就是稳定性差”，这句话其实包含几种含义。对采购中长期零件的采购员来说，他指的是3个月的采购周期内的计划波动性；对于短周期零件的采购员来说，他可能是说下周一到周五的日计划的波动；对于仓库人员来说，他可能是指每天甚至每小时的装配顺序的变化。那么该如何衡量计划的稳定性？

计划准确性 = 1 - ABS（原计划 - 最终的计划）/最终的计划

如果原计划为200，最终计划为150，那么实际的准确性为67%。可以根据需求将产品分为A类、B类、C类，分别统计各类产品计划的稳定性。

计划稳定性与安全库存水平密切相关。以主计划稳定性为例，如果采购周期是6周，为了保障不断货，安全库存就要设为1周。滚动周主计划的稳定性主要与市场需求波动相关，如表3－3所示。

表3－3　滚动周主计划的稳定性

	1周	2周	3周	4周	5周	6周
第一周计划	100	100	100	100	100	100
实际最终计划	120	120	120	120	120	120

对于滚动日计划的稳定性，采购员希望的是每日计划与实际的差异要小。下面这个例子，计划员认为周计划是稳定的100%，而采购计划员认为周二到周四的计划精度只有25%。造成这种差异的原因可能是前道工序生产有了问题导致A未能及时产出，提前生产了B替代。这种情况一旦出现，后续供应商为了保障及时供货，必须要提前一周就完成所有的产品部件以备主机厂的计划调整，如表3－4所示。

表3－4　滚动日计划的稳定性

	计划						实际					
	周一	周二	周三	周四	周五	合计	周一	周二	周三	周四	周五	合计
A	10	10	10	10	10	50	10	0	0	30	10	50

续表

	计划						实际					
	周一	周二	周三	周四	周五	合计	周一	周二	周三	周四	周五	合计
B	20	20	20	10	0	70	20	30	20	0	0	70
C	0	0	0	10	10	20	0	0	10	0	10	20

对于装配计划的稳定性，以表 3 – 5 为例，产品 B 可能是由于某个部件短缺或者有质量问题，因此只能推后装配，如表 3 – 5 所示。

表 3 – 5　装配计划的稳定性

序号	计划	实际
1	A	A
2	B	C
3	C	D
4	D	B
5	E	E

这种改变的影响在于对车间超市面积的影响。现在国内企业的基本物流作业流程是提前一个班次或一天将下个班次所需要的物料配送到车间超市，然后由车间的物料员根据产线实际需求配送到产线。如果不能稳定每日的装配顺序，那么仓库必须将一个班次或一天的物料提前配送到总装车间，这会占用极大的面积。

在笔者接触的所有国内客户中，追踪计划稳定性的只有 2 ~ 3 家，而且全部聚焦在滚动周计划的稳定性上。滚动日计划的稳定性和装配计划的稳定性没有一家企业在管理，而结果就是供应商高库存，以及车间的面积占用。

3.7 计划相关的岗位职责——汽车行业的例子

典型的消费品制造商，预测流程隶属于市场部，计划部更多的是针对确定的滚动产销平衡计划组织生产。一家汽车企业的计划物流部的岗位设定和职责设定，如图3－1所示。

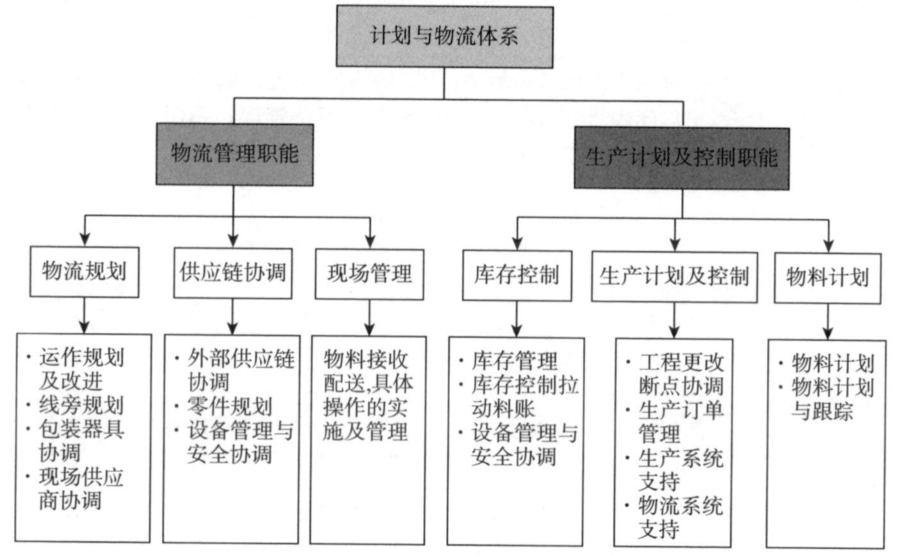

图3－1　一家汽车企业的计划物流部的岗位设定和职责设定

咨询过程中，笔者发现多数公司的计划和仓库管理是分开的，很多关键工作都没有明确的流程。由于缺少岗位设定，很多工作处于“三不管”的情况，哪个部门都不负责。

推进供应链计划和物流改善，需要设立专门的物流规划工程师进行推进。

某公司的生产控制和物流部下面设置了两个科——计划科和物流科，设立了6个组，合计18个岗位。表3－6是各岗位的职责。

表3-6 各岗位的职责

物流规划	组织规划、优化工厂物流，规划协调各车间、第三方物流及进厂供应商物料配送业务	运作规划及改进	对工厂内物流进行合理规划，确定工厂物流运作模式、仓储区域、布置、库存大小、拉动接收及运输方式、人员设备配置等，调整并完善物流操作体系，以降低物流成本，提高物流响应速度，配合公司质量体系的认证及实施
		线旁规划	满足物流操作要求，按照物流规划的原则，进行线旁布置及优化，确定零部件配送方式，进行车间内部物流规划工作，车间线旁包装优化提请
		包装器具协调	协调物流包装器具设计、各方确认，提请采购申请并跟踪，包装器具保养、维修、账务的管理，外部转运管理，以满足物料供货要求
		现场供应商协调	监督、检查、协调现场供应商，确保现场供应商（第三方物流、器具管理、设备管理）在保证工作质量的前提下，及时响应工厂的生产要求
供应链协调	对供应链的优化、整合，对供应链各环节的跟踪、监督和管理，保证运输低成本、高效运作	外部供应链协调	根据生产计划，安排好运输，跟踪运输状态，制定应急方案，保证物料按照准确的时间节点送到工厂，保证收货及库存转移的及时、准确，并在运输过程中监督承运商的操作，确保操作符合要求，并进行运输成本控制，优化供应链体系
		零件规划	零部件 PFEP 信息维护，新项目的协调上线装车控制协调，使公司各项目按计划节点实施
		设备管理安全协调	制定安全规章，创造安全的工作环境，保持良性的安全氛围；根据生产节拍，使物流设备得以安全、充分地利用；配合公司安全环境管理体系认证及实施
现场管理	组织开展物料供应、现场物流管理、生产服务工作，支持工厂生产	物料接收、配送，具体操作的管理	确保现场安全、有效运行，制定标准操作程序，根据生产节拍有序地组织物料供应以保证流水线的顺利生产，管理现场供应商按规范、流程操作

续表

库存控制	建立库存管理流程，确保账务相符，为物料的采购提供业务和数据支持	库存管理	保障生产性物料的账物相符，根据实际的业务操作制定、更新、监控库存相关流程，控制有关库存的所有操作以保证库存的准确性
		拉动料账	负责生产零部件的收、发、存，将进出物料信息输入系统，协助库存管理及盘点工作
		料账分析	监督、协调所有库存账务的处理，协调、解决财务等其他部门对库存账务问题的疑问，对盘点分析进行最终审核并在系统过账，配合财务资产管理和审计工作
生产计划及控制	协调市场与生产的差异；协调各个生产部间的生产执行节拍差异，使生产均衡。监控生产计划实施，异常情况的及时沟通和汇报，安排新项目的生产实施	工程更改断点协调	保证生产持续稳定的运行，物料计划及预测准确生成，维护生产系统中的产品规格数据，实施工程更改，并通过试生产的形式保证零件的变更，协调新项目
		生产订单管理	准确及时地满足市场对车辆的需求，充分和制造部沟通，制定年度生产滚动计划、月度作业计划，并进行订单的维护、排序，确保按照市场的实际需求生产
		生产控制	对各车间的实际生产进行控制与协调，使生产受控并按照制造计划有序进行，同时对生产数据进行收集、汇总并提供报告，让领导层及时掌握生产情况
		生产系统支持	了解车间生产制造需求，协调IT开发制造系统及生产相关系统，并进行系统数据的设置与维护；车辆制造跟踪及控制系统的需求分析及协助开发；物料拉动系统的需求分析及协助开发；生产制造系统的有效运行及改进
		物流系统支持	支持ERP物流系统设计开发及正常运行，解决系统发生的问题，对系统的不断改进向相关部门提出需求并跟踪问题解决的状态，协调其他部门对系统的支持与运行
物料计划	物料采购计划的制定和物料跟踪，确保正常生产有足够合乎规定的物料	物料计划	有效地维护物料订单系统，确保系统产生正确的物料计划，协调库存、生产计划、供应链管理，确保系统中物料计划的准确性，并协助处理所有影响物料计划和供应商交货的因素。根据规划要求，合理设置安全库存，维持系统库存处于精益的状态
		物料计划与跟踪	保证生产按时进行，保证供应商得到准确、及时的供货零件信息，在精益安全库存的基础上，保证及时拉动的条件下，发布订单，跟踪零件到货并被合理地使用在正确的车辆上；及时发现潜在的短缺风险，合理应对，保持流水线的物料畅通供应

第4章

需求管理

对计划和物流进行合理规划，确定各部门在计划流程中的职责及绩效后，就进入了日常运作环节。

企业的核心计划流程包括：年度业务计划、月度滚动需求预测、产销平衡计划、主生产计划、物料需求计划、车间派工计划、零件采购计划。其中，年度业务计划、月度滚动需求预测、产销平衡计划可以归总为需求计划。

单个计划的技术难度都不大，难点是各个计划的衔接。特别是年度业务计划与需求预测之间的衔接、产销平衡计划与主生产计划之间的衔接、主生产计划与零件采购计划的衔接，很多公司做得一塌糊涂，导致上下各环节为了准时交付疲于奔命，各类库存高、呆滞品多。

计划的源头是需求管理，理想的需求管理的输出是销 - 产 - 存预算，消费品品牌商这方面的管理流程相对细致，而工业品企业的管理流程相对粗放。

4.1 企业需要什么形式的需求管理流程

笔者在做咨询项目时，生产系统对销售系统的怨念在于销售系统的需求计划做得不好，很多企业的销售部根本不做预测，只下达订单。不能泛泛地说要推进标准化的需求管理流程、推进销售预测，需要从行业特征来分析企业的需求管理的合理形式。

笔者建议，还是按照消费品品牌商、消费品供应商、工业品制造商、工业品供应商切入分析。

首先，当前所有的教科书介绍的需求管理流程，包括美国运营管理协会推介的“销售与运作管理”流程，都是基于消费品行业的实践发展出来的。这里面包含一些假设：

1）历史的销售数据可以在一定程度上应用于未来的销售预测；

2）企业可以采用市场活动影响顾客的需求。

这个假设对于家电、快消品等行业确实是站得住脚的，但离开了消费品成品企业，很多假设是不成立的。

对于消费品供应商，同样是给宝洁洗衣粉产品工厂供货的企业，做外包装袋的企业做滚动预测意义就不大，只能基于宝洁的预测和订单。而做酶制剂的企业则需要自己做市场预测，这是因为包装袋都是专用的，而且产品更新换代速度快，印刷包装企业只能根据宝洁的订单组织生产，生产部意见再大，也没法进行预测，只能推进精益生产，缩短制造周期。此外，宝洁会定期调整供应商的供货占比，因此依据历史的出货量预测未来出货量是不靠谱的行为。

而酶制剂企业则不一样，工业酶是技术含量很高的产品，是酶制剂企业的专有产品，基本上成品没法更换配方，所谓年度新产品基本不涉及酶制剂更新。此外，虽然宝洁会给酶制剂企业提供预测，但这个数字对酶制剂企业没有太大用处，因为一款产品会有多个工业客户。宝洁的需求可能只占该产品出货量的 30%，而很多国内企业是不会提供 3 个月滚动预测的，因此工业酶制剂企业只好自己进行预测、组织生产。宝洁提供的预测数据最多是在出现缺货时，进行配额分配时的参考。

即使是消费品品牌制造商，很多行业也没法预测，例如服装行业，今年卖得好的款式明年未必还能卖得好，哪家企业能引导顾客需求？可能只有耐克的爆款才有这种能力。因此，服装行业销售基本都是季节订货会，经销商都是凭眼力来采购。

至于工业企业，无论是成套装备企业还是通用性工业品企业，利用历史销售数据进行统计预测都是不靠谱的事。

例如发电装备企业，企业销量是由每年的新增装机容量，预估的自身能占据的份额等决定的。明年的销量没法用今年的销量数据来决定。

又例如通用性工业品企业，挖掘机的销量与房地产行业密切相关，也很难用历史出货数据作为预测依据。

对于工业品供应商，一般都是根据客户订单来组织生产，做统计预测同样基本是不可能的。

但这并不是说除了消费品品牌商需要做需求管理，其他企业就不需要做需求管理，而且每类企业必须根据自己的企业特征构建适合自己的需求管理流程，而不是一定要按照标准化的“销售与运营计划”流程来推进。

例如消费品制造企业可以采用标准的销售与运营计划方法管理；消费品供应商可以基于消费品品牌商的预测订单的准确性和波动，设置安全库存或最大、最小量的方法进行计划管理。

工业品成套企业可以进行定性的行业发展趋势分析，然后确定企业按产品族的目标销量。工业品成套企业供应商则可以与客户密切沟通，了解行业趋势，进行能力策划。

通用工业品企业可以根据宏观经济建立某种形式的回归模型，确定行业趋势。然后，设定本企业的市场份额目标。

非消费品行业中需求管理做得比较好的企业是飞机制造业，波音和空客会定期发布自己对各细分市场未来十年、二十年的需求预测。

笔者接触过的客户中，电力装备企业对行业趋势研究得比较成熟，各家企业都有自己的需求预估的成熟模式。相反，工程机械企业对这方面的研究就不够成熟。

后面还是以消费品品牌企业标准的需求管理流程为主体进行分析，同时会掺杂一些其他类型企业的做法。

4.2 年度业务计划

4.2.1 业务计划概述

业务计划是一个年度计划流程，处于供应链计划的起始点，由销售部在每年的年底做出，一般每年的9月、10月就开始做，业务计划在计划中的层级如图4－1所示。

业务计划的内容包括：公司目标、人员需求、工厂或设施位置、资源需求、增长率、客户需求变化、区域经济环境变化、主要竞争对手、业务计划增长率、可用的财务资源、新兴技术。公司目标包括：增长率、利润率、投资回报率、市场份额、客户服务。其中，对后续的销售与运作计划影响最大的是销售增长率。业务计划是在产品族层面做出的，也要细分到关键客户和区域。业务计划的输出是年度销－产－存预算，其用于指导销售、制造和物流等部门进行资源规划。

国内多数企业都导入了正式的业务计划的流程，但业务计划的应用水

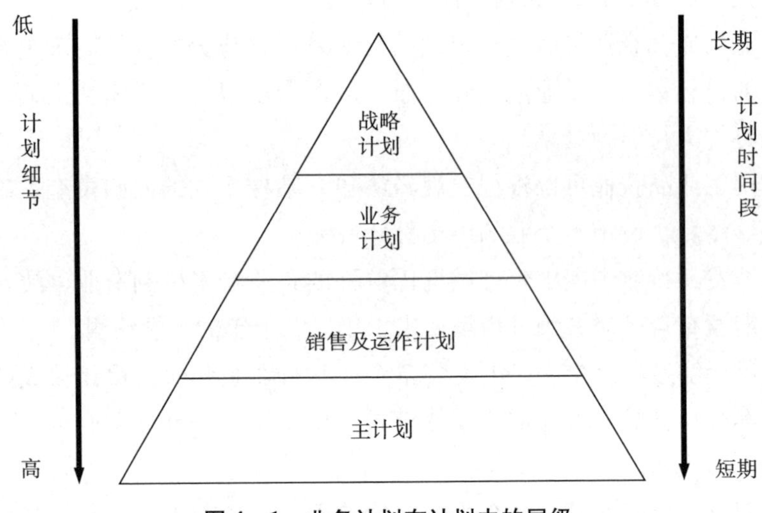

图 4-1　业务计划在计划中的层级

平差异很大。外资企业的业务计划相对规范，而很多民营企业的业务计划更多的是对销售部的销售目标预算，无法对运营起指导作用；按照行业来说，汽车行业普遍有规范化的业务流程管理，即使一些民营汽车企业的业务计划，也与日常运营结合得非常紧密。

笔者辅导过的一家民营印刷企业，销售业务计划只是销售季度目标，是以销售额数据表示的，虽然也分解到了产品族上，但业务计划的数据与实际的出货数据一致低于 50%。在运营中，销售和生产都不使用业务计划中的产品预测数据，业务计划数据对运营没有任何参考价值，业务计划与需求计划完全是脱节的。

在一些外资企业，每个季度都要对市场实际销售与业务计划进行对比，如果有偏差，需要进行偏差分析及改善行动。

下面分别介绍某汽车企业的业务计划和某外资企业的业务计划。

4.2.2　汽车行业的业务计划

汽车企业基本每年年底都会向社会公布企业的转年度销售目标，同时公布上一年度的实际销量与销售目标完成率，多数企业的完成度都在 90% ~110%。

公司定下总销量目标后，市场部会将其分解到具体车型，主流的汽车企业的汽车车型包括微型A00级、经济型A0级、紧凑型A级、中级B级、高级C、大型D级六个级别平台。然后，每个级别中又包含轿车、SUV、MPV三个主要分类，轿车又分两厢、三厢和旅行款。在国内，A00级和D级轿车不是主流，很少企业涉及制造。

汽车制造的四大工艺中，冲压和涂装的通用性最强，各车型可以跨线生产；总装线要考虑到专用的物料配送问题，如果跨线生产，需要3个月的提前准备周期；而焊接线传统上是专线生产，一个平台一个产线，例如生产凯越的焊接线无法生产赛欧，白车身焊接好之后储存困难，因此必须谨慎地安排白车身生产计划。此外，汽车的主要部件中自动变速箱是在做年度业务计划时考虑的重点，6速自动变速箱的生产垄断在几家大的变速器厂家如日本爱信手中，自动变速箱生产投资巨大，变速箱厂基本都是满负荷按固定节拍生产的，而且同一个基本型号的自动变速箱与整车厂的车型匹配后都算一个单独的产品。目前的惯例是整车厂与变速箱企业谈好年度采购量后，自动变速箱均衡生产提供给整车厂，由整车厂持有库存。如果预测量大于实际销量，也只能后期调整；如果预测量低于实际需求，一般也没办法在年中追加订单，只能损失市场的销量。

因此，每个车型必须预测到自动挡和手动挡分类。

此外，发动机也必须考虑，发动机的生命周期甚至还长于整车，一般一个整车平台设计出来6~8年会换代，而发动机10~15年才换代。发动机一般分为0.8~1.2L三缸系列、1.3~1.5L四缸系列、1.6~18L四缸系列、2.0~2.5L四缸系列、2.5~3.5L六缸系列。传统上微型车A00匹配0.8L发动机、A0经济型匹配1.3~1.5L发动机、紧凑级A匹配1.6L发动机、B级车匹配2.0L发动机、C级与D级匹配3.0LV6发动机，但现在随着技术进步，增压发动机开始流行，A0/A级车开始匹配1.0T增压发动机，因此年初做预算时必须将发动机型号也细化。

销售预算分为终端出货预算、批发数量预算、生产数量预算三个数据。汽车销售季节性强的，销售需要控制库存；生产设施投资巨大，因此生产部希望能合理保持月产量。

整车库存分两块：4S店库存和厂家库存。因为新车有上牌数据，可能汽车行业是对渠道库存掌握最清楚的行业。一般来说，库存在4~8周波动，普遍认为4周库存是健康的。当成品车库存降低到2周，就会出现某些型号市场缺货的情况；而成品车库存增长超过12周，则会给汽车厂家和4S店带来巨大资金压力，此时需要调整生产预算或者进行大型促销。

生产部根据销售部的业务计划，内部的生产能力和停线保养计划生成生产预算计划。汽车销售有明显的季节性，但生产需要相对均衡，表4－1是某企业的年度产销存预算表。

表4－1 某企业的年度产销存预算表

单位：元

	1	2	3	4	5	6	7	8	9	10	11	12	合计
年初销售预算	3800	3000	5000	5000	4000	4000	4000	3000	5500	5500	5500	5500	53800
年初生产预算	4300	3500	4500	3200	4100	4300	3700	3500	5500	5900	5300	5400	53200
库存	4000	4500	5000	4500	2700	2800	3100	2800	3300	3300	3700	3500	

汽车行业的标准产能是按照每周5天、每天双班、每班8小时规划的，在淡季时会上四休三降低产能，旺季时会上六休一，同时每个班工作10小时。这样最高周产能是最低周产能的1.8倍，而且在两个最大的淡季2月和8月会安排1周的停产，用于生产设施的维修保养。

汽车企业与其他企业最大的区别在于，汽车企业会在年初时提前规划好哪周需要上四休三、哪周需要上六天进行补班，一般来说，这个安排只是在年中7月份会微调。这样可以方便员工提前进行日程安排，供应商也可以提前根据这个计划安排自己的保养计划，基本上供应商也都是安排在这周停产。

丰田等日资企业的8月停产日期都是安排在8月第一周，其在中国的合资企业的停产日期也是这个时间段。如果这周去日本旅游，会发现这周的价格比前一周和后一周的价格都要高。

业务计划与月滚动产销计划的衔接：业务计划是在车型平台层面，而月滚动计划要到具体的配置，销售部每周会更新滚动40周的车型配置计划给制造基地。两个计划在车型平台的总量数据是一致的，然后根据历史销量比例和公司策略将车型计划分解到车型配置的数量。例如凯越总量是每月1万台，假定自动挡和手动挡比例为60∶40，1.6L和1.8L发动机占比是70∶30，那么1.6L手动挡是28%、1.6L自动挡是42%、1.8L手动挡是

12%、1.8L 自动挡是 18%。具体的车型颜色订单要到 N 月再确定。

4.2.3 某外资的业务计划介绍

国外企业的业务计划更正规一些，某公司业务计划是一个年度计划，它是由销售人员在每年 10 月份做出的对明年的销售计划。这个计划是该公司供应链运作的基础，它主要包含表 4－2 的内容。

表 4－2 某公司业务计划

Year	Product Id	Product	IPG	Industry	Industry ID
Geo. SubRegion 1	Country Code	Country Name	Customer Group	Customer Id	Customer
Quarter	AB Volume	RSF TY			

Year，预测年。

Product ID，产品的 7 位数字代码。

Product，产品名。

IPG，产品属于哪一个大的行业。

Industry，产品应用于哪个产业。

Industry ID，产业的 CODE。

Geo. SubRegion1：产品销售的地区。A 公司将全球销售区域划分为东亚、东南亚等 13 个区域。

Country Code，产品的销售国家。

Customer Group，A 将客户分为 SA、A、B、C 四类客户，不同的客户设定了不同的战略。

Customer，实际客户，SA、A 顾客，预测需要直接做在客户水平上，B 类和 C 类客户汇总预测。

Quarter，销售预测是在季度水平上做出的。

AB，预测数值。

RSF，调整后的预测。

在出货预算的基础上，生产部根据产能制约排出生产预算，并计算成品库存预算，物流部提前筹划运输和仓储能力。

业务计划与销售计划的匹配：这项工作是需求预测员（Demand Planner）靠电子表格完成的。每个月初，用 VLOOKUP 函数将业务预算与实际的产品－客户出货量导入一个表中，然后使用透视表功能先对产品销量进行分析。如果偏差较大，则细化到单个客户层面。分析出偏差较大的问题后，整理一个清单分别与不同产品对应的销售进行沟通，并将销售反馈的原因记录下来。每个季度会汇总实际销售数据与预算的偏差，半年时对于偏差非常大的产品会修正预算。

4.3　需求预测

需求管理是用来平衡客户需求和供应链能力的供应链管理流程，包含需求预测与产销平衡，有以下六个步骤，前三步是需求预测，后三步是产销平衡。

（1）确定需求管理的策略：审核公司战略、研究供应链网络和瓶颈、确定需求管理的重点和目标。

所有行业都需要需求预测，但重点完全不同。例如汽车行业的预测重点在于均衡季节性需求，充分利用产能的同时合理控制成品车库存；对于手机行业，确保高通的芯片供应量是重点。对于快速消费品行业，需求波动之大完全无法预测，增加供应链灵活性来满足市场波动是工作的关键。

（2）确定预测流程。

预测在 SKU 上、产品族上还是产品系列上？使用历史数据统计预测法还是专家判断法？预测展望期，是预测 3 个月还是 6 个月或者是 2 年？

公司的不同部分可能使用不同的预测等级，例如生产计划可能需要一个在 SKU 级别上的预测；运输计划则可能需要一个集中在产品系列，但对不同地区有所区别的预测。

预测需要考虑时间间隔，被预测的单位和预测的用途。

对新产品和短期产品，一个企业可能使用与标准产品预测不同的方法，例如在一定时期内的填线量合计。

如果每个职能部门的经理人都各自独立地进行他们自己的预测，该企业就会在预测流程上失去控制，而这正是笔者在过去几年所见到的事情。

（3）对数据应用进行规划。

如何统计数据？如何进行数据清洗？如何使用历史数据进行预测？如何分享预测信息？如何应用预测数据、预测信息系统的开发？

（4）确定同步规则。

需求－能力匹配的规则、品牌制造商－供应商的产能测算、产能分配规则（缺货时），最常见的同步规则是销售及运营计划（Sales and Operations Planning），在满足预期需求的基础上，对生产、物流、销售及供应商的成本和要求进行平衡。

（5）建立紧急响应流程：可能出现问题的清单及应对策略。

在华北，冬天采暖季，政府要求铸造厂停产，一旦供应商停产，该如何应对？

（6）监控绩效指标：需求管理流程的核心指标是预测精度与产能利用率。

4.3.1 国内一些企业的预测管理现状及原因分析

所有的企业都在做某种形式的预测，但各家公司的预测流程、职责划分、预测数据的应用差异极大。做得好的企业，如飞思卡尔，每个月从系统下载滚动24个月的月滚动预测，然后每周从系统下载滚动26周的主计划，产能安排、设备投资、原材料采购都直接使用预测数据。做得差的企业中，销售、客服、计划、生产、物流、采购各自进行自己的预测，并用于自己部门的业务流程。

有一个笔者辅导过的客户，调研时企业总经理介绍他最得意的管理改善就是做了预测，具体的做法就是要求分布在全国的二十几个销售经理每个月初与主要的经销商对单后，按照具体的SKU型号提交2个月的滚动预测。然后客服经理汇总后，结合公司的一些销售政策生成正式预测，主计划员根据这个预测安排生产，采购根据这个预测来购买长周期的电子物料，注塑车间根据月预测进行零件的生产经济批量管理。听起来很美好，但实地调研时，发现各个部门都没按这个流程做，基本上还是各自独立做预测来指导业务。

调研是从客户经理开始的，笔者要求她提供过往3个月的销售经理的预测数据及最终预测数据。笔者发现，客服经理根本不使用销售提供的数据，而是根据过往几个月的销售数据来做预测。她的理由是各销售经理通常只认真填写主要的几款产品的预测，而企业有上百款产品，销售经理根本不会都填写，还不如自己用销售数据做预测准确。同时，笔者发现其欠缺对预测精度的监控。

接下来，笔者继续调研主计划员，发现主计划员基本不使用客户经理提供的数据。主计划员说："客户经理的数据不准确，她提供的是月销售预测，而我们排计划要按照周来计划。客户月初和月末取货是不均匀的，所以我们通常是根据过往 8 周的实际取货数据来做主计划，销售预测只是用来参考。"

在采购部，笔者发现，采购经理同样不使用销售预测数据，采购员根据过往 3 个月的平均消耗来购买物料。采购员解释："2 个月的预测期短于进口芯片的采购周期，因此需要自己来预测。"

在注塑车间，笔者发现，车间计划员也同样未使用预测数据来安排合理批量，而是根据零件大小、过往的月用量来设定批次。

总之，这家企业虽然花了大力气进行销售预测，但实际上各部门都根据自己的理解独立做预测并应用于自己的业务。

那么，为什么会出现这种情况？笔者认为，主要有以下几个原因：

1）预测的目的未清晰：做出来的预测到底是解决什么问题未想清楚，导致计划需要周预测、销售提供的月预测。采购需要 4 个月预测，而只提供了 2 个月的预测。

2）预测的流程是错误的，后面笔者再详细阐述这种流程的错误点。

3）预测的精度未得到持续的监控：缺少预测精度的监控，也就缺少了反馈环节，无法持续改善。

4）预测的职责定义不清晰：如果采购按照预测备货，销售波动后，缺货算哪个部门的责任？

各部门独立做预测来运营自己部门的业务，这种事情在国内企业是非常常见的，表面看是预测精度不高导致的各部门不信任预测，实际上是绩效考核问题，谁来承担测不准带来的责任。

哪个部门应该负责销售预测？销售部就该负责销售预测，这个是普遍认识，毕竟销售经理天天在市场中，对市场趋势更了解。但实践中，发现凡是由销售经理做的预测一定不准确。有些企业的生产人员甚至说："用过去 3 个月出货数据的平均值得到的预测结果都比销售经理给的预测数据准确！”

销售经理预测不准确并不是销售人员不认真，笔者辅导的一家企业，营销副总非常重视预测，销售经理的月度考核指标中预测占据了 20% 的比重，每个月都进行考核，如果预测数据过低甚至会进行罚款，最多每个月负激励达到 500 元。但还是没用，销售经理就是做不准预测。

预测的基本方式有三种：主观预测、基于历史数据的统计预测、因果模型。在实践中，企业多半是混合了三种方法来进行预测。

历史数据的统计预测就是基于过往一段时间的销售数据来进行统计预测，这是一种正规的预测方法，后面详细阐述。

因果预测是指企业建立一个包含若干变量的数学模型，例如 9 月份促销买十赠一，10 月份的销量会增加多少，11 月份的销量如何变化，是否会降低？这个促销是真正提升了总销量还是只是将货物压到了渠道？定性的讨论很多，但定量的可信的基于国内企业实际数据的模型和分析结果，笔者还没见到过实证研究。

所谓主观预测，笔者认为，本质上是销售经理基于历史数据和自身经验构建的隐形的因果模型做出的判断，只是目前还没法将这个隐形的因果模型定量化。

4.3.2 需求预测的策略

谈到需求预测，先要在公司层面讨论清楚以下问题：

- 企业预测的目的和用途；
- 企业是否需要建立一个正规的预测流程；
- 由哪些部门负责和参与预测流程；
- 预测的技术问题：该采用定性还是定量方法，预测所使用的数据来源、预测系统的开发、预测模型的选择、预测精度的衡量和监控。

（1）预测的目的和用途。

预测的目的包括通过预测来设定基线，对预测的波动进行监控并设定合理的安全库存以覆盖波动；跨部门的计划团队的理解和信息集成，使用同样的数据进行决策。基于预测来预算运营成本，包括设备和人力资源；基于预测提升竞争力和生产效率以降低成本，提升交付和客户需求响应速度。

笔者见到的企业将预测数据主要用于：

1）安排主生产计划和成品库存计划；

2）进行长周期部件的生产或采购；

3）进行产能测算和投资决策，不同的需求需要预测的层级不同。

消费品行业的预测流程已经相当成熟，当前主流的 ERP 公司，如 SAP 和 ORCALE 公司的预测软件流程都内嵌了这个方法。基本上是基于预测数据进行主生产计划安排，企业必须做出决策或者在 SKU 层级进行预测，或者预测在产品族上，通过比例分配分解到 SKU 上。预测流程第一步是进预测数据安排主生产计划，进行数据清洗；第二步是进行统计预测；第三步是进行预测计划员的调整；第四步是进行销售部调整；第五步是进行最终预测。

预测直接用在主生产计划在很多行业是不可行的。笔者辅导过一家大型化肥厂，公司销售副总挂帅立项预测改善项目，而且专门开发了销售预测的报表系统，并将预测精度纳入每个销售经理的 KPI 考核指标，然而该项目最终还是失败了。笔者详细地分析了历史出货数据，发现在该公司，很多区域是根本无法基于历史出货数据进行统计预测的，这是由于每年农民种植的作物有波动，因此需要的化肥种类也不同。此外，化肥用量也受天气影响，如果雨水太少，农民可能放弃施肥。基于历史出货数据进行预测是不可行的。这个预测项目并不成功，笔者辅导完这个项目后，一直在思考为什么直接采用消费品行业的标准预测流程行不通，最近有些感悟，表面上化肥行业与消费品行业类似，都是经过经销商卖给最终消费者，但实际上两者不具可比性，一个是独立需求，另一个是相关需求。例如卖洗衣粉，品牌商可以通过促销等手段拉动消费者购物，可以吸引消费者更换产品品种，因此这是独立需求；而化肥行业，企业最多是从竞争对手那里争取消费者，农民种的是玉米，让他购买水稻化肥根本不可行。而要根据所在区域的种植品种来预测又超出了销售经理的能力。而且复合肥行业企业的制造周期很短，投料到产出只有几小时，采用最大或最小量和经济制造批量的逻辑会更可具操作性。

工业品成套设备企业多数是按照订单交付，直接进行成品出货预测不具可行性，但企业需要对生产能力进行测算，笔者服务过的一个国内的汽轮机制造企业，在 2012 年时面临是否要对燃机进行重大投资的局面，燃机生产中有一种关键设备轮槽铣，与一般的汽轮机不通用，单台投资几千万元人民币，设备交付周期接近 2 年。燃机使用天然气，其运行费用远远高于使用煤的汽轮机，如果燃机国内需求不能大幅度提升，投资就会浪费；但如果不投这个设备，需求提升时企业接单的数量会受到限制。企业的领导层预估到国家未来对环境治理的趋势，果断投资。随着京津冀环境治理，很多燃煤电厂转为燃气电厂，企业赌赢了市场。

很多公司预测的目的是为了保证长周期物料的供应。以笔者辅导过的一家安防企业为例，在这个行业中，芯片作为核心部件，芯片厂商往往具备更强的实力，芯片的制造周期长达 3 ~ 4 个月，而客户需要的交付周期只有 1 ~ 2 周。因此，终端生产厂家必须要自己储备芯片以应对市场波动。因为成品型号远远多于芯片型号，没办法在成品型号上进行预测，基本上只能根据过去几个月的芯片用量来预测芯片需求。此外，很多专用芯片有最小投料量，芯片厂商的 8 英寸产品线一个批次就是 35 ~ 40K，专用芯片终端企业必须一次采购这个批量。因此，在这类企业，只能针对物料进行预测。

（2）企业是否需要建立一个正规的预测管理流程？

笔者认为，品牌企业都需要预测未来的需求，只是根据企业的产品市场特征、产品工艺特征来决定预测在产品的哪个层级上的差异。而部件供应商是否要进行预测，则要基于品牌企业是否提供滚动预测。

汽车和家电企业这类消费品的品牌制造商，每家企业需要建立成品层面的月度预测流程。一般是基于历史数据和促销计划的统计预测流程，预测展望期需要覆盖内部制造 + 物料采购周期。

消费品部件供应商，如果其制造周期短于客户订单交期，则一般不做部件层面预测；如果制造周期长于客户订单要求的交付周期，则需要预测并备库生产。

一般来说，国际品牌公司消费品制造商提供预测，并保证负责吸收预测不准产生的额外库存。例如通用汽车会进行 40 周成品预测，并分解为零件预测发送给供应商，在零件变更时有专门的退市管理流程来解决供应商的额外的零件库存。

施耐德电气会提供给供应商 13 周滚动预测，同时要求供应商必须持有

2 周的部件安全库存。

在客户提供预测的情况下，部件供应商计划组织相对简单，然而国内品牌企业通常不提供滚动预测。某国内企业每月 25 日给供应商提供下一个月的需求计划，并要求供应商在每月 1 日开始供货，供应商必须根据自己的经验来组织生产。多备的库存，如果赶上产品切换退市，品牌供应商也拒绝消化。

而工业品企业，如飞机和汽轮机制造企业，则需要针对宏观经济环境建立多因素模型，或者更多的是企业管理层的直觉。后者更多的是一些经验模型，与具体行业结合更密切，没有公开的通用的系统。工业品企业的预测案例里面，最著名的可能是波音和空客 20 世纪末对跨洲航空市场需求的预测。波音认为，未来的市场增加的份额是二线市场之间的直飞需求，因此开发出了波音 787 这种超远程中型飞机；而空客认为市场需求为航空枢纽之间的点对点，然后再中转到二线市场，因此开发出了空客 380 这种超级大飞机。结果是空客输了，其空客 380 飞机只有少数航空公司采用，销售出的台数都无法折回投资的研发成本。

工业品部件供应商多数是按照客户订单组织生产，即使预测也是在产品族层面用于核心部件的备货或者产能策划。例如在一家电气部件行业，为了减少设备切换损失，提升作业效率，企业设定了每个零件的标准制造批量，提前将零件制造出来，在接到客户订单后组装为成品。

（3）由哪些部门负责成品预测。

多数企业是由销售部负责预测，基本上有两种模式：

- 由分公司或销售经理提报销售预测，销售管理部进行调整；
- 由销售管理部集中进行统计预测，然后根据各分公司的市场活动等信息调整预测值。

采用第一种流程的出发点是分公司更贴近一线，知道市场动态，给出的预测更准确，销售管理部的调整更多是进行品类的平衡。

在实践中会发现，分公司销售人员填报的预测的精度经常还不如直接用历史数据进行统计预测。于是，部分公司就在系统中先进行统计预测，然后展示给销售人员，要求销售人员根据自己的市场信息对统计预测数据进行调整，并给出调整的原因。但这种做法还是需要销售经理进行历史数据分析、统计模型选择，销售人员抵触情绪较大。

部分公司会采用第二种办法，由销售客服人员的专人进行集中预测，包括历史数据分析、异常数据处理、统计预测。然后与销售沟通市场信息后，在系统中进行销售调整。目前，采用后一种方法的公司更多。

笔者认为：

- 企业应该实施联合预测，将统计预测与销售人员的主观认识相结合。同时，要将这个预测结果用于能力计划、采购计划等各环节；
- 应该在销售部的客服科中设立专门的预测计划员的岗位，来推进联合预测。

一线销售人员更关心销售额，每个销售人员管理那么多经销商，虽然天天跑市场、了解市场趋势，但几百种产品，指望销售人员搞清楚实际的每个规格产品的历史销量、未来出货数据是不可能的，他们只能关注几种主销产品的销量及趋势。

而客服部门的人员，一是能接触到详细的出货数据；二是与经销商有直接联系；三是能及时掌握市场活动的信息，是企业中最合适做预测工作的部门。

（4）预测的技术问题。

通常的预测技术包含定性技术、定量技术。

定性技术：基于直觉和判断评估。

定性方法主要考虑外部因素：竞争、新客户、主要客户的计划、政府法规、经济周期、环境问题、天气、全球趋势、领先指标趋势，例如房屋建筑会影响建筑材料和家具、出生率会影响幼儿产品。如表4－3所示。

表4－3　定性方法

定性方法	主观性，判断性，基于估计与评价
一般预测	分层结构中处于最低层的各部分事物正是要预测的对象，将这些结果汇总，得到预测结果，例如，通过汇总每一个销售人员的销售额，便可得到对总销售额的预测，而这些销售人员正是最接近、了解其销售领域的人
市场调研	通过各种不同方法（调查、面谈等）收集数据，检验市场假设是否正确。这种方法在长期预测和新产品销售预测中经常使用
小组共识	会议上自由讨论。这种方法的中心思想是认为群体讨论将得出比任何个人所能得到的更好的预测结果。会议参加者可以是高级管理人员、销售人员或者顾客

续表

定性方法	主观性，判断性，基于估计与评价
历史类比	将所预测的对象与类似的产品相联系。利用类似产品的历史数据进行预测，这在设计开发新产品时很重要
德尔菲法	由一组专家分别对问卷作回答。由组织者汇集调查结果，并形成新的调查问卷，再由该组的专家重新回答。由于接受了新的信息，这对专家而言也是一个学习过程，而且不存在群体压力或有支配力的个体对整个群体的影响

在企业实践中，定性方法更多地用于企业中长期发展规划，每家企业都有其特定的方法，没有什么行业统一标准。在正常的运营中，更多的是使用历史出货数据的定量方法。

定量技术：基于数字关系计算出来。

4.3.3 需求预测常用统计模型的介绍

这里引用了理查德·蔡司教授在其《生产运作与管理》中一书中对预测模型选择指南的分析。如表 4－4 所示。

表 4－4 需求预测常用统计模型

预测方法	历史数据量	数据形态	预测范围	准备时间	人员背景
移动平均	无特殊要求	静态	短期	短	不复杂
简单指数平滑	5～10 个观测值以确定权重	必须为静态	短期	短	不复杂
霍特指数平滑	10～15 个观测值以确定双方权重	呈趋势变动但不含季节性	短期到中期	短	略复杂
温特指数平滑	每季度 4～5 个观测值	趋势变动且含季节性	短期到中期	短	一般复杂
回归趋势模型	10～20 个；对有季节因素的，每季节至少 5 个	趋势变动且含季节性	短期到中期	短	一般复杂

续表

预测方法	历史数据量	数据形态	预测范围	准备时间	人员背景
时间序列分解	可能出现2个波峰和波谷即可	可处理周期性，季节性数据	短期到中期	短	不复杂
鲍惠斯·詹金斯法	50个以上观测数据	必须为静态，否则转化为静态	短期、中期或长期	长	很复杂
因果回归模型	每个独立变量需要10个观测值	可处理复杂类型的数据	短期、中期或长期	开发时间长，但实施时间短	相当复杂

这里提到的短期、中期长期等术语，是相对于所讨论问题而言的。在商业预测中，短期通常指3个月内，中期通常指4～12个月，长期是指1～5年。

最常用的3种方法是移动平均值法、指数方法和季度指数法。

在实践中，笔者发现一个有趣的问题：国内做预测的都喜欢用移动平均值法，例如过去3个月平均值，有些企业会增加系数，靠近的月份系数大一些，例如某公司的预测=（N－3）×0.2＋（N－2）×0.3＋（N－1）×0.5。移动平均值按照统计学原理来说并不是无偏统计，但这种方法直观好学习，计算简单，而且与其他部门沟通时容易理解。

外国人喜欢使用指数方法，笔者在外资企业工作时，外资企业的计划员都喜欢用指数方法。别人问预测计划员数据怎么来的，他会耸耸肩，告诉你是系统计算出来的；如果你敢问他预测原理，他会用一堆公式压倒你。

对于有季节性的产品销售，移动平均值法就不适用了，但温特指数法又过于复杂，笔者曾经尝试过使用温特指数平滑法，但得到的系数自己都不敢使用。在实践中笔者使用的是一种叫“月度指数平均值的方法”，就是依据过往2年的数据，计算出每个月的销量占总销量的百分比。然后用过去3个月的销量和月度系数，以及未来的每个月的系数，来计算未来每个月的销量。

4.3.4 预测数据与信息系统规划

当企业决定开发预测系统时，有几个问题需要确定。

（1）预测时间跨度设为多久？

对进行3个月的滚动预测，目前国内多数公司都认识到其必要性，这项工作一般是分配给销售部进行，3个月的预测用于主计划及零部件采购。但销售部通常抵制进行12个月的预测，认为12个月的预测与实际相差大，预测没有意义。

笔者建议至少进行12个月的预测，可以帮助生产部提前规划设备能力、人员需求、进口的长周期零部件采购、成品仓库的需求。国内很少有公司系统正规地利用4～12个月的数据来进行运营规划，而正是此期间的预测是设备投资以及均衡产能的关键。

这里举2个例子，笔者辅导过的一个家具企业，实木家具和板式家具最初是按50%、50%来策划设备产能和人力配备的，由于实木产品价格较高，市场接受度低，逐渐演变为实木只占25%、板式占75%；机加工设备以及总装产线基本都可以通用，油漆房设备需要调整，而且工人需要重新进行技能培训，导致在2～3个月内效率低下，无法满足出货需求。

另外是一个铸造公司，由于在和欧盟的反倾销案子中获胜，有几个月的免税时间，然而突然之间部分分厂的产能不足，虽然公司有另外一部分车间闲置，而要充分利用这个产能，需要对相关产品和设备的部分专用工装进行投资，所有的人都忙于救火。如果该企业进行了4～12月的中期预测，这个现象就能避免。如果只做1～3月的预测，每个月的产销平衡会只会围绕近期销售来讨论，可能市场端早有一些征兆，但市场端未定量体现在数据上，生产端也无法定量估算市场的变化对产能的影响。

（2）预测时间段是如何划分？

预测时间段的划分要看企业所处的行业。很明显，面包房的预测区间要划分到天，要预估转天的销量，要考虑天气、周几等信息。对多数行业，笔者认为，周预测是最合适的方式。有些企业进行月预测，然后将预测数据平均分到各周，在国外这种方式相对合理，但这种预测方式在国内企业不可取。国内的企业月初和月末的出货量波动往往很大。如果只是简单地将月预测均分为周预测，主生产计划是无法利用这个预测作为输入或者必须持有很高的成品安全库存。

（3）预测的层级，预测在SKU上还是在产品族上。

预测在SKU上还是产品族上这个问题无定论，要结合产品特征、预测的使用目的来确定。预测的产品层级的确定经常是销售和生产、采购争论的一个焦点。销售部总希望在高层级上进行预测，而生产计划部和采购部则多数希望预测越细致越好。

汽车行业是按照产品族来进行预测的，例如会对赛欧预测整体的滚动40周的每周销量。然后通过比例分配到具体车型，例如自动或手动60：40；做预测时基本不细化到颜色，具体的颜色在接收订单时确定。汽车行业这么推行的理由是所有的颜色件都要求供应商本地生产。

但对于雀巢生产的速溶咖啡产品的预测必须做到SKU上，速溶咖啡的生产环节很短，但外面的塑料包装种类繁多，生产周期很长，而且包装形式更新换代极快，供应商都是按照订单来生产，预测速溶咖啡整体的销量对制造厂的采购计划是没有什么意义的。

某企业所生产的工业酶，其预测是在产品上。其将包装物划分为从小到大的5个规格尺寸，按照历史使用比例购买包装物，然后根据客户需求灌装产品并最终打印标签贴在包装箱上。由于不同的产品密度有差异，同样的包装其产品重量可能是15kg、18kg、20kg不等。

（4）预测信息系统设计。

预测系统可以采用成熟的商业化软件，如SAP的APO套件中就包含DP模块（Demand plan），也可以简单采用电子表格数据；或者自己开发预测软件，与ERP系统对接。

预测系统设计包含如下内容：

- 决定预测需要的信息；
- 分派预测的职责；
- 设定预测系统参数；
- 选择预测模型和技术；
- 收集数据；
- 测试模型；
- 记录实际需求；
- 报告精度；

- 判定波动的原因；
- 评估预测系统以提升绩效。

4.3.5 预测精度追踪与考核预测管控

(1) 预测精度定义。

预测总是不准的，但总归还是要设立一个目标来进行管控。SCOR 参考模型中有预测精度衡量的定义：

- 预测差值 Period forecast error
- 绝对偏差（APE）Absolute percentage of error
- 平均绝对偏差（MAD）Mean absolute deviation
- 标准差 Standard deviation
- 平均相对偏差 Mean absolute percentage of error

平均绝对偏差 MAD 和平均绝对偏差% MAPE 是最常用的方法，如表 4-5、表 4-6 所示。

表 4-5 平均绝对偏差 MAD

时间段	预测	实际	误差	误差绝对值
1	1000	1200	200	200
2	1000	1000	0	0
3	1000	800	-200	200
4	1000	900	-100	100
5	1000	1400	400	400
6	1000	1200	200	200
7	1000	1100	100	100
8	1000	700	-300	300
9	1000	1000	0	0
10	1000	900	-100	100
全部	10000	10200	200	1600

$$MAPE = 100 \times \sum \left[\frac{|A - F|}{A}\right] [\%]$$

表4－6　平均绝对偏差%MAPE

时间段	预测	实际	误差	APE
1	1000	1200	200	17%
2	1000	1000	0	0%
3	1000	800	－200	25%
4	1000	900	－100	11%
5	1000	1400	400	29%
6	1000	1200	200	17%
7	1000	1100	100	9%
8	1000	700	－300	43%
9	1000	1000	0	0%
10	1000	900	－100	11%
全部	10000	10200		
MAPE				16%

SCOR给出的标准公式为：1－绝对值（预测－实际）/实际，见表4－7的计算。但按照这个公式，可能预测会出现负数。笔者辅导过的一个企业，就是因为按照标准公式会计算出来负数，所以自己开发出一个有趣的公式，就是用实际和预测2个数值中小的那个数/大的那个数。单个产品的预测精度最低要设为0，见表格中“4. 预测1000，实际400。按照上面公式为－50%，在实践中调整为0”。

表4－7　SCOR给出的标准公式

时间段	预测	实际	误差	误差绝对值	TS	预测精度	调整后
1	1000	1200	200	200	17%	83%	83%
2	1000	500	－500	500	100%	0%	0%

续表

时间段	预测	实际	误差	误差绝对值	TS	预测精度	调整后
3	1000	800	-200	200	25%	75%	75%
4	1000	400	-600	600	150%	-50%	0%
5	1000	1400	400	400	29%	71%	71%
6	1000	1200	200	200	17%	83%	83%
7	1000	1100	100	100	9%	91%	91%
8	1000	700	-300	300	43%	57%	57%
9	1000	1000	0	0	0%	100%	100%
10	1000	900	-100	100	11%	89%	89%

第二个关键点是多种产品如何计算预测精度？有两种方法，按实际销量加权计算预测精度；按 SKU 计算算数平均值。两者各有道理。销量大小不同的产品预测精度对公司实际运作的影响度不一样，同样偏差 20%，1000 吨/月的产品影响的销量就是 200 吨，1 吨的产品影响的销量只有 200 公斤。所以，加权是合理的。但如果完全按照销量作为权重系数，一般来说量大的产品需求比较稳定，而量小的产品由于波动大，预测困难大，可能预测计划员干脆放弃预测。笔者在实践当中见到过 1 个公司同时计算算数平均值和加权平均值，然后将 2 个预测精度取平均值。

（2）如何设定预测考核目标？

多数企业都是基于历史预测精度来逐步提升预测精度的目标，这里面有 1 个难点，如果企业分多个区域分别预测，不同区域的目标是相同还是不同。笔者 2005 年时在一家欧洲企业的亚太区供应链部门负责预测，负责中国、印度、新加坡、韩国、日本、澳大利亚等六个区域的市场预测。同样的预测方法，预测精度从高到低为中国、日本、韩国、澳大利亚、印度、新加坡；预测精度从 80% 到 50% 中国区销量大，相对稳定。日本和韩国销量虽然不如印度，但客户厂家自身管理水平较高，订货相对有规律；新加坡区负责整个东南亚，销量不低，但客户订货波动大。印度销量也大，但当地客服经理喜欢随机地从中国或丹麦订货，将相对稳定的需求搞得没规律。

设定相同的目标肯定不合理，要考虑市场需求波动；但设定不同的指标似乎又不大科学。

后来笔者想出一个方法，即在统计预测的基础上，给所有的区域增加一个百分比作为销售预测考核指标。如果销售人员什么信息都不反馈，得到的是统计预测。它反映了市场波动。做联合预测就是希望提升销售人员的参与度，让他提供市场反馈。那么设定的目标要让销售人员经过努力能实现。在统计预测的精度上增加5%作为考核指标就体现了这个目的。

4.4 产销协同管理

4.4.1 产销平衡会

在预测计划员完成了统计预测之后，需要推进产销协同会议，该会议的主要目的是均衡产品需求和供给，明确生产率，劳动力人数和当前库存的最优组合，挑战在于平衡需求和供给。

在消费品公司，产销平衡会包括产销分析会和产销决策会。产销分析会的步骤包括四点。

（1）需求预测与异常分析，计划员展示对未来几个月的统计预测。

（2）产品审核输入。

包括工程更改、产品生命周期管理、新产品导入。对新产品的需求，可用现有产品及同类型产品来预测。类比法可用于互补产品、替代产品等竞争产品或随收入而变化的产品。这个子流程通常需要产品经理和市场经理负责。

（3）促销计划：销售部提出未来几个月的促销计划、对销量的影响。

（4）供应审核：分析可用的关键资源，包括设备能力和关键部件的制约。

准备会议的目的：对供应和需求差异做出决策、解决问题，对于不能解决的问题做出几个备选方案。

参与人员包括：市场与销售人员、产品开发部门、财务、运营部门，按产品族一个一个评审，检查制约条件，评估计划的执行，评估库存和欠单。国内多数企业是在电子表格中进行 WHAT - IF 分析的，这种方式很难得到合理的分析结果，国外一些企业专门开发了程序，通过改变输入参数，得到资源的限制。

销售和运营计划中的难点是新产品导入期的物料供应，特别是那些长周期的物料，对于电子行业，长周期物料是集成电路，包括液晶显示屏或芯片；对于机械行业，长周期物料是大型铸锻件。一般销售和运营计划的有效展望期为 3 个月，这些部件的供应周期往往超过销售和运营计划的展望期。这些部件一般价格比较高，供应方数量有限，基本都是按订单制造的。对于采购部来说，新产品万一导入失败，多买的物料就成为呆滞；如果买少了，新产品上市刚开始推广就立刻断货。

会议输出包括：每一个产品族的行动计划、新产品导入计划，对资源的变更、对供需冲突的解决意见。对于不能解决的问题，如旺季缺货，需要对某些产品进行控货的情况，将建议方案提报到最终会议。

最终的销售和运营会议：运营副总和销售副总、财务总监通常会参加这个会议。

最终会议的目标：确定每个产品族的最终目标，授权生产或采购，对比运营计划和业务计划，需要时更改，对准备会议未能达成一致的问题做出最后决策，评估预期的关键绩效指标，如成品库存、产能利用率。

成品库存目标：管理层设定成品库存目标，基于产品族，例如：最大库存、最小库存、库存周转率、周转天数。

4.4.2 销售平衡的技术方法

产销平衡计划排程包括三种方法：

- 均衡生产：按照产能来排产，基本半导体芯片行业是这种模式；
- 根据需求生产：根据客户需求安排生产，不考虑产能利用率；
- 混合方法：综合客户订单和产能安排生产。

多数企业都是采用混合方法来进行需求和产能的匹配。涉及的问题是什么产品可以用来削峰填谷，什么产品必须严格按照订单生产；在必须缺货的情况下，给哪些产品、哪些客户缺货。

消费品供应商的成品交付策略：分析产品的组合及销量，以及需求波动，将产品进行分类，每类产品制定不同的交付策略。

（1）产品－客户的数量/品种分析。

客户分析是对客户的订单数量、订单产品线、整车或零担等信息进行分析。

先将客户分为A类、B类、C类，然后根据销量将产品也分为A类、B类、C类。如果一个产品ABC客户都使用，按A类客户计算。一个简单的逻辑，在缺货时，即使A类客户的C类产品（A－C类）的需求低于C－A类产品，也不能让A－C类产品缺货。如图4－2所示。

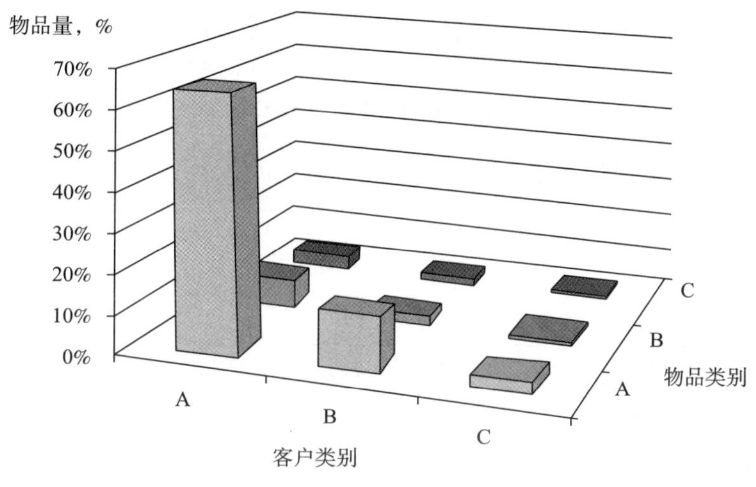

图4－2　客户分析

另一个工具是客户－产品－SKU数量分析。如图4－3所示。

只有C类客户采购的C类产品有100种，对应的销量不到2%，这些产品既不能贡献销量，也不是A类客户的补充产品，销售部或者将这些产品停产，或者提高售价。

（2）产品的出货重复性分析。

一般的计划员都会对产品的月度出货波动性进行分析，然后得到是否可以持有成品安全库存的结论。这种方法在实践中会带来很大的问题，很可能看着很稳定的销量突然就掉下去了，需要进行产品－周期出货分析。

一个稳定的产品可能需求突然掉下去了，如表4－8所示。这是假设的数据，假定2个产品前5个月销量都差不多，突然间第二个产品销量归零了，然后主计划员去问销售为什么，销售说这个产品前面库存高，我们努

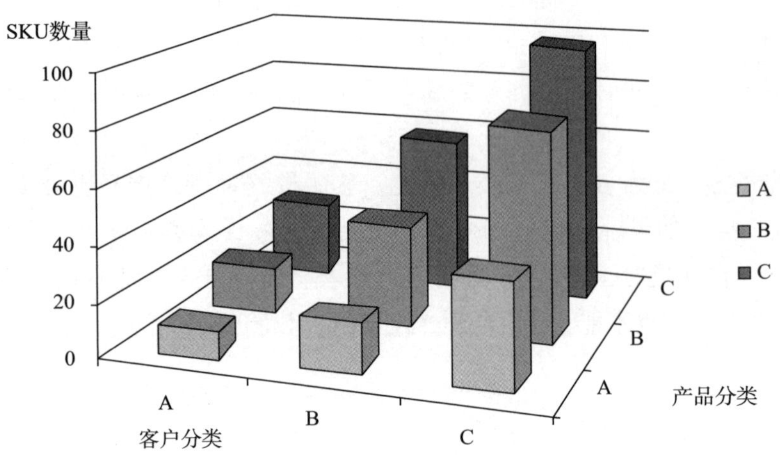

图4－3　工具客户－产品－SKU数量分析

力才卖掉，怎么又生产了……

表4－8　产品－周期出货分析

	1	2	3	4	5	6	7	8
A产品	435	405	480	495	470	465	425	410
客户1	90	70	95	100	95	100	85	80
客户2	70	95	100	95	100	85	80	90
客户3	95	100	95	100	85	80	90	80
客户4	90	70	95	100	95	100	85	80
客户5	90	70	95	100	95	100	85	80
B产品	435	405	480	495	470	0	0	0
客户1	435							
客户2		405						
客户3			480					
客户4				495				
客户5					470			

而另外一些产品看着需求波动很大，但从客户层面分析，其实需求很有规律，客户可能的订货方式如表4－9所示。

表4-9 订货方式

	1	2	3	4	5	6	7	8
C产品	120	120	80	40	160	40	80	120
客户1	40	40	40	40	40	40	40	40
客户2	40		40		40		40	
客户3	40				40			
客户4		40			40			40
客户5		40						40
D产品	120	80	80	40	160	40	80	80
客户1	40	40	40	40	40	40	40	40
客户2	40		40				40	40
客户3	40							
客户4		40						
客户5					120			

C产品从月初销量看波动很大，最高160、最低40，但从客户订货模式会发现每个客户的需求基本都是稳定的，因为产品要凑整车而导致了间隔订货。从整体看产品波动大，但具体需求波动不大。

而D产品则客户3、4、5都是偶发订货，需要销售与客户沟通是一次订货还是长期订货，如果是一次订货，做计划时需要将这些需求扣除掉。

成品分析的关键点是分析出产品是否可持续销售，如果不是持续性销售产品，即使是销量大也不能持有成品库存，只能按订单生产。这必须要在客户层面进行分析，当发现了销售波动，需要计划员与销售人员具体沟通单个问题。

4.5 成品配送网络设计

成品配送系统指的是从制造商到配送中心，以及从配送中心到零售商之间的网络设计与计划信息管理。配送系统设计需要考虑以下问题：

- 定义配送系统的目标；
- 选择配送网络相关的业务策略；
- 配送中心选址的定性和定量因素；
- 配送中心数量，运输和安全库存；
- 配送需求计划。

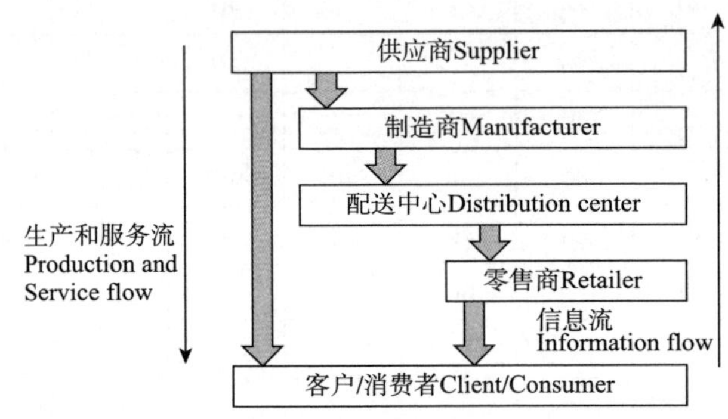

图 4－4　配送系统

（1）配送系统目标。

- 客户服务：交货周期、应对需求波动、库存数量、品种精确度。
- 成本：最小运输成本、仓储成本、库存成本。

客户服务是首要考虑因素，多频次、小批量配送给零售商是潮流。

成本：配送网络的总成本计算有相对成熟的模型，主要包含运输成本、仓储成本和库存成本。随着仓库数量的增加，总成本会下降，到达最低点后，会逐步上升。

在成本中，库存成本涉及安全库存，与企业的需求波动相关，是成本分析时的一个难点。如图 4－5 所示。

（2）配送网络的业务策略。

企业可能选择建立地方销售公司并自建或租用配送中心，从配送中心给经销商供货，也可能找当地批发商合作，由批发商给零售商供货。这里的配送网络计划主要是侧重企业自营的配送中心。

（3）配送的考虑点。

- 配送网络层级。
- 库存数量和仓库位置选择。

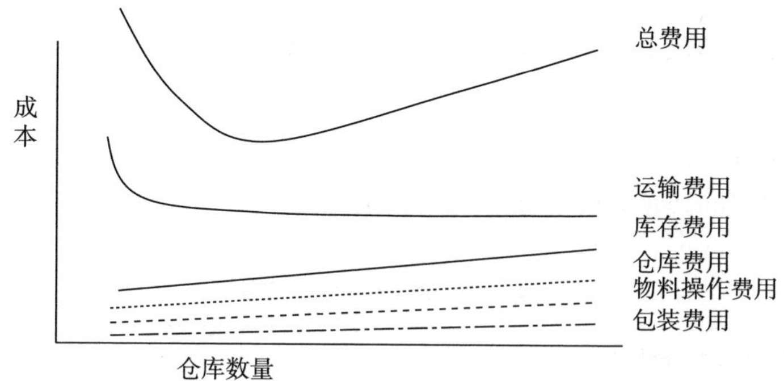

图4-5 成本分析

- 每个仓库的功能。
- 仓库的所有权。
- 运输模式与运输工具的所有权。
- 补货流程。

1）仓库位置选择方法，如图4-6所示。

定性方法	定量方法
客户位置	入厂运输费用
劳动力供给	出厂运输费用
政府法规	建筑和土地费
气候	税收
	劳动力价格
	运作费用

图4-6 仓库位置选择方法

2）配送仓库的安全库存。

例如：某公司现在仓库保有500件安全库存，决定增加3个仓库。每个仓库的安全库存为

$$SS\_for\_DC=\frac{SS\_for\_1DC}{\sqrt{\#of\_DC}}=\frac{500}{\sqrt{4}}=250$$

配送计划系统：

- 拉式系统使用订货点法。
- 推式系统。

拉式系统使用订货点：

各个二级仓库分别产生需求，从中央仓库采购。

再计划点：ROP = DDLT + SS。

安全库存满足交货期之间的需求波动，基于历史数据，没有提前的通知信息。

推式系统：

使用按时间段的订单，如表 4－10 所示。

表 4－10　按时间段的订单

中心仓库库存 225		**每周需求**						
	安全库存	可用库存	1	2	3	4	5	每日用量
仓库 1	12	28	40	40	40	40	40	8
仓库 2	15	47	50	50	50	50	50	10
仓库 3	10	42	35	35	35	35	35	7
仓库 4	18	64	60	60	60	60	60	12
仓库 5	6	14	15	15	15	15	15	3
全部	60	195	200	200	200	200	200	40

- 供应链中的货物：225 + 195 = 420。
- 减去安全库存：420 － 60 = 360。
- 可供应天数：360/全部每日用量 = 360/40 = 9。
- 单一仓库需求 = 每日用量 × 可供应天数 + 安全库存。
- 发货量 = 需求 － 可用库存
- 例如仓库 2 的发货量 = 10 × 9 + 15 － 47 = 58。

第 5 章

供应计划

企业在制定好需求计划后，下一步就要制定供应计划。供应计划包含主生产计划、物料需求计划或车间完工计划、零部件采购计划 3 个内容。

主生产计划是供应计划中最核心的工作，主生产计划逻辑并不复杂，包含几个步骤：

第一步：确定每种产品的制造策略和零件制造或采购策略，维护在系统中；

第二步：基于客户或销售订单、需求预测、成品安全库存策略、生产批量等信息，排出成品的生产订单的交付日期；

第三步：关键资源能力测算，超出能力的生产订单采用外扩、加班、提前制造等对策；

第四步：排出最终的成品订单的交付日期。

能够做好主计划的企业寥寥无几，成品或部件的制造策略维护不当、主计划与需求计划的衔接问题、关键资源能力测算、产品生产批量是四个普遍存在的问题。

主计划生成后，在 ERP 系统或手工将成品分解为自制和采购零件需求。自制零件计划又称为物料需求计划，关键点是采用倒推的方法确定各分厂或工序的完工时间，计划的核心是车间或工序期量的确定；然后进行详细的工序能力测算并进行均衡。

本章就产品制造策略、主计划计算逻辑、成品安全库存设置、关键资源能力测算、物料计划展开逻辑、车间或工序期量制定方法、详细能力测算、主计划或物料需求计划的信息化推进存在的问题、如何衡量主计划的有效性等 9 个主题进行讨论。

5.1　产品制造策略

企业从交付策略分为生产入库、订单装配、订单制造、订单设计四种模式，但对于制造部来说就是两种制造策略——MTO 和 MTS。多数企业不会只采用一种计划模式，可能对常销产品采用生产入库，对于配销产品采用订单装配或订单制造。

ERP 系统中一般都有标准的逻辑，在 SAP 中标准的 MTS 有 4 种计划策略，MTO 有 3 种计划策略。

5.1.1 MTO 策略

MTO 下的三种计划策略的主要特点，如表 5－1 所示。

表 5－1 MTO 下的三种计划策略的主要特点

计划策略	计划策略 50	计划策略 60	计划策略 20
特点	成品需求可预测 产品的主要附加值在最后的装配环节	成品需求基本可预测，仅成品的某个特性不可预测 成品的主要附加值在最后的装配环节	成品需求无法预测
产成品需求维护	维护产成品的计划独立需求	维护计划物料的独立需求	不能维护独立需求
原材料的采购和半成品的生产	1. 原材料的采购和半成品的生产可根据成品的独立需求产生 2. 原材料的采购和半成品的生产可以在接到客户订单触发	同计划策略 50	1. 对半成品、原材料做计划 2. 基于消耗的计划，如设置安全库存 3. 原材料的采购和半成品的生产可以在接到客户订单触发

一些汽车零部件企业如生产仪表盘或保险杠的厂家适合采用计划策略 50，汽车整车企业给出的滚动该预测是相当稳定的，可以将汽车整车企业给出的预测作为独立需求维护，汽车仪表盘组装后体积大，由于是异形件很难存放，而且搬运时容易碰或划伤，因此零件厂基本都是先制造出部分零部件储存，然后接单客户订单之后再进行喷漆和装配。对于长周期的零件是基于整车厂提供的预测采购，而短周期的零件可以在接到整车厂的提货订单后给供应商下达采购订单。

计划策略 60 适用于那些客户定配置较多的成品，产成品的总量需求是稳定的，但最终的一些定配置不同，此时预测不能做在产成品上，而是做在半成品上。同样的长周期物料可以基于预测采购，短周期的零件可以接到客户的订单后再下达给供应商采购订单，然后基于客户订单后完成最后的装配。

现在很多做出口代工的企业都是选择计划策略20这个策略，成品出货不稳定，无法预测。国外客户并不会提供中长期的成品预测，基本都是N月的5日左右下订单，然后在N+1月的月底要求交付，在N月的下旬会增补少量需求。正常订单周期在6~8周，紧急订单周期在3~4周。短制造周期的部件可以基于客户订单制造或采购，而长周期部件只能自己来预测备库。部件备少了，客户订单无法满足；部件备多了，容易形成呆滞，半成品和原材料的控制是困扰企业的大问题。例如笔者辅导过的一家位于江苏的，做代工的割草机生产企业就是这种情况。割草机的长周期部件包括小型汽油机的缸体及缸盖，需要基于自主的预测去采购。其中缸盖需要从重庆采购，交付周期长、批量大，必须整车采购，因此库存高达4~6周。

5.1.2 MTS策略

MTS计划策略对比，如表5-2所示。

表5-2 MTS计划策略对比

计划策略类型	计划策略10	计划策略11	计划策略40	计划策略52
适用业务类型	生产稳定，库存被充分考虑	不考虑库存和客户需求，只考虑独立需求进行生产，如水泥和化工，不轻易停止生产	最常见的按库存生产的模式	类似于按订单生产的模式，但产出的库存不与销售订单绑定
主要特征	独立需求触发生产和采购	独立需求触发生产和采购	独立需求和销售订单共同触发生产和采购	独立需求触发原材料采购和（或）半成品的生产
需求来源	仅独立需求	仅独立需求	独立需求和客户订单	独立需求触发采购，客户需求触发产成品生产

续表

计划策略类型	计划策略10	计划策略11	计划策略40	计划策略52
销售订单与生产关系	销售订单不影响生产	销售订单不影响生产	销售订单影响生产，销售订单数量大于独立需求数量；则根据销售订单数量生产	仅销售订单触发产成品生产
MRP运行是否考虑库存	考虑库存	不考虑库存	考虑库存	独立需求不考虑库存；客户需求考虑库存
独立需求的计划订单是否可转生产订单	可转	可转	可转	不能转
销售订单对独立需求影响	无影响	无影响	消耗计划独立需求	消耗计划独立需求
生产订单收货对独立需求影响	无影响	独立需求被削减	无影响	无影响
销售订单发货	独立需求被削减	无影响	独立需求被削减	独立需求被削减
对原材料采购的影响	有独立需求则采购，在接到销售订单前可先采购，销售订单不影响原材料采购	有独立需求则采购，在接到销售订单前可先采购，销售订单不影响原材料采购	有独立需求则采购，销售订单影响产成品需求，也会影响原材料采购	有独立需求则通用物料采购，专用物料不采购
对半成品生产的影响	半成品在接到销售订单前可先生产	半成品在接到销售订单前可先生产	半成品在接到销售订单前可先生产，销售订单会影响产成品需求，因此也会影响半成品生产	通用半成品根据独立需求可提前生产，专用半成品接到销售订单生产

笔者在一些医药企业见过使用策略10，销售部每月进行出货预测并设定安全库存水平，然后转化为成品的净需求提交给制造部，制造部根据净需求组织物料采购和生产，生产周期在4～6周；客户订单都是要求库存出库。这种模式下会出现成品缺货，而且各月的制造能力利用率可能会有很大的波动。

水泥、化工、电解铝等行业会采用策略11进行生产，这种情况下制造部的主要目标是充分利用产能，降低制造成品。

超过80%的采用MTS公司都是使用的计划策略40，后面的主计划逻辑就是基于这个逻辑。

策略52主要是一些工业品制造商采用，由于制造周期长于交付周期，必须基于预测进行部件生产，但由于成品的种类多，因此库存是保持在半成品，基于客户的订单进行最后装配。此外，客户可能会提出一些特殊需求，这些专用的半成品是基于客户订单来生产或采购的。

5.2 主计划与成品库存和交付率的仿真分析实例

主计划包含MTO、MTS等几种模式，其中预测+订单的模式是消费品行业最常见的模式。周期订货模式TPOP是最常用的方法，包含独立需求、每日下达生产订单数量。公式如下：

$$Q = T - OH - OO$$

Q 订单数量

$$T = DD(L + R) + SS$$

T：目标库存水平

DDL：期量时间内需求

DDR：评审间隔周期内的需求

SS：安全库存

OH：手边库存

OO：订单库存

笔者基于上述的模型，以一个消费品行业的真实出货数据，对预测、主计划与成品库存进行仿真分析。

1）制造模式：基于预测的 MTO 模式。

2）订单交付：接到客户订单后，当日交付。

3）制造周期：3 天。

4）预测方法：每天基于过往 8 天的出货数据产生预测数据，滚动平均值。

5）主生产计划：每日进行排产，第 N 天排 N +2 天入库。

6）安全库存：以天数设定安全库存，安全天数 × 预测。

7）订单批量：有固定数值的生产订单批量。

8）计划公式：TPOP 计划公式，如表 5 –3 所示。

表 5 –3　TPOP 计划公式

生产订单（3）= –（期初库存（1）+生产订单（1）+生产订单（2）–（预测（1，1 +2 +3）+安全库存天数 × 预测）

期初库存（2）=期初库存（1）+生产订单（1）–出货（1）

1	天		1	2	3	4	5	6	7	8	9	10	11	12	13	14	15	16	17	18
2	真实订单	参数	77	104	95	97	197	142	172	159	154	150	300	170	146	253	190	184	234	218
3	预测										130	140	146	171	181	174	188	190	193	203
4	安全库存	2									261	280	292	343	361	348	376	381	387	407
5	生产订单	50								0	150	150	300	200	150	450	200	100	350	200
6	期初库存										100	96	96	96	126	130	327	337	253	369

表格中第二行是每日的实际出货数据，是笔者将一个客户的某个产品的数据进行等比例处理后得到的。

表格中第三行是预测数据，基于过往 8 天的滚动数据进行均值预测，表格单元（3，9）中的 130 是前 8 天真实订单的均值。

第四行是安全库存，以天来表示，这里用 2 天，那么计划是采用的安全库存数就是 2 天 × 当日的预测数。

第五行是生产订单，第 9 天是进行第 11 天的生产入库订单计算，单元格（5，12）

100 +150 +150 – 130 ×3（制造周期）–2 天 ×130，净需求是 252，

然后考虑生产订单批量为 50，因此当日订单是 300。

第六行是期初库存，第 N+1 天的期初库存 = 第 N 天库存 + 第 N 天生产订单 - 第 N 天发货。

牛鞭效应：如果观察第 2 行的出货数据和第 5 行的生产订单数据，会发现生产订单波动远远大于真实订单的波动，在供应链管理中管这种波动叫牛鞭效应，就是说客户订单小的波动，转化为生产订单时波动扩大。一般书中都将其归纳为信息交流问题，但从前面可以看到，即使是企业内部数据充分的情况下，主生产订单的波动也会大于实际出货订单。这主要是计划模式造成的。如表 5-4 所示。

表 5-4　牛鞭效应

1	天		1	2	3	4	5	6	7	8	9	10	11	12	13	14	15	16	17	18	波动
2	真实订单	参数	77	104	95	97	197	142	172	159	154	150	300	170	146	253	190	184	234	218	58
3	预测										130	140	146	171	181	174	188	190	193	203	25
4	安全库存	2									261	280	292	343	361	348	376	381	387	407	
5	生产订单	50									150	150	300	200	150	450	200	100	350	200	109
6	期初库存										100	96	96	96	126	130	327	337	253	369	115

安全库存：当安全库存是以天数维护时，就会存在波动放大的现象。例如第 11 天出货为 300，导致从 12 天开始预测值增加，从第 11 天的 146 到第 12 天的 171，为了补充安全库存和新增加的预测。

这样会在 14 天产生一个大订单 428。

生产批量：生产为了减少切换，提升利用率，一般都会设定制造经济批量，这个取整订单也会产生波动。

控制牛鞭效用的方法：笔者刚毕业在通用汽车做海外零部件采购员

时，就遇到了上面类似的牛鞭效用，当时是从巴西进口紧固件，每周一次下达16周后到货的采购订单。当市场部调整整车需求计划后，由于安全客户和采购周期累计效应，供应商看到的每周需求订单巨大波动，经常无法按时交付。笔者为此还投诉供应商，但这个供应商是通用汽车巴西采购中心，这是由于巴西的铁矿便宜，水电也便宜，基本这类铸铁的零部件都是巴西制造供应全球，因此这个供应商对我这个客户的投诉做出了强势反应，这个采购中心的计划经理从巴西飞到中国，当着笔者的科长和总监的面，展示了过往20周每周我们下达的订单的波动及分析，扎扎实实地给笔者上了一课。

解决方法也很简单，就是当市场部调整成品需求计划时，维持采购订单的均衡性不变。靠零部件库存来吸收市场部的均衡，而不是去控制所谓的几天安全库存。当然，这个不能蛮干，关键是当出现一个出货波峰时，要深入分析一下这个出货是一次性出货、随机波动，还是显示了某种趋势。

5.3 成品库存管理

成品库存管理的目标是最大化客户服务，包含及时交付、客户需求变化时及时响应；最小化工厂费用：减少库存成本、减少车间搬运成本、设备调整成本。

成品库存策略需要考虑几点。

- 客户服务水平：较高的服务水平会带来更高的库存。
- 需求是相关需求还是独立需求：决定计划模式。
- 需求变化：波动大则库存高。
- 季节性：季节性产品预测难度大，库存高容易形成呆滞；低则容易缺货。
- 生产交期波动：生产稳定性越低，周期波动越大，安全库存越高。
- 公司政策：一些公司更侧重于资产利用率，对库存控制较放松；另外一些企业更侧重控制成品库存。

安全库存定义：通常，一定数量的存货计划用于库存，以应对需求或供给的波动或者其他类型的不确定因素，教科书中推荐的经典公式是：

$$安全库存 = 标准差 \times 安全因子$$

这个公式在实践中并不管用，存在2个问题。

1）这个公式的前提是需求波动服从正态分布，但实际业务中，需求波动往往不服从正态分布。一般都假设服务率为95%，然后基于这个公式上述例子中的库存为196。

2）对于服务率，如果从95%提升到99%，安全库存会大幅度上升，那么服务率到底该如何制定，并没有合理的方法。

基于前文的表格可以对成品库存、安全库存和缺货率进行仿真分析：

在表格中，安全库存天数和制造批量是变量，可以通过改变这两个数值来仿真各种策略下的交付率和成品库存。先将生产批量改为1，安全库存分别取0、1、2、3、4天得到的库存，如表5－5所示。

表5－5　安全库存

1	天		1	2	3	4	5	6	7	8	9	10	11	12	13	14	15	16	17	18	
2	真实订单	参数	77	104	95	97	197	142	172	159	154	150	300	170	46	253	190	184	234	218	169
3	预测										130	140	146	171	181	174	188	190	193	203	
4	安全库存	0									0	0	0	0	0	0	0	0	0	0	
5	生产订单	1									150	150	0	174	168	377	197	127	294	197	
6	期初库存										100	96	96	－204	－200	－178	－54	－47	－104	－44	－54

1	天		1	2	3	4	5	6	7	8	9	10	11	12	13	14	15	16	17	18	
2	真实订单	参数	77	104	95	97	197	142	172	159	154	150	300	170	46	253	190	184	234	218	169
3	预测										130	140	146	171	181	174	188	190	193	203	
4	安全库存	1									130	140	146	171	181	174	188	190	193	203	
5	生产订单	1									150	150	122	192	173	403	206	121	308	199	
6	期初库存										100	96	96	– 82	– 60	– 33	117	133	70	144	58

1	天		1	2	3	4	5	6	7	8	9	10	11	12	13	14	15	16	17	18	
2	真实订单	参数	77	104	95	97	197	142	172	159	154	150	300	170	46	253	190	184	234	218	169
3	预测										130	140	146	171	181	174	188	190	193	203	
4	安全库存	2									261	280	292	343	361	348	376	381	387	407	
5	生产订单	1									150	150	252	202	179	428	216	114	322	202	
6	期初库存										100	96	96	48	80	113	288	314	244	332	171

1	天		1	2	3	4	5	6	7	8	9	10	11	12	13	14	15	16	17	18	
2	真实订单	参数	77	104	95	97	197	142	172	159	154	150	300	170	46	253	190	184	234	218	169
3	预测										130	140	146	171	181	174	188	190	193	203	
4	安全库存	3									391	420	437	514	542	522	564	571	580	610	
5	生产订单	1									150	150	383	211	185	454	224	108	336	204	
6	期初库存										100	96	96	179	220	259	460	494	418	520	284

1	天		1	2	3	4	5	6	7	8	9	10	11	12	13	14	15	16	17	18	
2	真实订单	参数	77	104	95	97	197	142	172	159	154	150	300	170	46	253	190	184	234	218	169
3	预测										130	140	146	171	181	174	188	190	193	203	
4	安全库存	4									522	560	583	686	722	697	752	761	774	814	
5	生产订单	1									150	150	513	221	191	479	234	101	350	206	
6	期初库存										100	96	96	309	360	405	631	675	592	708	397

如果要保证每天都不缺货，可以看到安全库存至少是2天，约350。

滚动最大出货天数的方法：采用仿真法是可以得到每种产品需要的成品安全库存水平，但这种方法过于烦琐，如果产品种类较少可以这么做，但一般消费品制造商都有几百个成品种类，而工业品制造商会有上万个成品号，没法这么做。笔者辅导过的济南一家铸造企业有16万种成品，制造周期在7~10天，企业承诺代理商是接到订单后24小时内发货。笔者辅导这个分厂大约有1万种成品，订单准时交付率是97.5%，本身已经很高，成品库存大约60天，经过6个月项目，交付率连续4个月达到100%，B、C类产品的成品库存降低了30%。

这个方法就是利用TPOP的逻辑：

$$Q = T - OH - OO$$

$$T = DD\ (L + R)\ + SS$$

只不过此处的T使用的是滚动交付周期的最大出货量。如果订单评审及制造周期是3天，那么将历史的连续三天的出货量累加，再从中间选取最大的一个数据作为T，然后用这个T减去当前的库存和第1天、第2天的预期入库量，作为第3天的订单。用这种方法基本可以做到万无一失。后来发现某些日子有波峰出货，采用这种方法计算的库存较高，又采取统计方法将特大值删除，先计算均值和波动，然后将超过3西格玛的数据删除，那天的数据用均值+3西格玛值替代，根据去除异常值清洗后的出货数据计算T值。如表5-6所示。

表 5－6　T 值

1	天		1	2	3	4	5	6	7	8	9	10	11	12	13	14	15	16	17	18
2	真实订单	参数	77	104	95	97	197	142	172	159	154	150	300	170	146	253	190	184	234	218
3	滚动三天				276	296	389	436	511	473	485	463	604	620	616	569	589	627	608	636
4	滚动七天								884	966	1016	1071	1274	1247	1251	1332	1363	1393	1477	1395

笔者给这种方法起了一个名字，叫滚动交付周期的最大出货量生产计划方法，特别适用于那种 MTO 企业，同时对交付率有很高要求的企业，例如医药制造企业。

5.4　生产经济批量

“如果销售给生产的订单整一些，工厂可以提升 10% 的效率。”

“生产的最低起订批量要求太大，一个订单就是半年的出货量，造成销售都不敢推动代理商下这些小品种的单，而且成品有很多呆滞。”

上面两句话大家是否很熟悉，生产部总是希望单一 SKU 的订单越大越好，可以减少生产切换，提升效率或减少物料损失；销售希望生产部的最小生产批量越小越好，这样可以灵活应对市场的变化。

为什么要接小订单？不同类型企业的原因和出发点是不同的。

消费品品牌制造商往往希望覆盖各个细分市场，对于一些小的细分市场，就会有一些零散的需求。

对于家电这类消费品品牌制造企业来说，其整机厂基本都会要求销售将低需求产品的订单一次下达，然后集中制造。家电企业的工艺一般包括钣金件冲压、焊接、涂装和装配。各道工序的切换时间在几分钟到几小时不等，总装一般能控制在 10 分钟以内；涂装不同型号之间共用性较高，可以不考虑；焊接换线时间在 1 ~ 2 小时；冲压一副模具，切换时间也在 1 ~ 2

小时，因此只要销售部能将低需求产品的月订单一次下达，销售和生产部对生产订单的经济批量并没有很大冲突。但家电企业的供应商，特别是那类制造工序比较多的零件供应商，往往就面对经济制造批量的难题，例如生产主控板的供应商，注塑机台一个班次就能生产几千件零件，这个需求可能是主机厂该型号产品3～4个月的量，如果一次完成零件，保存费用很高，而且容易出现质量问题，最大的问题是如果客户突然不下单了，这些注塑件就要报废；但如果按主机厂的月需求量生产，车间可能生产2个小时就要切换，车间制造意见很大。此时需要制定一个合理的方法来确定经济制造批量。

对于卫浴企业来说，其主要的部件都是自制的，内部工序长，销售部和制造部更可能对经济批量产生纠纷，很可能生产部的一个生产批量就是一年的需求。例如笔者辅导过的一家卫浴企业，马桶的一个生产批次就是1440台，这是由陶瓷产品的生产线决定的，一条灌浆线的16副模具，每天生产16台，然后模具寿命平均是90次，那产量就是1440台，考虑到良率，基本也在1300台。对于常销的马桶，这个量也就是1～2周的销量，但对于配销的那些型号，1440台基本就是一年的需求了。这种情况下，只能靠改造产线降低刚性制造批量。

工业品装备制造企业都是按照订单制造的，按道理说是项目制生产，但有很多小件是通用的，生产分厂希望将一定时间内的相同零件一次投料，但分厂没有权限在ERP中提前打印工票来组织生产，必须得到主计划部的同意才能生产。哪些零件可以合并批量，哪些零件必须严格按照批次组织生产，也是困扰各部门的大问题。

对于通用型工业品企业，面临的问题是C类产品需求不稳定，最困扰工厂的是一个C类产品本周刚生产了一个批号，下周又冒出一个订单。销售部其实也很难控制这种零散订单。

那么有什么合适的方法来达成一致呢？笔者建议还是利用经典的经济订货批量模型来处理这个问题。笔者并不认为经济订货批量模型是个好的模型，但这是达成共识的可用方法，其实销售和生产最需要的是一个简单的、可重复计算的方法来协调。

经济订货批量：考虑与订单数量决策相关的成本：库存持有成本、存储和作业、呆滞、丢失、货架寿命、订货成本，通常表达为每一个单独订单的费用。

总成本模型假设：

- 期量是固定并已知的；
- 准备成本和持有成本是固定并已知的；
- 补充是即时的；
- 单位成本不受订货数量的影响。

全部成本如图 5－1 所示。

$$TC = (Q/2) \times I \times C + (A/Q) \times S$$

Q：订单数量 order quantity

A：年用量 annual usage

S：每次订货成本 cost per order

I：年持有成本

C：单位成本

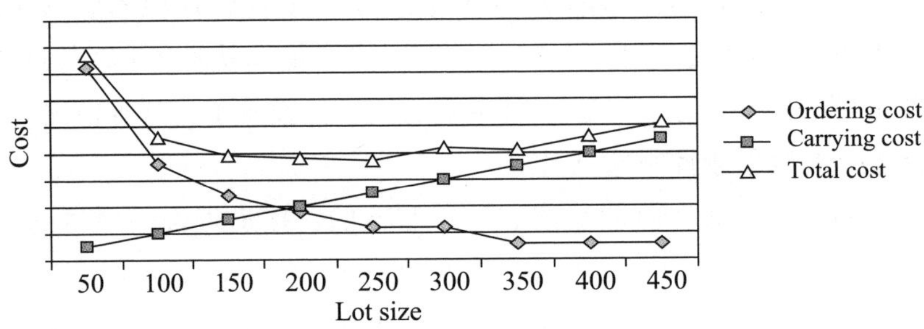

图 5－1　全部成本

经济订货批量：

$$EOQ = \sqrt{\frac{2 \times A \times S}{I \times C}}$$

A：年用量

S：订单成本

I：单位库存年持有成本

C：库存单价

此处的订单成本可以用切换工时 × 小时费率替代。这个方法一旦引入，下一个问题就是管理层挑战单次切换时间。为什么加工中心换刀具要 4 个小时，不都说丰田能够单分换模吗？为什么咱们不能 10 分钟就完成切换作业，然后就开始了改善项目。后面会专门写一个文章介绍单分换模推进的思路。

5.5 关键资源的能力测算

“为什么以前能每月生产5万套，现在只能生产4万套了。”——销售经理

“因为产品组合变化了，现在你们销售部下单的产品都是制造更复杂的产品，机加工车间需要更多的设备。”——生产计划经理

我上周去你们机加工车间现场，看到很多设备闲置。为什么不使用闲置设备来生产？

那些设备是圆盘机，只能生产低档次的产品，现在你们下单的产品没法使用这些设备。

那你们生产能否提供一种简便的方法，明确告诉我们销售每种产品的最大量及总量的最大量？

这个问题比较复杂，还真没好方法。例如A和B产品机加工的产能单独都能做5000套，但由于铸造共用模具，合起来只能做8000套；类似这种情况非常多，咱们公司有200款产品，我们只能根据你们下达的订单手工进行分析，看能否完成。

上述是笔者在辅导一个项目时，客户的销售经理和生产计划经理进行的对话。多数公司，销售部对于生产部不透明的产能情况一般都是很不满的，但也没好方法。而粗能力计划是一种有效的方法。

粗能力计划是将主计划转为关键资源负载的一种快速简单的工具，不需要考虑部件的在制品库存，不需要MRP过程；使用制造资源档案，避免使用详细的工艺路线。粗能力计划流程的步骤如下：

- 识别关键工作中心的能力，开发资源档案；
- 计算工作中心负荷，计算能力的可用率；
- 识别负荷不足或过载，发展纠偏计划。

5.5.1 关键能力中心定义

计划部首先要确定哪些能力需要被测算，在主计划层面并不需要对所有的资源都进行测算，一般企业都是对关键瓶颈工序及人力资源进行测算。以下是笔者服务过的一些企业的能力测算方式。

1）汽车企业：总装车间柔性高，不分车型都是按照每小时生产台数测算能力，例如每小时 40 台，这样一周就是 400 台，5 天 ×2 班 ×40 台，一年就是 400 台 ×50 周 =20 万台。涂装车间类似总装车间，也是不分车型按照小时产能测算能力；焊接车间是分车型平台来测算产能，例如 A 平台每小时 30 台，每周 300 台，B 平台每小时 20 台，每周 200 台。这是因为焊接车身的夹具是专用的，不同平台的车型不能混线生产，因此焊接总产能大于总装产能。这就要求销售下达的订单总量是每周 400 台，其中 A 产品不能超过 300 台，B 产品不能超过 200 台。冲压车间是提供一个总产能以及模具产能，每种产品的需求量不能超过模具的周产能。

2）家电企业：类似于汽车企业，基本是按照台数来测算产能。有些公司会根据产品的复杂程度设定一个系数，例如海尔公司规定 5kg 滚筒洗衣机系数为 1；6kg 滚筒洗衣机系数为 1.1；7 公斤滚筒洗衣机系数为 1.2。然后，计算出自然台数和加权台数。

对于汽车和家电企业，是按照每周 5 天、每天 2 班、每个班次 8 小时来测算能力的，即使能力测算有所差异，也可以通过加班来解决。

3）电子企业：电子企业前段的电子厂设备投资大，一般都是 7 天 ×24 小时运转，能力测算非常详细，有每个产品的详细工时，可以根据销售订单快速计算出设备负荷；后段的装配工厂虽然也有工时，但基本上还是类似于家电企业按照套数核算能力，装配工厂更多的是进行人力资源测算。

4）装备制造企业：笔者服务过的发电装备企业公司可以说是门类最齐全的机械工厂，包括总装工厂、重型加工工厂、金工分厂、铸造分厂、锻造和热处理分厂、焊接分厂、叶片分厂（批量精加工）等，每家分厂的能力测算方式各不相同。

总装分厂：将产品划分为产品系列，每个系列内部的不同产品认为资源需求相同。资源测算包括人力资源测算和总装台位测算。每个产品需要的人员天数，每种产品需要占用台位的天数。

重型加工分厂：针对汽缸和转轴这些大型部件，有详细的按工序的产品加工期量标准，非常准确。

金工分厂：几万种小型部件，工序众多，系统工时与实际工时差异很大，对于粗加工工序始终没有好的解决方法。精加工工序基本靠实测工时，相对准确。能力测算主要针对精加工工序。如果粗加工工序能力不能满足需求则外扩。

铸造分厂：按照吨位测算产能，不准确。

锻造和热处理分厂：按照吨位测算产能，不准确。

焊接分厂：每个大型部套的需求人员天数有明确标准，相对准确。

叶片分厂：产品种类有限，每个工序都是基于实测工时，相对准确。

生产计划部与分厂就资源测算达成一致，生产部排产后，各分厂按照统一标准进行能力测算。

5）厨卫企业：最初都是按照成品套数核算产能，但经常会出现由于产能测算不当，车间无法准时完成作业，延误了成品交付的情况。后面企业修改了策略，对不同工序采用不同的能力估算策略。

总装按照成品套数估算，不考虑产品之间的差异。

涂装按照部件的面积测算能力需求，分为手工涂装和机器涂装，分开运算。

机加工车间按照打孔和切割，分别基于产品的特征值进行测算。打孔工序按照孔数，切割按照零件的切割长度测算。

通过相对准确的测算，有效地进行产品主计划的组合排列，保证车间生产订单与产能相匹配。

6）半导体封装测试企业：半导体封装最初都是按照“颗，UNIT”来测算产能，对于早期的 QFP 等封装形式这种方式是合适的，因为同种物料不同尺寸的产品各道工序的工时差异不大。但进入 BGA 封装形式以后，再按照颗进行测试就行不通了，因为在封装中设备投资最大的工序打线工序、W/B，不同的产品金线数从 40～400，而工时基本是与线数正相关的，因此企业最终决定按照线数为中位数的产品的管脚数 I/O 作为产能的衡量单位，即一个 225I/O 的产品是 1，如果只有 45I/O，这个产品折算为 1/5 产品。作为主计划，这个简单粗暴的方法是可用的。

小结：在进行粗能力测算时，企业必须根据自己的产品特征、工艺方法，选择出关键工序进行能力测算，并找出合理的“特征值”进行测算。这个特征值可以是成品个数、重量或其他很容易维护的产品数据。除了对关键工序进行能力测算，也要对工厂的人力需求进行测算，人均效率的测算可以相对粗糙。

5.5.2 计算关键的工作中心负荷和可用率

在寻找到关键资源后，需要设定对能力进行测算。测算的时间区间划分包括月、周、日三个维度，国内很多企业是测算月需求和月负荷，笔者建议关键资源的能力测算要测算到周，按周测算关键资源的产能负荷，如果某一周负荷超产能，可以采用应对措施。

在做能力测算时，对于短制造周期的企业如汽车和家电，可以假定成品交付和制造工序是在同一周，但对于长交付周期的行业，成品的交付周和部件的关键工序制造周不在同一周，需要基于部件制造周期表来计算。

首先，需要建立部件制造周期表。如表 5－7 所示。

表 5－7　部件制造周期表

产品	工序 1	期量	描述
A	1	20	一般
A	2	10	一般
A	3	5	关键
A	4	12	一般
A	5	5	一般

其次，整理好产品的交付数量和日期，计算出每种产品的关键工序的要求交付日期。如表 5－8 所示。

表 5－8　交付日期

成品	数量	交付日期	周	工序完工日期	周
A	180	9 月 8 日	36	8 月 9 日	32
A	180	9 月 15 日	37	8 月 16 日	33

最后，生成粗能力计划和负荷表。粗能力计划表示例，如表 5 - 9 所示。

表 5 - 9　粗能力计划表示例

产品	工时	32 周	33 周	34 周	35 周	全部
A	0. 342	180	180			360
B	0. 294			180	36	216
C	0. 21				144	144
全部		180	180	180	180	720
需求工时		61. 56	61. 56	52. 92	40. 824	
能力		58	58	58	58	

5. 5. 3　识别负荷不足和发展纠偏计划

能力不足的可能的解决方法包括：

1）增加能力：加班、增加额外的班次、外协生产；

2）减少关键工序的需求：通过改变工艺路线，将一些产品的加工路线改到其他工序；

3）需求产能匹配，提前投产部分产品。

但在主计划中进行需求 - 产能匹配是非常困难的。

丰田生产体系 2 个支柱是自动化和准时生产，基石是均衡生产。然而，当我们离开汽车行业，发现均衡生产真是传说。

第一，有些行业，产品的季节性需求特性就决定了其不可能均衡。以化肥为例，特别是东北的化肥厂，其销售聚焦在短短的几个月之内，在淡季时根本不可能生产。幸运的是，复合肥生产的设备投资占生产成本比例不到 10%，所以能力闲置不是大问题，企业遇到的关键问题是淡季时工人怎么办？一家全国性的复合肥企业的做法是在秋冬季将东北工厂停工，工人转移到南方进行生产。

第二，有些行业，如家电，由于所谓的六大节促销造成了一定的季节性，但对比汽车行业，其由于受制于销售渠道，针对不同的销售渠道供应的是不同款式的产品，因此也无法在淡季均衡生产，除非渠道肯反季节下订单。这对家电行业造成的巨大影响是工人的不稳定。因为多数企业都是实施计件制工资，淡季时工人收入大幅度下降，会引发高的离职率；而旺季时经常连续 1 个月不能休息一天。离职率高、新人多导致产品质量波动大，限制了国内企业进一步提升。例如某个号称“人单合一，自主经营体的企业”，其淡旺季时，产线工人数能差出 50%。笔者一直好奇，工厂没有订单又不是工人的缘故，后果却要工人承担，那么公司的经理是否也要在淡季削减工资？国外世界 500 强企业都是采用的计时制。

第三，绩效考核也是一个原因，笔者辅导过的一家企业，没有上述的问题，但销售部由于考核成品库存指标，在淡季时不肯给生产部下储备订单。

第四，很少有公司的财务部门能够提供一个总成本模型。毕竟库存资金占用，成品仓库的面积是很直接的，而均衡生产带来的成本降低是很难定量计算的。特别是当公司采用计件制的情况下，单件的工人成本是不变的，而很多企业只进行总装生产，将机加工等设备投资高的工序都包了出去，而采购单价又不随订单量而变化，因此企业更没有动力去做均衡生产。

能力测算中标准工时是关键的问题：标准工时该如何确定及定额员应该划到哪个部门？

在国企，制定标准工时的人员一般称为定额员，在一家企业，定额组长给我讲，他们这个部门最早在工艺部，后来转到了人劳处，后来又调到了生产处。他问：“麦老师，定额这项工作到底该设在哪个部门？”

定额设在哪个部门，要看企业到底希望用标准工时做什么。

标准工时可以用于生产计划的产能测算、设备和人员需求，也可以用于财务的成本核算、工人工资分配。

当用于工人工资分配时，定额工作主要是放在公司的人力资源部门。此时，基本上订额是做不准的，偏差能达到 200%。一个工人每月报完工的工时能达到 600 小时，而实际上，按每月 22 个工作日、每天 8 小时计算，工时不过 176 小时。

当定额用于生产计划时，一些公司将其放在工艺部或生产计划部。放在生产计划部经常会导致计划部和车间的严重对抗。计划部总是希望车间能多做一些，而生产车间希望能保有一个BUFFER来应对例外情况。特别是在导入ERP时，由于对标准工时数据的准确性要求是如此之高，企业多数会将定额组转到生产计划部，以更有效地推进ERP落地。

另一些公司会将定额放在工艺部，特别是一些以设备加工为主的行业，工艺部给出纯设备加工时间，生产车间和计划部讨价还价得到一个宽放系数，然后计算出标准工时，在很多外资企业，隶属于工艺部的IE工程师的部分取代了定额员。

笔者见到的一个精加工企业，采取的措施非常有意思，由工艺部的技术员在导入新产品时自己加工部件，记录纯加工时间。然后增加1个宽放时间，计算出单件标准工时。宽放时间是生产计划，技术、车间几个部门一起达成一个协议。

笔者辅导的另外一家企业，公司人劳部计算的标准工时用于公司给分厂结算工资，而生产计划部和车间又搞出另外一套实动工时，用于进行设备测算、人力需求测算。公司知道这2套工时的差异，但并不强迫分厂立刻修正工时，公司财务部每年给分厂下达一个效率优化指标，其实也就是将工时逐步降低，由各分厂自主决定降低具体产品的工时。

5.6 分厂交付计划生成以及期量管控

在进行了关键资源能力测算及均衡后，下一步需要分解出各分厂的部件交付周期。在日常运营中，有按零件级交付和部套级交付两种模式。

零件级交付：顾名思义，就是给零件设定分厂或工序期量标准，基于成品的交付日期和期量，反推出每个零件的交付日期，分厂之间按照零件交接。

部套级交付：就是将一组零件统一设定为一个期量，基于成品的交付日期和期量，反推出部套的分厂交付日期，分厂之间按照部套交接。

笔者辅导过的企业90%以上都是按照部套级交付管理，这样做有一定的合理性，对于总装车间而言，如果前序分厂交付的零件不是按照部套齐套交付，总装车间无法进行装配作业。而且按照部套齐套交接可以简化分厂之间的交接工作量，特别是当企业信息化程度不足时，因为部套数量相对少，可以通过目视管理看板的模式展示每一个部套的当前进度，有利于生产管控。但这种模式存在 2 个不足。

（1）在制品偏高。

一个部套中的不同零件的工艺路线长短不一，交付周期本来是不同的，由于采用部套制交付，所有的零件必须投料，同时交付，那些短周期的零件就会提前投料生产并积压。例如浴室柜产品，2 个前门板的喷漆工艺大约有 8 道工序，在涂装车间需要 8 天，而衬板只有 2 道喷漆工序，但前序机加工分厂要同时将这些零件交付给涂装车间，而涂装车间又要同时交付给总装车间，因此那些小零件也要在车间作为在制品保存，占用了车间大量空间。

（2）个别特殊工序的零件管理困难。

如果一个部套中有 1 个零件的工序与其他零件差异较大，管理复杂。例如笔者辅导过的一家电机制造企业，导电杆加工要经过 7 个分厂的 12 道工序，在有些分厂要反复交接，而生产计划部是按部套分解给各分厂交付周期的，这个零件需要各分厂自己去协调交期，耗费大量的人力。

推进零件级交付是比较先进的管理方法，但要在 ERP 中维护每个零件的分厂制造期量，同时还要求分厂推进工序级完工报工，通常这会要求分厂必须上线制造执行系统 MES 并实现工位扫描报工才能落地。

一般在 ERP 系统中的计划就展开到分厂交付计划（MRP）这个层级，在 MRP 中，最重要的概念是期量的概念。在实际管理中，各车间主任对计划部缩短期量的任何努力通常都持反对态度。

推进精益改善的一个核心任务就是通过布局改善，流物料管理，拉式生产来降低车间生产期量。后面具体案例中有很多内容都是描述各企业如何通过改善缩短期量。

物料需求计划的逻辑很成熟，这里不展开讲述，只展示一个例子，如图 5－2 所示。

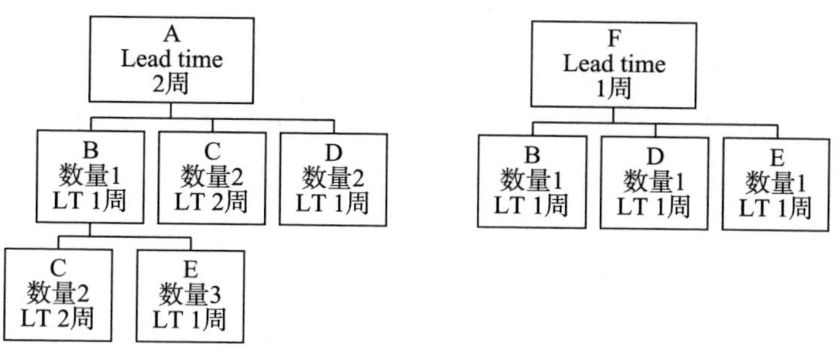

图5－2　物料需求计划的逻辑

其中，LT指的是提前期LEAD TIME，如表5－10所示。

表5－10　LT

Item A lotsize = l4l LT = 2	**1**	**2**	**3**	**4**	**5**	**6**	**7**	**8**
毛需求 Gross Requirements				10		100		10
计划接收 Scheduled Receipts								
计划可用 Projected Available								
净需求 Net Requirements				10		100		10
计划订单接收 Planned Order Receipts				10		100		10
计划订单释放 Planned Order Release		10		100		10		
Item F lotsize = l4l LT = 1								
毛需求 Gross Requirements					20	20		10
计划接收 Scheduled Receipts								
计划可用 Projected Available								
净需求 Net Requirements					20	20		10
计划订单接收 Planned Order Receipts					20	20		10
计划订单释放 Planned Order Release				20	20		10	

车间/工序期量设置的逻辑：笔者服务过的企业，公司领导都是希望制造周期越短越好，而车间主任则都希望有合理制造期量来缓冲各种例外的影响。

制造期量没有一个公认的方法，不同行业的管理模式差异很大，在ERP系统中可以有两种维护期量的方法，一种是按照分厂维护零件期量，这种方法更为常见；一种是按照工序维护期量，按照工序维护期量的逻辑如表5－11所示。

表5－11　按照工序维护期量的逻辑

排队时间 queue	调整时间 Setup	运行时间 Run	等待时间 Wait	移动时间 Move

- 排队时间：标准排队时间通常定义在工作中心上。
- 调整时间：设备调整时间通常定义在加工路线上。
- 运行时间：运行时间通常定义在加工路线上。
- 等待时间：等待时间是指一个工件完工后，转移到下个工作中心前的时间。
- 移动时间：从一个加工中心到另一个加工中心的搬运时间。

基于制造周期的长短，按照部套/零件号维护期量有几种情况。

第一种：短周期部件，例如家电行业的自制冲压件，由于冲压件体积较大，企业内部都注意控制在制品库存。一般涂装车间一个班次，焊接车间一个班次，冲压车间2～4个班次不等。

第二种：中等周期部件，制造周期1～4周。例如一般的金属加工，如五金龙头、半导体封装测试、浴室柜生产。这里一般企业都是一个工序一个班次；实施了MES系统的企业可能1个班次加工2～3个工序。

第三种：长周期制造部件，主要是装备制造业，生产周期普遍在2～12个月。例如汽轮机的转轴加工，精车一个工序就包含上百个工步，在车床上的纯加工周期能够达到14天。

对于短周期和中等制造周期的部件，单一部件的一个工序的加工周期可能只要几秒钟的时间，但车间运营则一个工序就要一个班次，这个主要是由于派工计划和交接频次的模式决定的。离散车间的多个品种生产的情况下，如果一个零件需要经过多个工序，虽然理论上可以进行多工序派工，即一次安排这个部件的多个工序的计划，但在实操中，班组长都是按照单工序派工，即每个班次，根据各工序昨天的完工情况，安排当班的生产，而不同车间的交接也都是班次开始或结束时进行。因此只要有一个工序，交期就要增加一班。有2个办法可以缩短周期：第一个是导入车间执行系统，进行工序报工，班组长可以每隔1~2小时监控作业进度，每日进行多次派工；第二个办法是设计一个柔性的流生产线，将若干个工序连接起来，这样可以有效地缩短制造周期。

对于长周期部件如转轴加工，控制制造周期的主要方法是进行多工序机台排产。

制造周期/加工周期之和的比例系数可以体现车间的交期控制水平。这里的加工周期对于大件来说是单件的加工周期；对于小件来说，是最小包装容器的加工数量，例如一个包装6个，每个加工1分钟，加工周期就按照6分钟计算，这里假设工序间转移是要整包装转移。笔者见过的控制得最好的企业能够达到1.5倍系数，以转轴加工为例，10道工序，每个工序3天，纯加工周期就是30天，计划员通过有效的机台排产，可以用45天的时间完成。对于中等部件来说，3倍的LT/CT就是很好的管理水平。

虽然各家企业都关注制造期量和在制品控制，但建立起期量闭环管理的企业极其少见，笔者只在摩托罗拉半导体事业部见过完整的管理流程。系统会自动记录每个零件的每个批量的制造周期，然后计算出均值和四分位值，与预设的标准周期进行对比，如果实际周期缩短了，则要求工厂在系统中缩短标准周期；如果实际周期长于标准周期，则要求工厂进行持续改进来降低周期。

5.7 信息系统在供应计划应用存在的问题

5.7.1 供应计划的三种排产手段

企业的供应计划的管理水平与其信息化管理水平密切相关，常见的有3种模式。

（1）手工电子表格排产。

主计划员在电子表格中排成品的产出主计划；然后使用系统运行

BOM，分解出零件的净需求。对于自制零件，在电子表格中结合当前库存、在制品的信息，基于生产期量、车间产能等计算出各车间的部件完工时间；对于采购的部件，基于零件库存、安全库存设置，采购期量等基础数据、供应商采购配额比例，计算出零部件数量及到货时间。这种方法极难做得很细致，而且会占用计划员大量时间，当主计划调整时，工作量巨大。在这种情况下，一般来说企业的库存都比较高。

笔者诊断一家企业的生产管理水平，最基础的一条就是计划员能否基于系统输出的数据直接安排生产或部件采购。如果不能，说明这家企业信息化水平不够，而且企业执行力差。

（2）使用标准的 ERP 系统排产主计划及物料需求计划。

笔者在服务众多的客户后发现，国内很多企业虽然实施了 ERP 系统，但生产计划依然是在电子表格中进行的。其中部分企业使用的是国内的金蝶和用友等系统，还有部分企业使用的是 SAP 和 Oracle 的 ERP。

笔者服务过的几家知名企业，年产值都在 50 亿～100 亿量级，企业也花了大价钱实施了 SAP 系统，但生产计划还是无法基于信息系统进行。这主要是由于企业对于 MRP 运行所需要的基础数据管理薄弱，导致系统运行出来的数据根本无法直接使用。而且 ERP 的标准功能很难满足企业的特定需求，往往需要定制化，在企业管理基础差、执行力差的情况下，ERP 不能运行也就不奇怪了。

笔者服务的客户中 SAP 应用较好的两家国内企业，一家是发电装备企业，一家是海康威视，这都是执行力超强的企业，同时在各自行业也是领军企业。

（3）利用企业开发的生产管理系统进行排产。

也有一些企业使用自己开发的 ERP 系统进行排产，很多企业开发自己系统的出发点是当时的国内软件功能还不够健全，而 SAP 等国外的 ERP 软件又过于昂贵，特别是针对企业的特定需求进行二次开发成本更高。

笔者服务的客户当中，济南玫德铸造和上海紫江印刷都是自己开发的信息系统，这两家企业的计划管理水平也相当地高。

事实上，笔者工作过的上海通用汽车，在 2002 年以前，使用的 ERP 系统也是自己开发的系统，直到 2002 年开始才全面转向 SAP 的 R3。

5.7.2 几种方式的优劣分析

生产计划是用ERP的标准功能好，还是自己开发的功能好？企业在初期发展时，计划基本都是用电子表格来进行的，如果企业产品种类少、工序简单，手工排产是最好的选择。

当企业进一步发展时，面临3个选择：

1）使用ERP的标准模块来推进计划；

2）自己开发软件系统；

3）混合排产，部分内容使用系统，其他内容继续使用电子表格计划。

以订单出货企业来说，计划主要包括预测计划、订单接收及交期评审、主生产计划和粗能力平衡、物料需求计划（MRP/CRP）、部件采购计划、车间内部的机台计划。很少有企业能够在信息系统中完成所有计划。

笔者的观点比较明确：基于企业规模和业务复杂度，如果是大型企业，最好采用SAP或ORCALE的ERP系统；如果是中小型企业，最好是根据自己的工艺特点开发计划系统。

国内的软件如金蝶和用友等，财务系统和物料管理系统功能比较强，但计划相关的功能如订单接收及评审、MRP运算等，涉及计划过程，需要进行分析及计算的功能都不是很强，只要企业具备能力，自己开发的系统效果比国内这些ERP系统的好，会更适合企业的业务特点。

订单接收及交期评审：SAP中有SD模块，可以针对顾客和产品预设各种发货、付款的参数，这个功能非常强大。基本上使用SAP的公司这个模块功能运用得都不错。

主计划和粗能力测算，笔者辅导过的这几十家客户中超过80%都是在电子表格中排出主计划，然后同样基于电子表格进行车间能力测算。在能力平衡后，将主计划的电子表格导入ERP系统，运行MRP功能产生物料需求计划。

笔者分析，之所以这些企业不能直接使用ERP的模块进行主计划和能力测算，一个原因是主计划排产需要考虑到单个产品交付策略，SAP中包含很多预设的策略，但国内的ERP并不具备这些功能，而且很多企业还是有自己的一些混合交付策略，很多需要主计划员人为判断。例如按订单生产的产品，系统的逻辑是先交定金的订单先排产，某个客户虽然下了订单，也给了预付款，但公司基于某些考虑，决定先采购这个订单所需部件，同时完成前序注塑生产，而总装先不进行。像这些人工判断的东西很多是无法在系统实现的，需要二次开发。

MRP 这个逻辑已经非常成熟，但在国内企业实际应用中，MRP 只是在部分基础较好的企业得到一定的应用。

对于机械行业，笔者服务过的某集团公司下属的两家公司，一家成功地使用了 MRP 来计划各分厂的完工时间，另一家还是依靠手工计划规定各分厂的完工时间。能力测算都是用手工方式，针对关键部件在电子表格中测算。第二家未能实施 MRP 的关键因素，是生产计划部和分厂对分厂期量始终达不成共识。众所周知，分厂期量中真正的加工期量可能只占 20% ~ 40%，大多数是排队等待时间，而排队时间是调度的结果。那么 LT/CT 的系数到底设计为多少，是没有科学依据的。生产计划部希望压缩这个周期，而车间希望延长周期。未能实施 CRP 的原因多种多样，最关键的一点是机械行业的某个部件的工艺路线本身是可以调整的，例如转轴的某道序，既可以车床加工，也可以镗床加工，而工艺部只会拍一个标准工序，当出现产能瓶颈时，分厂计划员会进行人工调整工艺路线，在 ERP 中调整工艺路线相对复杂，远不如在电子表格中方便。

对于家电行业，笔者服务过美的、海尔、老板电器、九阳等企业，其内部制造工序基本都是冲压、焊接、涂装和总装工序。MRP 的应用都是比较成熟的，主要问题点在于能力测算。首先总装的能力测算就是按人数，比较简单；涂装悬挂链速度一定，测算也比较简单，就是按照挂件的能力；焊接也相对简单，基本按人数就可以，焊枪通常是多的；冲压产能比较复杂，传统的 CRP 逻辑不能直接使用。例如老板电器的集烟罩线体，共 18 台设备，其中 3 台 250 吨、15 台 110 吨，加工任何一种集烟罩，虽然实际使用不了 18 台设备，但由于搞了物料一个流传送带，中间空的设备也没法使用。而当不生产集烟罩时，又可以在这条线生产多种小零件，同样的占用的设备和工艺路线上的设备不一致，根本没法在 ERP 中进行测算，只能手工测算。

至于车间内部的机台计划，笔者从来没见过哪个企业能够用 ERP 的标准功实现机台级排产。虽然 SAP 公司的 PP/DS 模块号称能进行机台排产，笔者见过实施 PP/DS 的企业基本都以失败告终。笔者的一个客户，投入了大量的人力物力导入DS模块，项目结案期临近时，咨询顾问离职了，最后也不了了之。另外一些外资企业，高层要求严，必须在系统中实现机台排程，PP/DS机台排程的逻辑是依靠人工神经网络等算法进行的逐步优化，计划员就先手工排好一个模板作为起始模板，然后运行PP/DS模块来“优化”订单顺序，其实也是糊弄总部老外。

基本上机台排程都是靠手工电子表格来实现的。实际上，如果你的企业只是组装或者组装加简单的注塑生产，依靠电子表格排计划也是可以的。但对于多工序的加工作业，例如机械零件加工特别是装备行业，完全靠手工电子表格计划是行不通的。

有些企业自己开发了计划系统，能够在系统中人工订单排序。这么做的好处还是很多的，首先，信息的可视化很强，各级领导都能在系统中查看订单顺序。其次，一些明显的人工错误可以避免。还有自己开发的系统灵活性强，可以根据设备调整、工艺调整随时改变计划策略。笔者服务过的几个在行业内数一数二的企业，例如紫江印刷、玫德铸造的计划系统都是自己开发的。

到底是因为企业管理水平高所以才能自己开发定制化的计划系统，还是因为开发定制化的计划系统促进了企业的管理水平提升？

笔者见过很多企业用一些国内ERP软件，计划做不好，说是系统功能不强，没办法对计划进行精细化管理；当笔者提出为什么不开发自己的计划模块时，计划部又说企业缺少专业能力开发系统。实际上，笔者前面提到的一些企业，生产计划系统开发都是计划部自己主导进行的，计划经理和IT经理是一个人。计划部长是不断抱怨系统不完备还是自己迎接挑战解决问题？笔者觉得这是企业文化的问题。

5.8 如何衡量主生产计划的有效性

作为一个精益咨询顾问，经常有客户和我说，我们公司经过几年精益改善，目前现场问题已经解决得差不多了，但就是计划还存在问题，导致现场的改善受到制约，无法进一步深化。当然，说这话的通常是生产部长。

那么，到底什么是好的计划？这需要从多个角度看。

销售：好的计划是能保证确定好的订单准时完成；同时能积极响应客户的紧急订单。

生产车间：好的计划是能保证月与月之间的均衡，保证能力不空放，也保证不超产能。其次，确定的主计划不要老变，不要有太多的急单。

财务：总体库存要低；同时要合理控制成本，避免过多的生产外包。

大家希望的理想的主计划是：产品交付准、期间库存低、客户响应快、计划变动小、产能利用高、订单均衡高。

无效的主计划有如下特征：

- 不可靠的订单承诺；
- 持续的过期订单；
- 过多的库存；
- 紧急订单；
- 过度的计划调整；
- 高层计划的打断；
- 过多的加班和停滞；
- 月底的突击发运；
- 前期过载（月）；
- 缺少职责。

你想管理一件事，必须能够用数字衡量一件事。你考核什么，你就得到什么。那么对上面的几个关键点，企业是用什么指标衡量的？常见的主计划衡量指标如下：

- 客户服务水平；
- 准时交货率；
- 生产线负荷（对库存生产）；
- 每周工作订单完成百分比；
- 每周主计划订单更新百分比；
- 库存周转率；
- 延迟订单；
- 交货提前期缩短；

- 过期库存数量。

在我们的经验中，基本所有企业都在考核车间的主计划完成率，但统计数据多数失真。多数情况下，由于各车间的利益和主计划完成率挂钩，一般当计划不能完成时，车间会找出各种理由，例如设备故障、原料质量和交付问题等来申请免责。

客户服务水平即承诺交付率，但销售部和计划部对于该如何对订单进行承诺的衡量标准是不一致的。订单交期承诺多数是主计划员个人凭借经验主观给出的，然后与销售部讨价还价来确定。

很少有企业考核客户订单交付率，理由很简单，客户订单是随机的，如果超产能或者订单短于标准生产周期，是否该考核？如果缺少长周期的关键原料，是否该考核？

期间库存：财务人员通常按照库存的性质将其分为成品库存、车间在制品库存和原材料库存。这是最容易统计的指标，但很难考核。用期末库存或当月销售金额这个指标的难点是该如何给各个单位确定每年的目标。对于大集团，给各个事业部科学合理地确定目标基本是无解的。例如在某著名的卫浴集团，它下面三家事业部分别生产五金龙头、浴室柜、陶瓷马桶，集团财务给每家事业部制定的原材料和车间在制指标都是30天。这些产品工艺完全不同，所需零部件也差异巨大，制定同样的指标理论上是不合适的，但神奇的是，这三个事业部最终的实际库存水平都在27~29天波动。

产能利用率：基本只有成本部门分析当月成本时，通过产能利用率来解释折旧的分摊。

月订单均衡度：很少有公司管理该指标，但对整体供应链的影响巨大。如果考核销售部该指标，销售人员只要提出产品本身是有季节性的，如果要保证订单均衡，就要在淡季储备成品，增加了库存资金和销售风险。通常老板是站在销售一方的，所以该指标很难考核。

主计划变动率：可以按SKU的项次和数量统计每日的生产计划，但很少有企业持续统计这个数据。

主计划最重要的是稳定性，笔者辅导过的多数企业都没有明确的主计划时间域划分，主计划调整天天进行，给内部工厂和供应商都带来极大的压力。

需求变化的来源主要是：客户计划更改、紧急订单或订单取消；参数更改，如配方、良率、批量的变化。为了应对需求的变化，需要划定时间域，制定不同的应对策略。如图 5 – 3 所示。

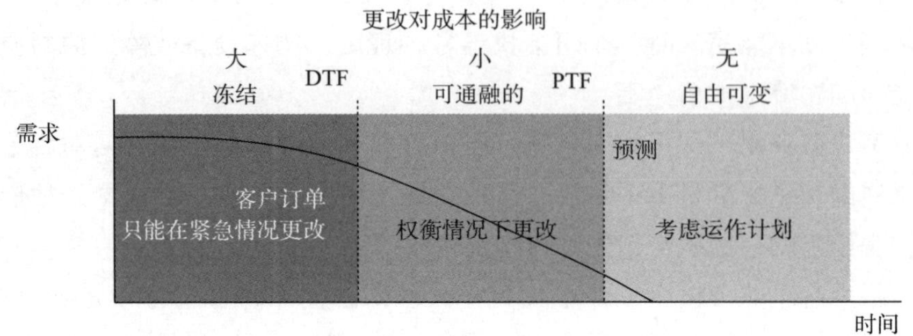

图 5 – 3　需求变化

通常来说，主计划实施分级管控，对于冻结期的计划更改，必须是企业高层批准；锁定期的计划更改可以由企业中层批准并记录，需要控制更改比例；而自由区可以由主计划员根据输入信息自主更改。

5.9　标准工时与应用

标准工时在多数企业都是管理者头疼的问题，标准工时的测定与应用既是技术问题，也是管理问题。

标准工时的测定包括实测法（秒表或录像）；理论公式法；历史数据法（基于产出实物量/投入工时）；预订时间法，基于动素；资料回归公式法。

笔者服务过的这些企业中汽车和家电企业标准工时的管理普遍较好，与这些企业的产品种类相对单一、产品生命周期长有很大关系，这些企业通常都是采用实测法。

实测法传统上是使用秒表进行观测，笔者 2003 年初做 IE 工程师时，很长时间都是拿着秒表在现场观测，每个作业分解为作业单元，然后测定至少 5 个循环，并对于异常的作业时间分析原因。笔者做培训时经常用下面这个例子给学员展示。

一个完整作业分为7个作业单元，用连续计时的秒表记录每个作业时间，从中间找出最短可重复时间作为作业单元的标准工时。如表5－12所示。

表5－12　作业单元

序号	作业步骤	1	2	3	4	5	6	7	8	9	10	工作时间	备注
1	从椅子站起	8	7	8	7	9	8	7	8	8	9	7	
2	走到黑板前	10	11	10	10	9	10	11	11	10	10	10	
3	拿起笔，取下笔帽	2	3	4	3	3	3	3	4	3	3	3	
4	在黑板上写字	10	9	10	10	12	10	11	10	11	10	10	
5	盖上笔帽，放下笔	2	3	4	3	3	3	4	3	3	3	3	
6	走回椅子	9	10	9	9	10	9	9	8	10	11	9	
7	坐下	3	3	2	2	3	3	2	2	2	3	2	
	一个周期之和	44	46	47	44	49	46	47	46	47	49	44	

当时培养IE工程师很麻烦，IE工程师必须很熟悉现场作业内容才能准确记录。2003年录像机还很贵，体积也大，使用也不方便。后来随着卡片机和智能手机的流行，录像法逐步取代了秒表计时，IE工程师都是现场直接录像，然后在电脑上分析作业时间。

实测法的关键点是要选择合适的实测对象，不能对新手作业进行实测，对熟练工实测也可能受到熟练工的个人态度的影响，例如工人故意慢速作业。如果是大企业，比较好的方法是由隶属于技术部门的技术员进行作业，就以技术员的作业时间作为标准。例如笔者服务过的发电装备企业的叶片分厂，新产品导入时，工时设定就是由分厂技术组的人自己操作定下时间的。

理论公式法主要是针对机加工行业，对于精车、磨工等工序，完全可以基于零件的参数、走刀量等计算工时，这种方法可以相对准确地测算出机加工工时，但辅助工时还需要采用录像实测法。单件的作业工时＝工人辅助作业时间＋机加工时间。

历史数据法更多地见于一些管理相对粗放的企业，这些企业直接用历史的产品数或人工数来测算未来的人员需求量。

预订时间法包含模特法、MTM 等方法，笔者在实践中只是见过一些欧美企业采用这种方法，国内企业基本没有利用这种方法的。笔者的个人认识是，欧洲企业工会比较强势，IE 工程师拿着录像机去现场测定工时不被接受，因此搞出预订时间法。这个方法烦琐、工作量大，基本没实用价值。

资料回归公式法：汽车和家电这类企业可以采用实测法，但对于其他的多品种小品量、产品迭代快的行业，实测法根本没法操作，此时可以采用资料法。

这是一种以最适合标准时间的形式，综合时间标准（没有包含余量率的正常作业时间）的时间资料，每个单位都制定时间标准，并以必要的大小合成时间的方法。

简单地说，就是将作业分为固定时间和变动时间。以上面那个写字的例子来说，其他步骤都当作固定时间，写在黑板上这个作业当作变动时间，这样可以根据每次写字的个数直接计算出完整作业的工时。

标准工时在企业当中主要应用于生产计划、资源需求测算、成本计算、工资奖励等方面，国内很多企业都是采用计件制，就是用实际产量 × 对应产品的标准工时来计算作业量并与分厂进行结算。在这种情况下，标准工时调整就成了非常敏感的问题，分厂管理者即使做了效率改善，优化了效率也不会告知工时部门来优化工时，而计划部按照工时下达任务量，如果不调整工时就不会多下达任务。那现场提升的效率并不会转化为最终的效率提升。

笔者见过的一些企业发展出了两套工时，标准工时称为蓝本工时，实际的工时称为实动工时，生产部按照实动工时进行计划排产。

财务成本核算；计划排产，公司与分厂或分厂与工时工资结算这 3 个主要用途没法同时兼顾。因此管理一流的企业都不搞计件制而是计时制，将工时与工资计算切断。

第 6 章

车间排程与交付管理

6.1 车间计划和执行的几个关键问题

主计划部完成了车间的物料计划和能力均衡后，下一步是车间的计划执行。车间计划的目标是按照主计划要求的时间交付成品入库或交付部件给下个车间；充分利用人力和设备能力，减少外协费用；合理控制在制品库存数量和空间占用，保障生产顺利进行；对于化工行业要考虑尽量减少切换时带来的材料损失；还要保有一定的弹性以应对各类意外，例如客户的急单，后序报废造成的重新加工等。

如果说需求计划和供应计划主要需要考虑客户需求，那么车间计划主要考虑的是产品工艺、产线或设备特征、订单的数量分布等问题。

车间计划的几个关键问题包括：交付时间窗口设计；排产数据的获取，含工单进度和订单优先级；排产逻辑、是采用正排或倒排或TOC排产法；单阶段派工或多阶段派工；详细工序能力测算方法。

6.1.1 交付时间窗口设计

如果按照销售或生产部考核分厂的交付率的维度，常见的有月、周、日三种模式。

月交付模式是销售或主计划部只规定了当月产出的品种和数量，具体哪些品种先生产、哪些品种后生产，由车间自己根据产能、原材料或部件的齐套情况自主确定。对于比较紧急的品种，销售或主计划会明确提出要安排在月初交付。很多消费品的品牌制造商都是采用这种模式，例如制药企业都是采用库存出货模式，而且库存量较高，因此销售部会给制造部较大的弹性以提升效率。另外，笔者服务过的发电装备企业也是按月考核分厂的交付，这主要是因为整个制造周期长达6～12个月，生产部按周或日考核分厂很难操作也不必要。这种模式的优点是制造部的弹性较高，容易充分利用产能；缺点是由于计划的时间窗口过长，成品安全库存需要较高。

周计划模式：大多数的消费品制造商都是这种模式。销售或主计划部会给制造部一个滚动的按周的出货计划，一般至少 13 周。然后在 N 周的周初确认 N+1 周或 N+2 周的出货计划。销售或主计划部会指定少量的紧急订单安排在周初，然后其他产品的生产先后顺序由制造部自主决定。

日计划模式：主计划部直接规定了每个订单的交付日期，并按照订单的要求交付日期和对应的入库日期来考核生产部。这种模式常见于通用品、工业品制造企业及消费品或工业品的供应商。笔者服务过的海康威视的主计划部就是直接按日给总装车间下达入库订单指令，这主要是由于企业和客户约定的交付周期只有 4～14 天，因此对车间的交付时间窗口要求得也严格。至于零件制造商比较好理解，家电行业的品牌企业现在都是要求供应商按日交付零件，因此零件制造商的生产计划也必须按照日来执行。

此外，制造车间分为总装车间和前序车间，前序车间的窗口会比总装车间的要更窄一些。例如总装车间的时间窗口是月，那前序车间可能是周或日。如果总装车间是周，那么一般前序车间是日。

综上所述，时间窗口越宽松，车间的柔性越高。但库存越高，具体采用什么样的交付时间窗口，并没有固定的模式，要综合分析。例如笔者服务过的飞思卡尔半导体，一直以来是按照周交付模式计划和考核的，主计划部一直希望切换成按天来进行交付计划和考核，但各制造基地坚决不肯答应，因为半导体行业设备投资大，设备利用率是一个重要考核指标，如果按天进行交付考核，会大大增加生产部的设备切换次数，从而影响交付率，而且半导体行业的制造工业复杂、良率波动大、返工多，按天交付考核制造部很难达到；再加上半导体行业的企业相对于客户来说也比较强势，客户一般都自己持有一定的芯片安全库存，晚交付几天通常并不会给客户带来很大损失，所以销售或主计划部也并没有强势地坚持要求制造部必须实现按天交付及考核。

笔者曾经服务过的一家外资的矿山机械工厂山特维克，虽然交付周期也长达 4 个月，其中内部的装配周期就要 6 周，其主计划依然细化到周，销售给车间下达按周的成品交付计划，这点与国内的工程机械行业形成比较鲜明的对比。时间窗口越细，给制造车间和零件采购部的柔性越小，对过程的管控也就要求越高。

6.1.2 排产数据的获取

（1）当前工单的进度。

车间计划也叫详细排程，定义了每一个作业的顺序和时间分配，一个详细的排程包括排队的制约、作业的顺序、时间的预估、资源的利用率。

排产分为推式和拉式两种模式，多数企业都是采用推式计划，推式系统的车间控制也叫作生产活动控制，派工最重要的信息是各工单当前进度和订单优先级。在制品库存数量及位置可以基于现场盘点或ERP/MES系统获取。由于生产是流动进行的，在班次当中进行现场盘点是无法操作的，因此传统的车间管理都是要求在班次结束时进行工序报工，这样一线管理者可以在班次开始时进行派工管理。很多公司的ERP系统的工序在制信息只有班次报工结束的那一刻是准确的，中间是没法测定的。在没有ERP系统的小公司，更多的是采用目视看板的方法展示各个部套的当前进度。对于那些有MES系统，可以实现实时扫码完工报工的企业，可以实时提取工序的在制品数量，一线管理者就可以实现一个班次内多次派工。

基于在制数据的获取方式就有了两种派工模式：一种是每个班次开始时基于当前的各工序库存进行派工，一种是基于MES系统提供的实时信息进行派工。

MES系统主要提供的实时数据包括：生产订单的优先级；当前产能、工人和设备利用率；在制的数量信息、位置信息。

（2）订单优先级的获取。

车间调度员在派工之前首先要确定每个订单的优先级，订单优先级建立必须考虑客户需求、物料可用性、当前的车间设备和人员情况。

常见的优先级包括如下：

1）先进先出：按订单送到的先后顺序进行加工。

对于多工序的车间的中间某道工序，班组长并不清楚每个订单的优先级的情况下，采用先进先出是一个合理的判断准则。这样可以相对公平地对待每个工作。笔者服务过的一家半导体厂，每天早上班长会从MES系统中打印出在制品工单，里面显示出每个工单已经在当前工序的等待时间。此时，除非明确接到生产调度的指令，班长会按照排队生产长短和减少切换次数的逻辑来分派订单。

2）交货期：最早交货期最早加工。

对于所有产品都具有相似工艺路线的加工车间，为了保障准时交付，交货期最早的订单优先安排是一个合乎逻辑的选择。笔者见过一家企业在系统中自动计算出每个工单的优先级，从1到8。1代表需求的备库订单；2代表提前生产的订单，有需求；3代表本周订单，正常季度；4代表当周必须完工；5代表生产进度已经滞后但还未延迟交付；6代表已经过了交付期；7、8依靠手工维护，代表紧急订单。班长每个班次根据订单显示优先级分配订单。

3）关键系数：交货期前剩余时间除去剩余工序的加工时间的系数。

对于机械加工车间，不同产品的工序差异很大，有只包含简单的一道粗加工的产品，也有超过十道工序、包含精加工和热处理的产品，无法单纯依据交货期来派工，此时关键系数法是一种可行的方法。

4）最长工序：工序最长的先加工。

有一些产品，所有零件的第一道工序是同时开始的，然后在组装环节也是所有零件同步进行，不同零件的加工工序长短、加工难度差异很大，因此需要针对长周期零件优先安排计划。例如笔者服务过的一家浴室柜生产企业，所有部件的下料都在同一天，然后总装需求也在同一天，涂装车间生产周期大约8天，车间里面空间都被占用。分析下来，只有2个前门板的工序复杂度最高，大约10个工序，其他一些零件如衬板等很多只有2~5个工序，因此只要优先安排门板生产并推进每班多次交接，就可以将整体生产周期缩短到5天，从而节约车间空间。

建立优先级的例子，如表6-1所示。

表6-1　建立优先级的例子

工单	交付日期	剩余作业时间	剩余制造期量	剩余作业数量	松弛时间	关键因子
W	105	1.5	3	5.5	2	0.91
X	107	1	4.5	9	2.5	0.78
Y	111	2	4	7	7	1.57
Z	113	3.5	7	8.5	6	1.53

6.1.3 排产的逻辑

在 ERP 中，车间下面是工作中心，工作中心可以是一台机器、一组机器或完成某一个类型的一个区域。所谓车间计划就是将生产工单根据一定的优先级分配到每个工作中心。排产有三种逻辑：倒排模式、正排模式、瓶颈模式。

（1）倒排模式。

倒排模式是最常用的一种方式，根据订单的交付周期和预估的生产期量将任务分解到各个工序（工段），规定各工序的完工时间，具体如下：
回溯表如图 6－1 所示。

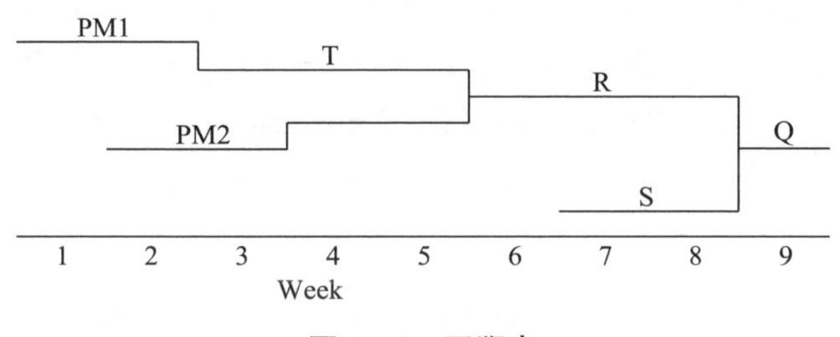

图 6－1 回溯表

汽车和家电这类装配占主要工作量的企业采用倒排模式的较多，计划管控的重点是保证物料的齐套性。

（2）正排模式。

车间计划员根据当前已经在手的工单的优先级、交付周期、平均制造周期和设备产能负荷，安排投料计划。笔者服务过的紫江彩印和玫德铸造都是采用正排模式，这是因为印刷行业及铸造行业的成本最高的设备都在前道工序，计划的重点是保证前道工序的效率。正排模式容易产生的问题是车间在制品积压。虽然后道工序的总产能超过前序工序，但随着产品组合的变化，有可能会产生后道工序的某些产品线在某些时刻出现能力短缺的情况，这就需要通过全工序的能力测算及平衡来解决。

（3）瓶颈模式。

车间计划员根据车间瓶颈设备的产能，将生产订单分派到设备上。瓶颈工序前的计划等同于倒排计划，瓶颈工序后的计划等同于正排计划。

说到瓶颈，绕不开 TOC 理论，瓶颈管理步骤包括：

- 识别瓶颈；
- 保持瓶颈工作；
- 仅按需求输入；
- 加速和改善瓶颈；
- 当瓶颈被改善，重复第一个步骤，重新发现新的瓶颈。

这个理论是如此简单明了，但在实践中很多企业在明知这个理论的前提下，依然将整个车间堵塞成仓库，主要是以下几个因素：

1）为了前道工序的工时提前投料，有些公司是计件制，如果第一道工序根据瓶颈需求输入产品，那么第一道工序工人的收入会受到影响。一家电机生产企业的铸造车间就是如此，甚至能提前半年生产铸件毛坯，笔者和分厂领导谈到控制投入时，分厂领导也是一脸无奈，公司是按工时与分厂结算，如果不安排提前生产，工人连工资都拿不到。控制前道工序的技术上的解决方法是在 ERP 系统中设置标准期量和开工时间，未到时间禁止打印工票。飞思卡尔半导体公司通常的提前期控制为 N－1 周，即在物料齐备的情况下，工厂最早在 N－1 周开始投料；在旺季来临前，为了避免旺季产能不足，工厂调度员会临时向主计划员申请，从而可以提前 N－2 周甚至 N－3 周。此外，如果某个产品有集中的大订单，要考虑模具产能时也会提前安排生产。

2）考虑到切换批量的影响，当前道工序是单一的大型设备时，为了降低设备损失会一次生产一个较大批量。例如一家家电企业，冲压生产线一次生产 2000～3000 件集烟罩，而总装一条线产量只有 600～700，这样就会带来很高的在制品。一般设备加工为主，设备 OEE 在 75%～85%之间，这里面设备切换时间占比会控制在 5%～10%，如果切换时间是 60 分钟，按每个班次 480 分钟计算，如果每个班次切换 1 次，则切换损失已经达到 12.5%. 所以丰田提出单分钟切换的逻辑，就是说切换控制在 10 分钟以内。

3）对生产意外的不可控因素的风险预防。在家具生产中涂装这样的工序非常容易批量质量不良进行返工，为了保障总装顺利进行，涂装工序有提前生产的倾向。

不能笼统地说正排、倒排、瓶颈排产三种方式哪种更优越，每种方式都有其适用范围，与产品结构、工艺路线及车间的设施布局都相关。

6.1.4 单阶段排产与多阶段排产

按照排产的细化程度可以分为单阶段排产和多阶段排产。

(1) 单阶段排产。

是指车间计划员将工单直接分配到单个工作中心上，车间现场根据指令生产。单阶段排产又分两种情况，第一种是车间就1~2个工序，车间计划员等于一次完成了车间计划，这种模式通常是总装车间、焊接车间或者只含1~2个工序的加工车间，例如家电行业的注塑车间或冲压车间。

另外一种单阶段排产的情况是针对离散式加工车间，一个大规模的机械加工车间可能每天同时有上千个工单在车间里面流转，如果每个产品有3~10个工序，依靠计划员一次直接派工到机台是无法完成的任务。因此机加工车间通常会采用每天的单阶段排产的方法。

车间计划员将工单指派到各工序，各工序的具体排产顺序由工段长或班组长每天根据前工序的交接情况临时派工，机加工工厂多采用这种模式。这种排产的模式需要预先就各工段的期量达成共识。

如果能够直接多阶段排产，车间的交期和库存都能得到更有效的控制，但对计划员的要求高，而且对工序的稳定性要求高。如果经常出意外，例如设备坏了，加工出了质量问题，就会导致计划经常调整，那么就只能依靠班组长现场临时调度。

班组长派工模式通常是每天下班时两个班组进行交接，然后每天早上班组长根据当前工序的在制品进行派工，派工时正常情况下不考虑前道工序的预期产出，除非是紧急物料。也有一些管理得更细化的车间会固定周期交接一次，例如2小时或4小时交接。交接频次决定了在制品数量，增加交接频次可以有效降低在制品库存，但增加了管理难度。

班组或工序之间交接是车间管理中不增值但必不可少的环节，点数、质量确认都要花费大量时间。除非2个工序安排1个班组长管理，否则工序转序时的交接就必不可少。对于机械小件加工企业，基本上多一个交接序生产周期就要多一个班次，很多精益书上都强调搞布局一个流来减少搬运，同时会缩短在制品，其实一个流布局最大的好处是将工序连接后，不需要多次交接，简化了车间一线管理者的管理复杂度。

（2）多阶段排产。

是指计划员一次将一个产品线所有的部件生产订单的多工序计划一次完成。这种计划模式可以有效地缩短产品的交付周期，但对生产的稳定性和计划基础数据要求很高，而且对计划员的个人能力要求高，笔者只在东方电气公司的转轴加工线见过计划员这么排产，此时 LT/CT 系数能够达到 1.5 倍。

另外一种思路是将产品化为不同的产品族，然后也将设备划到单个产品族中组成“虚拟的成组生产线”，这样每个产品就会沿着预设的虚拟产品线流过整个车间，而不需要现场主管每天早上临时派工。以飞思卡尔的封装车间为例，其包含超过十道工序，制造周期只要 3 天，LT/CT 系数能够做到 2.5 倍。如果采用“虚拟产品线和生产线”需要每周调整一次设备组合，然后每个产品线每天要相对均衡投产。如果某道工序的单台设备产能较大，可能需要将一台设备划入不同的虚拟产品线。每日调度的关键是规定这台共享设备每个班次的切换频次。

6.1.5 拉式系统

拉式生产系统又称准时生产，是一种与推式系统截然不同的制造方法论，拉动物料排队通过工厂（从完成的产品到供应商）。在实践中，拉式系统更多地用于总装车间拉动分装配线和仓库，真正的离散型加工车间极少使用拉式生产。笔者见过较多的是车间内部是推式生产，而车间与车间之间是拉式生产。即后车间需要时才从前车间提取物料，前车间完工后，物料存放在前车间。这样做的好处是可以避免前车间盲目生产，将后车间空间占满，谁制造的谁自己保存。但也存在一些问题，这需要在 MRP 中非常清晰地定义一个部件在各车间的生产期量。如表 6-2 所示。

表 6-2　推式生产、拉式生产对比

推式生产	拉式生产
所有的工作按照计划和排程结束	工作中心接到下游用户的授权
工作中心发往下一个工作中心工作单	零件只有当需求时才配送
假定下一个工作中心可用	

拉式系统常使用看板传递信息，用于从上游作业或者供应商提取零

件，将前序作业和最后的装配有序连接。例如在洗衣机装配车间，一条总装线每个班次大约会生产 1500 台洗衣机，每天有 30 ~ 50 个不等的工单，也就是 30 ~ 50 种不同的产品，这些产品都可以归为几个大的系列，每个系列下面的型号差异主要在主控板，主控板分装线就要根据总装线的工单顺序来安排分组装的顺序。

在一个拉式系统内的生产流必须同步、目视管理系统必须到位、作业必须柔性、工人必须能够执行多个任务和多种不同的工作。

6.1.6 派工工时与标准工时

标准工时通常只能保证在一段时间内（周或天）整体上与实际作业时间一致，这样计划部与车间能够就任务量达成一致。但具体到每个班次，每名员工的当班任务是基于派工工时。派工工时是指一线管理者每个班次给员工安排任务时的依据，通俗地说就是一件活几个小时做完，派工工时并不一定与标准工时相等。一般来说，派工工时是在参考标准工时的基础上，一线管理者基于自己的经验对标准工时的调整。

以机械装备行业为例，其包含总装、焊接、粗机加工、精密机加工、铸造、辅助打磨等工序，不同的工序标准工时与派工工时的差异大小是不同的。

1）对于精加工如车床和磨床等工序，派工工时基本与标准工时一致；要考虑件数取整的因素。例如按照标准工时计算，每个班次可以完成 6.2 件，那么可能安排为每班 6 件；如果是 6.8 件，则每班 7 件；如果是 6.4 件，很可能会要求 2 个班次完成 13 件。但基本上 2 个班次累加的数量都是整数件。在精加工工序，对于小件都是核算为单班标准生产件数，排产时直接用这个值排产。对于大件都是核算为单件班次数，由于大件的吊装基本都要 2 ~ 3 个小时，而加工通常 3 ~ 4 天，因此设定都是按照整班次，例如转轴加工为 20 个班次。其中每个班次加工到哪个部分都有严格的规定，必须严格按照进度完成。

由于精加工设备投资高，而且外扩资源比较难找，因此生产计划部对精加工工序的工时管理得比较严格，标准工时与派工工时是一致的，并且生产计划部通常也掌握这个信息，因此排产时是生产计划部进行能力均衡。

2）对于粗加工工序，派工工时与标准工时经常会有较大的差异，由于每次来的毛坯件尺寸的余量都会有波动，因此需要班组长根据每批来料的切削量来调整。对于管材下料，锯床的标准工时与实动工时差异更大，标准工时都是假定工人每次锯一根物料，但对于直径较小的物料，如果恰好有几个订单，工人可以一次锯 2～3 根物料，这样可以缩短时间；而且标准工时核算时是按标准长度的管料计算的，锯床的加工包括物料吊装和下料 2 个环节，如果采购来的本批物料长短不一，比标准长度短，工人就要频繁吊装，那么实动工时又要大大高于标准工时。因此在这个工序，派工这个环节必须由经验丰富而且威望较高的班组长安排。基本上都是工段按照人均标准工时量按周分派工单给下料班组，由班组长根据自己的经验来安排每个班次每个员工的工作量，并不严格按照标准工时测算。

粗加工工序的外协资源较多，而且标准工时与实际作业时间差异较大，很多公司是生产计划部下达任务给分厂，由分厂自己进行测算，超出能力的申请外协。

3）对于焊接作业，装备行业的纯焊接作业时间最多占工人作业时间的 30%～50%，其他的是辅助作业时间，而且焊不同部件的纯焊接作业比例差异较大。大件的纯焊接时间比例较高；小件的纯焊接时间比例低，装夹的时间占比高。再考虑异形件等因素，焊接工时非常难设定。笔者见过一些公司的生产部是基于吨位与分厂来核算工时和任务量的，如果产品种类差异不大，这种方法问题不大；但当产品组合变化大的时候，分厂很可能无法完成生产部的生产订单。另外，一些公司根据每个班组的历史产出工时和出勤投入工时，反推出每一类部件的产出工时和出勤工时的系数，并基于这个系数和系统的标准工时进行能力测算。

4）对于总装作业，装备行业由于是采用地摊式装配作业，物料的吊运占据了很大的时间，而等待吊车的时间又占了吊运时间的很大部分。而且总装总是由于缺料干干停停，因此实际装配工时和总投入工时可能都不到 50%。笔者见到的总装车间的标准工时一般都远远大于真实的装配工时，多的可以达到 3 倍。多人联合作业图是分析装备制造企业装配车间效率的有效工具，笔者曾辅导过的一个项目就将车间作业效率提升了 50%，其实主要是通过多人联合作业分析确定了每个人的作业顺序，减少了等待和无效工作。

总之，在装备制造行业，只有精加工工序可以直接用标准工时进行排产和能力测算；其他的如粗加工、总装、焊接等工序都无法直接应用标准工时进行能力测算，需要进行各种调整。

6.2 生产日报与效率 OPE 管理模式

6.2.1 生产日报的统计内容

生产日报是车间每日生产信息的总结，是车间管理最基础的数据，生产日报的数据是用于统计效率、员工绩效及分配、记录异常问题及改善的依据。

典型的生产信息包括：完工数量、报废数量；作业的每个工序的完工时间；工单使用的设备、工单的标准工时；工作中心的标准工时产出；实际的工作中心使用的时间和效率；返工订单生产；设备的预防保养和检查信息；质量的 SPC 表单、使用模具、使用的关键物料等信息。为了及时准确地收集车间信息，必须制定完整的数据收集流程，基本工具包括手工方式、批量收集、扫码及时收集。

笔者曾服务过的飞思卡尔半导体开发了专门的制造执行系统来统计工单数据，作业员在每批产品生产前必须先扫描工单上的条码，系统会显示出当前工序，然后作业员确定当前的工序，并录入设备号、作业员 ID 号、如果是关键工序，还需要录入所使用的模具的编号、使用的关键物料如 LEAD FRAME 等批号，然后才能开始生产；在该批生产结束时，必须在系统做完工报工，并录入良品和不良品数量。为了实现实时报工的功能，车间里面增加了非常多的电脑和扫码枪，基本 2 名作业员就配有一套过账系统。在最初导入制造执行系统时，作业员不习惯每批开工或完工都要进行系统报工，经常遗忘，车间管理者安排专人进行检查，用了半年时间才让员工养成准时登记系统的作业习惯。在实现了生产数据实时登记之后，车间的管理水平得到明显提升，包括效率和交付周期、交付率。

实时派工与交付管理：开发了专门的报告，基于按工序的在制库存报表和产品工艺路线，自动计算每批物料的订单优先级，在每个工序已经等待的时间，特定物料当前在哪个机台，已经开工几小时，预期几小时可以做完等信息。班组长可以基于工序在制准确报工，也可以对那些紧急订单随时监控进度。

除了 MES 系统，公司还有设备状态采集系统，可以随时监控设备的开工状态，包括正常运转、设备切换、故障等。如图 6－2 所示。

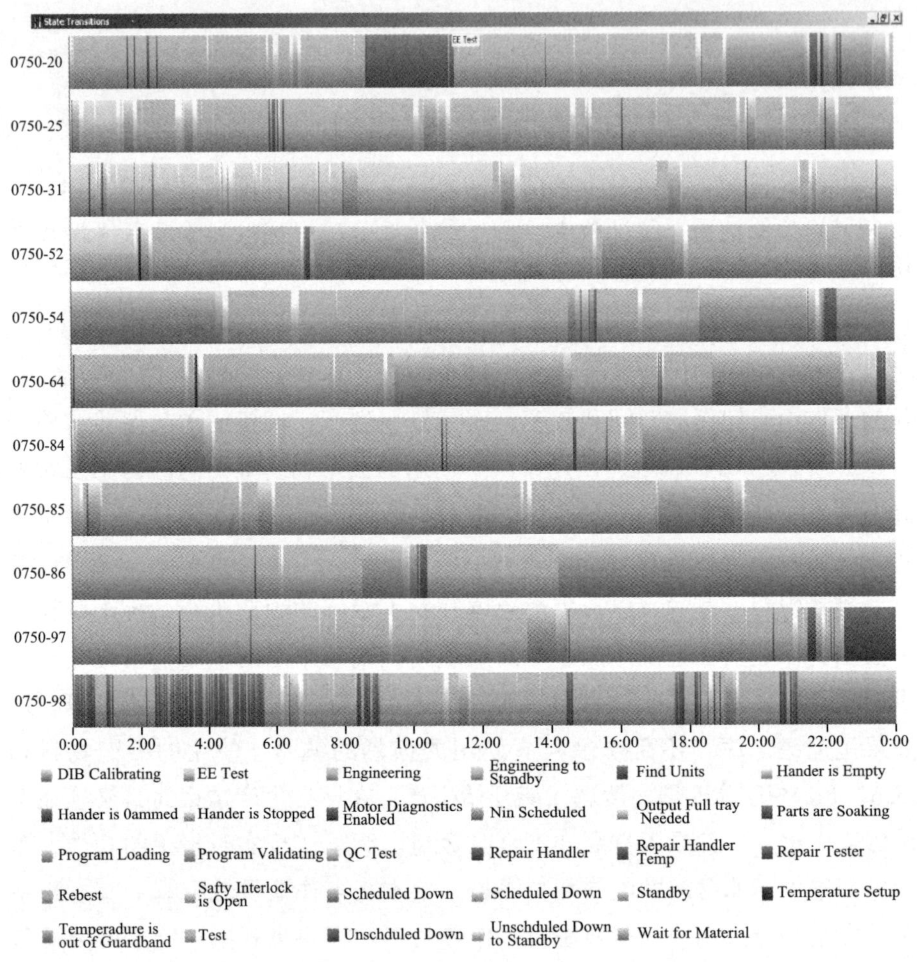

图 6－2　设备状态采集系统

每种颜色代表不同的设备状态，班组长可以随时知道当前的设备状态。同时，每个班次结束时，主管也能看到过去一个班次的设备效率损失的时刻。

有些公司虽然上马了 MES 系统，但由于最初策划时不当，未产生很大价值。例如笔者去年辅导的一家家电企业，公司希望控制集烟罩在制品库存，然后笔者要求计划员统计实时的集烟罩库存，才发现统计一次要花费半个小时的时间。因为集烟罩有二十多个型号，每个型号都需要单独去查库存，而且由于一个型号的集烟罩在每个车间中的物料编码都会变化，因此需要查询多次。由于数据统计困难，因此实际上除了月底考核时，平时根本没人去监控在制库存。

如果没有 MES 系统，及时收集生产信息的最佳水平就是记录班组日志并用电子表格汇总，对车间的执行力要极高水准；比手工收集好一些的是按班次批量处理数据，记得在光宝电子的 LED 工厂，每到一个班次结束前 15 分钟，车间的大喇叭就开始广播，请交完工小条。每个工单最后一页都是按工序打印的条形码，有工单信息和工序信息，作业员在小条上写下本工序的完工良品数据，然后将小条提交给专门的文员，文员负责扫描转工序。因此，每个班次开始时，管理者能够准确地知道库存信息，将库存整理成表 6-3 的形式，库存积压的就是问题存在点。

表 6-3 库存信息

Week Ending	3月2日	3月9日	3月16日	3月23日	3月30日	4月6日	4月13日	4月20日
Input								
计划 Planned	182	203	172	178	193	205	208	210
实际 Actual	197	180	168	191	189			
累积偏差 Cum Deviation	15	-8	12	1	-3			
Output								
计划 Planned	207	207	207	207	207	207	207	207
实际 Actual	213	202	206	210	212			
Cum Deviation	6	1	0	3	8			
Queue								
计划 Planned	275	271	236	207	193	191	192	195
实际 Actual	284	262	224	205	182			

笔者在进行企业初期诊断时，基本上通过看车间的日报就能看出这个车间的计划管理水平。报表分为当班的完工报表、异常记录报表2个表，完工报表可以从几个关键点看。

(1) 数据项次是否考虑完整。

笔者的建议是一张表体现生产进度数据，包括生产日期、生产班次、订单号、产品名、产品的车间的物料编码、对应的成品的物料编码、完工数量、使用设备、作业员工、良品数量、不良品数量、产品标准工时或实动工时。

(2) 数据是否齐全。

看数据是否漏项，很多内容不填写。有些公司规定填写每个工单完工的日期、使用设备、工人姓名，但实践中，会发现工人姓名一列都有数据，而使用设备一列经常会有空缺，这说明车间不进行设备效率分析，而使用这个表单进行工人效率统计，因此姓名会填写而设备名文员会偷懒不写。

(3) 数据是否及时更新。

如果开班五分钟内，报表中还不能体现上一个班次的数据，说明班组长并不使用这个数据来进行派工，而是基于现场的库存报工。这个报表只是用于统计工作。

(4) 完工报表中表头或数据项是否有合并单元格的情况。

很多公司的文员可能是出于美观，喜欢将表格搞成合并单元格的表格，或者表格中同样的数据内容进行合并单元格。一旦合并单元格，这个数据就是死数据，数据透视表或者高级筛选功能都不能使用了，更不用说开发 VBA 程序进行深度分析工作了。

对异常记录报表主要看是否有明确的责任部门、故障的文字描述及代码化。凡是没有将问题代码化的异常记录报表，基本可以视为故障责任报表，无法更进一步进行分析。故障代码化本身就是管理精细化的体现。

6.2.2 关键资源的 OPE 管理模式

对于关键的生产资源，需要推进全面效率管理模式，就是通过将效率损失细化分解到单个部门，然后设定分项的目标并持续改进。

首先，要有效计算出关键资源的真实效率。真实效率 = 当期的良品产

量 × 实动工时。

当期可以是按照月、周、日、班次，我们建议收集基础数据时按照班次统计订单产量，这样可以分析各班次的差异、产品的差异等细节。进行效率 OPE 分析需要 2 个数据表，一个是前面介绍的生产完工日报，一个是异常停机记录。

从管理角度，我们建议按照周进行效率统计。效率损失按周汇总并分解到各个部门。典型的 OPE 管理表如表 6 – 4 所示。

表 6 – 4 OPE 管理表

设定目标，让每个职能部门为降低停机行动起来

责任部门	基础	目标	11月			
			第一周	第二周	第三周	第四周
设备			4800	4920	5040	240
计调			960	300	0	0
质量			680	2096	980	480
二保			0	0	0	0
校模调试差异			140	120	200	180
技术			0	180	0	0
工装			1440	0	0	0
三座标			0	0	0	0
班组			-1570	-120	-320	10380
校模标准时间			4320	3390	5280	4890
产出期量时间			51846	53956	49633	40504
总时间			62616	64842	60813	56674
班组效率	85.7%	88.2%	90%	88%	90%	80%

OEE 是有效的效率，基于当前的良品产量和实动工时计算。

设备切换效率：切换次数 × 切换标准工时，需要着重指出切换单次时间并不需要每次记录切换的实际时间，而是用切换标准工时。

OPE = OEE + 设备切换时间，作为对一个车间的周考核标准。

为什么用 OPE 而不是 OEE？对于不同的产线，一个周期内的订单数量是不等的，如果直接用 OEE 进行横向对比，不同的产线都不会去做小订单，而一个产线的订单个数是由计划部确定的，因此按照 OPE 进行考核会更公平。

质量损失：不良品 × 实动工时，根据不良品的产生的原因划分部门。

设备故障：基于异常停机记录，责任在设备部门。

物料停线损失：由于缺料导致的装配线停机，责任在物管部门。

点点停损失：用100% - OEE损失 - 设备切换损失 - 质量损失 - 设备故障 - 物料停线损失。

点点停通俗讲就是将效率损失中其他各部门的损失都去掉，然后计算出各产线自己产生的损失。

笔者服务过的很多车间，一旦提到效率提升就将问题推给其他部门。但通过分解效率损失后，会发现点点停才是损失占大头的比例。

点点停产生的原因多种多样，例如工人的作业速率低于标准速率；内部返工，找寻工具，物料切换不规范等。点点停的占比在5%～15%，那种自动化程度很高，很少发生异常的设备操作，点点停比例较低；而手工操作的机台，点点停比例很高。事实上，只要能计算出点点停损失，车间班组通过简单的管理改善就可以快速地减少点点停30%以上。

通过合理分解效率损失，记录3～5周的实际绩效，一般就可以了解损失的具体分布及原因，并给各相关部门设定目标。接下来设定一系列的改善课题逐一解决。其中相对简单的课题可以采用PCDA的QC项目形式，复杂一些的可以采用六西格玛方法推进。

6.3 典型的车间类型及排产方法

前面讨论了车间计划的基本方法及数据统计和效率管理模式，本节主要针对笔者熟悉的各类车间类型的排产进行讨论。从车间排产的方法可以将车间分为装配车间，涂装和电镀等表面处理车间；冲压和下料与焊接车间；流线型离散制造车间，工序性离散制造车间，铸造和注塑类成型车间，化工企业流程型车间，这些车间的计划方法差异很大，各自有管理重点。

6.3.1 装配车间的计划、效率与交期

装配是指将零件按规定的技术要求组装起来，并经过调试、检验使之成为合格产品的过程。常见的装配方式包括单工位装配、间歇式多工位装配、流水线装配、单元式装配线等几种模式。采用何种装配模式是由产品

的种类及订单数量、产品或零部件体积等因素决定的。

（1）单工位装配产品的排程及调度。

笔者自己辅导过的企业采用这种模式的主要是徐工集团下属的基础和筑路公司；大全集团下属的三家控制柜公司；东方电气集团下属的东汽和东电。

产品从头到尾在一个工位装配，产品不动，根据装配进度运送零件到装配工位。对于大型产品，一个产品由上万个零件组成，其中包括部件和配件，一个产品的装配周期可能长达一个月。对于公司来说，总装场地是关键资源，如果缺少了一个小零件，整个装配作业必须等待，基本上意味着工厂的总产量就损失掉了。计划和调度的重点是控制部件和配件的齐套性，以及出现例外时的预案，因为装配并不是严格的一条线的顺序，当某个部件缺件时，可以先装配其他部件，关键路径法在这种装配管理中应用较多。一般有经验的计划员会优先安排关键路径上的装配，并安排一定裕量，当出现异常时不会延误交期，这种排程通常是项目计划的方式。

因为装配周期可能有4～6周，因此零部件需求时间也会有差异，笔者建议以周划分时间段进行物料组织，例如总装第4周所用物料，安排计划时要求在第2周交付，提前1周或推后1周不进行考核。

转轴装配需要精确配重，一些小件只能先进行粗加工，然后等总装配到一定进度，现场测量尺寸后，再进行精密加工。预订是5天，主要是等待引线槽契的加工。理论上说，引线槽契内部经过一道加工，然后发外协发黑，再回转到加工分厂进行精密加工后转交总装分厂，5天时间肯定是足够的，但实践中，这个时间经常在5～10天完成。经过数据分析，发现时间波动主要是在外协厂家的交期不定，经过现场了解，发现外协厂家的发黑设备能力较大，因此是批量发黑，一般根据订单量一周只做1～2次，导致了交付周期不定。经过与外协厂家沟通，对于非紧急件，沿用批量加工模式；对于紧急件，由厂家进行标识，采用小设备进行加工。

单工位装配的效率普遍都不高，真正装配的时间很少能到达总工作时间的40%，大量的时间用于物料搬运、工具或图纸准备、作业等待。使用叉车或拖车取代吊车进行部件或物料搬运是提升效率的关键。此外，这种装配多数是多人作业，即使在物料、工具、图纸准备齐全的情况下，几个人之间的配合不佳也会影响效率，此时多人联合作业图是效率分析的关键。如图6－3所示。

<table>
<tr><th rowspan="2">工位</th><th rowspan="2">人数</th><th rowspan="2">工作内容</th><th colspan="34"></th></tr>
<tr><th colspan="2">3</th><th colspan="2">6</th><th colspan="2">9</th><th colspan="2">12</th><th colspan="2">15</th><th colspan="2">18</th><th colspan="2">21</th><th colspan="2">24</th><th colspan="2">27</th><th colspan="2">30</th><th colspan="2"></th><th colspan="2"></th><th colspan="2"></th><th colspan="2"></th><th colspan="2">45</th><th colspan="2">48</th><th colspan="2">51</th></tr>
<tr><td rowspan="10">一工位</td><td rowspan="10">5</td><td>四节臂头分装</td><td>1</td><td>1</td><td>1</td><td>1</td><td>1</td><td>1</td><td>1</td><td></td><td></td><td></td><td></td><td></td><td></td><td></td><td></td><td>1</td><td>1</td><td>1</td><td>1</td><td>1</td><td>1</td><td></td><td></td><td></td><td></td><td></td><td></td><td></td><td></td><td></td><td></td><td></td><td></td><td></td></tr>
<tr><td rowspan="3">三四节臂组装</td><td></td><td></td><td></td><td></td><td></td><td></td><td></td><td></td><td>2</td><td>2</td><td>2</td><td>2</td><td>2</td><td>2</td><td>2</td><td></td><td></td><td></td><td></td><td></td><td></td><td></td><td></td><td>2</td><td>2</td><td>2</td><td>2</td><td>2</td><td>2</td><td>2</td><td></td><td></td><td></td><td></td></tr>
<tr><td></td><td></td><td></td><td></td><td></td><td></td><td></td><td></td><td>4</td><td>4</td><td>4</td><td>4</td><td>4</td><td>4</td><td>4</td><td></td><td></td><td></td><td></td><td></td><td></td><td></td><td></td><td>4</td><td>4</td><td>4</td><td>4</td><td>4</td><td>4</td><td></td><td></td><td></td><td></td><td></td></tr>
<tr><td></td><td></td><td></td><td></td><td></td><td></td><td></td><td></td><td>3</td><td>3</td><td>3</td><td>3</td><td>3</td><td>3</td><td>3</td><td></td><td></td><td></td><td></td><td></td><td></td><td></td><td></td><td>3</td><td>3</td><td>3</td><td>3</td><td>3</td><td>3</td><td>3</td><td></td><td></td><td></td><td></td></tr>
<tr><td>四节臂粗拉索分装</td><td>2</td><td>2</td><td>2</td><td>2</td><td></td><td></td><td></td><td></td><td></td><td></td><td></td><td></td><td></td><td></td><td></td><td>2</td><td>2</td><td>2</td><td>2</td><td></td><td></td><td></td><td></td><td></td><td></td><td></td><td></td><td></td><td></td><td></td><td></td><td></td><td></td><td></td></tr>
<tr><td>刷二节臂润滑脂</td><td></td><td></td><td></td><td></td><td>2</td><td>2</td><td>2</td><td>2</td><td></td><td></td><td></td><td></td><td></td><td></td><td></td><td></td><td></td><td></td><td></td><td>2</td><td>2</td><td>2</td><td>2</td><td></td><td></td><td></td><td></td><td></td><td></td><td></td><td></td><td></td><td></td><td></td></tr>
<tr><td>刷四节臂外侧润滑脂</td><td>3</td><td>3</td><td></td><td></td><td></td><td></td><td></td><td></td><td></td><td></td><td></td><td></td><td></td><td></td><td></td><td>3</td><td>3</td><td></td><td></td><td></td><td></td><td></td><td></td><td></td><td></td><td></td><td></td><td></td><td></td><td></td><td></td><td></td><td></td><td></td></tr>
<tr><td>四节臂尾滑轮滑块的安装</td><td>4</td><td>4</td><td>4</td><td>4</td><td>4</td><td>4</td><td>4</td><td>4</td><td></td><td></td><td></td><td></td><td></td><td></td><td></td><td>4</td><td>4</td><td>4</td><td>4</td><td>4</td><td>4</td><td>4</td><td>4</td><td></td><td></td><td></td><td></td><td></td><td></td><td></td><td></td><td></td><td></td><td></td></tr>
<tr><td>三节臂挡板、滑轮罩的安装</td><td>5</td><td>5</td><td>5</td><td>5</td><td>5</td><td>5</td><td>5</td><td>5</td><td>5</td><td>5</td><td>5</td><td>5</td><td></td><td></td><td></td><td>5</td><td>5</td><td>5</td><td>5</td><td>5</td><td>5</td><td>5</td><td>5</td><td>5</td><td>5</td><td>5</td><td>5</td><td></td><td></td><td></td><td></td><td></td><td></td><td></td></tr>
<tr><td>收尾、准备、记录</td><td></td><td></td><td></td><td></td><td></td><td></td><td></td><td></td><td>1</td><td>1</td><td>1</td><td>1</td><td></td><td></td><td></td><td></td><td></td><td></td><td></td><td></td><td></td><td></td><td></td><td>1</td><td>1</td><td>1</td><td>1</td><td></td><td></td><td></td><td></td><td></td><td></td><td></td></tr>
</table>

图6-3 多人联合作业图

（2）间歇式流水作业的排程及调度。

笔者辅导过的企业采用这种模式的有工程机械制造企业、控制柜企业。当产品需求增大后，装配可以采用间歇式流水模式。这种模式下的装配节拍在1小时到7天。每道工序完成后，所有产品往前移动一个工序。这里面的调度难点是，如果一个工序进度落后，整个生产线都会停滞。与汽车和家电行业的大批量制造不同，采用间歇式装配的企业往往是产品混线生产，每个型号的订单可能只有1~2台，按照装配的需求时间将部件配送到现场是一个巨大的挑战；而且线平衡基本是无法做到的，简单的产品和复杂的产品需要的工时差异巨大，对员工的多技能要求高，需要工段或班组长根据订单灵活调配人工。如果调度不当，会产生1个人干，1个人看的局面，这种装配作业的产线对班组长的现场调度能力的要求非常高。

企业从单工位装配转向间歇式流水作业时经常会遇到非常大的困难，让流水线流起来对工程类企业有非常大的困难。笔者曾经对一家中美合资的控制柜企业进行诊断，这家企业的装配采用的是单工位形式，总装车间面积巨大，陈列着一排排的控制柜柜体，然后在车间里面看到零散的作业人员。笔者在车间一角看到一条废弃的装配流水线，询问为什么没使用这条装配线，企业的人告知在国外确实是使用装配线进行生产，但在国内，由于业主或设计院指定了很多元器件，这些元器件的接口不规范，需要设计人员调整控制柜的机械结构，经常会出现设计错误，在现场装配时才发现，因此需要现场返工调整，整个流水线根本没法流动生产。

工程机械行业的产品定配置较少、现场返工少，推进间歇式流水作业容易一些。工业电气行业很难实施。

企业一旦成功地让生产流动起来，可以大大降低车间面积占用、物料搬运作业时间，一般装配效率至少提升40%以上。

（3）连续流水装配作业的排程及调度。

采用这种生产模式的主要是汽车、家电、消费电子企业，生产节拍从20秒到2分钟不等。有两种组织模式：混流式和轮番式生产。

笔者只在汽车企业的总装车间见过混流式生产，车型排队可能是A－B－C－B－C－A，允许每辆车和下一辆车的种类都不一样。每辆车的前机盖上粘有一张纸，上面标识着这辆车的型号，工人根据型号从线旁的料箱中选择物料装配。如图6－4所示。

图6－4　混流式生产

混流式排产的目的主要是均衡化作业和物料供应。对于装配线来说，虽然名义节拍是固定的，但一条产线上混线生产的几个车型由于大小和选装件的差异，同一工位的不同产品工时差异较大，例如在通用汽车，一条产线上可能同时生产君威和凯越，如果连续装配10辆君威，工人根本无法跟上节奏，因此必须简单产品和复杂产品合理安排装配顺序。其次，物料均衡供应也是目的。

对汽车总装线来说，线旁物料空间永远是不足的，对于中小件是采用线旁的滑道料架的方式存放，每个物料号都有固定的存放位置，线旁一般存放3个小时的周转量。

对于大件物料，在混流情况下就很麻烦。大件物料最简单的管理方式是双箱制，就是每种物料在线旁摆放2箱，用完1箱后，工人将空箱移出并移入另外一箱物料使用；但有些大件如汽车座椅，如果一条线上混流生产3个系列产品，每个系列产品还包含布座椅，皮座椅两种型号，线旁物料工位根本无法纳入这么多料架，此时必须导入物料排序供应。

家电企业都是轮番式混线生产，每个产品生产几十到几百台，然后切换到其他型号。计划的目的是在保障销售部要求情况下，尽量均衡化生产以减少切换损失。

在企业有多条总装线的情况下，如何将订单合理和公平地分派到每条产线是计划员头疼的问题。国内企业采用综合计件制的模式较多，大单和小单对收入影响很大。有两种完全相反的排产方式：

1）有家家具企业的总装车间，每天早上各条装配线的班长集中到车间调度那里抽签，决定本班的生产订单；

2）有些企业采用产品固定到产线的模式，在产品－产线分配时充分考虑工时，平均订单批次等将产品分配到产线。

模式 1 看似简单，干好干的产品与不好干的产品纯看运气，但这是一种“懒政”，当产品结构不大时还可以，当产品品种增加，每人可以掌握所有类型产品的装配，因此这种模式效率较低，而且容易出质量问题。

但实施模式 2 要求车间调度准确掌握各产品线的工时及装配特殊需求。在实践中，装配标准工时很难确定。这样安排生产时阻力很大，而且很容易形成吃大锅饭的局面。A 产线产量比 B 产线产量高到底是 A 产线更努力还是 A 产线生产品种更有利，很难讲清楚。

6.3.2 涂装和电镀等车间的计划、效率与交期

涂装和电镀作业都是通过化学方法在产品表面增加涂层。这是企业中常见的一种作业模式，一般涂装车间后就是装配车间。涂装车间必须给总装车间实现“齐套供货”，即一个产品的所有部件必须同时提供给总装车间。

涂装作业有两种组织形式：离散式涂装作业、连续流水涂装作业。

（1）离散式涂装作业的排程及调度。

这种喷涂模式是人在喷涂房中对产品和部件进行喷涂。笔者辅导过的企业中，工程机械行业及浴室柜行业是采用这种模式，这种模式的交付周期较长。

离散式喷涂的效率低，很大的工作量在于摆放及包装零件，而且很难计算部件的标准工时，在部件种类繁多的情况很难计算效率。计划员只能凭借经验派工，实际生产进度与计划偏差较大。而且这种模式对工人技能要求很高，产品也容易出现批量质量问题。以笔者辅导过的一家工程机械行业为例，其喷漆车间包括上件、抛丸、清理、屏蔽、喷漆、流平、烘干、找补等 8 道工序，交付周期较长、返工多。而且这里的上件洗油和找补写的是平均时间，一旦前序分厂有质量问题，洗油这个工序周期时间会极大拉长，影响后续工序的顺利进行。找补下料也存在相同情况，当前序质量未处理好时，找补下件的时间会极大拉长。因此配涂车间倾向于提前

投产，但当生产顺利时，又会积压很多产品等待装配。来料和过程质量控制是喷涂车间计划顺利执行的重点。如图 6 – 5 所示。

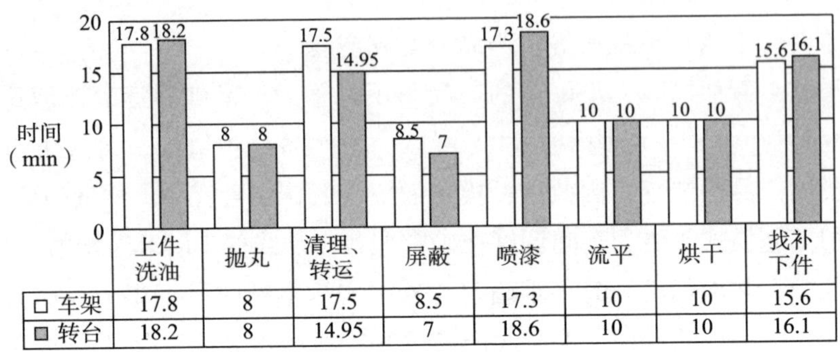

	上件洗油	抛丸	清理、转运	屏蔽	喷漆	流平	烘干	找补下件
□ 车架	17.8	8	17.5	8.5	17.3	10	10	15.6
■ 转台	18.2	8	14.95	7	18.6	10	10	16.1

图 6 – 5　各工位节拍均值

离散式喷涂的另一个典型例子是浴室柜企业，浴室柜制造中最关键的就是喷漆，一旦喷漆不合格流入市场，在消费者使用一段时间后问题必然会暴露。因此过程质量控制非常严格，返工次数很多，这导致了生产周期是不固定的。喷漆房的数量基本决定了整个工厂的产量，如果去参观家具厂，这个区域往往是最拥堵的区域。

如何对喷漆房能力进行有效测算是企业的难点，首先人与人之间有差异，产品与产品之间有差异。有些企业直接采用零件的涂装面积来衡量工时，但大件、小件、异形件还要给不同的系数调整；而且在配涂作业中，大量作业时间花费在屏蔽、清理等作业上，真正作业时间比例有限。笔者辅导一家企业进行改善时，利用宽放抽样的工具对作业进行了分析，得到各项工作比例。通过实施优化辅助作业工作，提升主工的作业时间比例，有效提升了作业量。并对每种产品制定了时间面积和加权面积，开发了周产能平衡分析表。如图 6 – 6 所示。

（2）连续流水涂装作业的排程及调度。

家电企业基本都采用这种方式，部件挂在悬挂链上通过喷漆房，喷漆房采用自动机械手喷漆或者人手工喷漆。悬挂链速率是一定的，提升效率主要在于悬挂方式。这种模式下每个部件的工时计算相对容易，挑战在于不同颜色的产品的切换，既要满足后面总装线的需求，又要能提升喷漆房的效率，还要控制喷漆房和总装车间之间的库存量。

笔者曾辅导一个家电企业，其涂装产品上线到下线不到 1 小时，但涂

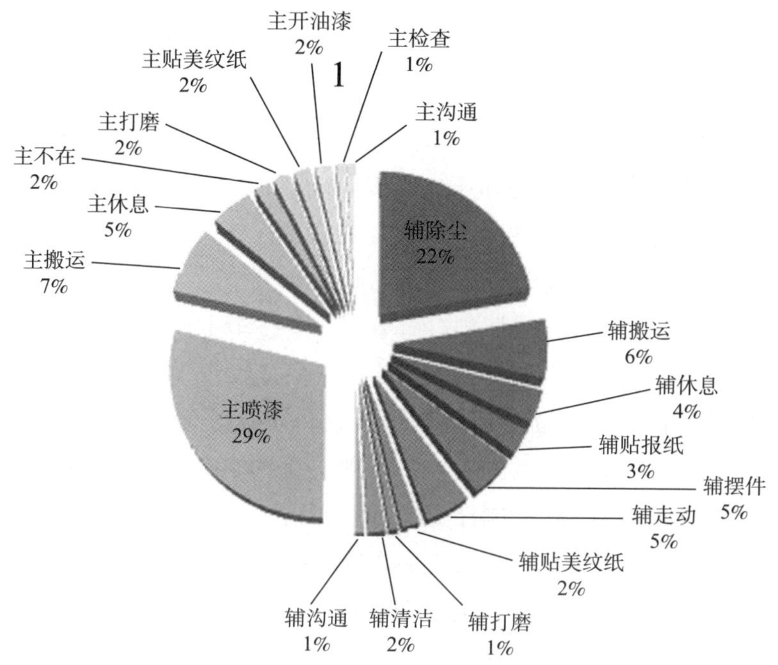

图6－6　对喷漆房能力进行有效测算

装车间的在制品总是要8～10小时的量，公司高层明确提出要求压缩车间在制品，但车间各种手段都使用了也不见效。

定性的原因大家都知道，主要是因为其涂装线只有2条，而总装线有10条，钣金件颜色有6种，每种颜色的切换要5～10分钟，为了保证总装线的准时供应，同时减少切换损失，班组长会根据总装需求，喷涂的完工部件数等输入来调整涂装件的切换与上件派工。

笔者基于这家企业的实际情况，用电子表格模拟了实际情况，发现在他们这种产品组合、产能、切换时间情况下，涂装在制最少要6小时，如果再考虑总装车间的填线量，很难将库存控制在8小时以内。因此这家企业的涂装和焊接逐渐达成了共识，对于第N个班使用的部件，N－2个班次结束时，焊接将所需部件交付给涂装。

6.3.3　冲压、下料与焊接车间的计划、效率与交期

机器上有一类特定的部件被称为结构件，主要的作用是为功能部件提供支撑。对于汽车、家电这类企业，产品结构件通常是采用冲压工艺成为

零件，然后通过点焊为壳体；而对于工程机械、发电装备这类企业，结构件主要是通过对钢板切割成零件，然后焊接为设备本体。机构件很多是异形件，在车间需要占用大量空间，生产控制的重点是冲压件齐套交付，已经降低车间面积占用。

（1）汽车、家电企业的冲压、焊接衔接。

汽车和家电企业都是将大件内部自制、小件外协生产，同时为了有效利用冲压机产能，会安排部分小件内部制造。

汽车整车企业的冲压计划相对简单，一个整车生产基地多数是按照 30 万台规划的，总装车间会包括 2 条总装线，1～2 个平台下的 4～5 个车型；而冲压车间会有一条连续冲压线，这条线负责这个基地的所有车型的顶盖、车门、发动机罩等大件的生产。一般会生产 500～1000 件做一次设备切换，设备切换时间普遍控制在 10 分钟以内。

家电企业的冲压计划要复杂得多，家电的装配线的节拍时间在 20 秒到 2 分钟不等，而冲压线的节拍时间普遍在 10～15 秒，一条冲压线的单班产量就会超过 2000 台。一条冲压线会对应若干条总装线，一般的家电企业都有几十款型号产品，多数情况下每个型号在每周都会安排，当然很多型号的冲压件是通用的，但冲压大件的种类也是非常多，而且这些冲压部件的工艺路线差异非常大，一些企业采用单工序离散排产的模式，冲压件的制造周期就要 6～8 个班次，1～2 个工序一个班；家电的钣金大件多数是异形件，一个托盘或物料车容纳 20～30 件产品，如果大件的冲压制造周期是 6 个班，意味着在制品有 12000 个，约 400 个托盘。再考虑小件，车间现场基本处处都是在制品库存。

另外一些企业会建立冲压一个流的产线，但当产品变化时，由于工艺顺序和设备布局顺序不一致，一个流经常会被打乱。笔者辅导过的一家企业在这方面的规划较好，其设备的布局考虑了绝大多数产品的工艺路线，然后再加入几台冲床作为缓冲；开发了一种可以变换长度的带物料传送带的台车，可以根据实际的使用设备灵活调整；新开发的产品在设计制造工艺时要结合冲压设备的实际布局来布置，基本上 90% 的大件可以适用于冲压流水线。

汽车和家电的外壳生产都是采用焊接流水线，更换产品时需要更换工装夹具及调节焊枪的位置和角度。

汽车企业的4大工艺冲压、焊接、涂装和总装中，焊接产线的柔性最差，由于白车身焊接需要精确定位，车身承载夹具极其昂贵，没有企业实现不同平台的白车身混线生产，例如卡罗拉、威驰虽然冲压、涂装、总装都能共线生产，但焊接线都是独立的，因此焊接的产能一般都是大于其他车间。

对于家电企业，焊接基本上是轮番制生产，切换时间在半小时到1个小时不等，车间基本会连续生产一个班次的A型号再转为另外的B型号。由于点焊的节拍时间一般比总装更短，一条焊接线可能对应后面2~3条总装线，焊接后就会产生一个班次的在制品库存。

（2）工程机械、装备制造企业的下料和焊接衔接。

相对来说，工程机械企业的下料和焊接流程比装备制造企业稍微简单一下。我们以下面这个例子来分析。

这个部套由20个零件组成，每个零件的工序和工时如表6－5所示。

表6－5　每个零件的工序和工时

名称	数量	仓库	工段	类别	内加	焊接1	焊接2	焊接3	整形	热处理	划线	铰孔	镗孔	钻孔
1	1	2600	6	大件	1		0.5	0.5			1	2	3	0.5
2	1	2600	6	大件	2.5	8	1.5	1			1		4	2.5
3	2	2600	6	大件	4	10	4	1.5		8	1		1	2.5
…		2600	6	…										
19	1	2601	6	小件	1						0.25	0.25	0.25	0.25
20	1	2601	6	小件	1					1				

这个部套的零件都是一次下料完成，然后在总装时同时使用。不同的零件的工艺路线不同，工序数量、作业工时差异较大。焊接作业是以人工为主的工序，工作分配相对灵活，而镗孔和钻孔工序需要专用的设备，从上面数据可以看出，镗孔工序工时需求较高，计划的重点是保证镗床的充

分利用。另外双头焊是使用专用的焊接设备，排产时也需要特殊考虑，避免设备能力放空。当生产其他的部套时，产品的零件组成，零件的工艺路线，工时又有差异。但值得庆幸的是工程机械产品的种类有限，车间计划员可以针对部套预先做出“计划模板”，然后用甘特图的形式将各部件的加工顺序固化，这样可以简化排产。

发电设备企业的下料、粗加工、焊接组织复杂一些，笔者服务过的一个客户，产品基座的焊接周期长达90天。统计了几个项目，发现每个项目周期时间都不同，波动很大，关键路径法是解决这类焊接排产的关键。根据关键路径法得到每个零件的需求时间，然后拉动前工序的组织。

6.3.4 离散制造车间的计划、效率与交期

离散制造模式包括3种基本类型：单机型；流线型重复离散制造；混流离散加工制造。

（1）单机型加工车间计划和执行。

最典型的是注塑车间，部件在模具中一次成型，然后经过简单的检验和去毛刺就可以入在制品库。笔者服务过的一家制造花洒的企业，其注塑车间拥有超过100台注塑机台，由计划部直接进行注塑机台排产。计划部的主计划员排出滚动的主生产计划，然后注塑计划员直接将工单安排到机台。在这么大规模的工厂中，注塑机往往按精度及吨位分为各种加工中心，高精度的德国进口注塑机往往用于生产与流道相关的部件，国产的如海天注塑机用于生产手柄等小件。注塑机台的开、合模时间是工艺规定的，利用率是经验值，工时相对准确，排产的管理重点是生产批量和切换，车间希望批量越大越好，但会造成很多在制品。而且虽然有100台设备，但要生产的小件却超过1000种，合并批次以满足交期，切换是计调员最主要的考虑。基本的逻辑是将零件分为AB类、C类及待退市部件，A类一次注塑一周的用量，主要是一些体积大、价值高的部件；B类可以根据预测一次生产一个月的用量；C类是按照固定的批量生产；待退市部件严格按照下市计划的数量并考虑良率波动。

（2）重复制造的车间计划和执行。

重复制造是指不同部件的工艺路线类似的离散制造模式，例如半导体封装行业，电子工厂的电装车间，大批量的五金生产工厂如小家电企业，

开水煲外壳的生产就是这种类型。虽然大体工艺类似，但不同产品的具体工序的工时可能会差异很大。

以半导体封装生产为例，其主要包含粘片、打线、塑封、粘球、切割、外观测试等几个主要工序。在早期时，同种封装形式下的产品的线数、体积差异不大，排产相对容易，可以认为一个产品族下的不同产品在同一个工序下具有相同的工时。这类排产的关键是要将产品划分为产品族，针对每个产品族排产，尽量要求主计划部一段时间内一个产品族的周订单数量稳定化。表6－6是某公司的产能表。对于多个产品族的共享设备，会安排非整台数。我们可以观测到例如WAFER MOUNT设备给产线安排的就是0.2台。每个工序的设备利用率不同，从73%到85%不等。

表6－6　某公司的产能表

工序	设备类型	数量	UPH	ASU	利用率（%）	工序周产能
晶元固化	＊＊	0.2	2550	30	85	85680
晶元切割	＊＊	1.82	139.4	1.7	82	42623
粘片	＊＊	5	100.8	1.4	72	84672
银浆固化	＊＊	0.5	825.6	8.6	96	69350
打线	＊＊	13	19.2	0.24	80	41933
PLASMA 清洁	＊＊	0.5	816	9.6	85	68544
检验	＊＊	0.8	680	8	85	91392
注塑	＊＊	1	255.5	3.5	73	42924
印字	＊＊	0.6	469.8	5.8	81	47356
电镀	＊＊	0.23	1580	20	79	61051
检验2	＊＊	0.12	2635	31	85	53122
弯脚	＊＊	1.4	214.6	2.9	74	50474

但到了BGA封装的时代，产品种类变化很大，产品的线数从50～500，意味着同样是一个产品在打线工序，工时差异就是10倍的关系，排产的核心是进行能力测算，能力测算可以采用产品特征值方法进行测算，例如在粘片工序按照个数核算产能，在打线工序按照线数测算，在塑封工

序按照每条的个数。

（3）混流离散制造的车间计划和执行。

英文中这种生产模式被称为 JOB SHOP，笔者一直没找到特别合适的中文对应。机械加工厂中这种模式非常多。以笔者服务过的一家五金龙头企业为例，其机加工车间产品有超过 100 种龙头，这些产品最简单的有单把、双孔水龙头，只需要粗加工断面，精加工 2 个位置；最复杂的欧式水龙头，需要粗加工断面，精加工 11 个位置。车间有接近 60 台机加设备，包含十几个型号。有只能加工一个位置的圆盘机；有能加工 2~4 个位置的多工位设备；还有能加工多达 8 个工位的 CNC 机台。

圆盘机每台需要 1 个员工操作，但切削效率极高，能达到 CNC 机台的 6 倍，但只能单工序，一个产品要经过几个机台生产；但从一个型号到另外的型号切换困难，只适合大批量的产品；CNC 机台 1 名作业员可以操控 2 个机台，而且一个复杂产品可以在一个 CNC 机台上一次完成。大部分的产品可以安排在圆盘机、多工位设备、CNC 上生产，由于工艺路线是多变的，工程部排的标准工艺路线与实际生产的路线是完全不同的，自然标准工时也是缺失的，没有人能够讲清楚机台排产逻辑及产能测算，经常看到一些机台是空的未安排生产，而车间又不能按照计划部的指令交付。

产能测算是第一步，最初生产部的能力测算模式是按照每月 1 万套来测算的，根本不管产品组合的变化，车间对此有异议，但自己也提不出合适的测量方法。最初时，客户的调度员喜欢将一些量大的产品相对固定在一些设备上，然后随时调整量小的产品到不同设备上以满足交期的要求。笔者给出的建议是将所有的量小的产品预先规划到不同的设备组上，然后当需求波动大时，只要针对几种量大的产品进行工艺路线调整就可以。通过这种思路测定了工时，开发了周能力－设备需求测算表，并优化了车间派工逻辑。

这类混流车间中最复杂的情况是模具、工夹具制造车间，每套工夹具的材质、工艺路线、工时都不相同，很多又是一次性设计并生产，没法按照大批量生产那样制定详细的工艺路线表，基本上都是现场有经验的班组长依据经验进行派工，交期和效率都很难保障，这类公司很难做大，因为缺少标准化，所以老板必须很懂行，很多事情都要亲力亲为。笔者见的多是按照吨位、材质、曲面的复杂程度制定一个工单的难度系数，不同的难度系数对应不同的工分用于分配。

6.3.5 流程制造模式的车间执行和执行

化工、医药等制造属于这种类型，一般都是按照“批号”安排生产，关键资源经常在于管道或者储存罐。以笔者服务过的一家企业来说，其最前端设备是20个发酵罐，然后通过2个管道进入提取车间，排产的核心其实是管道的接料计划。

流程制造行业计划排产最大的考量也是切换的影响，与机械加工切换只是损失工时不同，这个行业切换一次损失的可是实打实的物料。例如某化肥厂的生产厂长说，切换一次的物料，水、电、气等综合损失是1万元。因此他们至少要生产几百吨一个型号的化肥才会考虑切换。

但这又带来一个问题，上百种产品中，很多是低需求的品种，如果一次生产多了，很可能当年无法销售完，转年就无法销售了，需要重新加工；如果生产少了，新的订单量不够大时，计划员不会安排生产。销售部和生产部在这方面矛盾很大。解决的大体思路是采用轮次计划的模式，即根据需求量和经济批量，每种产品安排不同的生产周期，例如A类产品每周生产，B类产品每2周生产一次，C类产品每月生产1次。但每次的生产量可以根据销售的预测来合理安排，从而降低了产销矛盾。某酶制剂工厂的生产流程如图6－7所示。

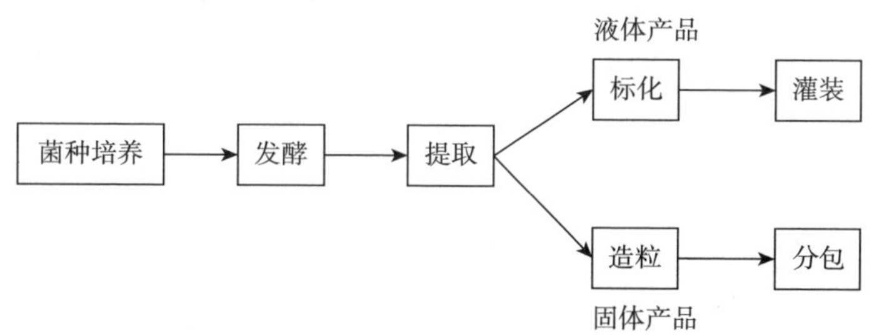

图6－7 某酶制剂工厂的生产流程

酶制剂产品有固体和液体两种形态。以固体产品来说，其生产过程包括实验室菌种培养、发酵、提取、造粒及分包5个环节。其中，发酵、提取和造粒都是非常复杂的生产过程，每一步结束后都需要进行实验室分析，这导致整个生产周期长达6～8周。对于部分产品，由于生产稳定性不好，产品返工甚至报废的情况时常发生，这加大了供应链运作的复杂程度。

从产品结构看，发酵之后的产品称为发酵液，经过提取成为“浓缩液”，并储存在高罐中，然后根据需要标化成液体单一成品或者造粒成为固体单一成品，液体单一成品储存在吨桶中，固体单一成品储存在大袋中（1 吨）。公司大约生产二十种浓缩液，然后通过混合可以生成 300 种成品，以及大约 1000 种包装出货产品 SKU。

出货成品通常是将多种单一成品进行混合。出货成品的包装包括 5kg、25kg、50kg、100kg、250kg、1000kg 等包装。

在 4 个主要的生产过程中，发酵生产设备投资最高，通常是生产瓶颈。每批生产结束，发酵罐都需要清洗，清洗时间从 10 分钟到半个小时不等，发酵完的产品必须在 24 小时内及时提取，而发酵车间和提取车间是靠 2 个管道连接，所以排发酵计划其实是排 2 个管道的接料计划。由于每个型号的发酵周期不一样长，排管道的接料计划需要避免发酵完成时间窗口冲突，这项工作是靠有经验的计划员在电子表格中手工绘制甘特图实现的。

此外，储存浓缩液的高罐也是紧缺资源，如果一种浓缩液制造得过多而没能及时使用，会导致高罐存储能力不足，此时只能将浓缩液输入到吨桶保存，但进行标化或混合时又需要将产品从吨桶倒回产线，这样会造成大的人力浪费。

流程制造行业的标准工时相对于机械行业要准确很多，排产的制约条件往往是管道资源和中间的在制品罐资源。排产主要依赖车间调度的个人经验，每家企业的方法都有自身特征，共性较低。

第 7 章

制造业物流管理

从品牌制造商的角度看，物流是从供应商零件交付到成品交付到最终客户或代理商，包含零部件的交付物流、内部制造物流、成品交付物流三个环节。物流从各个方面极大影响了计划决策，“经济批量”的概念在各环节有不同的体现：供应商制造经济批量、零部件运输的经济批量、原材料检验经济批量、内部制造经济批量、成品交付的运输经济批量。

具体表现在供应商的制造经济批量影响交付周期和订单批量，而运输经济批量会影响原材料仓库面积决策；车间布局、物料搬运与切换周期影响了制造周期和计划批量；客户的订货频次、物流量又影响了成品库存设定，错综复杂的因素交织在一起导致供应链决策困难，难以找到范式。笔者基于自己的咨询经验总结出一些方法。

对零部件物流困扰比较大的是汽车、家电这类以装配为主的企业，自己内部主要制造壳体机构件，80% 的部件都需要从供应商处采购，采购周期、供应商的订单批量和运输批量是必须考虑的问题。这里主要以这类企业作为模本进行分析。

7.1 供应商的零部件周物流量测算与交付模式设计

笔者服务过多家家电企业，零件的采购计划有 3 种模式，第一种是基于总装计划分解 BOM 产生零件需求；第二种是基于成品预测分解 BOM 并加上安全库存；第三种是基于零件的历史用量。

供应商的交付频次基本上是月交付、双周交付、周交付、一周 2 ~3 次交付、每天交付、每天多次交付。运输模式有厂家专车交付、物流公司零担配送两种模式。

这基本是由家电企业的计划模式和零部件供应商的距离、零件的物流量、零件价格所决定的。典型的家电企业的计划模式都是销售与生产进行月度产销会，然后生产部排月度生产计划并分解到周，每周四、五计划员会更新下一周的总装计划。

进口零件多数是基于历史用量，采用的是月交付模式，每月给海外供应商下达计划，基本上是月度一次交付。

对于高价值、小体积的元件如电路板，基本都是基于预测给供应商下达订单，采用周交付的模式，采购部每周给供应商下达订单，按周一次交付，电子元件涉及最小起订量，不能低于供应商的包装批次。而且，很多时候电子部件市场会出现短缺，企业可能会需要储备零件。由于电子部件的高价值，基本都是零担运输。

对于体积较大的零件如电机、结构件，由于体积大，不可能在仓库存放很多物料，基本都是采用基于总装计划拉动的模式，由于运输费用占用了很高的采购成本，因此必须考虑整车运输。首先要计算周平均物流量，就是根据周采购量×包装尺寸，一般建议按照立方米计算。其次，根据周物流量计算供应商的周交付频次，是每周一次、每周2～3次还是每天一次交付。对于计划人员来说，如果供应商能够每天交付，会带来很大的灵活度，如果供应商是本地供应商，常见的情况是供应商每天一次交付。

笔者推进中经常遇到2个难点。

一是采购成本核算问题，像汽车行业的通用汽车、丰田汽车都是包装和运输费用单独报价，因此可以进行物流成本核算，并进行交付频次策划。而多数的国内家电企业，报价并未按照零件裸件价格和物流价格分开测算，因此做物流策划和改善时难度非常大，供应商配合度较低，而且采购部抵触也比较大。

二是零件包装的件装量和尺寸。因为一个零件有多个供应商，如果制造企业自己没有特殊约定，供应商会自己使用现有的包装，这样导致一个零件会有几个包装，件数和容积都不一样，因此无法在系统维护该数据。而如果要统一包装，又涉及了采购成本变化、新产品导入时的流程和职责调整，在大公司里面推进相对困难。

在解决了前面2个困难后，项目组就可以计算出每个供应商的周物流量，并策划出周送货频次。对于本地供应商，基本都是每天送货，供应商会自行根据物流量的大小调整车辆的大小，如果去一家国内的家电企业的仓库接收区，可以发现供应商送货车辆大大小小，从小到大有五菱宏光、金杯、江淮全顺、江铃轻卡、东风中卡、陕汽重卡。

基本上五菱宏光、金杯、全顺车都属于物流公司配送的部件；而江铃、东风、陕汽的卡车更多是运送结构件等大件，每天定常路线。

7.2 零部件的安全库存与仓储面积

（1）零部件的安全库存。

三种采购模式的零件安全库存完全不同，基于总装计划的零件安全库存一般在 2 天以内，最低可以只有几小时；而基于预测或历史需求量的部件的安全库存很少会低于 2 周的周均用量。

基于下一周的总装计划拉动的零件，基本上可以不设安全库存，只需要设置到货提前期。海尔将零件在系统中设为 T－2 日、T－1 日、T 日三种类型。所谓 T－2 日，是指总装需求日为 T 日，提前 2 天要求供应商交付，这是因为 T－2 日供应商交付后要进行质检，入库作业；而 T－1 日仓库要进行拣货作业，要在 T－1 日下班前将物料交接给总装车间；多数的功能类零件如电路板、电机等零件都属于 T－2 日零件。T－1 日是指零件可以在 T－1 日入库，多数直接存在暂存区，根据总装需求配送上线，大的结构件基本都是 T－1 日。T 日零件是指零件在总装需求的当日到达总装车间，绝大多数的 T－1 日零件称为 T－1 班更为合适，就是 T 日白班使用的零件在 T－1 日夜班入库；T 日夜班使用的零件在 T 日白班入库。如果供应商的物流量非常大，能够达到每天 4 车，也就是每班 2 车的情况，例如纸箱和泡棉，可以实现当班入库，这种零件都是直接发送到总装车间的，并不需要入库，这类零件必须实现免检，而且供应商要在厂家附近 1～2 小时的车程。这类 T 日零件的安全库存设置原则为如果出现异常问题的响应周期，包含与供应商沟通，供应商装车、运输、卸货、上线的时间，通常这个时间不会短于 4 小时，基本就是在 T 日白班开始前的 T－1 日夜班先送达 4 小时的物料，然后每 4 小时一次送货给主机厂。

基于成品预测或零件历史需求量的零件必须设定零件安全库存。先说基于成品预测的零件，因为每周四、周五才提供下一周的锁定周计划，而有些零部件的交付周期长于这个时间，就只能基于预测采购。例如笔者辅导过的一家生产割草机的企业，其公司在江苏盐城，而采购的主要缸套生产厂商位于重庆，每次都必须整车采购，考虑到交付的不稳定性，因此是基于成品的预测采购。虽然有公式计算安全库存，但在实践中，计划员都是按照2周的周均用量设置安全库存。

其实所谓基于零件历史需求量也是一种预测，只不过是采购员在面对销售不提供预测的情况下进行的直接针对零部件的预测。这种预测效果比基于成品预测的效果差一些。例如某周发生了一次成品促销，那么其使用的部件需求也会有一个波峰需求产生，如果是基于预测，那么计划员知道后面不会有促销，因此预测值会调低。但作为零件预测，出现一个波峰时，很难追溯是哪个成品的需求产生的这个零件额外需求，因此很难进行历史数据清洗。而基于零件的历史用量作为预测会产生更多的库存和潜在的呆滞。

（2）仓库面积测算。

笔者第一个岗位是在汽车企业从事物流工程师的工作，工作的很大一部分就是进行物料的面积规划与测算。然而步入咨询行业后，笔者发现多数家电企业并不进行仓库库位的测算，这主要有2个原因：

1）职责不清，采购计划一般都是隶属于生管部，库存本身是计划的记过，而仓库与生产部是独立的部门，两个部门缺少有效的沟通机制；

2）仓储没有专门的物流工程师，面积测算都是由仓储经理、主管自行负责，也没有开发专用的表单进行这份工作。

家电企业的零部件在仓库的储存主要有三种形式，紧固件等小件是用纸箱、周转箱等保存在多层货架上；多层货架一般都是固订货位管理，货位个数基本等于零件个数。

而一般物料是用纸箱、周转箱存放，放置在托盘上保存，托盘区一般都是多层的高位货架。

托盘物料区的物料的库位需求可以参考如表7-1所示。零件1有2个供应商，比例是1:1，该零件周需求量是1000，安全库存是0.5天，提前一天到货，那么最小库存是125，每周分六次送货，则最大库存是208。平均库存=1/2（最大库存+最小库存），每个托盘存放100个，需要的托盘数=平均库存/100，取整。

表7－1 托盘物料区的物料的库位需求

零件名称	零件型号	周均需求	比例	供应商	安全库存数量	提前到货日期	周送货频	最小库存	采购批量	最大库存	平均库存	仓库存储形式	个/托盘	仓库储位需求
电机	1	1000	50%	a	0.5	1	6	125	83	208	167	托盘	100	2.0
电机	1	1000	50%	a	0.5	1	6	125	83	208	167	托盘	100	2.0
电机	2	1000	40%	a	0.5	1	6	100	67	167	133	托盘	100	2.0
电机	2	1000	30%	b	0.5	1	6	75	50	125	100	托盘	100	1.0
电机	2	1000	30%	c	0.5	1	6	75	50	125	100	托盘	100	1.0

专用周转器具的零件往往都是大件，接收后直接送达现场，一般都是在总装现场的固定区域，设定最大、最小量进行管理，包含层高、器具个数等信息。如图7－1所示。

图7－1 专用周转器具在总装现场的固定区域

7.3 物流标准工时测定方法

仓库人员配置是所有仓库管理者都头疼的问题，因为仓库作业的不均衡性，所有的高层管理者都觉得仓库人员配置多了，因为管理者去仓库时总是能看到仓库员工在休息，而仓库一线管理者都觉得人员不足，因为在订单饱满时总是要加班。缺少作业标准工时是仓库管理中的一个普遍现象。

汽车、家电类企业一般都是由工艺部的 IE 工程师进行车间的制造工时测定，但很少有企业进行仓储人员的工时测定，笔者了解的结果就是 IE 人员不知道该怎么测定仓储人员的标准工时。

再次回顾一下车间是如何测定工时，有 3 种基本方法：直接观测法，通过录像或秒表计时；理论工时，对机加工工序；历史资料法，通过回归公式。

那么仓库作业模式与车间作业模式的不同点在哪里呢？仓库作业的主要包括入库、出库、盘点养护作业等作业，就以占主要业务量的拣货作业进行分析，主要是单次作业时间不固定、每个班次作业量波动大、各类意外情况多、辅助作业多。

（1）单次作业时间不固定。

拣货作业包括走到货位、开箱拿取物料、点数、放回物料、记录等几个动作。

其中，从一个货位走到另一个货位的时间是受到订单的需求和物料放置库位影响的，每笔订单都不一样，会产生波动，但针对原材料仓库来说，这个波动并不很大，因为在原材料仓库的物料需求是相关需求，基本上在库位设计时已经考虑了。

开箱拿取物料点数，如果是整箱配送，则时间很短，直接搬一箱就可以。如果是零头，需要点数，点数时间波动很大，特别是有些物料单箱个数很多，又没有内包装，点数时间很长。

账卡记录，这个时间相对固定。

（2）作业量波动大。

对于原材料仓库来说，入库笔数波动大，而出库笔数波动并没有那么大。因为零件拣货需求是由车间生产订单触发的，装配车间有小时节拍控制，每天业务量波动并不大。

（3）各类意外情况多。

仓储作业的意外比较多，有仓库自己造成的因素，也有车间造成的因素。例如车间发生质量不良，需要退换货，此时作业紧急度高，会要求正常拣货的作业员停止当前作业，先进行紧急物料的拣货，这会造成效率损失。此外，包括拣货时发现物料破损，物料不一致，或者自己不小心将物料洒落，缺少工具等仓库内部作业损失也会带来效率损失。

（4）辅助作业多。

打印工单，盘点保养作业等辅助作业也会占用一定时间，很难进行计算。

基于上述这些情况，笔者设计了经验公式回归法 + 宽放抽样 2 个结合的仓库物流工时方法，并在多家公司进行实践。

首先，对车间作业进行宽放抽样。宽放抽样是将工人的作业时间分类，然后由 IE 工程师在仓库里面巡回，观测每一名员工的作业状态，并记录次数。进行 1 ~3 个班次后，就得到了作业时间分布。如表 7 –2 所示。

表 7 –2　作业时间分布

<table>
<tr><th></th><th>内容</th><th>次数汇总</th><th>比例</th><th>价值</th><th>价值比</th></tr>
<tr><td>发料</td><td>发料</td><td>299</td><td>45.3%</td><td>增值</td><td rowspan="14">71.35%</td></tr>
<tr><td>发料</td><td>入库</td><td>32</td><td>4.8%</td><td>增值</td></tr>
<tr><td>发料</td><td>发汇总</td><td>10</td><td>1.5%</td><td>增值</td></tr>
<tr><td>发料</td><td>外发发料</td><td>8</td><td>1.2%</td><td>增值</td></tr>
<tr><td>发料</td><td>换不良</td><td>1</td><td>0.2%</td><td>增值</td></tr>
<tr><td>发料</td><td>到 9140 转料</td><td>1</td><td>0.2%</td><td>增值</td></tr>
<tr><td>发料</td><td>送料</td><td>1</td><td>0.2%</td><td>增值</td></tr>
<tr><td>发料</td><td>拉料</td><td>3</td><td>0.5%</td><td>增值</td></tr>
<tr><td>发料</td><td>拉车</td><td>53</td><td>8.0%</td><td>增值</td></tr>
<tr><td>发料</td><td>开叉车</td><td>7</td><td>1.1%</td><td>增值</td></tr>
<tr><td>发料</td><td>搬物料</td><td>3</td><td>0.5%</td><td>增值</td></tr>
<tr><td>发料</td><td>交接物料</td><td>2</td><td>0.3%</td><td>增值</td></tr>
<tr><td>发料</td><td>开托盘车</td><td>1</td><td>0.2%</td><td>增值</td></tr>
<tr><td>发料</td><td>记料卡</td><td>19</td><td>2.9%</td><td>增值</td></tr>
</table>

续表

	内容	次数汇总	比例	价值	价值比
	查 SAP	8	1.2%	不增值，目前必须	15.10%
	整理	33	5.0%	不增值，目前必须	
	盘点	6	0.9%	不增值，目前必须	
	C2 - 1F	1	0.2%	不增值，目前必须	
	拿单据	1	0.2%	不增值，目前必须	
	开车	1	0.2%	不增值，目前必须	
	整理物料	1	0.2%	不增值，目前必须	
	走动	64	9.7%	不增值，目前必须	
	倒垃圾	1	0.2%	不增值	
	休息	72	10.9%	不增值	13.54%
	离岗	25	3.8%	不增值	
	厕所	5	0.8%	不增值	
	不在位	2	0.3%	不增值	
	总计	660	100.0%		

宽放抽样的数据主要用于计算异常作业和辅助作业的时间比例。同时也可以分析不同时间段的作业效率。

然后采用录像法得到基本作业时间分布。将作业拆解为作业步骤，然后根据录像决定每个步骤是采用固定值、查表还是公式法。从一个物料走到另一个物料可以采用固定值，每个物料10S，拆箱点数时间波动大，影响因素主要是包装箱结构，可以采用查表法解决。每种包装箱给难度系数，分别用时是30S、60S、90S、120S，记录卡片用时可以用均值30S。然后这些笔数实际是112S，而回归公式是115S。如表7-3所示。

表7-3 基本作业时间分布

	要素作业名		订单	物料笔数												均值	作业性质	正常时间（秒）	备注
				1	2	3	4	5	6	7	8	9	10	11	12				
1	按物料	走到物料		8	24	6	6	15	0	12	8	9	32	0	0	10.0	均值		
2		2层卸货		0	0	60	0	0	0	0	60	0	0	0	0		查表	0或者60	1层时间为0,2层为60
3		搬箱子		0	10	0	0	0	0	0	0	0	0	0	5	1.3	公式	5*整箱	
4		拆料、点数		38	40	130	96	76	118	48	55	17	43	77	41	64.9	均值	30/60/90/120	基于零件结构，内包装
5		记录卡片		17	31	21	32	37	33	18	38	30	39	26	31	29.4	均值	30	
6		尾数箱记录															均值		与记录卡片共同研究
每笔合计				63	105	217	134	128	151	78	161	56	114	103	77	119.1			
	按订单	准备	46														均值	60	
		送料	89														查表	90	
		搬箱子															公式	5*整箱	
合计																			

通过这种方法可以很方便地计算出工作量。只要从系统中提取出业务量，再将公式代入，可以计算出每个人当日的作业时间，这个时间是直接作业时间占比；然后再增加公司规定的辅助作业时间占比，就得到了每个作业员的 OPE 效率。

值得一说的是宽放抽样得到的作业比例通常要比这么计算的 OPE 高 5% ~10%，这是由于员工作业中会有各类异常操作导致的，有效的现场管理可以降低这个比例。

7.4 零部件入厂物流规划—时间窗口

国内的一些家电厂在这几年持续地进行精益改善，如果只看装配线，感觉上与日资和韩资企业也没有多大的差距了。而一旦将视线从工厂转到仓库，差距就体现出来了。

在中国的多数家电工厂，如果站在货物接收区观察一天，可以发现从早上开始，货车逐渐增多排队，经常厂区门口排了长队；这个时候，厂内的物流人员、IQC 检验人员不停忙碌，经常还穿插着由于急件需要某个供应商优先插队交付，不时还有司机吵架。然后到下午四点多，一切硝烟散去。如果某个司机运气不好，从到达厂家门口交单到卸货离开可能耗时会长达 5 ~6 个小时。

反之，当我们参观丰田和通用汽车的工厂，我们可以看到卡车如流水般驶入工厂，快速地卸货、装空料箱。卡车在整个厂内的过程通常在半个小时左右。那么汽车厂是如何实现有计划的发运和收货呢?

首先，汽车企业的仓库是分为总装车间线边仓和 RDC 仓库 2 个区域，总装车间的线边仓库是 100 多个大件，其他的零件送 RDC 仓库，送 RDC 仓库的车辆与总装车间的车辆是不同的厂内路线。

大件供应商一般每个班次至少会送 2 次货，针对这些大件，汽车企业会采用下面三个方法实现快进快出：

1）时间窗口是按照半小时设计，就是要求车辆必须在这个时间窗口送达，总装大件的窗口时间基本是汽车厂家直接确定；

2）车辆是采用飞翼车，而且都是特殊的料架，叉车能够快速装卸；

3）产品质量免检，能够卸货后立刻运到总装车间暂存区。

对于那些远距离的大件供应商，汽车企业一般会要求该零部件企业在整车厂家所在地附件租用仓库，然后按照时间窗口供货。

对于小件，如果供应商的物流量能够满足一天一送的条件，汽车企业会与供应商协商具体的送货时间窗口，供应商只要在这个时间窗口送货，汽车企业会优先收货。对于那些不是每天送货但采用自己车辆送货的企业，也会约定一个时间窗口优先收货。如果不是定常的送货车辆，排队时间也不短。

汽车企业的供应商送货单上都有时间窗口，因此门卫会在时间窗口时优先放行，交货单如表7－4所示。

表7－4　交货单

<table>
<tr><td colspan="5">发往：
供应商：上海　××公司
地址：×××
电话：×××</td><td colspan="4">Duns#编号：×××
联系人：×××</td></tr>
<tr><td colspan="4">交货日期：××
窗口时间：12：00～12：30
卸货口：××
交货地点：××</td><td colspan="5">收货联系人：××
电话：××
SGM计划跟踪人员：××
电话：××
承运商：××</td></tr>
<tr><th>序号</th><th>零件号</th><th>零件名称</th><th>交货数量</th><th>实际数量</th><th>包装数</th><th>料箱数</th><th>料箱号</th><th>备注</th></tr>
<tr><td>1</td><td></td><td></td><td></td><td></td><td></td><td></td><td></td><td></td></tr>
<tr><td>2</td><td></td><td></td><td></td><td></td><td></td><td></td><td></td><td></td></tr>
</table>

表格内项目解释：

Duns号码：汽车企业给每个供应商以唯一的代码，就是表中的Duns编号。

零件号：每种零件对应唯一的零件号。

交货地点：汽车公司规定的交货地点为 RDC 或者 7 号仓库（总装厂内库）。

卸货道口：7 号仓库共有 5 个道口（DOCK），需要标明是送往哪个道口。而送往 RDC 的统一标注 RDC。

回到家电行业，之所以排队时间长，主要原因有几条：

1）未划定时间窗口：其实这主要是多数供应商的物流量不够，并不是每天送货。另外很多外地的供应商是采用物流公司送货，送达时间不可控。

2）装卸效率低：未使用托盘这样的周转器具，为了节约空间，很多供应商都是直接将纸箱放在车厢底板上，这样装卸周期很长。

3）收货效率低：需要质量检验，而且一些电器件检验时间又长。企业 IQC 的人员本身是按照零件种类划分的，机械件、电器件。经常 IQC 人员会超负荷，引起厂商排队。

企业相对容易推进的是进行分类管理，即将那些物流量较大的本地公司和非定期送货的供应商分为两类，每类分别排队。然后着重解决前一类车辆排队问题。

对物流量较大的本地供应商，这种公司的送货车其实是固定包车，约定时间窗口和采用托盘化送货并不困难，难点是要推进快速检验甚至免检。

笔者曾经辅导过一个家电企业，该企业在顺德这家工厂最初设计时设计的日产量不到 1000 套，而经过持续的产能提升，日产量已经提升到 3000 套每天。企业面临的最大问题就是面积不够，特别是入厂的大件，库存高了，面积不足；库存压力大，经常引起停机。

首先，统计了 H 公司的大部件的物流总表（类似于 PFEP）。如表 7－5 所示。

表 7－5　H 公司的大部件的物流总表

零件编号	零件名称	用量	使用地点	产品	比例	日需求量	存储位置	储位个数	订购频率	订货分类	供应商	所在街道	所在城市	距离	包装类型	包装重量	单位重量	个数/包装
＊＊	配重块	1	总装	50，56	70%	3000	雨棚	80	每天	T－1	＊＊	＊＊	＊＊	1.5 小时	铁框	1T	12 KG	50

计算出单班的物流量，从而推导出每个供应商每天的送货频率。然后设定了标准送货时间，要求供应商按时送货。将内筒、平衡砖等大件从T-1日物料转为T日物料。具体来说，每天夜里送转天白班的货物，每年半天送次日的货。给试点的企业规定了送货时间窗口，优先接收。

T日送货的流程如表7-6所示。

表7-6　T日送货的流程

项目	订单处	JIT	供应商	安保	外检
T日节点动作	按照格式下发时序计划	通知供应商时序计划	根据时序计划有序送货并在看板上更改收货状态	闸口入口	及时验货
动作时间	最迟每日15点	15，15之前	每1，5时~2时送货1次	供应商不得提前到货入门	同型号分批次验货

经过改善，实现了按时间窗口的准时送货，平衡块的占用面积得到较大改善，后续又用这种方法将内筒等大件的库存和面积占用逐步降低。如表7-7所示。

表7-7　交货情况对比

改善前			改善后		

		从整体上看			
面积	90框	128.7平方米	面积	47框	67.2平方米
系统	T-1日——→T日		减少面积	43框	61.5平方米
交货情况	交货经常出现无充足区域放置配重，预约点不规定车辆需等待		交货情况	面积减少了但是区域足够，车辆预约时间段固定，无需等待	

7.5 零部件上线模式策划

将仓库中的物料按总装需求配送到装配线并不是一个轻松的任务，需要在总装布局时就系统规划。

家电企业都是多层建筑，如果企业自己有钣金件生产，一般是一楼金属材料仓库、冲压车间、焊接车间；涂装车间在一楼或二楼，其中上悬挂链的点在一楼焊接车间后，下悬挂链的点在二楼；二楼是装配车间；部件储存在二楼和三楼；成品在三楼或四楼（如果有）。如果企业只进行装配作业，则装配车间在二楼，零部件安排在一楼，成品安排在三楼。一个典型的现象是零部件仓库面积大于装配车间面积，这还是在零部件仓库普遍是高层货架的情况。

笔者调研过多个家电企业，观察到有一些共性的问题：

1）多数企业的装配车间都是混乱无序，线旁物料堆积，影响装配线员工的操作效率，同时频繁发生物料短缺导致停线的情况。

2）有巨大面积的“零部件交接区”，很多公司仓库部门都是 T-1 日上午开始进行 T 日物料的备料。仓库人员一次将 T 日需要的物料交接给车间，然后车间人员在交接区进行拆箱，辅助加工作业。

以笔者服务过的一家企业的电机管理为例，这家企业有 9 条装配线，电机通用性比较高，每天会有 4~5 种电机使用。电机在该企业是 T-2 日部件，供应商在 T-2 日将电机送达这家企业，先是放在待检区，然后 IQC 人员进行检验作业，耗时大约 3~4 小时，待检验合格后，仓库人员进行入库作业；在 T-1 早上，仓库人员将电机一次交接给车间，此时电机存放在托盘上，然后车间安排 2 名员工在电机上拧上 2 个零件再放在用精益管搭建的周转车上。周转车、托盘和作业台占据的面积至少有 100 平方米，比仓库中电机储存位置还大。笔者问仓库人员为什么不能采用“双箱制”给车间预装工进行备料，就是设置 2 个托盘位，然后车间工人使用完一托物料后，仓库人员再拉出一箱。仓库人员的回答是当前没有 WMS 仓库管理系统，是在 ERP 中进行发料，系统操作比较烦琐，因此每种物料每个班次只进行一次发料作业；由于要一次将物料发送给车间，双方会进行点数交接，避免数量对不上。在T日，车间的物料员会将周转车送至总装线的使用工位。

如果假定每条线产量是600台，每台成品需要1个电机，每个周转车能摆放60个电机，一条线就需要10个周转车，9条线就是90个周转车。如果一个托盘能存放120个电机，那么交接区至少需要45托电机，浪费了大量的车间空间。

第一，电机设为T-2日物料就是一种巨大浪费，电机这种核心部件，品牌商和供应商都是长期战略合作关系，应该推行免检工作，将检验工作前移到供应商的成品线。

第二，应该根据总装线的周转需求，预装工人实施拉动预装。就是每个产线备3个料车，其中转配线旁1个料车，线旁周转区一个料车，预装工位1个料车，等预装工位料车被拉走后，工人开始装配。

第三，每种电机设置2个托盘位，仓库工人实施巡回送料，待预装工使用一个托盘电机后，再从车间配送一托盘电机。

这样可以将90个周转车降为27个，暂存区从45托减低为10托，这种操作物理难度不大，唯一存在的问题就是ERP过账及双方交接点数，但仔细考虑，首先仓库里面都是摄像头监控，其次这种大零件根本不存在偷偷放在口袋里面的问题，交接并不是必需的，关键是仓库发料人员需要避免发错料，每天5种物料、45托，还是有错误的可能。在没有WMS扫码过账的情况下，只能采用在看板上写正字的方式来进行发料记录。

上面只是一个现实的例子，给总装车间配料总共有4种作业模式：

1）采用悬挂链将部件直接送达工位；

2）采用专用周转车将物料送达工位；

3）采用标准周转箱将部件送达工位；

4）用原包装发料给车间。每种方式都有其优缺点和使用范围。

（1）采用悬挂链将部件传递到总装线，这种方式要在产线设计时就同步设计。

在家电行业，洗衣机的壳体就是这么运送的，另外一些大件也采用这种方式，这种方式悬挂链速度要与生产节拍匹配。下面用一个例子进行悬挂链分析，一个笼子分上下两层，可以放置不同的物料。在仓库将多种物料放在笼子上，然后运到总装现场。

以三个笼子作为一个编组，其中 2 个笼子放 5 种大件，而第 3 个笼子放置一盒能容纳多个物料的小件。在总装车间将悬挂链物料卸下并送到对应的总装工位。如图 7－2 所示。

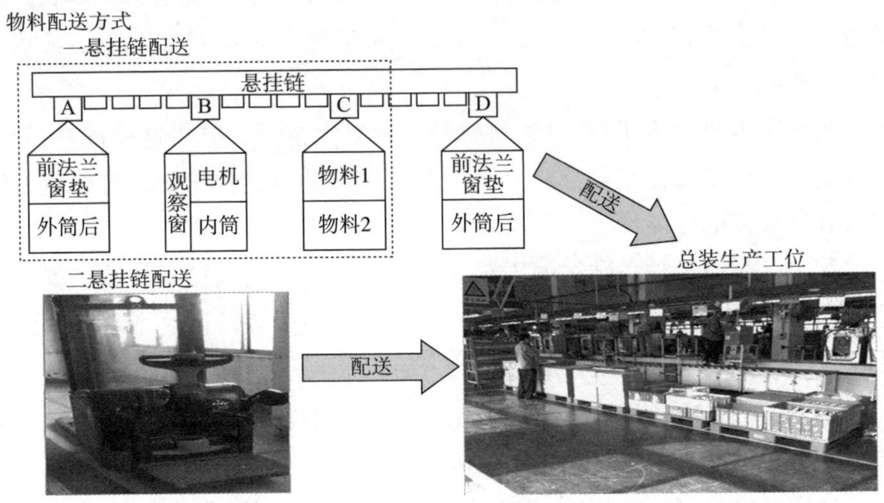

图 7－2　物料配送方式

以 3 个笼子为一小组，12 个小组为一个循环，将下面的 24 种物料配送上线。如表 7－8 所示。

表 7－8　24 种物料配送

第一组	第二组	第三组	第四组	第五组	第六组	第七组	第八组	第九组	第十组	第十一组	第十二组
绿色标识	绿色标识	绿色标识	黄色标识	黄色标识	黄色标识	绿色标识	绿色标识	黄色标识	绿色标识	黄色标识	黄色标识
连接管	加热管	皮带	底饰板	电缆线	电源线	电磁阀	上配重支架	说明书	包装螺栓	进水管	主控板
加热管支架	泵软管	减震器	过滤器盒/门	驱动板，贮水槽	主控板	干扰抑制器	门铰链加强件	分配器盒	包装支撑件	排水泵	水位传感器

（2）采用标准台车送料到现场。

在仓库中将产品放置在周转车上送到现场。如果产线旁有充足的空间，双箱制是最好的方法，放置 2 个周转车在现场，总装工人用完一车后，物料工人再送一车。如果空间只有 1 车，那只能靠物流人员巡回观察哪种物料快使用完了再送。如图 7－3 所示。

图 7－3　标准台车送料

（3）使用多层的小车，一次将多种物料配送到总装现场。这种方式适用于装配小件，基本上是按工单数量配送。如图 7－4 所示。

图 7－4　使用多层的小车配送

（4）按照原包装发料给车间，主要是针对低值易耗的紧固件，并不严格按照工单数量发料。

在规划好每一种物料的配送模式后，需要进行物流量和物流工时、人员需求测算，同时对仓库储位布局进行策划。

7.6 物流量测算与仓储布置

决定了每种物料配送上线的模式后，下一步是要计算物流量、仓库储位布置及物流人员配置。

国内企业的标准模式是设立一个交接区，仓库将物料发送到交接区，然后车间在交接区进行拆料，上周转车、标准箱，然后根据总装进度发料到产线。这点与通用汽车有较大不同，通用汽车是由物流部的员工直接将部件配送到工位。首先要根据车间使用点和物料强度决定交接区的位置，然后仓库根据交接区的位置、物流强度进行仓储储位布置。本文假定产线位置已经固定不动的情况下进行物料搬运分析。四种搬运方式中，对于钣金件和悬挂链物料，不进行单独的物流强度分析，悬挂链物料只需要分析挂件和摘件需要的人力即可；紧固件的配送需要人力较低，也是简单测算，重点测算需要用台车和周转箱上线的部件所需要的物流量。事实上，只要可能，用悬挂链将物料运输至使用点总是最优方式。

（1）车间物流测算。

进行物流量测算需要从产线的节拍、工艺 BOM 用量、包装形式入手。以某公司每班 10 小时，单班 2400 台成品进行测算。洗衣机装配流程图及主要物料分布如图 7－5 所示。

第一步：统计零件的物流强度，按托计算。

第二步：计算零件的搬运距离：然后用托盘数 × 搬运距离就得到物流强度。计算结果如图 7－6 所示。

在家电行业，电梯总是瓶颈资源，必须进行详细测算，而且有一个原则，每个电梯只能一个车间使用，不要多个部门使用。例如原材料在三楼，总装在二楼，那么原材料入厂时从一楼到三楼的电梯归仓库使用，而

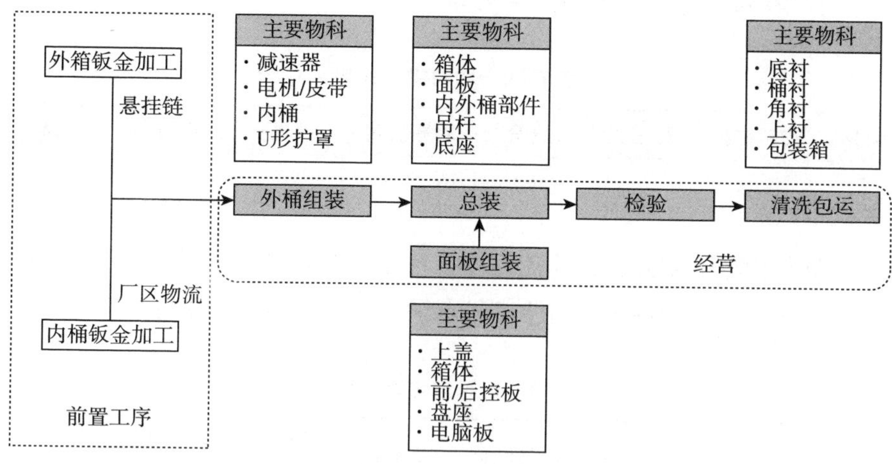

图7－5 洗衣机装配流程图及主要物料分布

	物料品类	小时用量（个）	单次搬运量	A 搬运频次（拖盘/班/线）	起点	搬运方式	终点	B 搬运距离米（2线）	C=A*B 物流强度
底座	吊杆*4	960	1200/托盘	8	T-1	叉车	总装线	223	1784
	底座部件	240	380/车	7	T-4	平板车-外	预装线	5	35
	排水管	240	300/托盘	5	T-1	叉车	预装线	83	415
衬件及纸箱	底衬	240	100/车	24	5B辅库	工装车-外	包运线	266	6360
	桶衬	460	240/车	20	5B辅库	工装车-外	包运线	265	5300
	角衬*4	960	400/车	24	5B辅库	工装车-外	包运线	266	6360
	上衬	240	900/车	3	5B辅库	工装车-外	包运线	265	795
	包装箱	240	100/车	24	16#辅库	叉车-外协	包运线	160	3840

ΣC底座i=1784+35+415=2234
ΣC底座纸箱i=1500+…+246=22655

图7－6 计算零件的搬运距离

部件从三楼到二楼的电梯归车间使用，两者要分别进行物流强度测算，不要混用。

（2）仓库物流强度测算及储位规划。

仓库作业包括入库作业和出库作业两类，从工作量来说出库作业大很多，因为入库作业多数是批量入库，而出库作业是按生产订单出库。计算物流量的方法类也是计算从库存到升降电梯的距离。

首先根据前文的库存量计算出每种物料的存放面积。然后在图纸上进行模拟摆放并测算物流量，计算多个方案，某公司的部件布局方案如下：

计算物料需求面积，如表 7－9 所示。

表 7－9　物料需求面积

物料	物料描述	责任人	数量	单箱数量	箱/托	箱数	托数
1	××		400	4	20	100	5

布局与物流强度计算：物流强度计算主要是距离×物流量。先预设几种布局方法，从中选择出物流强度较低的布局。如表 7－10 所示。

表 7－10　布局与物流强度计算

	品种	日物流量（托）	备料区（距离）（米）	拆包区（距离）（米）	到备料区物流强度（托・米）	到拆包区物流强度（托・米）	求和（托・米）
1	钣金	6	60	25	360	150	510
2	结构件	66	35	10	2310	660	2970
3	电机	13	40	15	520	195	715
4	电源	11	70	20	770	220	990
5	反冲物料	5	60	10	300	50	350
6	辅助件	3	35	20	105	60	165
7	塑胶件	5	40	20	200	100	300
8	线材	7	45	15	315	105	420
9	一体机钣金	13	50	20	650	260	910
10	组件	35	20	30	700	1050	1750
	合计				6230	2850	9080

第 8 章

汽车企业的生产计划与零件物流案例

8.1 通用全球制造系统及计划与物流模块概述

20世纪80年代，丰田和通用汽车在美国合资成立了一家汽车工厂。在这个工厂里面导入了丰田生产模式，当时现场的班组长一级丰田都派遣了很多员工，基本上原汁原味地导入了丰田的管理模式。通用派遣其各级经理到这个工厂去学习现场管理，然后复制到通用在美国的其他工厂。

1994年，通用汽车根据丰田的现场管理要素，结合美国企业的管理文化，制定了第一版的通用全球制造系统GMS，并在全球的50多家工厂推进。

通用全球制造系统包含5大模块、33种管理要素。通用称之为五大原则：标准化、缩短运作周期、内建品质、持续改善、员工参与。每个模块包含若干要素，每个要素可以展开为要素的实施标准要求、使用的工具。

通用GMS与丰田制造系统最大的区别在于结构清晰，容易推进。笔者与行业中一个有丰田工作背景的知名顾问曾经聊过丰田系统，他说丰田内部并没有一个成体系的所谓TPS，只有针对一件件事情的具体做法，TPS中各要素都是学者们根据自身理解总结出来的，而且在丰田工作的人很多，水平参差不齐，个人能学习到多少完全看个人悟性。丰田的很多做法是针对其自身需求而导入的，当其他行业的企业学习时，很多是不能照搬的，但是很多丰田出来做顾问的人，又缺少根据客户行业特征进行灵活针对性咨询的能力，这导致了其他行业的从业人员总是在怀疑精益生产是否适合其企业。而通用汽车的这种模块－要素－要求－工具的推进模式，很容易复制。

通用汽车的5大模块中，缩短运作周期模块只针对了制造系统的生产控制及物流部的业务流程，并没有将市场预测、成品车运输纳入缩短运作周期中，主要是因为在通用汽车，市场预测和成品车运输是销售部负责的。

物流体系包括部门岗位设定与职责、主生产计划、零部件采购计划、供应商配送方式规划、包装形式、入厂运输、配送上线等要素。其目的是在最短的时间内，供应商与客户双方最少的成本损耗条件下，在适当的时间里把合适的数量用恰当的工具运送到一定的地点。本章系统讲述通用汽车的一些实践，分为以下内容：

- 部门岗位设定与职责；
- 均衡的主生产计划；
- 物料计划与安全库存；
- 零部件的包装管理；
- 供应商定义及运输配载控制；
- 物料接收与暂存；
- 物料拉动配送；
- 物流现场人员配置及职责，标准工时。

8.2 计划和物流部的部门职责及岗位设定

在上海通用汽车，生产控制和物流部下面设置了2个科，计划科和物流科；设立了6个组、合计18个岗位，如图8－1所示。表8－1是各岗位的职责。

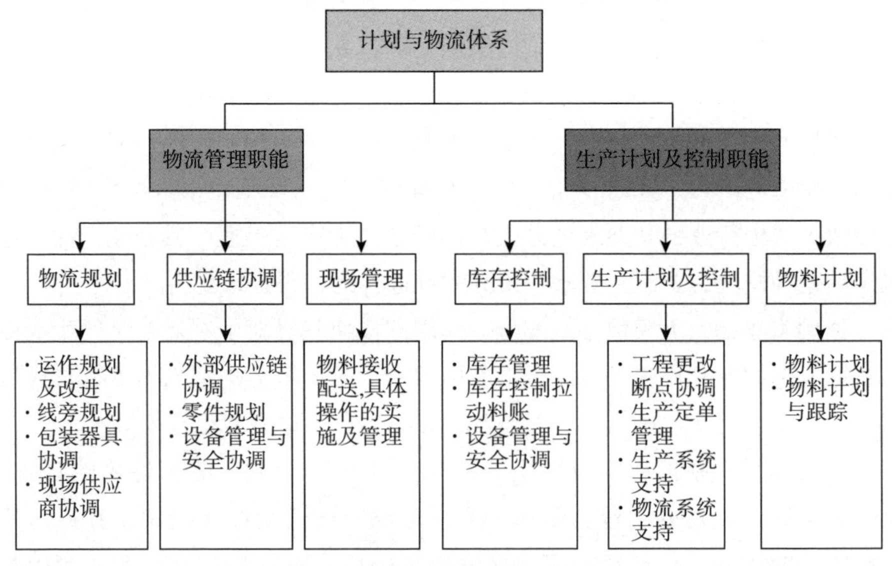

图8－1　组织结构

表8－1　各岗位的职责

<table>
<tr><td rowspan="4">物流规划</td><td rowspan="4">组织规划、优化工厂物流，规划协调各车间、第三方物流及进厂供应商物料配送业务</td><td>运作规划及改进</td><td>对工厂内物流进行合理规划，确定工厂物流运作模式、仓储区域、布置、库存大小、拉动接收及运输方式、人员设备配置等，调整并完善物流操作体系，以降低物流成本，提高物流响应速度。配合公司质量体系的认证及实施</td></tr>
<tr><td>线旁规划</td><td>满足物流操作要求，按照物流规划的原则，进行线旁布置及优化，确定零部件配送方式，进行车间内部物流规划工作，车间线旁包装优化提请</td></tr>
<tr><td>包装器具协调</td><td>协调物流包装器具设计、各方确认，提请采购申请并跟踪，包装器具保养、维修、账务的管理，外部转运管理，以满足物料供货要求</td></tr>
<tr><td>现场供应商协调</td><td>监督、检查、协调现场供应商，确保现场供应商（第三方物流、器具管理、设备管理）在保证工作质量的前提下，及时响应工厂的生产要求</td></tr>
<tr><td rowspan="3">供应链协调</td><td rowspan="3">对供应链的优化、整合，对供应链各环节的跟踪、监督和管理，保证运输低成本、高效运作</td><td>外部供应链协调</td><td>根据生产计划，安排组织好运输，跟踪运输状态，制定应急方案，保证物料按照准确的时间节点送到工厂，保证收货及库存转移的及时准确，并在运输过程中监督承运商的操作，确保操作符合要求。并进行运输成本控制。优化供应链体系</td></tr>
<tr><td>零件规划</td><td>零部件 PFEP 信息维护，新项目的协调上线装车控制协调，使公司各项目按计划节点实施</td></tr>
<tr><td>设备管理安全协调</td><td>制定安全规章，创造安全的工作环境，保持良性的安全氛围。根据生产节拍，使物流设备得以安全的、充分的利用。配合公司安全环境管理体系认证及实施</td></tr>
<tr><td>现场管理</td><td>组织开展物料供应、现场物流管理、生产服务工作，支持工厂生产</td><td>物料接收配送，具体操作的管理</td><td>确保现场安全、有效运行，制定标准操作程序，根据生产节拍有序地组织物料供应以保证流水线的顺利生产。管理现场供应商按规范、流程操作</td></tr>
</table>

续表

库存控制	建立库存管理流程，确保账务相符，为物料的采购提供业务和数据支持	库存管理	保障生产性物料的账、物相符，根据实际的业务操作制定、更新、监控库存相关流程，控制有关库存的所有操作以保证库存的准确性。
		拉动料账	负责生产零部件的收、发、存，将进出物料信息输入系统，协助库存管理及盘点工作
		料账分析	监督、协调所有库存账务的处理，协调、解决财务等其他部门的对于库存账务问题的疑问，对盘点分析进行最终审核并在系统过账。配合财务资产管理和审计工作
生产计划及控制	协调市场与生产的差异；协调各个生产部间的生产执行节拍差异，使生产均衡。监控生产计划实施，异常情况的及时沟通和汇报。安排新项目的生产实施	工程更改断点协调	保证生产持续稳定的运行，物料计划及预测准确生成，维护生产系统中的产品规格数据，实施工程更改，并通过试生产的形式保证零件的变更，协调新项目
		生产订单管理	准确及时地满足市场对车辆的需求，充分和制造部沟通，制定年度生产滚动计划、月度作业计划，并进行订单的维护、排序，确保按照市场实际需求生产
		生产控制	对各车间的实际生产进行控制与协调，使生产受控并按照制造计划有序进行，同时对生产数据进行收集、汇总，并提供报告，供领导层及时掌握生产情况
		生产系统支持	了解车间生产制造需求，协调 IT 开发制造系统及生产相关系统，并进行系统数据的设置与维护；车辆制造跟踪及控制系统的需求分析及协助开发；物料拉动系统的需求分析及协助开发；生产制造系统的有效运行及改进
		物流系统支持	支持 ERP 物流系统设计开发及正常运行，解决系统发生的问题，对系统的不断改进向相关部门提出需求并跟踪问题解决的状态。协调其他部门对系统的支持与运行

续表

物料计划	物料采购计划的制定和物料跟踪，确保正常生产有足够合乎规定的物料	物料计划	有效维护物料订单系统，确保系统产生正确的物料计划，协调库存、生产计划、供应链管理，确保系统中物料计划的准确性，并协助处理所有影响物料计划和供应商交货的因素。根据规划要求，合理设置安全库存，维持系统库存处于精益的状态
		物料计划与跟踪	保证生产按时进行，保证供应商得到准确、及时的供货零件信息，在精益安全库存基础上，保证及时拉动的条件下，发布订单，并跟踪零件到货并被合理地使用在正确的车辆上。及时发现潜在的短缺风险，合理应对，保持流水线的物料畅通供应

在咨询过程中，笔者发现多数公司的计划和仓库管理是分开的，很多关键的工作都没有明确的职责划分并缺少业务流程。由于缺少职责划分，很多工作处于三不管的情况，哪个部门都不负责，给现场运营带来很大困扰。例如零部件的包装尺寸，笔者在一家知名上市公司的仓库调研时发现，同一个物料号，不同供应商送货采用的是不同的纸箱，有一家零件个数是每箱 20 个，另一个是每箱 32 个。这给库存管理工作带来很大困扰，因为包装数不统一，在 ERP 系统中就无法维护该数据，单纯从库存数据很难计算储位占用情况，也难以进行库位规划。这就是因为在物流科缺少包装工程师这个岗位设置及相应的管理流程。

在进行计划与物流改善中，第一个环节就是要系统地梳理计划和物流相关的岗位设定和业务流程。

8.3 均衡化的主生产计划

上海通用汽车的供应链计划流程如下：

- 市场部利用 APO－DP 模块做出市场预测，这是 1 个 40 周的滚动预测计划；
- 生产管理部利用 APO－PP/DS 制定主生产计划及排序订单；
- 生产管理部将排序订单导入 Flex 系统生成制造订单；

● 生产管理部负责将制造订单从 Flex 系统导入 IS－Auto 模块；

● 生产管理部负责将物料需求计划发布到 E－scheduling 系统，供应商从网上下载计划并按照计划送货；

● 生产管理部利用 E－inventory 系统管理工程更改和进口件库存；

● 生产管理部将物流需求系统发布给第三方物流供应商（安吉物流公司）来安排运输计划。

对于这样一个复杂的供应链系统，强有力的信息系统支撑是必要的。上汽通用的信息系统主要包含 SAP 的 AUTO 和 APO 系统，以及 Flex 制造执行系统。如图 8－2 所示。

（1）制造管理信息系统。

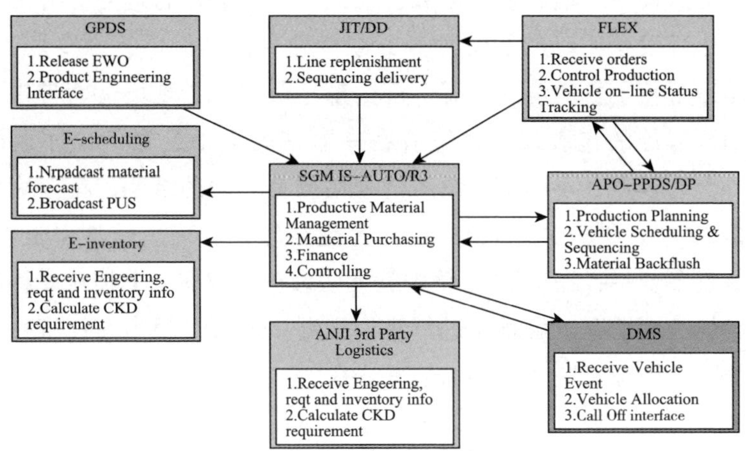

图 8－2　通用汽车的物流系统

通用汽车的信息系统的核心是 SAP 的 IS－Auto 系统和 APO（高级计划及优化）系统，其中 IS－Auto 是 SAP 针对汽车行业推出的建立在 SAP 的 R/3 基础之上的加强模块。

（2）需求预测及订单处理流程。

1）在当月月底，上海通用利用 SAP 的 DP 模块制定一个 40 周的框架预测，其总量是根据与经销商一起对国内市场共通进行的预测。生产厂商有时还决定在这些预测的基础上增加一些所谓的“形式订单”，即为了充分利用生产能力而增加的生产的部分，这些产品随后将通过各种销售渠道推出销售。40 周的预测是一款车型的总体数量上，例如赛欧每周多少台。

笔者在咨询中发现外资企业和国内企业在预测时有一个较大的差异，外资企业预测都是划分为周；而国内企业多数是按照月进行预测。按照周进行预测有很大优点，更容易考虑能力平衡。

2）随后，市场部计划员设定配置比例系数，生成最终车型配置需求计划。还是以赛欧车为例，前面给了赛欧的40周预测，然后需要设定一系列系数，例如两厢与三厢比例，自动变速箱和手动变速箱比例，发动机1.4L/1.2L比例。在这些比例系数中，自动变速箱或手动变速箱的比例是最重要的。随着国内消费升级，越来越多的用户会选择6速自动变速箱，而自动变速箱投资大，产能是刚性的，一款变速性可能用于旗下多款车型，例如赛欧、英朗、凯越的自动变速箱就是同属于一个大系列。如果这个比例预估不当，会导致市场上手动车型积压，只好大幅度优惠，而自动挡车型供不应求。对于国内那些没有自主生产自动变速箱的整车企业，因为自动变速箱世界上真正的供应商就那么几家，其中爱信是排名第一的中小型6速自动变速箱企业，这些整车企业必须和爱信签订年度合同，希望在中期进行增加订货量是不可行的。例如广汽传祺GS4上市后大受欢迎，市场出现断货就是因为整车厂家未能正确预测自动挡车型的需求而无法响应。

3）这个计划还需要与生产能力及供应商供货约束进行核对（由生产控制部门的主生产计划员在SAP的PP/DS模块实现），如果供应商供货不能满足，市场部计划员需要调整具体车型配置需求计划，在这个计划内，前2周的计划是不可更改的。

4）这个计划每周按照接收到的订单再修订一次，但通常3周内的订单只能做很少的修改。（一般来说，每次修订只能更改总量5%～10%的配置）。

可以看到，在这个过程中客户是完全没有出现的，然而客户却感觉得到车是根据他的订单生产的。实现方法是这样的：当客户的订单通过经销商输入上海通用的CRM信息系统时，系统自动从当天的生产计划开始，搜索具有完全相同配置，但尚未被任何客户或经销商预订的计划生产车辆。当系统在生产计划中找到一辆合适的“自由”车辆时搜索停止，这辆车就被分配预留给这个客户。

表8－2是每周销售部发送给生产基地的模板，从7～40周，各款式的

需求数据是基于对车型的预测×配比；而1~6周的数据则是结合了配比和实际订单的混合数据。这里面可能存在的一个问题是，如果配比与实际市场需求有了偏差，销售部未能及时调整配比系数，而长周期零件的供应商是基于7~40周的预测来准备部件的，可能会出现短缺。车型配比系数是个关键管理数据，不能轻易变动。市场款式，需求比例变化也许是真的反映了一种趋势，例如消费者更喜欢自动挡车型；也许只是一个短期的波动，例如市场促销时不同款式优惠力度不同造成的消费者选择的变化。

表8-2　每周销售部发送给生产基地的模板

单位：辆

车型	款式	配比	WK1	WK2	WK3	WK4	WK5	WK6	WK7	WK8	WK9	WK10
赛欧	SL	0.2	1200	1200	900	1200	1200	1200	1200	1200	1200	1200
	SL	0.2	700	720	1100	700	700	700	1200	1200	1200	1200
	SL-CX	0.1	300	280	300	300	300	300	600	600	600	600
	ST	0.2	1400	1200	1300	1400	1400	1400	1200	1200	1200	1200
	ST-X	0.2	1100	1100	1100	980	1000	1050	1200	1200	1200	1200
	ST-CX	0.1	300	500	300	420	400	350	600	600	600	600
	合计	1	5000	5000	5000	5000	5000	5000	6000	6000	6000	6000

上海通用销售部这个问题始终解决得不是很好，对进口部件的采购和库存管理造成很大困扰，后面文中会详细阐述。

预测是各家汽车厂的供应链最核心的工作，影响预测最大的因素是产品的换代。对于老产品，销量是相当稳定的；而对于新产品，产品造型、市场推广、价格都会极大地影响新车销量。可以说，每次新车上市时的销量预测对市场部门都是巨大的挑战。

表8-3是3款车型2012—2014年的月销售数据（来源于汽车协会数据），可以看到凯越的销量非常平稳。因此只要用平均月销量，考虑到季节性影响就可以。

表 8-3　3 款车型的月销售数据

单位：辆

车型	年	1	2	3	4	5	6	7	8	9	10	11	12	总计
卡罗拉	2012	9635	14955	18349	15843	16806	15374	14889	11857	10309	7574	10237	8023	153851
	2013	7773	7184	16349	15621	15110	13459	11816	13270	13713	12219	8945	9782	145241
	2014	8358	7012	10546	9718	0	8825	19058	19379	20795	21607	20293	28429	174020
卡罗拉汇总		25766	29151	45244	41182	31916	37658	45763	44506	44817	41400	39475	46234	473112
凯越	2012	20402	21746	23881	22982	22920	23931	21805	22930	23427	23282	23768	18269	269343
	2013	29304	17506	26466	24440	26608	26023	21385	19514	26050	23032	26311	27471	29411
	2014	25906	22776	26342	27586	27720	27646	27730	24056	20729	20291	19723	22363	292868
凯越汇总		75612	62028	76689	75008	77248	77600	70920	66500	70206	66605	69802	68103	856321
威驰	2012	1398	1049	1053	870	1253	1183	861	673	463	294	29	0	9126
	2013	36	15	0	151	531	535	589	0	0	1346	13695	13697	30595
	2014	9947	8224	12428	13064	10818	7723	9754	11541	13025	10867	8314	11751	127456
威驰汇总		11381	9288	13481	14085	12602	9441	11204	12214	13488	12507	22038	25448	167177

虽然卡罗拉在 2014 年进行了换代，但新老车型造型变化不大，体积变化不大，价格也变化不大，因此销量相对平稳。

威驰的销量在 2014 年新车换代时就有了一个巨大的提升，从年产 1 万台提升到了年产 10 万台。威驰这款车在国内有了三代，第一代是 2002 年上市，生命周期内的月销售量约为 5000 台；2008 年时进行了换代，由于短鼻子的造型不被认可，同时价格过高，上市后销量立刻跌到每月不足 3000 台；在 2014 年第三代上市时，根据当时竞争对手的价格区间，这款车的最低价从老车型的 8.5 万元降到 6.98 万元，而且适当拉长了车身，从而在车型上市后迅速击败了日产阳光、现代雅绅特、起亚 K2 等竞争对手。因此销量立刻有了一个大的变化，使用历史数据作为预测就不可行。

8.4 零件的固定周期订货—通用汽车零部件订货的理念

笔者认为，“固定周期订货”这个理念是和“均衡生产”一样关键的理念，但“均衡生产”这个理念无论企业执行得如何，总算是被普遍认知的。而“固定周期订货”这个原则国内企业普遍没有认知，在实际操作中，即使是国内的知名企业如海尔和老板电器也没能做到这点。

固定周期订货对整个供应链的平稳运营，供应商的准时交付都能带来极大的好处，唯一的缺点是可能会稍微造成企业自身的零部件库存增加。

所谓固定周期是指让供应商按每周或每周2次或每天的固定频次交付，这个频次由供应商的物流量和运输车辆体积决定。一个基础数据是每种部件的箱件数、包装尺寸，从而计算出来每个供应商的平均物流量，按立方米计算。对于小件，如果物流量很低，那么最低的订货频率为每周一次。

下面结合通用汽车的零件订货来详细阐述“固定周期订货”的实施方法。

8.4.1 零件订货的管理要求

固定周期订货的目的：确保物流供应既可以预知又可靠。

- 建立零部件订货和发运固定周期。
- 一周内的要求应均衡。
- 订货要求应告知供应商和有关物流供应商。
- 订货要求应按整包装。
- 应备有例外的流程处理应急事件。

解读1：为什么要建立零部件订货和发运的固定周期？

通用汽车的标准做法是固定在每周四下达N+2周的日装配计划，此时N+1周的计划是锁定了。

首先，为了确保自身工厂有充足的筹划时间，汽车生产包括冲压、焊接、油漆、总装，必须给内部车间留有足够的生产周期。

其次，给供应商足够的零部件生产周期。对于多数注塑件和五金件，7 天的生产周期是足够的。对于长周期的生产零件，汽车厂商通常会要求供应商或者储备部件的成品库存，或者先生产出零件，待订单下达后按订单组装。

最后，固定在周四可以确保相关各方形成作业习惯，到周四去系统盘查订货数据，如果有问题及时反馈。

解读 2：一周内的订货要求应均衡。

这个要求主要是针对选装件的产能考虑。例如座椅分为皮座椅和织布座椅，需要不同的产线。如果整车厂每日的总需求是 1000 件，可能织布座椅和皮座椅单独的产能都是 700，合计产能是 1400。如果连续 5 天都下达的是皮座椅的订单，供应商很可能无法准时供货。

周订单释放，每个订单细分到每天的使用量，根据标准包装按天分别搭配包装，包装量超过 1 周的，每周释放一次订单。

解读 3：订货要求应告知供应商和有关物流供应商。

这个要求是必须将 N +2 周日计划发布给供货商，并且由供应商明确给出交期和数量的承诺。通用汽车开发了一个系统，供应商登录进入系统后，可以根据订单数量进行交期和数量确认，如果有需要延迟交付的订单，在系统做出回复，汽车厂的计划员可以看到回复并采取紧急措施。

这种措施可以避免出现延期交付问题时计划员与供应商之间的扯皮，同时可以从系统直接提取供应商的交付率数据用于对供应商的交付绩效考核。

解读 4：订货要求按照整包装。

顾名思义，订货的数量必须是零件包装数量的整倍数。通用汽车入厂接收时不点数，只点包装个数，因此整包装订货是必要的基础。只有当产品进入退市流程时，最后一批物料才允许非整包装送货。

在国内很多企业，由于包装数量未统一，计划员下达订单数量时经常不考虑包装数，供应商或者按订单数量送货，零头箱需要双方核对数量；或者供应商自己按照整数包装送货，入库时修改订单数量。

解读 5：应备有例外流程。

供应商如果加工过程中出现质量和生产问题，预期不能按时要付，必须提前告知汽车厂，汽车厂采用例外流程来解决突发问题，包含增加第二供应商的订单数量、调整作业计划等。

上海通用的进口件和国产件的入厂计划存在较大差异，下面分别进行介绍。

8.4.2 国产零部件的计划模式

(1) 计划模式。

在汽车行业，零部件的调入计划有 3 种方式：MRP 计划、看板计划、排序供货。在这三种模式中，看板计划和排序供货是汽车行业特有的模式。

MRP 计划：这是一种被各个行业广泛使用的方式，ERP 系统根据生产订单依照 BOM 计算出各个时间域零部件的需要量预测，供应商按照这个需求计划来组织生产，然后按照当期的需求计划发货。

它的公式为：

$$PO_{i+j} = -(stock_i - sf_i + \sum_{k=0,j=1} PO_{i+k} - \sum_{k=0,j} fc_{i,i+k} (1)$$

看板计划：看板计划是丰田发明的，是实现准时化生产的手段，供应商按照取货看板规定的数量送货至汽车厂。这是在日本汽车行业广泛使用的一种方式，在看板上记录着零件号、零件名称、零件的批量等信息。

为零件设定一个最大的数量和两次取货的时间间隔，系统每隔一段时间用最大数量减去当前系统的库存数量就得到了交货量。

单一产品大量生产所需看板张数：

$N = (a(b+c)+u)/m$ (2)

N：看板周转张数

a：单位小时的产量

b：两次取货的时间间隔

c：从看板信息发出到配料上线的时间

U：保险量

m：每箱固定盛装的零件数

排序计划：排序供货（也称同步供货）是准时化管理的最高级方式，它适合于大总成零件和选装件。大总成零件相对比较昂贵，需要根据生产线运行情况进行同步供应，以期满足工艺需要、较少库存费用和相对生产面积的占用。对于选装件特别是颜色件，由于生产线旁库位面积的制约，通常都是采用同步供货的方式的。零部件同步供货是和车身流相协调的，如图 8 –3 所示。（此图来自“同步供货在神龙公司的应用，工业工程与管理，2001，3）

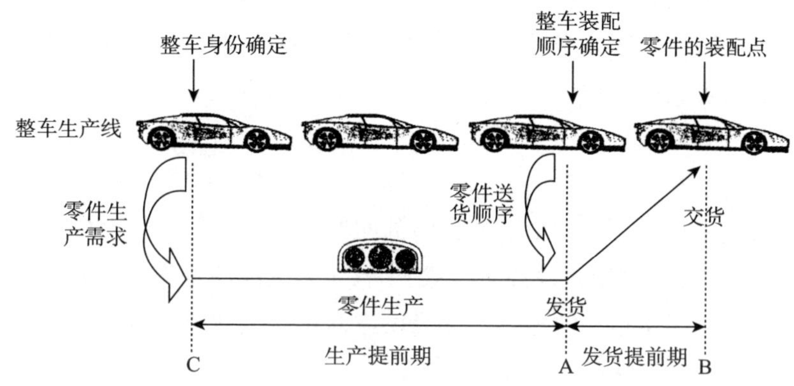

图 8 –3　零部件同步供货是和车身流相协调的

1）整车的装配顺序在通过生产线的装配顺序确定点后（图中 A 点）就不再改变。

2）整车的装配顺序确定点到某零件的装配点（图中 B 点）有足够的距离，或者说有足够的提前期。

整个生产和供应过程如图所示，当车身通过整车身份确定点（图中 C 点），该车身被赋予一个具体的生产订单，它的零件构成和下线时间也就确定下来，这时将零件的需求信息传递给相应的供应商，供应商即可组织生产零件。整车身份确定点通常设在焊接车间车身形成（合装）处。整车经过涂装车间进入总装车间时，需按照各整车品种均衡生产的规则确定装配顺序，并将该顺序信息转化成零件交货顺序传递给供应商，供应商按照此顺序合预定的时间将零件送到工位，实现同步供货。

通常选择同一功能下具有多种选装和变型的大型零件，如保险杠、座椅、车门护板、颜色件等。一般当同一类零件的变型超过 5 种就应该考虑采用同步供货。

由于每个零件都对应相应的整车，任何一个零件报废都有可能造成生产线停线，因此零件应达到很高的质量水平，必须为质量免检零件。同一类功能零件只能选择一家与主机厂协作密切，互相信任的供应商（或运输代理商），供应商到主机厂的距离很近。

（2）零部件调货的信息通告方式。

1）E－schedule 系统。

在美国，通用汽车与供应商的需求信息交流主要是通过 EDI 来实现的。然而在中国有条件使用 EDI 的只是少数大的零部件供应商，针对这种情况，上海通用聘用 IBM 中国公司开发了 E－schedule 系统来完成与供应商的需求信息交流。这个系统只是一个简单的信息发布，供应商每日进入这个系统下载需求信息并打印成 PUS 单，按照 PUS 单规定的时间、数量交货。

上海通用在前一天的早上通过内部网发出供应商交货计划单（Pick Up Sheet，PUS 单）。规定供应商必须按照 PUS 单上注明的窗口时间、交货数量将货物送至通用指定的道口。如果供应商不能按照 PUS 单规定送货，必须电话紧急告知通用的计划跟踪人员。

一张 PUS 单上包含的其他信息有零件号、零件说明、送货数量、包装数等。一张典型的 PUS 单如表 8－4 所示。

表 8－4　PUS 单

<table>
<tr><td colspan="4">发往：
供应商：上海××公司
地址：×××
电话：×××</td><td colspan="5">Duns#编号：×××
联系人：×××</td></tr>
<tr><td colspan="4">交货日期：××
窗口时间：12：00－12：30
卸货口：××
交货地点：××</td><td colspan="5">收货联系人：××
电话：××
SGM 计划跟踪人员：××
电话：××
承运商：××</td></tr>
<tr><td>序号</td><td>零件号</td><td>零件名称</td><td>交货数量</td><td>实际数量</td><td>包装数</td><td>料箱数</td><td>料箱号</td><td>备注</td></tr>
<tr><td>1</td><td></td><td></td><td></td><td></td><td></td><td></td><td></td><td></td></tr>
<tr><td>2</td><td></td><td></td><td></td><td></td><td></td><td></td><td></td><td></td></tr>
</table>

表格内项目解释：

Duns 号码：通用汽车给每个供应商以唯一的代码，就是表中的 Duns 编号。

零件号：每种零件对应唯一的零件号。

交货地点：通用公司规定的交货地点为 RDC 或者通用的 7 号仓库（总装厂内库）。

卸货道口：通用的 7 号仓库共有 5 个道口（DOCK），送往通用的货需要标明是送往哪个道口。而送往 RDC 的统一标注 RDC。

2）DD/JIT 系统。

DD/JIT 包括 2 个功能，电子看板和同步供货功能：

电子看板的方式：

实施 DD/JIT 的零件都是大件，由供应商直接送往内库。它是看板系统的变形，基本原理同看板系统：实施 DD/JIT 供货的供应商也有一个窗口时间，但与 PUS 单供货不同，供应商只有在窗口时间前的 2 个小时才能看到具体的供货量，供应商按照这个供货量送货。PUS 单上的供货量是 ERP 系统按照计划的产量分解 BOM 单计算得到的，而 DD/JIT 的供货量是按照具体的消耗量决定的。某个 DD/JIT 零件 A，会为其设定一个最小库存（MIN）和最大库存（MAX），其中 MIN 等于从供应商处到上海通用紧急送货需要的时间段内该零件的最大消耗量，MAX 等于 2 个窗口时间间隔里该零件的最大消耗量 X 加上 MIN。在供应商窗口时间前的 2 个小时，系统会核实现有库存，用 MAX 减去这个库存就得到了 A 零件的供货量。

实施该系统的基本条件是生产非常均衡，我们以赛欧车上的某零件 B 来说明，如果能确保均衡生产别克，赛欧和 GL－8，则 X 就可以保持一个相对小的量，但由于实际生产无法保持均衡，实际操作中 X 是按照在这个时间间隔里全部生产赛欧车的消耗量来计算的，这样库存并不能大幅度降低。生产的不均衡对供应商也有很大困扰，以 B 零件为例，通用每小时生产 32 部车，一个 2 班 16 小时，共 512 部，其中别克生产 240 部，赛欧生产 192 部，GL－8 生产 80 部，假设供货间隔为 4 小时，均衡生产情况下供应商的送货量大约是 48 件，但如果生产不均衡，供货量会在 0 至 128 件波动。它主要会对零部件的运输造成很大影响。

例如某种大零件每天需要 20 箱。卡车每车可以盛放 12 箱，在利用

MRP 计划的情况下，上下午各送 12 箱。供应商需要 2 辆卡车就可以完成。在利用了 DD/JIT 系统后，就会出现上午只送 6 箱，下午要送 14 箱的情况，这样供应商就必须多用一辆卡车。

DD/JIT 方式与传统的 PUS 单订货相比，对生产的波动性适应能力强。DD/JIT 的实施给生产计划排序人员提供了更大的调整余地，生产计划人员很难不去“充分”利用它的优点。但这个方法却导致供应商的供货波动，给供应链整体造成不必要的波动。

同步供货的方式：

在上海通用，当车辆通过装配线的扫描点时，自动记录车辆的号码，每通过九辆车，系统就自动将这个信息发送给供应商，供应商按照这个顺序将物料送到 SGM。

上海通用采用同步供货主要是解决生产线旁库位面积不足的困境，主要应用于颜色件和大件。

上海通用采用同步供货中存在一些问题：

同步供货起源于日本，它是用于供应商向主机厂同步供货。要求供应商到主机厂距离很近。在中国，供应商到主机厂的距离往往不满足这个要求。由于上海通用的线旁面积不够，它又发展了外库排序和内库排序两种方式。

外库排序：由外库按照车身上线顺序将需配的零件品种分解出来，装满一个料盒后，送至内库上线。

内库排序：在内库专门开辟一个区域，按照车身上线顺序将需配的零件品种分解出来，装满一个料架上线。

这两种方法虽然降低了线边库存，优化了现场管理，但是多增加了一道工序，总供应链的总体角度上看，并不优化。

8.4.3 进口零部件计划

(1) 零部件计划。

进口零部件通常是采用海运模式，它的零部件订货是一种典型的定期订货模型。公式如下：

$$PO_{i+j} = -(stock_i - sf_i + \sum_{k=0,j=1} PO_{i+k} - \sum_{k=0,j} fc_{i,i+k}(1)$$

订货量 = 当前库存 + 在途库存（以订货量） - 安全库存 - 预测。

市场部每周末会给出未来滚动40周的整车预测，生产管理部门按照这个预测和交货提前期分解BOM，计算出单个零件的采购量，每周订货一次。

（2）常见的采购方式。

汽车行业的进口零部件采用零件级订货或台套级订货两种方式，这两种方法各有其优点，在上海通用汽车都有所应用。

1）台套订货。

台套订货是指需方按套向进口件供应商订购进口件，它将某种车型所需要的所有零件视为一个零件，只需要提供台套代码和数量，而无需提供具体的零件清单。赛欧车型共包括6个基本车型，则对应于6个基本台套，计划员只需要做出6个产品的订货计划即可。在上海通用，计算台套订货量是利用EXCEL表格进行的。

通常一个批组的标准单位是48套。台套至零件级的打散和工程更改协调由进口件供方按照双方约定的方式进行。

其优势在于对于需方来说，订货过程简单，如同订购单个零件，追踪工作量小。当遇到市场需求变化时更改方便工作量小。缺点在于对于选装件的安全库存控制困难，当台套中的某种零件出现质量问题而导致缺货时，必须把台套内所有的零件都同时拉入中转仓库，造成溢库。

2）零件级订货。

零件级订货是指汽车厂按照零件号及数量的方式向进口件供应商订货，单个订单可包含多个零件的需求。

其优势为：订货比较灵活，可以打破台套订货数量的限制。当部分零件出现质量问题时，只需要更改单个零件的订单。缺点在于采购流程复杂，包括发订单、付款、报关等。此外当生产计划调整后，对零部件的调整工作量较大，必须重新计算单个零件的需求并调整订单。

由于SGM的SAP系统的计划模块只包括了国产件的计划，而进口件的种类繁多，利用EXCEL表格计算上千个零件的需求量异常烦琐，因此开发了E - inventory系统用于进口件的零件级计划，SGM库存平衡分析和进口零件订货系统意在提供一个SGM预测零件库存分析的工具，是SGM内部ERP系统向供应商端的延伸，提高业务管理水平和服务水平。

它可以根据历史的销售及预测数据来计算零部件的安全库存，根据生成40周的预测订单。使用这套系统大大简化了进口件的零件级订货的难度。

8.5 少量包装的概念

笔者服务过的国内制造企业，很少有包装管理得好的企业，而包装规划不当，对采购、物流配送、库存管理甚至工位布置都会造成不利影响。例如某电子厂，同一个配件三个供应商提供，不同供应商的纸箱尺寸都不一样，每箱数量也不一样，有78个、90个、110个三种不同数量。基本上都是供应商根据自己习惯使用的纸箱尺寸来设计的。采购计划员每次采购必然会有零头；车间配送也会有拆零的需求。

原因在于没有部门负责零部件包装的设计，一般来说，设计部门会负责成品包装设计，但不会负责零部件包装设计，而采购部也不会特意去管供应商包装，那么供应商肯定会从自己现有的包装里面来选择，这样会造成零部件包装的多样化，给零部件仓库的运作带来很大的负面影响。

解决方法是建立标准化的流程，明确包装管理的职责和流程，设立专门岗位管理该工作。

包装对工厂运作的影响：

- 影响物料以何种形式呈现在操作者面前；
- 影响所需的生产线两侧的空间量；
- 影响运输；
- 决定了厂内输送方式。

在通用汽车，包装分为原包装、标准包装、特殊包装三个大类。

1）原包装是指供应商所提供直接用于上线的箱式包装或供应商所提供经少量改动（如开口）后用于上线的箱式包装，称为原包装。原包装通常是纸箱，此时要考虑防火、防尘、原包装尺寸与线旁料架的匹配；原包装对生产线作业的影响。

需要强调的是即使是供应商的原包装，对包装尺寸和单个包装零件数通用汽车也有明确的规定。汽车行业通常要求所有的原包装零件数必须是12的模数或倍数。而在国内的企业，笔者发现很少有企业意识到这点，国内企业很喜欢50、100这样的包装数。笔者认为，以12为基数具有极大的优点，特别是在凑整包装时，不同的零部件很容易凑成整包装。

2）标准包装：包含标准塑料箱与金属标准箱两类。

塑料标准箱是汽车厂使用最广泛的包装形式，易于运输和工位使用；对于近距离的工厂，通用汽车原则上要求供应商使用塑料标准箱作为周转箱。周转箱的标准尺寸如表8－5所示。

表8－5　周转箱的标准尺寸

编号	外尺寸（长×宽×高）	内尺寸（长×宽×高）	备注
	300×200×148	250×150×125	有盖
	400×300×148	350×250×125	有盖
	400×300×280	350×250×255	有盖
	600×400×148	550×350×125	有盖
	300×200×148	250×150×125	无盖
	400×300×148	350×250×125	无盖
	400×300×280	350×250×255	无盖
	600×400×280	550×350×255	无盖
	600×400×148	550×350×125	无盖

金属标准箱：用金属制成的标准箱强度高，包装零件后箱子能相互叠放。金属标准箱用于包装形状较复杂、体积较大、重量较重的零件。金属标准箱自身重量较重，需用Dolly拖动。封板形式分网格和钢板两种。如图8－4所示。

特殊包装：不能采用塑料标准箱和金属标准箱来包装，只能用经特殊设计制造的器具（料架）进行包装的称为特殊包装，即料架包装。料架包装分标准料架包装和非标准料架包装。

料架包装适用范围：

- 零件需得到充分保护，在特殊保护部位需要使用特殊衬垫材料的；
- 零件较大，并有分隔要求的；

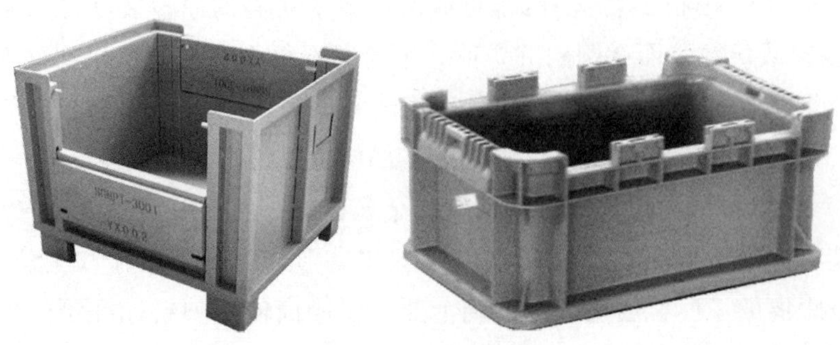

图8－4 金属标准箱

- 零件大，用标准箱只能包装极少量的零件；
- 零件偏重，操作工需用专用工具取放和进行装配的。

料架的运输形式：

零部件直接供应商或配送中心将装满零部件的标准料架由 Milkrun 卡车载运到各个 DOCK，再由铲车将标准料架铲送到库位的标准 Dolly 上，然后由电瓶车拖到各个相应流水线工位。空料架则通过逆过程送回供应商处。

标准料架包装：某些零部件尺寸大、重量重，或者有某些特殊保护包装要求，不能采用标准包装箱或者采用标准箱包装成本过高，这时可采用系列化标准料架来包装这些零部件，这种包装方式称为标准料架包装。根据零部件形状特点及运输装卸的特殊包装要求，设计成系列化标准尺寸的金属料架，它的底盘结构为几种标准形式，这种形式的金属料架称为标准料架。它的主要特点是料架底盘成标准系列，能相互叠放，方便运输和仓储，降低淘汰零件的料架改制费用。

设计标准料架包装的意义：

- 标准料架的外形尺寸是按标准集装箱尺寸计算而得，尽可能地满足集装箱的空间利用率，以提高容积率，降低运输成本；
- 标准料架不带轮子、地刹器、拖挂钩，可配用与其相应的小车；
- 标准料架更适合料架的管理、存储、占用更少的库房面积。

标准料架底盘系列如表8－6所示。

表8－6　标准料架底盘系列

序号	横向尺寸（mm）	纵向尺寸（mm）（汽车运动方向）
1	1100	740
2	1100	1160
3	1100	1300
4	1100	1460
5	1100	1680

非标准料架包装：某些零部件尺寸大，不能采用系列化标准料架来包装这些零部件，只能采用其他符合集装箱的尺寸或另外的特殊尺寸来设计料架，用这种料架包装零部件的方式称为非标准料架包装。非标准料架需经物流部的批准方可采用。

非标准料架底盘系列如表8－7所示。

表8－7　非标准料架底盘系列

序号	横向尺寸（mm）	序号	纵向尺寸（mm）（汽车运动方向）
1	740	1	915
2	1100	2	1960
3	1460	3	2360
4	2250	4	2960
		5	3960

包装设计通用要求。

- 包装设计时应考虑同类零部件系列车型的通用性，同时大件的包装要考虑尺寸的系列化与标准化。建立大件包装通用性指标、特殊料架通用性指标。
- 运输包装和上线包装一致原则，提高原包装的上线率，包括车身零件。
- 减少大件方式上线的种类，考虑采用小包装小件方式送料，大件控制在规定种数以下（排序零件排好序后，作为一种大件）。
- 线旁包装应进行优化，通用性强、价值低的小零件根据线旁情况可采用较大包装数量上线，包装数量不应超过3天的量。

● 厂内周转用的特殊料架设计带轮子、地刹器及拖钩。

● 包装管理应将供应商自制料架纳入工厂管理中，包括图纸设计、制造跟踪、检验、点检、管理等。

● 将供应商周转使用料箱料架的过程纳入工厂的管理中。

● 确定、分配或设计合适的标准数量和料箱，以易于操作的包装方式为操作工提供零部件，这种包装使部件在运输，储存和发货过程中不易受损，且易操作。

● 根据有效的操作空间优化料箱尺寸（零件操作适合工作区域），工作区域的料箱应能易于操作者操作。

● 结合工艺的工位设计来优化料箱。

● 料箱设计：

➢ 减少从第一个部件到最后一个部件因取料造成的人体疲劳和时间；

➢ 在保持产品质量的前提下，尽量减少间隔衬垫的使用和处理；

➢ 减少准备时间（例如包装材料和 箱盖的拆除等）和额外整理的相关活动（如收集、分类、处理）。

● 每种零件都应有唯一的标准包装数量。

● 对于每一个零件的包装尺寸都应标准化：同前每种料箱都应张贴与其物料对应的认可的物料标签（零件号、零件名称、数量等）以进行辨识。

● 料箱尺寸应实现模数化，以提高卡车及拖车的容积率并保证装载的稳定性。

● 人工搬运的料箱包装量应不大于2小时的用量（不包括标准件如罗栓、螺母、卡扣等）。

● 料箱设计及选择过程中，应充分考虑人工搬运料箱及交换的使用，尽量减少叉车的使用。

● 非手工操作的大件料箱，其包装量应不大于4小时的用量。

● 尽量使用通用型可回收周转箱。

● 人工搬运的料箱和部件间隔衬垫应满足人机工程提升准则（如重量、尺寸、把手等），单箱不超过15kg。

● 尽可能减少重新包装（重复操作）。

● 有效的新包装确认流程、包装更改及现有的包装评估流程。

● 包装手段：

➢ 与零部件相关的信息：零件尺寸、零件重量、日常使用量；

➢ 与质量相关的信息：零部件质量，例如表面等级A；

➢ 运输信息：供应商的地理位置、运输方式（例如卡车、有轨车、自行车）；

➢ 工艺要求：操作标准（如运输损坏）、空箱返回流程、零件摆放、间隔衬垫的处理。

● 确定料箱系统的大小（每个零件所需的料箱数量）。

8.6 有计划的零部件发运和收货

如何实现有计划的发运和收货呢？我们来看一下通用汽车的做法。

管理要求：

● 整包装交付；

● 制定和公布标准作业单，且在作业单中描述货运、供应商和厂方的责任；

● 为使每次运输的计划和实施状况公之于众，应设置标准信息栏；

● 货运计划细化至周，天和时以便均衡使用工厂内的物料处理资源和库存；

● 应具备处理未按原定“计划”时间到货的流程；

● 应明显地标明收货和发货通道；

● 使用拖车把货物从收货泊位运走（如可能的话）；

● 零部件和料箱在运输后应完好无损；

● 接收/发运管理流程应满足SGM评审要求。

第4点是这里面的核心点，加以说明：

将货运计划细化到周、天、小时，这要根据供应商供货的数量、供应商位置。

经常听到企业的物料计划人员说：我是按日下的计划，但供应商要多送凑整车，我也没有办法。总不能让人家送半车吧。

这个时候笔者总是问一句，那供应商用什么样的车子送？每次送多少？怎么衡量一个供应商的物流量？

没有一个客户的物料计划人员能清晰地回答出这个问题。很大程度这是由于企业的计划部、采购部、物流部是分离的。仓库可能保有产品外包装尺寸数据，但这个数据未进入 ERP 系统，所以计划部没法计算物流量。

通用是用立方/天来衡量一个企业的物流量的。物流量、零件在厂内的暂存地点及供应商的距离，决定了供应商的送货频率和运输方式。

汽车厂将零件分为大件、中小件和紧固件。大件的存储区域为总装车间物料暂存区，供应商将这些零件直接送到总装车间，然后配送到线旁使用。小件的存储区域是 RDC 仓库，根据产线需求从 RDC 仓库配送到车间，然后配送到线旁使用。

因为总装车间面积有限，一般要求远距离大件配载量为 8 小时用量左右，小件配载量为 1 天量（可整合到整包装），就是说大件一天 2 送，小件 1 天 1 送。

近距离供应商大件配载量为 4 小时量，小件配载量为 8 小时量（可整合到整包装），就是说大件 1 天 4 送，小件 1 天 2 送。

这带来一个问题，有些供应商如保险杠供应商，其产品体积大，4 小时的使用量已经可以保证满车运输。而对于中小件产品，就存在不能满车配送的情况。

汽车厂因此设计出了三种运输配载方式：

直送法：对于物流量可以满足整车运载需求的供应商，直接配送；

联运法：对于远距离的供应商，如果物流量不足以整车运输，可以将货物运送到一个中转库，从中转库用整车将物料送到工厂。

MILKRUN 定常线路法：对于近距离的供应商，会安排一辆卡车到 3 ~ 4 个邻近的供应商处巡回取货。

8.7 零部件的安全库存和缓存区规划

第一步：在完成供应商配送的运输规划后，需要策划每个零件的厂内存储数量及面积需求。

首先，需要策划每种零件的安全库存，最大量、最小量。

安全库存量＝一个响应时间×小时节拍×单车用量×计划调整变化安全系数/包装量

响应时间＝物料计划制作时间＋供应商准备时间＋运输时间＋卸货上库位时间＋配料上线时间

拉动量（装载量）＝小时节拍×供货周期/包装量

供货周期按前文规定的1天用量、8小时用量、4小时用量

最大库存＝安全库存＋拉动量

按生产线小时节拍计算，考虑物料供应商远近、物料的配送方式，物料的存储区域及区域大小等因素，考虑物流分区域存储，设定第三方物流库存区域、总装车间、车身车间、冲压车间等区域及生产线旁的库存设计原则，并确定各区域存储物料的种类，进行最大最小库存量的设置分析。

第二步：策划每个零件的厂内储存区域，这步是划清责任范围。随着企业的产量增加，常见的趋势是总装车间逐步蚕食仓库部门的面积，直到仓库无法运转而溢库。

总装车间缓冲区储存所有总装使用大件，存放在总装车间的大件控制在180～200种。

所有需要在厂内进行排序的总装大件均在总装车间进行。

由供应商排序供货的部件，在总装只考虑缓冲区。

总装车间内的排序物料区域布局：

冲压车间：储存所有车身零件及自制冲压件。

RDC仓库：储存所有总装小件；所有需要翻包装的大件及小件均需在RDC仓库进行。

超过2班生产量的大包装，超市料架不设置料架，只在发运区设置缓

冲区。

线旁悬挂物料将储存在物料优化中心。

第三步：内部存储的要求。

优化物料存储区的数量及位置。

每个零部件号应有一个固定的储存位置。

所有零部件位置都有明显标识（标志、符号等）。

为了保证安全（合理的堆高）、物料流程和库存控制（min/max、先进先出、溢库）必须在车间存储区的上方悬挂目视化控制板。

保持最少或最多的数量和具备管理异常的流程（如 min/max 报警流程、缺货流程、溢库流程等）。

通道：标清用于储存或收发；为所有使用者提供畅通的交通流向（例如单向通道等）；拖车和铲车分道而行；将人行通道和车辆通道做明显的区分。

从泊位处运至的物料应直接放置在储存区（避免多次转运）。

工程更改、断点旧零件、不良品、试生产等物料及报废区应有良好的目视，每种物料应粘附有明显的标签。

8.8 物料的内部拉动配送

在供应商将物料送达工厂，大件进入总装缓冲区，小件送到 RDC 仓库后，下一步就是如何将物料从仓库送到总装线旁。

参观过汽车行业的人多数对丰田的看板“念念不忘”，看板已经成了精益推进的一个标志，很多家电企业都提出要求，让笔者帮助他们推动看板拉动管理。笔者进一步询问，为什么要使用看板，想实现什么目的？很多人根本讲不清楚。

看板拉动不是目的，是手段，本质上是为了总装线旁物料数量受控，不要缺货断线，也不要数量太多影响装配效率和现场。

如果汽车厂采用推式的手段能否够实现上述目的？很明确的答案是不行！

汽车行业是混流生产，简单地说，就是第一辆车是君威，第二辆车是赛欧，例如君威和赛欧各占60%和40%。虽然要求均衡排产，但如果出现各种意外情况，例如赛欧某个零件晚到，仓库按照比例将两种车型所需零件发送到产线旁，那么君威本来一个小时只要18件，结果突然需求涨到30件，会缺少零件停线；而赛欧的零件会多出来。特别是很多零件如门把手等是颜色件，总装车间不可能每种颜色的门把手都放很多库存。

通用汽车规定：为了降低生产线边上的存货量，调用库存物料时应采用拉动系统进入每一工位!

- 看板系统（适于拖车或人工发送）
- 物料索取信号系统（适于叉车发送）

厂内配送方式：

- GA小件由物料配送中心到GA生产线，采用看板配送方式；
- GA大件由物料配送中心或GA仓库到GA生产线，采用按灯配送方式。

具体实施要求：

- 由特定的拉动信号生成补充物料活动；
- 应有选择合适拉动信号的程序；
- 应有描述每种类型拉动信号工作的书面流程；
- 使用指导应张贴于众，以便使所有与拉动系统有关的人员看到，（例如操作工、司机、库存保管员等）；
- 操作工遵循拉动信号流程；
- 在新的零部件到货时，必须搬走空的料箱和间隔衬垫；
- 及时以正确的数量补充物料至正确的位置（例如地址）；
- 应有一套监控、维持和改进每种信号的流程（例如快速检测和补充遗失的拉动卡片）；
- 标准化物料运输路线和频次数。

（1）线旁缓冲区。

生产线旁的零部件存放区域是指流水线两旁的区域，通常体积较小的零件存放在标准大小的料盒内，而料盒存放在一种倾斜的超市料架上，存放的数量为3个小时的用量或至少2个标准料盒。一个料架会摆放若干种零件，图中的一个标签代表一种零件。保存零件的料盒会放在料架上层的滑道上，滑道的高端对着物流通道，低端对着生产线，这样可以保证物料使用的先进先出。在一个料盒中的零件使用完后，生产工人会将空盒放在下层的滑道上，下层的滑道高端对着生产线，低端对着物流通道。生产工人会在开始使用料盒中的第一个零件时，将盒中的看板卡取出放在物料架一侧的看板卡收集盒内。整条流水线划分为10个区域，每个区域对应一名上线物流工。上线物流工人每个小时传送一次物料并将盒内的看板卡回收，同时回收空的料盒。上线物流工完成一个区域的送料上线大约需要30~55分钟。送料上线结束后，上线物流工把盛满空料盒的拖车停放在物料缓冲区，由拖车物流工将其运送回外部仓库进行周转。上线物流工将收集的看板卡交付给物流信息员，物流信息员将看板信息扫描汇总后发送给外部仓库，外部仓库的物流工从其超市料架上取下对应的物料并送到车间内库的缓冲区，然后上线工人开始另一个循环。其中送料上线需要50分钟，看板卡扫描需要15分钟，外部仓库从收到信息到将物料发送到车间内部仓库又需要50分钟左右，因此看板卡的数量要能够满足3个小时的零件消耗量。

每种零件需要占据一条滑道，而超市料架所能容纳的零件种类是有限度的，当某种产品例如车门把手具有多种颜色选装件时，则必须使用同步供货（排序供货）。

这里需要说明的是外部仓库的超市料架也是划分为10个区域，每个区域存储的零件对应生产线该区域消耗的零件，这样提高了物流周转速度。如图8-5所示。

图8-5 线旁的超市料架

此外，这些料盒都是标准化的，以上海通用为例，它常用的标准料盒共有A、B、C、D、E五种标准。其中B的面积是A的2倍，C的面积是B的两倍，D的面积是A的2倍，E的面积与D相同。A、B、C、D料盒的高度都是统一的，E的高度是D的2倍。由于在用卡车运输小零件时，同一副“天地盖”塑料托盘会摆放多种零件。这种系列化的料盒设计使得混盘摆放非常容易。每副天地盖托盘包括上盖和下盖，在四个边角上设计有插孔和尼龙带（带有金属扣），在料盒放满后，可以将金属扣插入另一个盖子的插口中并收紧尼龙带，这样可以确保在运输中物料不会倾倒出来，同时也减少了物料的颠簸。如图8－6所示。

图8－6　天地盖塑料托盘

体积较大的零件通常存放在特殊料架中，如果生产线旁有足够的面积，则会停放2个料架，大件物流工随时将空的料架取走并将满的料架放在线旁。当生产线旁边的面积不足以支持时，则需要使用“按灯”方式。如图8－7所示。

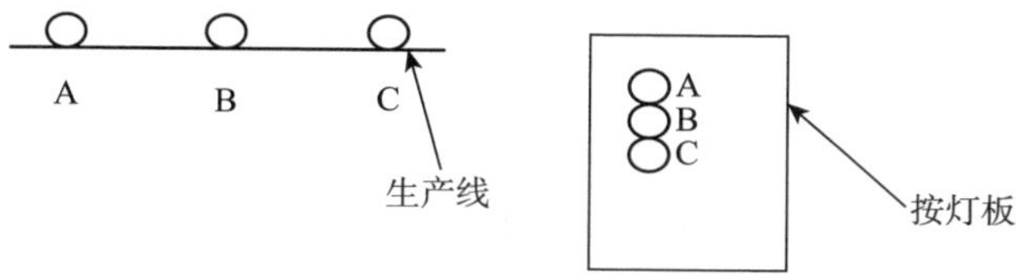

图8－7　按灯使用示意图

按灯方式是美国通用汽车率先引入的，它的工作方式如下：使用按灯的工位一般线旁都只有一箱零部件。这些工位旁都有一个可发光的按键，按键有三种状态—暗、急闪和慢闪。在车间内库的按灯工段放置有一面按灯板，板上有很多按键。这些按键与线旁的按键是一一对应的。在按灯板的每个按键旁都有一个卡片槽，放着一张对应的看板。

平时按键是暗的，当 A 工位线边的零部件快要使用完时，工人按一次按键，A 按键就变成急闪。此时，按灯板上的 A 按键也同时急闪，按灯工段的物流工看到后，就取出 A 看板，并按下 A 按键，此时 A 就变成慢闪，同时系统记录该零件消耗了一箱。工人将物料送上线后，回到按灯板边，再按一下 A，A 就恢复初始“暗”的状态，这意味着已经送料上线。

转过头来看家电企业，是否采用推式的手段可以实现线边库存受控，明确的答案是可以！国内的家电厂商多数是有多条总装线，每条线的产品种类有限，而且多数是采用的轮番式混线生产，即一个品种生产 300 套，然后转另一个品种生产 150 套，不是汽车行业的混流生产。采用推式，根据工单顺序按照节拍将物料配送上线是完全可能的。例如笔者曾在一个家电企业辅导，1 条产线 1 天安排了 5 个品种，其中 A、B、C 大约生产两小时，C、D 生产一小时。可以将 ABC 工单再拆解为 A1、A2、B1、B2、C1、C2。然后按照顺序，每小时配送上线。当出现异常问题停线时，停止工单配送。项目组给这种方式起了一个名字叫“看单配送”。

有一些家电企业强行推进了看板系统，但最终未能坚持，主要的原因是当现场作业人员能够用简单的方法实现不缺货、不溢库的目标时，要求采用更烦琐的看板拉动方式，很少有员工愿意坚持。

8.9 空料箱的回收管理

一些家电企业开始仿照汽车行业用周转器具代替纸箱，周转箱回收就成了大问题。以前空纸箱是折叠后回收，占用空间比较少，而改用周转箱，产线会源源不断地将使用后的周转箱返回，这些空箱必须暂时储存，等供应商下一次交付物料时取走。如果供应商一周送一次货，意味着他家的专用料箱就要在工厂中占用一周的存储空间。所以一般来说，200 公里以外的远距离供应商，使用周转箱需要慎重考虑。

使用通用的周转箱是比较好的方法，但这需要企业自己投资周转箱，而不是要求供应商制作周转箱。而且从管理上要求企业记录并跟踪发放给各供应商的空箱数据，需要开发一个空箱库存周转系统自动跟踪周转箱的流动情况。当收货入库时，会根据入库数量自动计算收到的标准包装个数，发货给供应商的周转箱个数。

下面是通用汽车规定的空料箱管理规定：

空料箱返回区域：

- 用于收集、整理、发运料箱；
- 对操作区域做明确的标识和可视化的控制，使其清晰可辨（如整理区、发运区、供应商区、周转区、待处理区等）；
- 按计划的数量发运；
- 指定由供应商自己负责或集装箱整合运输；
- 所在位置应满足最小的综合运送距离并有标准化的操作流程。

空料箱操作：

- 确保一旦最后的零件用完后，操作工即刻把空的料箱放置在合适的返回装置中；
- 遵循有书面形式的内部衬隔处理流程；
- 遵循有书面形式的正确的分类、转运、装卸等工作程序；
- 避免包装箱挪为他用；
- 确保返回供应商的空箱内没有杂物；
- 对需要维修和处理的料箱进行标识和发运。

空箱的包装应准备完好和确保返回，例如加盖、分类和堆栈等。

外运包装的跟踪：

- 根据运输计划装载准备好的空料箱；
- 通过文件跟踪外运的集装箱和空料箱。

本案例系统地介绍了上海通用汽车计划物流系统的核心要素包含：组织与岗位职责、均衡的主生产计划、零部件计划、零部件包装设计、零部件安全库存及储位设置、入厂运输规划、物料的内部配送拉动、空料箱管理等 8 个关键管理内容。

第9章

家电企业的生产计划与物流改善案例

9.1 家电企业的交付价值链分析

家电行业一般分为白电（冰洗空等）；黑电（彩电、音响）；厨房电器（烟机、灶具）；生活电器（电吹风、饮水机、豆浆机等）。在这四个子行业中，彩电行业现在更类似于消费电子行业，芯片交付是计划的核心问题，计划与物流模式与其他三个子行业差异很大，本文主要针对白电、厨电和生活电器的计划与物流改善进行阐述。

黑电受半导体技术影响较大，国外品牌如三星、夏普等还具有相当的竞争力；而白电、厨电、生活电器这些家电产品可能是国内第一个成功实现国内品牌全面战胜外资品牌的行业。从20世纪90年代起，海尔、海信、格力、长虹等品牌已经崛起，这些大企业早已引进了所有的国际上最先进的管理方法和工具，如平衡积分卡、ERP管理、流程再造、精益生产、六西格玛、ISO9000、阿米巴经营。一些管理水平较高的企业如海尔、格力、美的和老板电器，单纯看其工厂的现场管理水平，与日韩企业如三星、索尼相比毫不逊色；如果单看硬件的自动化水平，海尔和美的的一些新建工厂的自动化水平已经达到世界一流。但如果将视野扩展到整个价值链，则可以发现国内这些巨头还存在着很多不足。

笔者认为，对供应链管理能力的不足影响了国内家电企业进一步发展。供应链管理能力不足，一方面是对渠道的掌控力不足；另一方面是对供应商管控不足。如图9-1所示。

第一，从消费者购买模式看，家电产品都是购买现货，而汽车产品则是“现货+订单”两种模式。消费者可能为了购买自己需要的配置的车型要等待1~2个月，但购买家电产品则最多等待1~2周，因此家电产品必须是成品备库模式。

第二，家电产品季节性更强，特别是空调产品，此外，家电产品受到国内6·18和双11等促销的影响也更大，需求和供应均衡更难推进。

第三，汽车行业主要是4S店销售模式，整车厂家严格控制了渠道，因而相对做到了产销均衡化；而家电行业由于有国美、苏宁、京

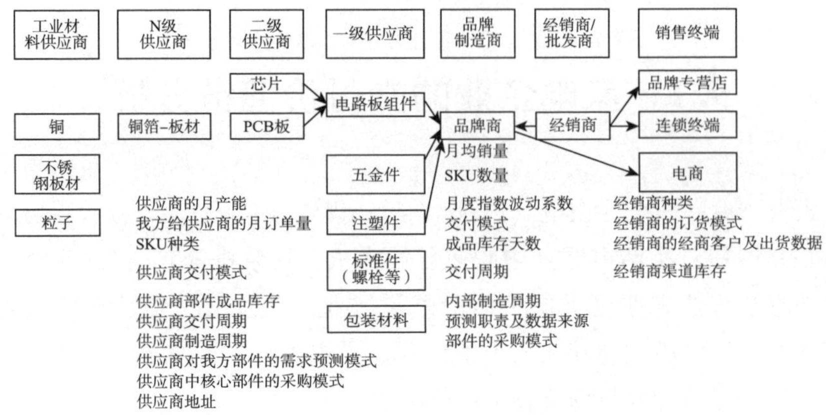

图 9－1　供应链管理

东这样的渠道巨头，迫使家电企业针对不同渠道提供专供机，需求和产出很难均衡。

需求不均衡带来的最大的恶性循环就是淡季工厂开工不足，旺季又出现缺断货现象。笔者曾经辅导过海尔在顺德的工厂，每年淡旺季时，工人人数相差接近一倍，而海尔一直推进的“自主经营体”，强调人单合一，工人收入基本与产量挂钩，开工不足，工人收入低，离职率高；旺季来临时需要大量招聘临时人员，而基础的培训工作又未做好，产品容易出现低水平的质量问题。在短期内，国内家电企业的这种销售周期性波动是无法彻底解决的问题。格力的反季节销售是一种有效的均衡需求和产能的模式，但这是建立在格力作为空调龙头企业基础上的供应链战略，二线空调生产企业由于资金实力、产品利润率、与经销商的实力对比等原因很难采用这种模式。

第四，汽车部件供应商和家电部件供应商管理水平也有极大差异。

汽车产品对质量的要求要远远高于家电产品，一个小螺钉的质量问题都可能引起客户的安全问题，因此汽车整车企业对零部件企业的质量管理非常严格，有 TS16949 的管理体系，同时对零部件供应商工厂的制造过程审核也非常严格，像丰田这样的整车企业对零部件供应商的管理扶植工作也非常多，因此零部件供应商通常管理水平较高。而家电行业的供应商很多是产值几千万元的注塑件和五金件小企业，这些企业管理能力不足，同时财力也不足以聘请专门的咨询机构或者职业经理人来提升内部管理，作为供应链龙头企业的整机厂也很少会去主动扶持供应商的管理提升。

笔者所在的咨询公司，在家电行业拥有众多的客户，2003～2005年开始帮助TCL十三个事业部全面导入精益六西格玛改善；2005年开始帮助海尔电器的六个事业部导入精益六西格玛，连续合作了10年。同时还曾经给创维、康佳、格力、美的、九阳、老板电器等企业进行过精益和六西格玛服务。但在早期的咨询项目中，极少接触到这些核心企业的供应商，最多是辅导一些质量项目时要求供应商派人参与，或者与企业质量部的人员一起去供应商现场辅导，发现国内企业的供应商多数规模都不大，现场管理水平落后，对核心企业的影响就是送货不及时或者部件质量问题频发。

最近这几年，企业普遍接受了供应链的概念，即企业之间的竞争不仅仅是企业本身的竞争，更是企业的供应链之间的竞争。很多企业除了自身推进精益六西格玛，同时也要求其供应商进行精益变革。

2011年，笔者所在的咨询公司开始与九阳电器集团合作导入精益生产，连续合作了5年。2011－2012年的改善主要聚焦于九阳内部；从2013年初开始，九阳逐步将精益导入其27家核心供应商。九阳统一选择咨询公司，咨询费用九阳提供一半，供应商自己承担一半，经过3年的持续改善，这些供应商的现场管理水平、过程质量控制都得到了极大的提升，与九阳实现了双赢，而且在与咨询公司合作的这几年中，九阳培养了一批年轻的管理专家，从而实现了自主对供应商的管理提升改善推进，提升了供应链管理水平。

本章内容是笔者过去几年在多个家电行业咨询项目的总结，并不是单一企业的案例总结，里面的数据也经过适当修正。

9.2 家电企业的预测与订单管理模式

家电企业有两种预订与订单管理模式，第一种是月计划模式，这种模式是比较成熟的模式，很多企业在采用；第二种是周滚动计划模式，这种模式对管理水平和信息化要求很高，国内只有少数企业采用，汽车企业多采用周滚动计划模式。

多数家电公司采用的是月计划模式，N 月大约 10 日前接分公司或经销商的 N +1 月的订单；生产计划部与制造部和供应商确认产能和供应制约，在 N 月 15 日 –20 日确定 N +1 月的滚动周生产计划或者上、下半月计划；采购部与供应商签订采购订单。另外 N 月月底或 N +1 月的月初时会有一次经销商的插单。

计划部分解为零部件采购合同下达给供应商，一般是分为上下半月零部件计划。然后每周四时下达 N +1 或 N +2 周的日送货计划给供应商，当周时总量不会变化，但可能微调送货计划的顺序。如表 9 –1 所示。

表 9 –1　零部件采购合同

	4 月				5 月			
	1 周	2 周	3 周	4 周	1 周	2 周	3 周	4 周
销售	10 日							
计划								
采购			25 日 下达					
生产，入库，发货								

这个计划模式存在三个问题点：从销售端看，交付周期太长；从采购

端看，部件交付周期太短；从制造部看，能力调整的响应周期太短。

（1）从销售端看，交付周期太长。

在经销商端：假定 4 月初经销商给 5 月份的订单，其实这意味着要进行 4 月和 5 月两个月的销量预测，一般来说，给定的订单不能撤单。

对单个产品，预测每个月销量为 100，预测精度如果是 70%，意味着销量最低为 70，最高为 130，如果保障不断货，那么经销商需要安全库存为 60，实际库存就在 0 ~ 120 之间波动。如果预测精度更低，实际销量高于预测，经销商或者销售断货，或者给制造商下达紧急订单；实际销量低于预测，由于进货需要付全款，经销商会想方设法推迟取货时间。

在制造商端体现的可能有三种情况：一些品种所有经销商都缺货，下达紧急补充订单；一些品种库存很高，所有经销商不愿意提货；还有一种情况，同一款产品，一个经销商不愿意提货，另一个经销商下达紧急订单。

第一种情况更容易发生在新产品上市，主销产品促销或者销售旺季时；解决方法主要是加强新产品上市和主销产品促销前销售部和生产部的沟通。第二种情况常发生在一些新产品上市失败时。第三种情况其实更多，在这种情况下，似乎可以将一个经销商的订单转移给另外的经销商，但实际操作很困难。一个家电公司这样的品牌制造商有几百个成品型号，接近 100 家一级经销商，这件事沟通起来非常烦琐，只能说某些特例情况下可以调节。

如果希望系统解决这个问题，需要导入分销需求计划功能来推进，根据经销商的库存、周均出货数量、未来销量预测预等几个信息，给不同的产品设定不同的发货逻辑，采用推式或拉式计算方法来分配成品库存给经销商。这里面的难点是确定每个经销商的安全库存水平及获取经销商的实际库存数据。

（2）从采购端看，部件交付周期太短。

每月 20 日确认订单并传递给供应商，这种模式对于家电绝大多数部件如五金件和注塑件来说周期是足够了，但对于需要精密加工的零件如主控板、轴承这类部件来说周期是不够的，因此供应商只能持有大量的库存。但供应商一般只会存常用产品的库存，非常用产品要根据订单制造，这样一来，C 类成品一般都要到 N+1 月的下半月才能交付。

销售部认为他们给了 7 周的预测，很长了；采购部认为销售部只给了 7 周的预测，周期太短了。

（3）从制造部看，能力调整的响应周期太短。

每次给定一个月的订单，如果总需求量大幅度增加时，制造部招人扩产都很困难。

周滚动计划模式是有效的模式，汽车行业普遍采用这种模式，在家电行业中，海尔、美的都是采用这种模式来管理的，流程如图 9-2 所示。

图 9-2　周滚动计划模式

公司每周会生成滚动 13 周的主计划，其中 T+1 周是锁定不动的，T+4 周内原则上只能微调，T+5 周开始可以大幅度变化。然后每周将滚动计划分解为物料需求计划并发给供应商，供应商在SRM系统中回复是否可以满足能力。各基地主计划员根据13周计划进行能力分析，包括人力资源、设备能力、模具能力测算。

采用这种模式需要有效的信息系统支持，包括针对分公司或经销商的CRM系统，针对供应商的CRM系统。如果没有信息化系统支持，N+2月的滚动需求是另外一种相对简便的方式，就是N月提出N+1月订单、N+2月预测。

销售部和采购部争论的焦点在于，N+2月预测的产品所带来的零件预测是否算承诺给供应商的最终采购需求。采购部认为这些部件预测可以不在N+2月购入，但必须保证在一段时间内从供应商处购买；而销售部往往拒绝这种说法。

9.3 主生产计划与物流需求计划

在完成产销计划后，计划部的主计划员要安排滚动7~13周的主计划，以及N+1周的总装日计划（上线计划）。有些企业会给出滚动13周的计划，而其他一些企业只给出滚动2~6周的主计划。

为什么说是2~6周的主计划？因为产销计划是每月15日左右完成的，此时的主计划是6周；而到了转月14日时，主计划只有2周。这种月计划的频次给采购部和供应商都造成极大困扰。很多零件的生产周期都要长于2周，供应商在每个月14日之前其实是凭借自己的经验来“预测”需求并提前投料，因此如果新的一个月的产品品种比前一个月的波动大，或者断货，或者库存积压。但销售部拒绝给出2个月的订单+预测，因此生管部的对应策略是每月第一周尽量不安排低需求产品的生产，只安排最常规的产品。

每个周三或周四，主计划员会锁定下一周的装配计划，然后物料计划员运行MRP分解出零件需求发送给供应商。之所以需要周三或周四排产，是考虑到内部部件的制造周期及外协物料的检验周期。本地外协物料的送货提前期一般是 T－2、T－1 和 T 日三种。T－2 适用于小件，T－2 日供应商送达并质检入库；T－1 日仓库做出库动作。T－1 日物料用于大件物料，供应商 T－1 日送货质检后，直接送总装车间的车间物料超市。T 日物料其实是提前一个班的物料，前一天夜班送转天白班用的物料；当天白班送当天夜班使用的物料。T 日物料一般很少，主要是国内的供应商质量没那么稳定，没法实现质量免检。

即使是销售部与计划部做出滚动 13 周的预测，与汽车行业相比，这个预测精度也是很低的，因为预测精度的考核指标都是针对 N＋1 月的，后面的预测精度并不考核，因此销售做的预测也没那么仔细。

H 公司是中国最大的三家白电巨头之一，很早就导入了精益和六西格玛。2011 年时，该公司提出要打造标准化工厂，笔者去了 H 公司顺德工厂，当时客户的一个部长了解到我在汽车行业做过 PMC，提出了 3 个课题。第一个是进行未来的需求预测；第二个是解决大部件厂内存储面积不足的问题；第三个是解决仓库到现场有序配送的问题。

笔者进一步了解才知道，客户的总部每周会更新滚动 13 周的订单＋预测，其中头 2 周的是锁定的订单，后面的是预测。供应商根据这个 13 周预测进行零件组织。这个滚动 13 周预测一般 6 周以内的数据比较准确，但 7～13 周的预测波动比较大，H 公司有几个从意大利进口的长周期零件，当这个预测波动时，或者零件不足，或者零件库存过高形成呆滞。

选择了一个型号的产品，发现波动极大，无法依据这个预测来进行零部件订单安排和安全库存设置。这里面最大的问题是总部给出的市场预测总是有滞后性。其实名义上改为 3 个月滚动预测，主计划部还是按照 N＋1 月的模式运转，因此滚动预测实际上还是每个月更新一次。如表 9－2 所示。

最后，项目组决定根据历史销量、计算月度指数，并根据过去几个月的实际销量来自行预测后几个月的预计销量。有一个有趣的事情，根据历史数据得出的统计分析结果居然比总部给出的计划更准确。零部件安全库存根据经典的安全库存公式进行计算，设定为 4～6 周。

表9－2 零部件订单安排

假定供应商生产周期三周																													
						2011	2011	2011	2011	2011	2011	2011	2011	2011	2011	###	###	###	###	###	###	###	###	###	###	###	###	2011	2011
进系统日期	周次		25W	26	27W	28W	29W	30W	31W	32W	33W	34W	35W	36W	37W	38W	39W	40W	41W	42W	43W	44W	45W	46W	47W	48W	49W	50W	51W
		实际发		2000	1500	1916	1216	1006	2336	3461	3277	2726	2916	2937	2347	###	816	682	###	###	###	619	800	###	973	880	956	1584	1206
2011/6/22	26	预测		2000	2000	2587	3051	2078	2119	3744	4781	4454	3542	2730	2557	879	###	###											
2011/6/29	27						3040	2064	2098	3718	3255	4441	3524	2709	2550	851	###	###	###										
2011/7/5	28							2100	2150	3788	3303	4546	3664	2813	2637	869	###	###	###	###									
2011/7/13	29								2150	3788	3303	4546	3664	2813	2637	869	###	###	###	###	###								
2011/7/20	30									3788	3303	4546	3664	2813	2637	869	869	###	###	###	###	###							
2011/7/26	31										3390	4651	3803	2917	2724	886	886	###	###	###	###	###	###						

续表

假定供应商生产周期三周																													
						2011	2011	2011	2011	2011	2011	2011	2011	2011	2011	###	###	###	###	###	###	###	###	###	###	###	###	2011	2011
2011/8/2	32											4651	3803	2917	2724	886	886	###	###	###	###	###	###	###					
2011/8/11	33												3803	2917	2724	###	###	###	###	###	###	###	###	###	###				
2011/8/18	34													2917	2724	###	###	###	###	###	###	###	###	###	###	###			
2011/8/24	35														1140	###	997	###	###	###	###	###	###	###	###	###	###		
2011/8/30	36															###	997	###	###	###	###	###	###	###	###	###	###	3561	
2011/9/6	37																###	###	###	###	###	###	###	###	###	###	###	3559	3915
2011/9/14	38																	###	###	###	###	###	###	###	###	###	###	3559	3915
2011/9/21	39																		###	###	###	###	###	###	###	###	2974	2974	
2011/9/28	40																			###	###	###	###	###	###	###	2974	2974	
2011/10/10	42																				###	###	###	###	###	###	2726	3256	

9.4 车间生产计划

在完成了 N+1 周的总装日计划后，主计划员负责安排冲压的投料计划、焊接的产出计划，而涂装计划一般是由车间班组长根据总装需求和前序焊接来料进行灵活安排。

困扰家电企业的一个大问题就是大型钣金件的在制品库存问题。薄板经过冲压工序成型后体积非常大，一个托盘经常只能放20个左右，钣金件的在制品库存控制都是难点。

笔者辅导的一家企业，其中一个厂区的钣金大件的库存就高达18000个，基本上是900托的物料，如果再加上其他小钣金件，可以发现冲压、焊接、涂装车间全部被钣金件占据；随着产量的逐步增加，车间面积根本不够周转，那么到底是什么原因导致了如此之多的在制品库存呢?

笔者在此处使用了价值流分析的方法来进行分析。如图9-3所示。

在制品库存高达18600，4天的周转库存，对车间造成了巨大压力。

从库存地点看，冲压车间和焊接车间之间存有巨大的库存；从库存产品看，自动冷板线相关产品和手工线不锈钢产品的库存周转天数较高。

冷板产品需要涂装和焊接，涂装和焊接车间的在制品库存在1~2天。

分析结果：

1）冷板冲压自动线只生产2个产品，之所以有这么高的库存，是由于自动线采用的进口机械手调整精度要求高，经常是调整完开始生产时良率低。整个产线20个机械手都调整良好平均需要2~3天时间，当调整不顺利时需要的时间更长。因此车间选择一次冲压单一型号半个月的需求量后再转产，库存为6.5天。这个在技术上未调整前是无法改变的。

2）不锈钢产品库存周转天数高的最大原因是这个产品比较复杂，基本是固定在总装1个产线生产，都安排的是白班，每个班次生产600台，而冲压一个班次就是2500台，自然库存就堆积起来。不锈钢产品是高端产品，市场销量波动较大，一旦调产，立刻成为滞销库存，要等到下个月才用。而且冲压车间为提高效率，不是按照总装的产量生产，而是按照本班

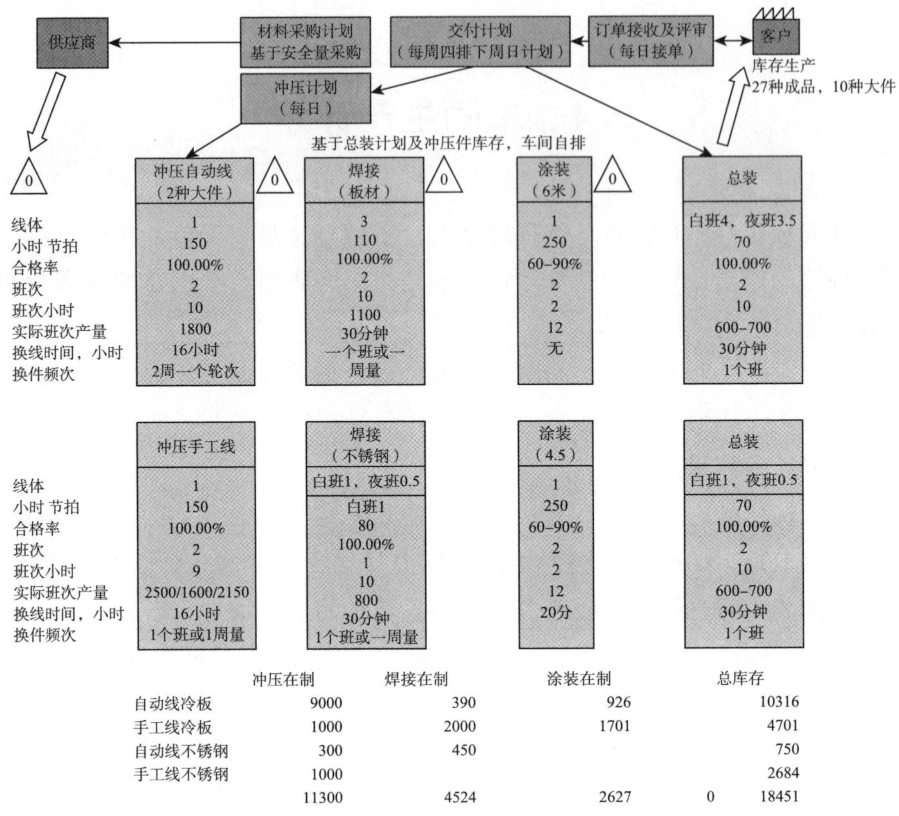

	冲压在制	焊接在制	涂装在制		总库存
自动线冷板	9000	390	926		10316
手工线冷板	1000	2000	1701		4701
自动线不锈钢	300	450			750
手工线不锈钢	1000				2684
	11300	4524	2627	0	18451

图 9-3　价值流分析方法

次产能生产，余数库存较多。

3）冷板手工冲压线的产品库存也要 2.4 天，约 5 个班次的库存，公司领导认为这部分库存应该控制在 3 个班次以内。针对这部分产品进行了详细分析，主要的问题点在于 3 点：

- 涂装车间切换批量及标准期量；
- 涂装产品上线到下线只要 2 个小时，但实践中需要 1 个班次的库存，主要是由于焊接车间切换批量及标准期量；
- 冲压车间切换批量及标准期量。

改善点：

1）不锈钢产品生产：核心问题是余数问题，经过生管和车间协商，车间严格按照总装需求，原则上一次生产最大量为该型号的周产量，禁止多生产；

2）对于冷板手工冲压线产品：要求提前3个班才能冲压投产。

9.5　零件的物流规划实例

H公司在顺德的这家工厂是收购当地一家已经破产的家电企业而来的，最初设计时设计的日产量不到1000套，而经过持续的产能提升，日产量已经提升到3000套每天。企业面临最大的问题就是面积不够，特别是入厂的大件，库存高了，面积不足；库存压力大，经常引起停机。

笔者给项目组长介绍了汽车行业的PFEP的逻辑，并设计了针对H公司的部件物流总表（类似于PFEP）。如表9－3所示。

表9－3　H公司的部件物流总表

零件编号	零件名称	用量	使用地点	产品	比例	日需求量	存储位置	储位个数	订购频率	订货分类	供应商	所在街道	所在城市	距离	包装类型	包装重量	单位重量	个数/包装
＊＊	配重块	1	总装	50，56	70%	3000	雨棚	80	每天	T－1	＊＊	＊＊	＊＊	1.5小时	铁框	1T	12KG	50

计算出单班的物流量，从而推导出每个供应商每天的送货频率。然后设定了标准送货时间，要求供应商按时送货。将内筒、平衡砖等大件从T－1日物料转为T日物料。

具体来说，每天夜里送转天白班的货物，每天下午送次日的货。

T日送货的流程如图9－4所示。

经过改善，平衡块的占用面积得到较大改善，后续又用这种方法将内筒等大件的库存和面积占用逐步降低。如表9－4所示。

T日物料分时供货部门工作					
项目	订单处	JIT	供应商	安保	外检
T日节点动作	按照格式下发时序计划 →	通知供应商时序计划 →	根据时序计划有序送货并在看板上更改收货状态 →	闸口入门 →	及时验货
动作时间	最迟每日15点	15：15之前	每1.5~2小时送货1次	供应商不得提前到货入门	同型号分批次验货

图 9－4　T 日送货的流程

表 9－4　平衡块的占用面积

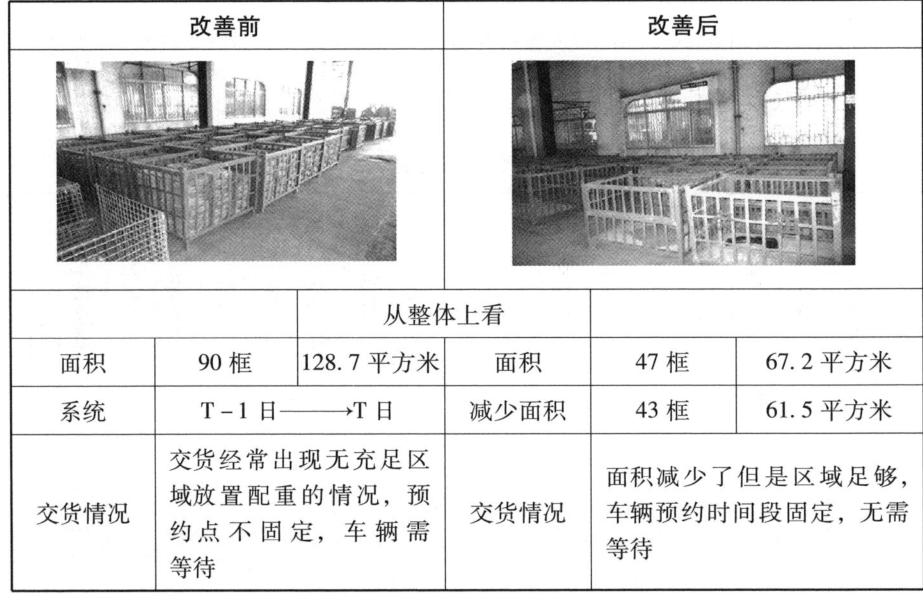

改善前			改善后		
		从整体上看			
面积	90 框	128.7 平方米	面积	47 框	67.2 平方米
系统	T－1 日——→T 日		减少面积	43 框	61.5 平方米
交货情况	交货经常出现无充足区域放置配重的情况，预约点不固定，车辆需等待		交货情况	面积减少了但是区域足够，车辆预约时间段固定，无需等待	

H 公司的顺德工厂实施的是按单生产模式，每天都会生产超过 10 个型号的产品。这些型号之间很多部件是共享的。

困扰总装车间的问题是仓库配送员工喜欢大批量地将单种零件一天的用量一次配送到产线旁，使得总装车间工位旁物料堆积，影响效率。虽然工厂反复强调要按照需求配送，但始终不见效。

困扰仓库部门的问题是 H 公司的供应商一部分是用周转箱送货，一部分是用纸箱送货，一直以来，对于纸箱物料，仓库直接用纸箱配送到线上，由生产线员工拆箱。H 公司总部在推进标准化工厂的时候，明确提出要取消纸箱上线。采购部经过努力，基本实现了顺德本地部件的送货周转箱化，但H公司总部在青岛，很多部件都是从青岛发送到顺德，无法采用周转箱。如果在仓库进行拆箱作业，会增加仓库的作业量。一直以来，由于仓库人员缺少标准工时，仓库配送人员很少，主要是以账务管理为主，没有人力进行拆箱作业。

笔者在现场观察后与仓库配送人员沟通，发现问题在于2点：

1）H公司总装订单数未规范，总装车间小时节拍大约在150台，每班订单大约1200台。每天订单个数8～15个。其中既有500个的大订单，也有小于20台的小订单。从专业配送的角度看，希望配送员能实现小时配送，即按照150台左右的部件套数配送，这需要对大订单进行插单。一个500个的订单，如果一次打印工单并进行物料过账、拣货，很难控制配送工过量配送。因此，要求计划部按照小时节拍进行主动拆单，例如500个的订单拆分为3个订单。

2）供应商的物料包装箱件数规划不当：一些小件单箱数量就超过了300个，现在的做法是仓管员将一个班次的需求量发几个整箱加1个零头箱，只需要点一个零头箱的数就可以。如果按生产工单配送，需要进行多次点数，增加工作量。

在国内的家电企业，包装数量规划都未形成标准。每个供应商都是按照自己习惯使用的包装尺寸来设计箱件数，甚至导致同一种零件，不同的供应商的包装数都不一样。这就给配送拆零带来了很大困难。对比汽车行业，一般的箱件数都是以24个为约数。大件可能一个包装箱为2、3、4、6、8、12个，小件基本是24、48、72……然后生产订单也是以24个起步，尽量安排24的整倍数。这样就可以实现整包装上线，实现分时配送。实际上，后来笔者有一次得到机会参观了H公司与三菱重工合资建立的空调工厂，发现该公司的包装也是按照24的约数来设计的。

这项工作需要仓库和采购人员的密切合作来完成。H公司顺德工厂后来基本上要求本地供应商在使用周转塑料箱时，将每箱个数按照24的约数来规划。对于外地的供应商，要求将单个包装个数控制在200以内。同时在现场实施了目视看板，用牌子区别已经配送和未配送的工单。通过这种方法有效降低了在制品库存。如图9－5所示。

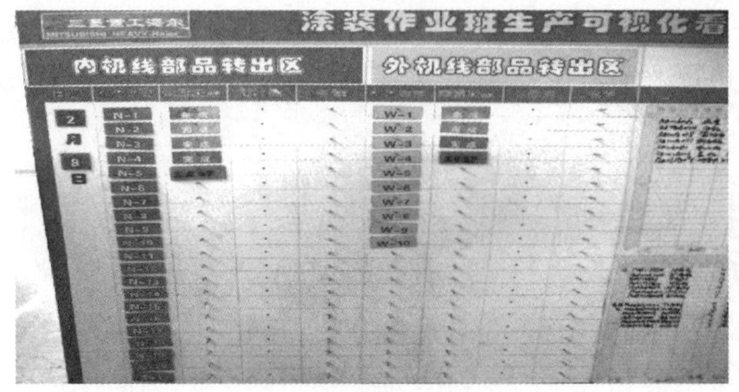

图9-5 在制品库存

9.6 车间物流配送与标准工时

在汽车行业，仓库作业主体作业在入库、盘点、拣货、配送上线等工作。仓储物流人员是有标准工时的，就是根据录像单次作业时间×作业次数×宽放率。

当笔者进入家电行业咨询时，发现每家企业都有车间人员的作业工时，但都缺少仓储作业人员的标准工时。笔者与IE部门的标准工时制定人员讨论时，他们基本都会提出类似问题：

1）与装配线员工相比，由于仓库作业人员是流动的，录像相对困难；

2）单次作业的时间波动大，例如拣货作业包括拆箱及拿取物料，点数，记录料卡，走到下一个拣货工作，这其中每项作业时间都有很大波动，就是进行了录像也不知道如何分析；

3）此外，仓库人员作业是多项作业交叉进行的，一名员工可能正在执行一次拣货动作，中间车间人员来调换不良物料，仓库作业人员就需要中断正常作业，这些干扰不知道如何进行分析；

4）仓库人员的作业不均衡性高，每周里面每天工作负荷不一样，一天当中的不同时段作业负荷也不一样。

汽车行业确实有自身特殊性，总装线是均衡的，而且由于供应商的物料体积较大，基本都是每天均衡供货，因此收货、拣货、配送上线作业量都是基本均衡的。此外，汽车行业基本都是标准周转箱来进行零件周转，而且是整包装上线，不存在拆箱点数的动作，就是搬运整个塑料箱，这个动作是均衡的；而且都实施了 WMS 系统，基本没有手工记录料卡。从一个物料到另一个物料的拣货时间可以取平均值，因为汽车企业仓库零件摆放多数不是按照零件类别摆放的，例如金属件、注塑件分类摆放，而是按照零件使用的工位摆放的，基本相同使用工位的零件放在相近的料架。所以在汽车行业进行仓库录像分析进而得到仓库标准工时是可行的。

而家电企业的供应商很多不是天天供货，只送 1 ~2 次，收货作业不均衡；而且受到生产计划模式的影响，还没法安排供应商之间的均衡化，即让供应商 A 在周一、周四送，供应商 B 周二、周五送，供应商 C 周三送。由于部件体积较小，很多部件都是集中往线上一次配送一个班次的用量，导致拣货作业极度不均衡。而仓库里面物料摆放多数是按照部件种类来存放，即金属件、注塑件、电器类零件分类存放，这样一来走路距离是有偏差的。此外，家电企业很多供应商是用纸箱送货，仓库人员拆箱，不同纸箱的拆箱难易程度不同，而且并不是整包装上线，需要作业员根据工单数量点数发料，不同产品点数时间也有差异。所以一直以来 IE 人员都很头疼仓库人员的工时。

缺少了标准工时，给公司管理人员和仓库管理人员都带来困惑。当公司产量增加，车间的工人可以依照订单需求和标准工时计算出人员需求，而仓库增加员工则产生了困难。一方面，公司管理者去仓库可以经常看到员工处于不作业状态；另一方面，仓库经常在满负荷时无法严格按照车间的需求时间点配送物料上线。按照人均订单数等比例增加仓库人员数，公司管理层不愿意，而完全不增加似乎又不公平。

笔者在 2017 年成功地在两家企业导入了公式法标准工时。这里面综合采用了录像、IE 分析、回归公式法、宽放抽样的方法进行分析。

第一步：进行作业录像，然后根据录像将作业时间分解。粗看这个时间没有规律，每次作业时间波动很大。进一步对录像进行分析，找出时间驱动因子。如表 9 –5 所示。

这里面的思路是将每一个步骤的用时采用三种方式来归类：第一类认为是定常时间，就是每次作业时间是固定的；第二类认为可以采用查表法实现；第三类认为是回归公式，在实践中，通常采用 Y = A + BX 的一次线性公式。

具体到这个例子，可以认为走动是固定时间，拆箱点数可以采用查表法，将难度系数分类为四档，分为设定为 30/60/90/120 秒。搬箱子可以用单次时间 × 箱数，得到下面的回归公式。如表 9 –6 所示。

表9-5 作业时间分解

	要素作业名		订单	物料笔数												均值	作业性质	正常时间	备注
				1	2	3	4	5	6	7	8	9	10	11	12				
1	按物料	走到物料		10	10	10	10	10	10	10	10	10	10	10	10	10	均值		
2		2层卸货		0	0	60	0	0	0	0	60	0	0	0	0		查表	0或者60秒	1层时间为0,2层为60
3		搬箱子		0	10	0	0	0	0	0	0	0	0	0	5		公式	5*整箱	
4		拆料、点数		30	120	90	90	120	60	60	30	30	60	30	30		均值	30/60/90/120	基于零件结构，内包装
5		记录卡片		30	30	30	30	30	30	30	30	30	30	30	30		均值	30	
6		尾数箱记录															均值		与记录卡片共同研究
每笔合计				70	170	190	130	160	100	100	130	70	100	70	75	117.27			
	按订单	准备	46														均值	60	
		送料	89														查表	90	
		搬箱子															公式	5*整箱	
合计			135													128.52			

表 9－6　理论标准工时分析

理论标准工时分析																			
	要素作业名		订单	物料笔次												均值	作业性质	正常时间	备注
				1	2	3	4	5	6	7	8	9	10	11	12				
1	按物料	走到物料		10	10	10	10	10	10	10	10	10	10	10	10	10	均值		
2		二层卸货		0	0	60	0	0	0	0	60	0	0	0	0		查表	0 或者 60 秒	1 层时间为 0;2 层为 60
3		搬箱子		0	10	0	0	0	0	0	0	0	0	0	5		公式	5 * 整箱	
4		拆料、点数		30	120	120	90	120	60	60	30	30	60	30	30		均值	30/60/90/120	零件结构;内包装
5		记录卡片		30	30	30	30	30	30	30	30	30	30	30	30		均值	30	
6		尾数箱记录															均值		与记录卡片共同研究
		每笔合计		70	170	190	130	160	100	100	130	70	100	70	70	117.27			
	按订单	准备	46														均值	60	
		进料	89														查表	90	
		搬箱子															公式	5 * 整箱	
合计			136													128.52			

最后一步是采用宽放抽样来得到非定常作业占一天作业时间的比例，例如前面提到的车间换料，在计算标准工时的时候需要将这部分时间考虑在内。

9.7 家电企业的供应商的准时交付率改善案例

S 公司是 H 公司的钣金件供应商，其准时交付率较低，因此笔者和 H 公司的采购部专员一起去了 S 公司进行现场诊断。这家公司的 9 月准时交付率不到 80%。如图 9－6 所示。

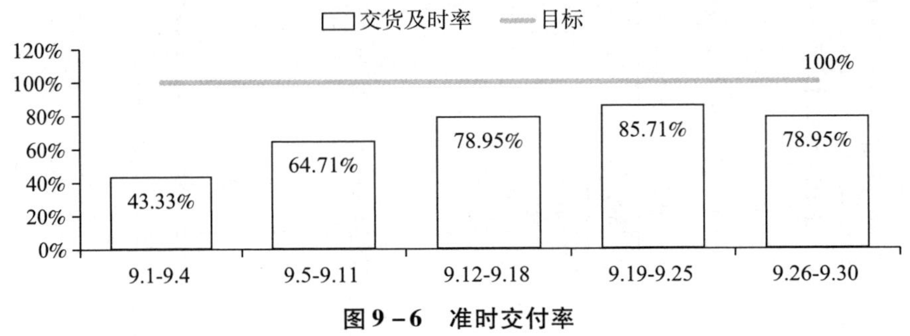

图 9－6 准时交付率

首先，分析一下 H 公司的计划模式：每月大约 10 日前接经销商的 N＋1月的订单，每月 15 日确定 N＋1 月的滚动周生产计划，中间会有一次经销商的插单。

计划部分解为零部件采购合同下达给供应商，一般是分为上下半月零部件计划。然后每周四时下达 N＋2 周的日送货计划给供应商，当周时总量不会变化，但可能微调送货计划的顺序。对供应商主要考核指标是上线合格率和准时送达率。

供应商不能准时交付可能存在 2 个原因：产能不足或者周期过长。对于 S 公司来说，其给 H 公司生产的产品采用专线生产模式，产能是足够的。

从 H 公司的计划模式可以看出，供应商如果交付周期短于 7 天，则可以保证供货。于是项目组对S公司进行了价值流分析。如图9－7所示。

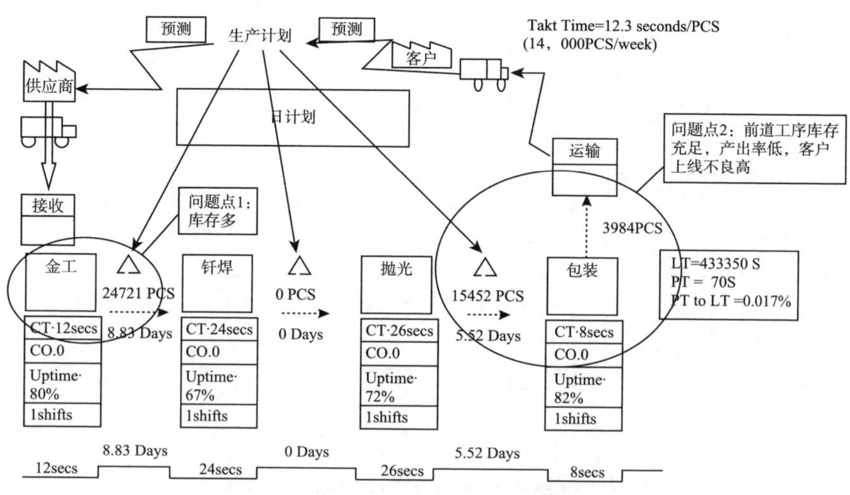

图9－7　对S公司进行的价值流分析

对金工生产线进行了工序级价值流分析，如图9－8所示。

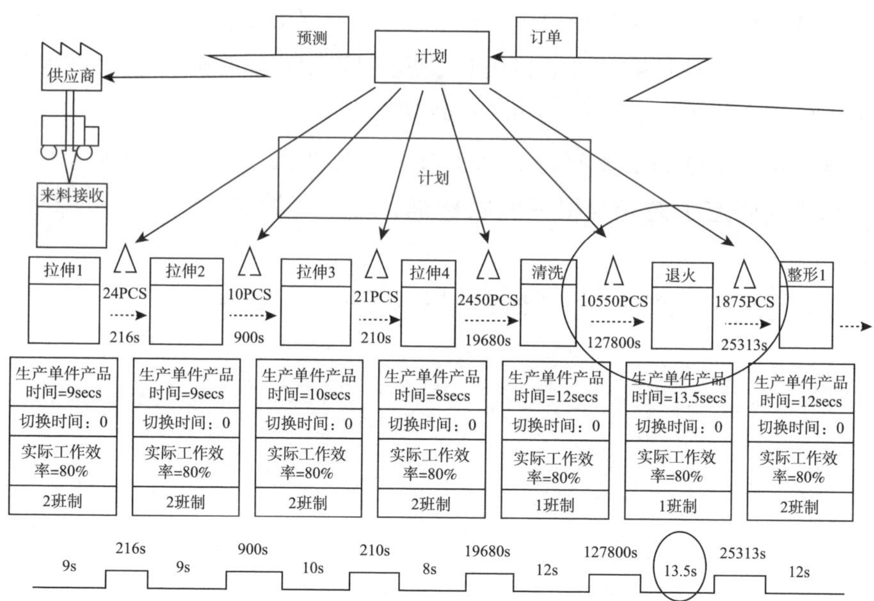

图9－8　对金工生产线进行的工序级价值流分析

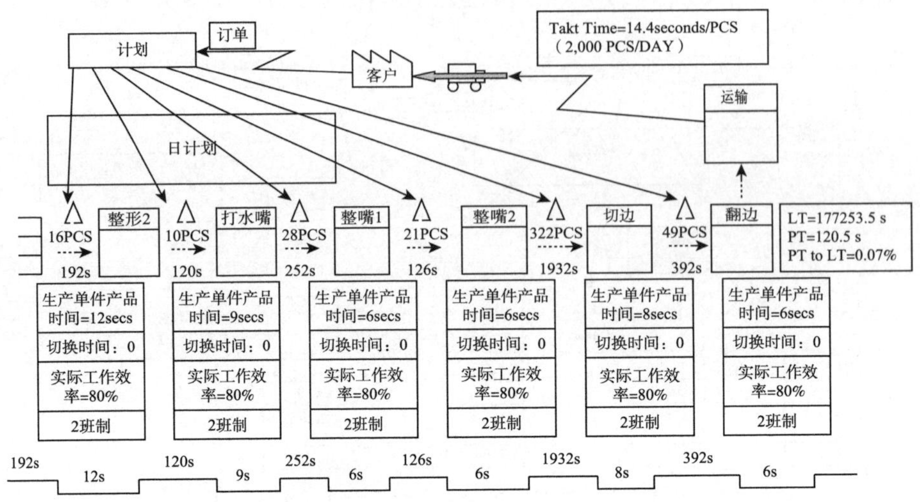

图 9－8　对金工生产线进行的工序级价值流分析

通过价值流分析，发现该供应商生产周期长达 14 天，不能满足 7 天的交付要求。库存压在金工和抛光方面。

发现库存主要积压在退火工序前，退火工序节拍时间 13. 5S，比前道工序作业时间长。项目组要求通过延长加班时间来解决瓶颈问题。同时导入按工序的生产进度表，确保每道工序均衡生产。

抛光车间面临的主要问题是返工过高及抛光人手不足导致库存积压。项目组重新确定了抛光合格品验收标准，导入了抛光一个流产线来解决问题。

经过一段时间努力，整个制造周期压缩到了 7 天以内。

第 10 章

建材家居行业的供应链改善案例

建材家居行业与家电行业对比有其特殊性，从渠道看，并没有如苏宁和国美这样的大渠道商；从产业集中度看，行业排名前三的企业的销量和市场占有率也不到30%，对比之下，空调行业最大的三家格力、美的、海尔市场占有率已经超过70%。卫浴行业作为建材家居行业里面的一个子行业，其从业企业众多，最大的企业年产值也不到100亿元。

虽然家电企业的不同产品工艺相差也大，例如冰箱、洗衣机和空调，但总归还是钣金、注塑、总装，从计划管理角度差异不大。而卫浴行业的不同产品则工艺彻底不同，水龙头、浴室柜、马桶等是完全不同的产品类，只是因为用户使用场景类似才划为一个行业，因此生产组织和计划交付模式完全不同。

相比家电行业相对成熟的供应链体系，卫浴企业的供应链体系存在更大的问题。本案例系统介绍一家行业领先的卫浴企业从销售预测、主计划、分厂计划、生产周期缩短、供应商交付周期管理等环节优化供货，快速响应市场的改善过程。

10.1　某卫浴行业的供应链诊断

K公司是一家位于广东的卫浴企业，K公司的业务都是自有品牌订单。生产全系列卫浴产品，包括水龙头、浴室柜、陶瓷马桶及洗手盆等。公司面临的问题是产品交付周期长，市场响应速度慢；成品库存高；计划波动大，紧急订单比例高；月订单不均衡，忙闲不均，生产部赶工和能力放空现象交替出现。

笔者首先对K公司的计划相关的组织结构、核心计划流程与关键指标进行了梳理。

10.1.1　当前业务流程

公司销售部负责订单管理，分为渠道、电商、工程三个子部门；每个月接收一级代理商的订单，然后将订单转给公司计划部。

公司计划部负责对销售部的订单进行评审及交期承诺，当前的订单交期一般是2~3个月。

制造部按照所生产的产品划分为4个分厂：水龙头工厂、浴室柜工厂、陶瓷制品工厂、电镀分厂。每个制造工厂下设生产调度组及制造工段，生产调度组负责分厂所需零件采购计划及分厂的内部生产计划。

公司采购部负责执行供应商认证及部件采购，采购部根据各分厂的零件计划将订单下达给供应商并负责交付考核。

分厂制造完工后将成品交付给公司物流部，公司物流部负责成品管理及发运，隶属于销售部。

10.1.2 当前供应链指标

供应链的关键指标包括成品库存、在制品库存、原材料库存、生产准时交付率、供应商准时交付率、分厂人均效率。

成品库存指标由销售部和计划部负责，目标为30天，这个指标经常超标，多的时候能达到2个月。

在制品库存、原材料库存合计为1个指标，由各分厂负责，这个指标各分厂都设为30天，多数能够完成。

供应商准时交付率：由采购部负责，目标是95%，基本能够达到。

生产计划完成率：计划部和各分厂承担，目标是95%，基本能够达到。

人均效率：公司要求各部门每年提升5%人均效率，全年基本能够达到，但具体到月经常完不成，有些月份订单不饱满。

10.1.3 各部门访谈及发现

对销售部进行的访谈：销售部意见最大的是制造部交付周期长，基本上都在45~60天，导致代理商1月份下达的订单，经常是3月底才能交付。销售部明确提出希望能够实现1月份订单，2月份上半月、下半月分批交付，就是从N+2月交付转为N+1月交付。关于成品库存超标，销售部认为这么长的交付周期，经销商销售波动大，自家库存高的情况下推迟发货是很正常的，K公司要求是现款发货，经销商的资金压力太大。

对计划部进行的访谈：销售部的成品分配计划有问题，因为交付周期长，供应商1月份下达订单，到3月份生产入库。如果销售波动大，供应商可能会选择推迟交付或者要求紧急补单。这时候销售部做的工作不到位，有些产品明明成品库存有30天量，却给生产部下达几十件的紧急订单。对于交付周期长的问题，计划部是这么解释的，目前的交付周期是包含内部制造周期和零部件采购周期的总周期。本身各分厂制造周期都在28天以内。分厂基本只储备包装材料、原材料等库存，对于较长制造周期的零部件很少储备，一个原因是减低风险，另一个原因是公司考核在制品+原材料库存的天数。

对采购部的访谈：销售部不肯提供滚动预测，采购部没有依据要求供应商储备零部件成品，如果产品退市或设计更改，已经生产的零部件该如何处理？公司内部没有这样一个章程，所以零部件多数都是按单制造，导致了对市场的交付周期长。

对分厂的调研：目前制造周期是28天，也在做改善项目，目标是将内部制造周期压缩到21天以内。也听说了公司希望实现N+1月交付，只要零部件供应得上，应该可以实现。分厂的需求点在于公司销售和计划部的月均订单均衡性；紧急订单特别是小订单比例。月与月订单不均衡，工人收入波动大，对离职率有很大影响，对人均效率影响也大。紧急订单特别是小订单多，切换次数多，影响总体效率。

这家公司与其他公司面临类似的问题。

1）缺少一个滚动周预测，覆盖全交付流程。

2）库存的推、拉点设计缺失：哪些产品、订单按订单，哪些产品按库存制造的策略不清晰；未能通过设置合理的库存点来均衡需求。

3）交付周期长：包括自制和采购周期长，响应慢。

公司明确提出的目标是实现N+1月交付。

10.2　需求流程梳理及改善

10.2.1　当前订单流程梳理

由销售管理部，计划部，分厂生管科成立了跨部门的项目组，经过数据发掘，发现交付周期长的问题主要是水龙头、马桶、浴室柜这几类产品。

针对 N +1 月交付的目标，笔者和销售管理部、计划部、分厂计调组的项目组成员梳理了当前的交付流程，如表 10 – 1 所示。

表 10 – 1　当前产品计划

	1 周	2 周	3 周	4 周	1 周	2 周	3 周	4 周	1 周	2 周	3 周	4 周	1 周	2 周	3 周	4 周
代理商下单	##															
订单管理部评审		##														
计划部及分厂计调组评审			##													
订单下达				##												
长周期零件采购计划下达			##													
长周期零件分批交货								##	##	##	##					
生产订单下达					##	##	##	##								
生产入库									##	##	##	##				
代理商分批提货											##			##		
五金内部制造周期 4 周，阀芯件交付周期 6 ~ 7 周																

龙头产品生产包含铸造、机加工、抛光、电镀和总装、内部制造周期 4 周，其中长周期零件主要是阀芯件，采购周期 4 ~ 6 周，因此给代理商承

诺的交期为7～11周，代理商一次下达一个月的订单，需要分批交付。当前内部订单评审周期较长，因为缺少信息系统，只能靠电子表格来传递信息，工作量大。

马桶的配套件中没有长周期采购零件，其主要问题是内部制造周期较长。

浴室柜的配套件中只有手盆一个长周期采购零件，其主要问题也是内部制造周期较长。

如果希望实现代理商下达订单后N+1月交付，需要压缩订单评审周期、内部制造周期、零部件交付周期或零部件备货。

10.2.2　未来交付流程设计

项目组最初提出五金件生产周期压缩为2周，这样可以实现N+1月交付，但分厂觉得难度很大。经过反复磋商，将制造周期目标设为3周。销售管理部将产品分为A类、B类，每个月月初，在代理商未下达订单时，分厂开始投产A类产品。3周、4周投产B类产品。如表10－2所示。

表10－2　主销产品计划及库存

	N月				N+1月				N+2月				N+3月			
	1周	2周	3周	4周	1周	2周	3周	4周	1周	2周	3周	4周	1周	2周	3周	4周
代理商下单	##															
订单管理部评审	##															
物流部及分厂评审		##														
订单下达		##														
长周期零件采购计划下达		##														
长周期零件分批交货			##													

续表

	N 月				N+1 月				N+2 月				N+3 月			
	1周	2周	3周	4周	1周	2周	3周	4周	1周	2周	3周	4周	1周	2周	3周	4周
生产订单下达			##	##	##	##										
生产入库							##	##	##	##						
代理商分批提货									##	##	##	##				
1. 代理商下单和订单管理部评审控制在 1 周内 2. 计划部及分厂评审控制在 1 周内 3. 主销产品由供应商持有阀芯件库存，接到订单发货																

同时，项目组分析了阀芯件的采购周期，当前供应商答复的交期为 5 周，将其细分发现制造大约 18 天、采购铜芯 14 天、运输 3 天。虽然阀芯件种类多，但铜芯通用性强，共 4 种铜芯，而且铜芯并不会随着产品设计变更而变化，因此可以要求供应商必须保有铜芯的安全库存。同时与供应商谈判，将阀芯件分为 A 类、B 类，A 类的阀芯件持有 2 周的安全库存。这样阀芯件就分为两类，A 类供应商是按照库存出货，B 类阀芯件按照 ATO 交付。通过这种模式缩短了阀芯件的交付周期。

此外，针对生产部提出的缺少对未来滚动需求预测的现状，销售管理部开发了一个含有采购计划的电子表格，要求每个代理商在这个表格中填写需求。这个表格包含代理商当前库存、过往 3 个月销量、未交付订单、安全库存设置等内容，自动计算出一个建议订货量，代理商可以根据市场促销等情况进行微调，并要求代理商在这个表格中给出滚动 3 个月的预估。通过这种方法，避免了代理商随意下订单，以及订单评审周期长的问题。如表 10－3 所示。

表 10－3　含有采购计划的电子表格

<table>
<tr><td colspan="2">序号</td><td>1</td></tr>
<tr><td colspan="2">大类</td><td></td></tr>
<tr><td colspan="2">小类</td><td></td></tr>
<tr><td colspan="2">SAP 编码</td><td></td></tr>
<tr><td colspan="2">物料描述</td><td></td></tr>
<tr><td colspan="2">产品定位</td><td></td></tr>
<tr><td colspan="2">库存数量 A</td><td>3</td></tr>
<tr><td colspan="2">月均出货量 B</td><td>4</td></tr>
<tr><td colspan="2">库存可售时间（月）</td><td>0.8</td></tr>
<tr><td rowspan="3">在途订单 C</td><td>已排未发</td><td></td></tr>
<tr><td>未供量</td><td>7</td></tr>
<tr><td>在途订单小计</td><td>7</td></tr>
<tr><td colspan="2">订单可售时间 D =（A + C）/B</td><td>2.5</td></tr>
<tr><td colspan="2">合理订单量 E = 3 + B</td><td>12</td></tr>
<tr><td colspan="2">建议订货数量（套）F = E － A － C</td><td>2</td></tr>
<tr><td rowspan="2">整件较验</td><td>装箱规格</td><td>2</td></tr>
<tr><td>是否整件</td><td>1</td></tr>
<tr><td colspan="2">实际预订箱数</td><td>1</td></tr>
<tr><td colspan="2">实际预订数量</td><td>2</td></tr>
<tr><td colspan="2">N + 2 月需求</td><td>4</td></tr>
<tr><td colspan="2">N + 3 月需求</td><td>4</td></tr>
</table>

这里面的逻辑是要求一级代理商填写当前库存数量（不包含二级代理商处库存）、已经订货未发数量，然后计算出当前的库存周期，K 公司建议代理商的实际库存 + 未交付库存为 3 个月，然后计算出净需求量，根据包装数，建议代理商按整包装下订单。最后是给出后 2 个月预估，预估数量不作为实际订单，不要求代理商必须采购。

10.3 缩短龙头制造周期时间

10.3.1 缩短电镀生产周期

自从确定了要将企业制造周期压缩到 3 周，笔者和分厂计调组长一起进行了价值流初步分析，计划部的当前管控生产周期为 28 天。其中，铸造 3 天、加工 7 天、抛光 4 天、电镀 9 天、总装及测试 5 天。7 天的压缩目标，计划部建议由 5 个部门分担：铸造、抛光、总装各压缩 1 天，电镀和机加工各压缩 2 天。

电镀生产周期非常长，从 ERP 提取数据，发现实际交付周期达到了 11 天，而工艺时间只有 2 小时！于是选定了电镀交付作为突破口。

电镀分厂原本和工厂在一起，当地政府为了环保管控，成立了电镀工业园，这家工厂搬到了电镀工业园，与五金工厂距离大约 80 公里。

从系统提取的数据发现，当前的交付周期是 10.8 天，还要高于内部管控目标。

对于这个指标的定义，计调组和电镀分厂双方一直有异议。电镀的前道工序是抛光，抛光完成后先入半成品库，然后从半成品库发货给电镀。计调组一直坚持从抛光入库开始计算周期开始，而电镀分厂一直坚持从仓库发货开始计算。

电镀分厂认为仓库夜里不发货，如果抛光下午 4 点后入库，根本来不及运输，周期就占用了 1 天。而计调组认为控制的关键点不是这 1 天，关键是当抛光车间入库产品多了，电镀分厂会不拉货，有时候压了 3 ~4 天才拉货。

项目组提取了数据，发现确实存在这个现象。很多批产品都是抛光入库后 3 ~4 天才发货，最长的超过 7 天才拉货。

笔者询问电镀分厂厂长：是否前序抛光产能大于电镀产能，入库量过大，电镀车间没有地方存放物料所以不提货？

电镀分厂厂长告知电镀总产能是大于抛光产能，只是电镀分厂同时还接其他的订单，因此有时候来不及进行生产。

解决这类交期问题，价值流图是一个可靠的工具，笔者带领项目组完成了电镀生产价值流图，以及几个订单的实际各环节的交付记录，电镀分厂的生产日报分析。如图 10 - 1 所示。

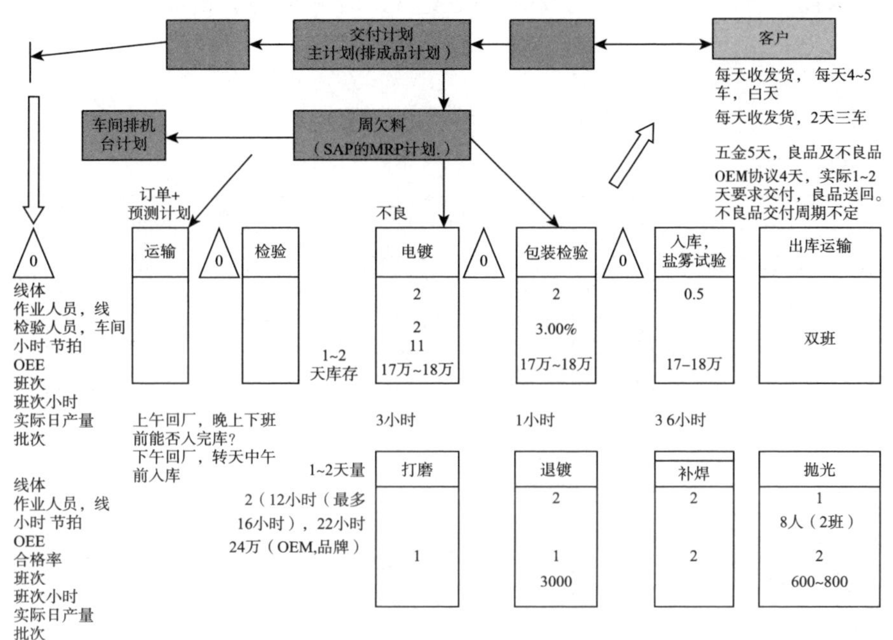

图 10 - 1　电镀生产价值流图

从价值流图中发现了几个问题：

1）运输到 K 公司的产品，一般最快都要转天开始电镀；

2）电镀共 2 条产线，目前 1 条产线是 2 班，另外 1 条只开了单班；

3）电镀生产后要盐雾试验（48 小时）后再运回 × 公司；

4）电镀有部分需要返工，产品返工率波动较大，K 公司只有 2 名固定的返修工，积压了大量的产品；

5）× 公司自身收货，验货周期需要 2 天；

6）发现公司的订单一般占 K 公司日产量的 50%，但有时候只安排 20% ~30% 的产能做公司产品，多数产能用于加工外部的订单。

笔者询问电镀分厂优先做外部订单是因为外部订单利润高？电镀分厂厂长告知，公司内部订单毛利率更高，但公司有考核，外部订单必须到一定量，电镀这个行业，价格是透明的，竞争要靠服务，就是所谓交期，所以优先提供了外部客户产能。而当前订单量不足以支撑 2 条线都开两班，所以一条线 24 小时，另外一条线 12 小时。随着公司业务量增加，打算招人开 2 班。

项目组继而进行了移动 – 天数模拟分析，发现在目前的情况下良品需要 8 天而不良品需要 9 天，出现了批量不良时周期还会增加。如表 10 – 4 所示。

表 10 – 4　移动 – 天数模拟分析

良品流程

		周一		周二		周三		周四		周五		周六		周日		周一	
		白班	夜班	白班	夜班	白班	夜班	白班	夜班	白班	夜班	白班	夜班	白班	夜班	白班	夜班
1	五金入库																
2	运输																
3	入库完，周二中午前																
4	电镀																
5	盐雾开始																
6	盐雾完																
	入库																
7	运输											发货		发货			
8	总装使用																

不良

	打磨																
	退镀																
	运输																
	补焊																
	抛光																
	入库																

项目组分析出几个快速改进建议。

1）盐雾试验进行的同时，将产品运回 × 公司，这样至少可以减 2 天。风险在于如果试验不通过，需要重新运回 K 公司，增加了运费。项目组分析了历史数据，发现不良批数量很低。

2）抛光的周期相对固定，五金分厂可以根据抛光进度，提前将计划传递给电镀分厂，电镀分厂可以提前均衡产能，这样可以压缩电镀前的在制品库存。

3）抛光返修产品由五金分厂的抛光工段进行，五金分厂抛光产能大，而电镀分厂只有 2 个人，产品良率波动大一点，就会积压很多产品。

这 3 点是主要改善点，后续又推进了其他小的改进点，如缩短分厂入库检验周期。

经过 3 个月的试运行，电镀的交付周期从 10.8 天降低到了 6.7 天，缩短了 4 天。如表 10－5 所示。

表 10－5　良品流程

良品流程

		周一		周二		周三		周四		周五		周六		周日	
		白班	夜班	白班	夜班	白班	夜班	白班	夜班	白班	夜班	白班	夜班	白班	夜班
1	五金入库														
2	运输														
3	入库完，周二中午前														
4	电镀														
5	盐雾开始														
6	盐雾完														
	入库														
7	运输											发货			

10.3.2 缩短机加工车间的周期时间

机加工车间是另一个周期长的车间，机加工车间面临的主要问题是订单需求大于车间产能，导致排队时间长。本身机加工周期时间并不长，可以控制在 3 天以内，排队时间长是 2 个原因造成的。

1）公司以往的产能计划相对粗糙，是按照“套数”进行产能测算的。而随着消费升级，产品复杂度在提升。例如早期的水龙头，阀体机加工只有 4 个位置；而后期的龙头，机加工最多有 13 个加工位置，这基本意味着新产品的工时是老品的 3 倍。

2）产品 - 工艺路线规划不细致。原来的计划模式是假设所有的产品可以在所有的机台上加工，实际上新产品由于结构更复杂，只能安排在一些相对高端的机台生产。这时，虽然车间有设备闲置，但这些设备无法利用，车间无法按照生管的要求产出。

笔者给出的解决思路是先建立生产能力测量系统：将设备分组，将每个产品的工艺路线固化在某个设备组上，然后直接用需要精加工的位置来测算工时，例如一个产品 5 个工序，其中第一个是粗加工工序，不进行测算，其余四个是精加工工序，就将这个产品精加工需求记录为 4。每种设备记录出加工的“平均刀数”，这样就计算出了每个产品在不同设备上的班额定产量，接单时用这个数据进行产能测算。

经过测算，发现公司的圆盘机产能富裕而机加工中心明显产能不足，分厂根据这个能力测算方式调整了设备投资预算。

通过提升针对高端产品的设备产能，有效地缩短了车间在制和生产周期。

10.4 缩短浴室柜交付周期

当前浴室柜分厂的交付周期是 45 天，浴室柜内部制造周期是 26 ~ 28 天，其中，机加工 8 天、涂装 13 天、总装 5 天。为了满足浴室柜 21 天的交付周期，需要将机加工设为 5 天、涂装 11 天、总装 4 天，空余 1 天作为机动。

浴室柜交付周期是基于陶瓷手盆供应周期和总装时间设定的，手盆的生产周期为 35 天，总装 5 天，因此是 40 天。手盆种类并不多，增加手盆的库存就可以缩短周期，但分厂面临的问题一个是场地问题，一个是在制品库存考核问题，最初设计厂房时未设计大量存放手盆的空间。此外，公司有在制品考核，如果存放很多手盆，指标会超标。

笔者给出的解决方式是参考其他公司的实际管理模式，手盆的生产计划由公司生产部根据预测安排，然后入公司的物流部仓库，根据实际需求发送给浴室柜分厂。这部分完工单的手盆库存指标不考核陶瓷分厂及浴室柜分厂。

10.4.1 浴室柜的机加工车间周期缩短

当前机加工车间包括开料 1 天、封边 1 天、钻孔 1 天、机加工 1 天、待干 2 天、订装 1 天、恒温房 1 天，合计 8 天。

笔者询问为什么每道工序都要 1 天?

机加工车间目前是要求按照生产订单齐套转序，一套浴室柜有 20 多个零件，车间是将相似的部件生产完再调整设备，每个班开班时进行产品成套交接。交接点数比较费时，没办法在 1 个班里面多次交接，因此一个工序就要 1 个班。

笔者根据产品 - 工艺路线分析，发现不是所有部件都需要经过全部工序，只有门板等几个部件需要完成所有工序。笔者的第一个思路是可以将门板等产品集中管理，这些部件每个班次通过 2 个工序，其他部件还是按班交接。这样从开料到机加工的 4 个工序可以从 4 天压缩为 2 天。

但在实践中笔者发现目前在 SAP 中，部件没有部件物料编码，只有成品有零件编码，如果要按照零件级组织生产，需要有单独的部件工单。但设计部门以缺少人力资源，没有时间给每个部件编制物料编码为理由拒绝了。

这个工厂设计的月产能是 3 万台，以前产量低的时候，有足够的面积存放零件，因此一直未推动在制品的降低。目前实际月订单已经 4 万台，面积不足已经制约了生产。

笔者带着项目团队在现场虚拟了一个流的操作，在没有工单的情况下先手写工单，一个班次转 2 个工序，从开料到机加工可以在 2 天完成。但如果要长期实施必须要建立零件 BOM。

在推进一个班次 2 次交接中，笔者发现最关键要解决的问题是切换管理，板子有多种厚度，当前的做法是一次将同一种厚度规格的板件全部生产完再切换成另外一种规格，由于每面柜子都包含所有规格的板件，周期就是一个班。因此必须按订单将每 4 个小时的订单合并，同种规格的部件一次生产，这样会增加一倍的切换次数，但可以将生产周期缩短一半。

最后实施的措施是针对长周期部件实施单班 2 个工序的改善方法。将开料、封边、钻孔和机加工压缩为 2 个班。

第 2 个改善点是通过工艺的改变导入了速干胶水，通过增加一些成本将 2 天压缩为 1 天。

通过 2 个月的实践，机加工车间的制造周期从 8 天压缩为 5 天，成功地实现了目标。

10. 4. 2　涂装车间周期缩短

（1）一个产品大约由 20 块不同的板件组成，其中真正工序时间长的板件只有门板部件，涂装工序喷涂后需要待干，而且返工极多，压缩生产周期很困难。项目组转化了 1 个思路，将 A 类产品根据预估的销量，单独针对门板部件额外设定了在制品库存 3 天，从而压缩了 A 类产品的涂装车间的交付周期时间。

（2）通过快速切换降低在制品库存。

在分厂订单需求日渐多样化，产能从单月 3 万套提升到单月 4. 5 万套。随着产能的增加，车间场地面积紧张，以涂装线为例，车间在制量居高不下，有约 2500 套。

现场统计，涂装线交接工序多而杂、产品多样。透明底漆产品占比 30%，白色底漆产品占比 70%。因为换油漆洗辊的时间冗长，高达 19. 5 分钟。为了减少洗辊次数，就把透明底漆的产品集合同时间生产，导致现场拥堵，在制量高达 2500 套。如图 10 – 2 所示。

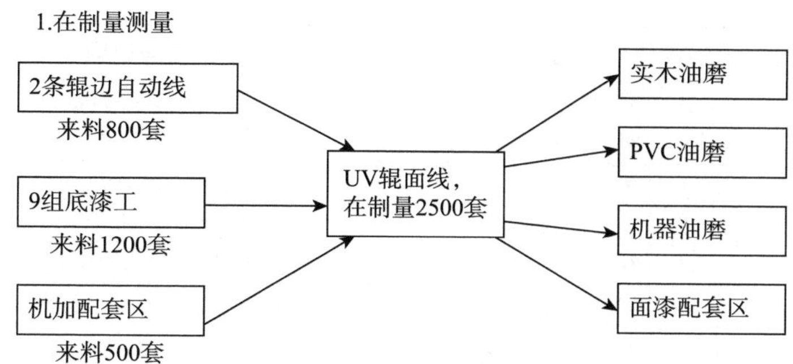

图10－2　在制量测量

项目组基于生产日报，统计了切换次数，如表10－6所示。

表10－6　切换次数

天	换线频率（白/夜）	洗辊次数（白/夜）
1	4－3	0/0
2	4－3	0/1
3	3－3	1/0
4	3－2	0/0
5	3－4	0/1
6	2－3	0/0
7	2－4	0/0
8	1－3	0/1
9	3－0	1/0
10	2－1	1/0

做了录像，单次时间19.5分钟。如表10－7所示。

表10－7　单次时间

状态	数量	距离	时间	工程符号					工程内容说明
内		1	3	⬭	□	➡	D	▽	将酒精转移到输送带旁边
外			2	⬭	□	➡	D	▽	拿起旁边的碎布

续表

状态	数量	距离	时间	工程符号					工程内容说明
内			5	●	□	⇨	D	▽	用酒精沾湿碎布
外		1	2	●	□	⇨	D	▽	推开防尘罩
内			1	●	□	⇨	D	▽	关闭输送带
外		1	7	○	□	➡	D	▽	爬到输送带上
外			40	●	□	⇨	D	▽	擦拭被油漆溅到的输送带
内		1	2	○	□	➡	D	▽	把碎布传递给另一个调机员
外			5	●	□	⇨	D	▽	用酒精沾湿碎布
内		1	2	○	■	⇨	D	▽	将碎布传递给输送带上面人员
内			35	●	□	⇨	D	▽	擦拭输送带
外		1	5	○	□	➡	D	▽	从输送带上下来
内			16	●	□	⇨	D	▽	关闭防尘罩

通过分析，找出了改善点。通过推进内部作业转外部作业，多人联合作业，将作业时间从 19.5 分钟压缩到 5 分钟。同时增加了每班的切换频次，降低了在制品库存。如图 10－3 所示。

改善前：19.5min

1min	11.5min　内模	2min	5min
卸模	冲洗	换料	调机

改善后：5min

25S	220S　内模	15S	40S
卸模	冲洗	换料	调机

a.场地物流从24小时交接提高到12小时交换。
场地物流效率提高1倍。
b.在制量从2500套减少到1200套。

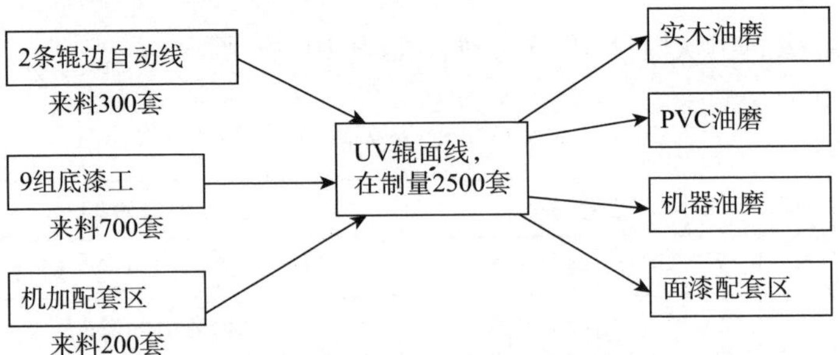

图 10－3　改善换线

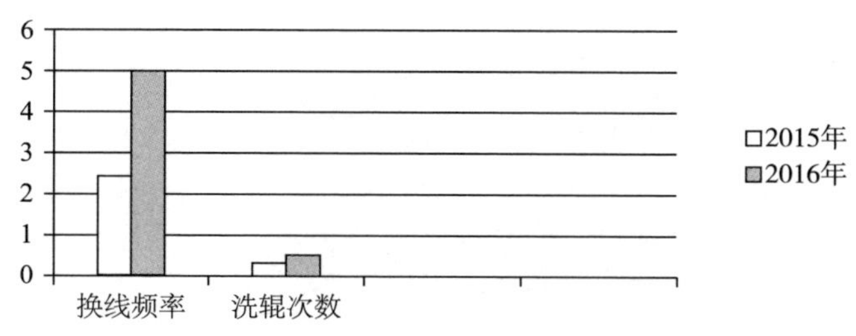

图10－3　改善换线

（3）提升涂装线的效率。

涂装线是浴室柜生产中的关键工序，负责给面板自动上漆，采用两班制生产。在工厂产能从3万套/月提升到4.5万套/月时，该线体成为产能瓶颈，经常不能按照计划产出。

车间提出增加设备产能，但公司领导希望通过挖潜浪费点来提升效率。公司领导的意见是，通过现场观察，经常能发现一些浪费点：

1）上料时，板件摆放的间隔较大，面积利用不足；

2）每托盘物料使用后，上料员工将空托盘拉开再将新料拉到机台旁边，这个作业时间长，浪费多；

3）各种衔接作业时间浪费多。

老总明确提出，一条线投资几百万元，需要现场通过生产订单分析，OEE效率管控损失分布，必须先进行IE改善，最后才考虑投资。

首先，调出该产线当前的生产日报，立刻看出了问题。目前产线每日的利用率数据在30%～70%。利用率是用产出的部件面积或涂装线面积计算得到的，涂装线面积＝有效宽度×线体传动速度。这并不是一个有力的指标，因为面积利用率受部件的长度和宽度的较大影响。以下面这个例子举例，由于部件的距离有技术规范要求，前一种情况部件必须有一定距离，但两种情况都可以认为是满产，而第一种情况的利用率就低于后一种情况。如图10－4所示。

项目组经过讨论，设计出一套公式，可以根据板件的长度和宽度，自动计算出最大可投放的块数。

$$\text{平行摆放的块数} = \left(\text{传送带宽度} - \text{传送带两边的裕量} + \text{2块板子工艺间距}\right) / \left(\text{板子宽度} + \text{工艺间距}\right),$$

$$\text{宽度利用率} = \text{块数} \times \text{板子宽度} / \text{传送带宽度}$$

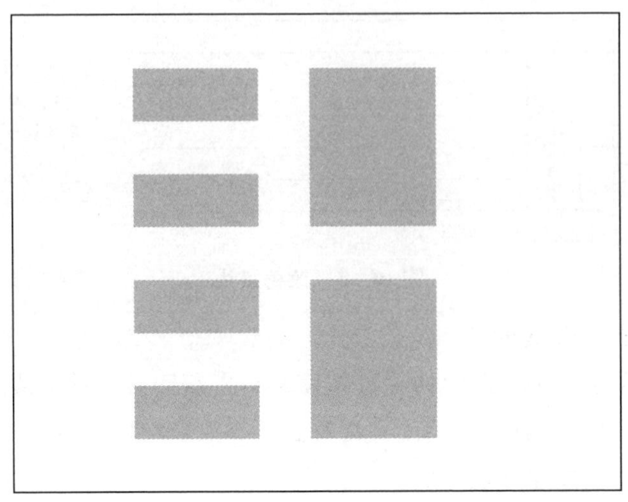

图 10－4　涂装线面积

长度利用率＝板子长度/（板子长度＋工艺间隔）

从而计算出了一个 OPE 效率系统，然后用 OPE 系数来考核车间效率。经过计算，OPE 效率基本在 60%。主要损失有 2 个。

1）每拍物料切换时的损失。由于场地制约，必须将空托盘拉出来，才能将整排物料拉到产线旁，一进一出接近一分钟。

2）作业效能降低：涂装线速度非常快，2 个上拍的工人工作 2 个小时后速度明显下降。目前托盘是放置在地上，工人弯腰动作多、强度大。

改进的方式是在这个区域增设 2 个作业员，与原来的人定时轮换。此外，定制 2 个小推车，预先放一些部件。在更换托盘物料时，保持作业连续性。

通过一系列的改善，机加工车间生产周期压缩为 5 天，涂装车间周期缩短为 10 天，总装维持 5 天不变，实现了 21 天生产周期的要求。

10.5　降低陶瓷产品线的交付周期

陶瓷产品中使用的零件结构都相对简单，生产周期都比较短。缩短产品交期聚焦在缩短内部制造周期方面，当前的陶瓷产品交付周期为 40 天，其中模具生产 13 天，内部制造 27 天。

（1）笔者对项目组提出：模具生产周期为什么要这么多天，是否有缩短的空间？竞争对手分别是几天？

项目组里的技术人员回答：因为模具的干燥程度会影响产品成品率，因此一直没有主动缩短这个周期，前些日子针对公司提出缩短交付周期的建议，我们部门觉得这个周期比较高，国内的一些竞争对手的模具制造周期只有 7 天，上周时我们通过一些关系去参观了一家企业，发现对方和我们主要是 2 点差异，我方干燥房的温度是 52℃，而对方是 72℃；此外，我方干燥房中无辅助设施，但对方干燥房中有内高温扇和风筒。

后期改造了实验房，经过实验，7 天就可以满足模具含水量的要求。

（2）制造周期缩短。

笔者带领项目组绘制了当前的价值流图，发现基于库存、节拍的逻辑，当前库存周转天数并没有 27 天。

陶瓷计调组长告知目前内部制造周期已经没有 27 天了，分厂在 2015 年底上线了条码系统，每个工序完工后都要求作业员即时扫描过账，通过对工序周期的分析，前期已经将周期从 27 天降为了 18 天，降低了 30%。

具体的做法是：由于瓶颈工序是窑炉，前面的成型、施釉等工序产能都大于烧窑工序，以前是只要车间有空间，前道工序就不停生产，直到车间压满在制品。今年领导给分厂规定了标准在制量的上限，当车间的在制品到达上限，分厂就停止第一个工序的投料，等库存降低后再恢复生产。

按照公司 21 天的首交付要求，分厂设定了模具生产周期 7 天、内部制造周期 14 天的目标，还需要进一步压缩 4 天的交付周期。

项目组通过价值流图分析来解决在制品进一步降低的难题。从数据看，烧窑是每周生产 7 天，3 班倒，一天能生产 1500 件。而它的前序是每周生产 6 天。为了避免烧窑工序能力放空，喷涂和烧窑工序间保持了超过 2 天的库存。如果将喷涂的日产量与烧窑工序日产量调整为一致，就可以降低这部分库存。

实施约束理论涉及了“标准在制品数量”这个概念，需要给每道工序设定标准在制品数量，然后以瓶颈工序的日产量作为节拍，拉动第一道工序的投料。

陶瓷分厂比较有利的地方是开发了条码系统，其实这就是一个简单的车间执行系统，项目组开发一个标准工序在制报表，包含每道工序的当前在制量、日产出、日投入，很容易实现生产周期和在制品的控制。

经过 2 个月的持续改进，陶瓷的内部制造周期压缩到了 14 天以内，而模具生产周期实现了 7 天的周期，从而完成了公司要求的 21 天交付周期。

缩短企业的制造周期最重要的分析工具是价值流图，通过对在制品的分析找到问题点，然后通过切换频率分析、前后工序的交接频次分析来找出改进点。

第 11 章

装备行业的计划流程改善

从2010年开始，笔者陆续服务了多家装备企业，包括徐工集团下属的起重机、筑路设备、挖掘机、液压部件公司等6家公司；大全集团下属的桥架、高压母线、低压母线、开关柜、变压器及电气部件等7家公司；许继集团下属的开关柜公司；东方电气集团下属的汽轮机公司和电机公司；山特维克矿山机械等，同时还曾经深入了解过中丽织机、郑煤机、湘潭电机、哈尔滨锅炉、哈尔滨汽轮机、东方锅炉、山东临工等多家装备制造企业的计划模式。在9年的项目实施中，笔者逐步对装备企业的计划特点有了一定理解，这个行业与消费品企业的计划模式有着巨大的区别，很多从汽车和家电行业导入的计划理念在这个行业应用时都会感到水土不服。

装备行业的交付特点有2个：第1个是边设计－边采购－边制造－边修改设计－边紧急采购－边返工、赶工；第2个是多品种、小批量。

装备行业的企业一般规模都比较大，管理有一定水平，都有很成熟的计划流程制度，但在计划实施中都存在很多问题。这个行业的计划包含项目计划、研发计划、主生产计划、物料需求计划、材料与部件采购计划、车间计划与执行。

这个行业计划最主要的痛点是项目拖期、库存高。笔者在这个行业中主要是应用六西格玛 DMAIC 的方法论来推进计划流程改善，以解决上面2个问题。

11.1 项目计划

笔者曾经与咨询同行及外资装备企业的计划人员沟通过精益如何在这类项目中实践，发现在这个行业，最困难的问题在于项目计划，即使是世界知名的欧美企业，项目计划组织一样存在很多问题。

项目计划主要包含3个内容：

1）每个项目的最终完工日期。

2）研发图纸交付计划。

3）关键物料的到货计划。

在实际运营中，项目交期存在2个问题：一是项目交期短于正常的运行交期，给研发、采购和制造部带来很大压力；二是业主变更交付周期，而此时已经开工的部件就转为库存；研发交付的问题是在交付后设计变更多；关键主材的交付问题是周期紧张，如果一旦延误会影响合同交期。

（1）项目交期短的相关问题及改善。

1）项目背景。

一家生产电动机的企业，传统上其电动机产品 80% 以上是给钢铁厂配套电动机，在 2014－2015 年时，随着钢铁行业不景气，公司领导提出增加发电厂配套电动机的市场份额的要求。

但发电机配套电动机客户普遍要求的交付周期是 4 个月，而该企业的平均交付周期是 6 个月。发电机生产最核心的部件是转轴，统计了几个项目，各阶段周期如表 11－1 所示。

表 11－1　发电机各阶段周期

	设计预提	轴采购到料	主轴加工成套	成品入库	合计
1	2	45	102	68	217
2	2	50	102	70	224
3	3	42	72	60	177
4	2	45	60	62	169
5	2	52	58	61	173

其中设计预提是指合同签订后，设计部门出草图，供采购部门招标使用，这个时间是可控的。

轴采购平均 2 个月，内部机加工 3 个月，装配 1～2 个月，合计 6～7 个月，不能满足客户需求。

2）数据收集与分析。

采购对标：轴的招标和生产相对稳定，项目组先是和供应商进行了沟通，供应商表示很难缩短这个制造周期，但供应商同时给出一个信息，竞争对手是采用储备毛坯件的方式来进行运营的。

传统上该企业的产品是供钢铁企业使用的，客户需求变化大，而发电厂的配套电机需求波动并没有那么大，因此只要采用储备转轴的模式就可以解决采购周期长的问题。

生产数据统计与分析：对于成熟产品，项目组掌握实际的各工序的加工期量，难点是如何给出合理的宽放来得到交付期量。

主轴成套包括如下4个工序，纯加工期量是23天，历史上2个较短的项目周期是59天。分解各步骤时间发现主要是委外周期不受控。

表11－2　实际加工周期

	加工期量	历史平均周期	未来期量
粗车（委外）	1	22	3
焊	14	21	15
车	4	8	6
镗	4	8	6
共计	23	59	30

经过对比三家粗加工工序外协供应商的交付绩效，可以发现其中两家交付较差，然后实地考察发现这两家能够加工转轴的设备各自只有1台，一般一根转轴粗加工需要2个班次的时间，而招标时会按月进行批量招标，例如其中一家供应商一次中标20根转轴，即使他家的设备不安排其他客户产品，也无法按照合同要求完工。而供应商通常还有多个客户，主要是排队周期。

对于这类关键路径上的外协工序，每次招标采购其实是行不通的。笔者辅导过的一家企业，对于这类关键路径的产品都是固定外协厂家，采用成本加成的方法管理外协价格。然后计划员将外协厂家的设备直接编号，按照内部的设备进行组织，直接安排机台计划，即外协厂家每天做哪个工单是由厂家的计划员来规定的。

后面企业与三家外协厂家商谈，达成了由企业计划员进行机台排产的约定，从而控制住了主轴加工成套周期。

对于内部加工周期，参考了同类型行业的期量管理，将车和镗的周期分别设为加工期量的1.5倍。对于焊接工序，由于人工调配相对灵活，交付期量按照加工期量加1天管控。

项目组讨论得到制造期量为30天。按照这个周期，基本控制住了。

对于成品成套周期，加工周期是28天，而交付周期是60天。LT/CT

系数约为 2，基本处于受控状态。

整个项目周期控制在 4 个月以内，满足了客户订单交付需求。

（2）合同交期变更的分析。

成套行业，合同签订的交期与客户要求的项目交期基本上不一致，客户需求时间变化的不可控因素多，由于产品制造出来是要在客户工地处安装的，合同招标最初是依照业主的项目计划表进行的，但基本每个基建项目时间进度都会调整，项目延期影响因素多。

项目交期变更是无法彻底解决的课题，只能通过一系列的管理措施来降低风险。

对业主方的项目经理来说，供应方提前完工是更保险的事情，因此不会主动告知项目延期的信息，除非那种明确的停工信息。判断项目的可行交期完全是企业项目经理的个人对项目进度的把控。

如果项目调整计划下达时，零件已经开始加工，由于这里面大多数是专用件，项目之间零件套用难度很大。

在某控制柜企业，一个项目的投料必须有相应项目经理的批准才能进行。有时候即使项目生产周期已经很紧张了，如果项目经理觉得风险大，也会选择推迟开工时间。像控制柜的企业由于交付周期短，只要项目经理紧跟业主项目进度，交期相对可控。早期这家企业的项目经理、研发人员与客户的沟通都是通过电话、邮件，然后将沟通信息填写在电子表格中，但项目经理经常遗漏内容未填写或者事后补充内容，该公司后面在 OA 信息系统中专门开发了项目进度管控报表，细化了各阶段的沟通内容、管理项目，要求项目经理必须将关键信息填入这个系统。通过这个系统的实施，有效避免了因个人遗漏或者经验不足导致的沟通错误。

降低项目变更引起的在制品积压的另一个方法是给每个项目一个延期风险系数，这样一来，可以指导前序分厂有计划的投料，避免将高风险的项目提前投产。

（3）降低研发交付周期的案例。

由于每个项目都是非标项目，虽然项目经理制定了研发的交付时间，但研发和工艺部就是无法按期交图。主要是客户信息确认不及时和设计作业量不均衡、设计的标准化不足等几个因素造成的延期。

第一，有些客户本身的专业度不够，要依靠设计院来确认关键信息，因此迟迟不给回复。这种情况在低压电气的项目管理中更常见。解决的大体思路只能是应用标准模板来沟通信息，此外，如果能在合同中规定交付周期从甲方或设计院签字确认开始计算，是最好的保护企业的手段。

第二，研发人员的工作压力非常大，而且合同的签订并不是平均分在全年12个月，研发的任务量也是忙闲不均，繁忙的时候设计部门几乎天天加班。笔者在为某客户服务时，每晚下班时都能看到研发部门的大楼灯火通明。解决这类问题的大思路是做设计标准化以降低设计工作量，但国内的设计院往往喜欢指定一些关键元器件的供应商，导致设计标准化难度很大。

第三，企业自身的设计标准化做得不够规范。

笔者辅导过的一家高压母线企业，公司规定设计部门15天交图纸，但改善前的设计工艺周期平均都在20天以上。如表11－3所示。

表11－3 设计工艺周期

	流程	平均花费的时间
1	蓝图接收－消化协议	0.5
2	消化协议－图纸设计	8.5
3	图纸设计－图纸校核	0.5
4	图纸校核－BOM提交	0.5
5	BOM提交－工艺设计	7.5
6	工艺设计－工艺校核	0.5
7	工艺校核－工艺BOM	2
		20

其中，现场实测发现由于前期公司缺少设计图纸标准化，导致每次都需要重复设计出图，设计部门针对大客户如东电、哈电、上电的电机接口，进行了分类整理，设计了标准图库，降低了设计时间。

此外，设计错误及重复校核也是影响周期的因素，这里主要是采用设计分段标准检查表的形式来帮助设计人员降低错误率。

针对不同员工技能水平导致的作业效率差异，将项目进行难度分解，对员工进行技能分级，将非标的难度较高的项目优先分给高技能员工。

针对国外合同逐年增加的情况，开发了英文版通用图纸。

通过一系列的手段，研发－工业设计周期基本控制在15天左右。

（4）项目计划与长周期物料供应的案例。

在发电企业有个说法：三大件解决了，交期也解决了。三大件指的是高中压外缸、转轴、末级叶片。

这几个大件主要涉及铸锻件采购、焊接、机加工、总装；公司层面，计划部投入大量时间来跟进关键件的计划分解和生产进度组织，但往往项目还是由于这几个大件管控中的“不可控”原因而最终拖期。笔者将“不可控”加引号，是因为经过数据分析，发现很多“不可控”的原因其实是管理制度造成的，而不是真正的意外因素，只是因为跨部门流程和职责管理的问题很难解决。

看上去合同交期长达12个月，但其中包含产品设计、部件及材料采购、生产制造，其中核心的部件如转轴、基座等制造周期往往超过6个月。

核心部件采购周期长、可选择空间小：大型铸锻件国内合格的供应商都是个位数的，供应商产能也是相对固定的，不含排队时间的交付周期也要4~5个月；在前几年的高峰期，每个铸锻件厂家都持有大量的未交付订单，交付周期会进一步延长。

在辅导批量制企业时，计划人员常说，谁能预估3个月以后的计划呢？但在电气装备企业，项目员想的都是3~6个月的问题。比较残酷的是关键路径上的部件一旦延期了，项目员提前3个月就知道项目最终会脱期，但又无计可施。关键路径上的大部件制造周期紧，关键件交付周期的核心指标是LT/CT。LT是交期，CT是工序周期时间之和。一般企业都在3~4倍，精益企业的目标也不过是2倍。但是转轴这样的产品LT/CT系数已经达到了1.5，基本上已经压缩掉了所有的弹性空间，一旦出现意外，就会导致项目延期。

某装备企业的项目计划流程是经过多年磨炼出来的，初步分析无懈可击，似乎流程不存在什么问题。

1）项目部根据客户的需求情况、风险评估编排项目计划，每年3月排转年1~6月的产出计划；每年8月排转年7~12月的产出计划，项目计划较少考虑产能均衡。

2）大型铸锻件及中厚板的采购计划：在项目计划排定后，项目部负责安排大型铸锻件及中厚板的交付时间。

3）采购部计划：根据项目部要求的交付时间进行招标采购，要求供应商交付。

4）一般物料计划：由物管部根据项目模板来采购。

5）生产主计划：由生产部依照项目部计划进行生产计划排产，使用项目模板，并对关键资源进行能力平衡。

从流程上没诊断出问题，但机加工分厂提出存在物料供应时间滞后的问题，每年 8 月 -9 月分厂的转轴毛坯件供应都会出问题。传统思路上，大家都认为这是由于供应商不能按期交付导致的问题，毕竟大型铸锻件生产复杂，供应商生产中出现滞后也正常。但笔者从采购部提取了几十个转轴交付的数据，发现供应商的交付周期本身波动并不大，供应商造成的滞后不是主因。

再次审核流程和交付数据，会发现这种物料供应滞后主要是由于计划频次、计划展望期和运作期量冲突导致的。

项目计划与转轴采购、加工逻辑如表 11 -4 所示。

表 11 -4　项目计划与转轴采购、加工逻辑

	2016 年												**2017 年**												**2018 年**		
	1	2	3	4	5	6	7	8	9	10	11	12	1	2	3	4	5	6	7	8	9	10	11	12	1	2	3
项目计划下达																											
转轴产出																											
转轴达到																											
项目计划下达																											
转轴产出																											
转轴达到																											

以 3 月的项目计划为例，4 月完成招标和合同签订，供应商生产要 4 ~ 5 个月，8 月交付。而机加工生产要 4 个月，装配 2 个月。项目完工就在 2 月底；但项目计划要求在 1 月份完工，刚好差这么一个多月的时间。如果运气好，来的铸锻件质量问题不多，经过现场赶工，可能并不一定晚交；但给机加工分厂的生产调度带来极大的问题。

项目部本身也有难度，年前根本无法和客户确定准确的项目周期。3月中旬已经是最早的时间。当然，可能项目部认为生产部的加工 4 个月 + 总装 2 个月的期量藏了很大水分，应该压缩以更快响应市场周期。

但从订单下达，要求交付时间和实际交付时间的数据分析，项目部要求供应商的交付周期是按照项目节点定的，即首批交付时间为 6 月底，给供应商的交付周期只有 3 个月，虽然供应商答复可以交，但实际上供应商还是需要 4 ~ 5 个月组织生产，要到 8 月份才交付。笔者认为，这个根本不是供应商的问题。主机厂不按照约定的交付周期下订单，指望供应商能压缩生产周期交付，对于这种大件根本是不现实的。

另一个原因是生产部经过均衡，提前了项目的投产时间，因为项目部并不进行严格的能力均衡，各个月份之间的合同交付数量是有一定差异的，上半年交付少而下半年交付数量多，但加工转轴的龙门铣小时费率高达 1000 元，对于企业来说要尽可能提升内部自制率，不可能让设备空闲，因此必须将部分项目的生产计划提前。而采购部是按照项目部的交付计划进行采购和规划转轴到料时间的，时间上也会有冲突。

问题的关键点有 2 个：

1）各部门没有就采购期量、制造期量等达成共识。这里面有两种解决方法。1 种是前一年 9 月排产时将项目展望期拓展 3 个月，或者将半年一次的项目计划改为 3 个月更新一次。

2）计划中部门职责和考核，项目部自己制定项目计划并考核研发、采购、生产部的准时交付；但如果项目部计划规划得不合理，谁来分析考核？

笔者提出了 3 个解决方案。

1）项目计划每个季度更新，展望期不变。

2）项目计划还是半年更新一次，但展望期从 15 个月延长到 18 个月。

3）项目计划频次和展望期都不变，但对 30 万和 60 万的通用转轴储备 3 ~ 5 根。

后面生产部和项目部经过商讨，决定采用方式 3 来解决每年 8 月份转轴供货紧张的问题。

"期量冲突问题"不仅在这类项目制企业存在，即使在批量交付的企业也存在。最容易出问题的时间点就是按周期更新的计划，要求生产部的首个交付时间段。解决问题要么是加大计划更新频率，要么是拉长计划的展望期。

11.2 主生产计划

项目计划完成后，由生产计划部将项目计划分解为分厂交付计划和关键资源平衡计划。

11.2.1 三类部件的生产部计划模式

生产部排主生产计划时必须考虑项目计划的交期、内部关键资源能力、关键部件的到货时间来均衡排产。

机械产品的部件加工往往要经过多个分厂，大部件的生产周期长达3~4个月，因此需要生产部详细规划每个部件在各分厂的生产周期，规定每个部件各节点的交付周期。这里面有手工计划和MRP计划两种模式。其中运用MRP计划的企业并不多。

装备企业的自制部件一般分为3类。

1）关键路径上的部件，如高中压外缸、转轴、末级叶片，交期紧张，按照客户需求将项目准时完成是最大的挑战。

2）次关键件，如内缸、一般的叶片、汽封圈、阀芯件、线圈、冲片、护环，交期存在一定空间，但生产往往存在瓶颈工序，如何合理地利用设备资源及控制合理在制品库存来实现企业最优成本是管理重点。

3）第三类是配套小件：主要是金工小件，多数用于紧固。一个火电机组有几千种小件规格、上万个零件，而且材质各类、工艺路线差异大。虽然单个小件可能工序并不多，但要保证这些小件齐套性交付，对于金工小件分厂的管理者来说，困难极大。

典型的三类部件的计划模式如表11－5所示。

表 11－5 典型的三类部件的计划模式

	典型零件	基于电子表格计划	基于 MRP 计划
关键件	汽缸、转轴、末级叶片、导叶、顶盖、基座	按零件手工机台排产	按零件手工机台排产
次关键件	叶片、线圈、冲片、阀芯件、内缸	按项目－部件台套进行排产及考核	按零件的标准期量运行 MRP 计划，基于 MRP 输出对分厂考核
一般配套件	绝缘件、金工小件	按项目－部件台套进行排产及考核	按零件的标准期量运行 MRP 计划，基于 MRP 输出对分厂考核

1）对于关键件：所有的公司都是安排专门的计划人员采用机台排产的方式进行规划，严格控制每个工序的开工和完工时间。前面的案例提到过 LT/$\sum$CT 的逻辑，在这些公司，这个系数能够达到 1.5 倍。

2）对于第二类和第三类部件。

一个项目有几万个零件，在采用电子表格排产的情况下，生产部没法做到零件级计划，只能对关键件规定各分厂的完工日期，对于次关键件和一般配套件只能在部件台套层面规定零件的分厂完工时间。

手工计划是将零件汇总为部套，除了几个关键的零件外规定零件的分厂完工时间，其他的部套只按部套规定分厂之间的完工交接时间。这样的排产模式对主计划部相对简单，但会增加在制品库存。一个部套内部的零件加工周期有长有短，按部套做计划则会要求这些零件同时开工、同时完工，短周期零件也要同时开工。笔者辅导过各种企业，基本上如果企业 MRP 计划未跑起来，都会采用这种模式排产。

生产部一般只会规定到总装前的最后一个工序的完工时间，如果一个零件需要跨多个分厂，往往没法规定的很细致，需要最后一个加工分厂的计划人员去自行协调前序分厂的完工。为了减少这种跨分厂的衔接困难，一般都是尽量减少一个部件的跨分厂次数。例如叶片所有工序都封闭在冲片分厂。但有时候，一个零件还是要跨多个分厂，往往这种零件的交付会出现问题。

有些公司实现了 MRP 计划，这种情况下，即使一个零件需要跨多个分厂，系统也会自动计算出每个分厂的要求完工日期，这样大大简化了分厂之间的扯皮现象。

11.2.2 实施MRP计划的难点：期量设置

MRP已经是一个成熟的理论，有着成熟的系统。而实施MRP计划成功的企业不多，MRP计划是维护每一个零件的工艺路线、工时和期量，然后在ERP中运行MRP计划，这样同一个项目不同的零件交期、开工日期是不同的。成功实施MRP计划的难点在于基础数据的准确性，其中最困难的就是期量。

按照SAP公司的逻辑，期量包含加工期量、排队时间、移动时间。期量中的加工时间及标准工时，特别是大件的标准工时是很准确的，一根轴在精车上加工几天，各部门是有共识的，差异点在于对排队时间的争议，即LT/CT系数。生产计划部肯定是希望降低这个系数，最好是1，而生产车间有自己的困难，希望能放大这个系数。到底什么是合理的系数？按照笔者在过去几年项目中的实际数据分析，大件按照1.5倍周期，中等件按照3倍周期，可能是最符合装备企业需求的周期管控方式。这个系数是假定需求均衡，不超产能情况下的系数。由于大件加工很多部件的生产使用专用设备，这些关键工序在全国范围内可能都找不到外协企业，只能自身内部加工。客户需求是不均衡的，制造部只能提前投产，但这个又和设计部门的出图计划、采购部的采购计划有冲突。

对于大件的交期还有一个影响因素，就是设备可用天数。笔者见过的一些企业每个月按照28天安排，假定2~3天是设备保养或设备故障。另外一些企业只给出设备保养时间，不考虑设备故障来进行排产，发生设备故障影响项目交期时再临时解决。

笔者辅导的一家企业直接用同样的系数×蓝本工时进行模拟排产，也就是说当1个零件生产周期是1天，那么期量给3天。却发现计算出来的期量远远超过实际期量，因此认为公式法期量走不通。这里面主要是生产部缺少决策能力，对所有部件取同样的宽放系数，看似公平对待所有分厂，其实是主计划部控制力差的体现。

笔者辅导过的一家成功运行MRP的企业的期量设置采用的是如下的方式：对于关键件和次关键件可以采用历史数据法分析期量，将产品整个实际期量按工序分解，每个部件取 5 ~ 10 个历史数据，然后去掉异常值，将剩余的工序期量取平均值，就可以得到相对准确的期量数据。

对于金工小件，可以直接按照工序数 × 交接周期来确定交付周期。

对于小件计划管控，由于种类多，工艺路线差异大，工时和期量难以确定，一个火电项目有上万种零件，其中的金工小件都是专用件，每种小件的工艺路线都不一致，工序组织复杂，标准工时很难测定，无法进行工序产能平衡分析。对于小件，由于单件单工序的加工时间可能只有几分钟到几小时，交付周期主要是受交接频次的影响。在大型装备行业，一些小件分厂里面每周都有上万个订单号在车间流转，如果没有 MES 执行系统而是靠手工工单及电子表格台账，计调组根本不可能即时管控零件生产进度，每周一次才能进行一次台账登记及派工，因此只要有一个工序，就要耗时一周。

所以，这家企业干脆在 ERP 中开发了一个程序自动计算期量，从工序表中提取每个零件的工序，对于小件只要有 1 个工序就增加一周的期量。

11.3 分厂计划

在成套装备行业分厂计划可以分为以人工为主的总装、焊接计划和离散制造计划两大类；离散计划又可分为流线型重复离散制造；混流离散加工制造两大类。

总装、焊接计划的难点是要将计划分解到每个班次，详细规定每个班的进度节点。这需要对各道工序的工时掌握得相对准确。总装和焊接单位最大的挑战是交付周期紧张，这节介绍一个案例，是企业如何利用关键路径法来控制焊接大件的交付周期。

混流离散加工是真正的挑战，笔者 9 年前第一次接触装备企业的计划，调研时发现生产部会要求所有小件在总装开始前一个月就要完工入库。但实际运行中缺少小件的现象还是非常严重。这种缺件的原因包括设计变更、物料备货滞后、包备件借用、总装异常消耗、小件分厂生产组织不当。小件分厂的计划组织极其复杂，随时有几万条工单在车间里面进行加工，而且搞清楚所有小件的工时又不可能，只能采用估算，每个小件的工艺路线也不同，设备平衡很难做。

11.3.1 焊接大件的周期控制的案例

（1）项目背景。

焊接大件是生产交叉作业多、周期长，控制不当会影响整个项目交付周期。笔者统计了5个项目的开完工时间，发现各项目的周期波动大。如表11－6所示。

表11－6 焊接周期

序	周期（天）	备注
1	191	缓件
2	115	正常
3	79	急件
4	89	急件
5	105	正常

（2）数据收集与分析：

历史上缺少按工序交接转移的实际周期时间。于是项目组统计了几个在制项目的周期，这里是关键节点，每个节点下面又有很多工序。如表11－8所示。

表11－7 关键节点

工作号	工件名称	责任工段	投装	一次装焊	喷砂	二次装焊	三次焊	四次装焊	打压	补焊	完工

存在的最大问题是分厂计调组和各工段对于各工序的人数指派、周期未有共识。焊接作业与机加工作业不同，理论上可以指派更多的人干同一件产品来缩短交付周期，虽然这样会产生作业干扰影响效率。例如2个人干一个工序可能要4天，但如果派4个人一起干这个工序，2天干不完，

可能需要3天。

此外，一些工步是可以平行作业的，但工艺部提供的工序表是顺序作业的。按工艺部的顺序作业是根本无法完成生产部的期量要求的。

最后，由于没有标准期量，生产部往往记录下历史最短交付周期作为紧周期标准，当任务紧张时要求分厂按最短交付周期交付，分厂意见也很大。

项目组重新梳理了工序表，然后根据绘制了焊接网络图，其中一个步骤的网络图如图11－1所示。

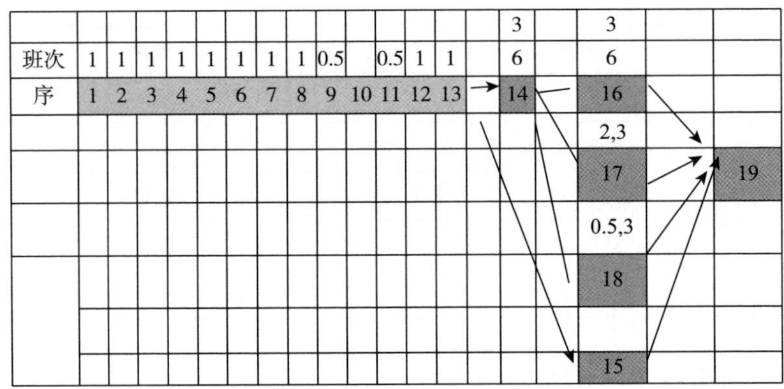

图11－1　焊接网络图

1～13工步是必须顺序进行的，而后面14～18工步可以并联进行。这时就存在缩短周期的可能性，但这需要安排更多的人手。

生产部与分厂计划组、工段达成一致，正常周期按照顺序作业周期，紧周期按照平行作业时间，此外，还考虑了按工作日和自然日两种周期。如表11－8所示。

表11－8　工作日和自然日两种周期

类型	正常周期（天）	紧急周期（天）
工作日（实际工作时间）	84	72
自然日（包括节假日）	98	84

工段严格按照工序期量进行每日进度管控，如果有延期则需要记录延期原因。经过 5 个项目的跟进，实际周期与计划周期偏差控制在了 5 天以内，偏差主要是质量问题引起的返工造成的。

总结：对于长周期的手工作业，明确每日工作进度标准是最关键的计划环节，同时需要做出紧周期的赶工方案预案来进行赶工。

11.3.2 某金工分厂的交付改进案例

（1）项目背景。

某小件分厂在 2014 年以前是完全依靠手工排产的，遇到的问题是始终无法给总装准时配套。分厂内部只有精加工工序，粗加工都已经委外作业。

笔者和项目组统计了交付数据，分析了零件工序表，发现其中多数的零部件工序并不长，最多的只有 7 道工序，最短的只有 1 道工序，然而即使只有粗加工工序的部件也有短缺的可能性。影响交付的因素包括内部和外部原因。

内部原因：由于总装需求的不均衡性，内部精加工能力有时会超负荷，而由于并没有准确的标准工时，分厂计调组的计划是基于无线资源的计划，工段意见很大。而且每个部件的交付期量标准也不统一。

外部原因：外协供应商的准时交付率较差。进一步统计数据时发现，缺少对外协供应商的准时交付率考核指标。

笔者和项目组统计了发料数据，发现很早前毛坯物料已经发给外协商，外协供应商不准时交付并不是因为毛坯物料的短缺。

与供应商交流的结果是，这家分厂采用统一招标的形式，提前 2 ~ 3 个月就进行招标及发放物料，招标的时候规定的合同交期只是作为参考值，并不是真实的交付周期。供应商要根据分厂计调组的交货通知交付，而计调组往往是 N 周提出 N + 1 周的交付，经常不超过 7 天，根本来不及生产。这些毛坯件在未加工前只要在地面堆放就可以，如果加工后，需要专门的周转器具存放并做防锈防损处理。

然而分厂计调组给的是滚动 4 ~ 6 周的交付计划。这是由于成品装配本身要几个月的时间，不同的零件需求时间不一样，计调组不掌握总装的具体需求时间点，同时对不同的零件内部加工的期量也不掌握，因此计调组每周要去现场统计进度，并给出供应商下达转周的交付计划。

很明显，这里缺少的是工时和期量标准。

这家企业从 2016 年开始逐步导入 MES 系统，笔者和项目组讨论后，决定采用历史数据和调整后的宽放系数方法得到产品标准工时和期量。

数据收集与分析。

1）针对内部机加工工序。

通过 ERP 统计测算 2013 年 12 月 ~2016 年 10 月共计 35 个月各工作中心的产品定额，对比实际产出能力，计算出《××分厂工作中心产品定额当量值》，就是假定历史是满负荷的，用蓝本工时与实际投入工时对比，挤出蓝本工时的水分。

按周计算出每个加工中心的蓝本工时、实动工时的系数，然后剔除异常值就得到了每个加工中心的宽放系数。当新产品 ERP 数据导入时，可以从 ERP 蓝本工时自动计算出实动工时用于计调组排产。

期量则是根据历史上质检部门的完工记录数据，统计各类部件的分阶段的期量，然后剔除部分最大值和最小值，剩余的值取平均值，得到实际的交付周期。

然后用历史的交付周期、实动工时得到 LT/∑CT，计算出每类部件的交付期量系数。

基于历史的每类部件的交付期量系数，计调组与工段一起讨论，谈判出一个双方都可以接受的交付期量系数。

注：该公司的部件蓝本工时是人力资源部门基于产品的特征值计算得出的，这个蓝本工时与实动工时之间偏差较大。

2）针对装配工序：通过编制产品装配工序 SOP，记录调查产品在正常生产状态下的实际生产期量和资源配置数据，从而将装配的零件需求分解到周。

在 MES 中进行排产和派工：

1）分厂基础建模信息：包含工段、班组、人员、设备等；

2）产品制造基础信息：系统定时自动读取 ERP 抛出的基础数据和订单数据，包括物料、BOM 及工艺路线、项目编号、生产订单等；

3）分厂计调组实时与 ERP 系统进行部分分厂自建生产订单的创建、生产订单修改、生产订单报工等生产数据的交互；

4）通过在现场增加电脑和扫码枪，实时处理 ERP 系统物料移动及库存；

5）实现与 ERP 集成，解决分厂内部物料管理（发料到班组）；

6）基于订单工序的在制品管理，实现了分厂从原材料－半成品－装配成品的一本账管理。

总结：对于项目制企业，基于传统的工业工程方法准确测定每个部件的工时是无法推进的，但如果没有标准工时和期量又没有办法进行排产，那么为了准时交付只能依靠历史数据法来得到关键系数。

11.4 通用物资的采购计划

在项目计划中，研发期量、采购期量、生产期量三项合计是超过合同交期的，因此必须研发分阶段出图，然后根据预估去采购物料，但如果预估与研发实际设计出图不一致，就会导致紧急采购和紧急生产，企业需花费大量的人力物力来处理这种问题。

前面讲过大型铸锻件和中厚板采购是由采购部按照项目部的项目计划招标采购的；而通用物资如钢板和管材则是由物资部门根据“经验 BOM 用量”、生产主计划、当前库存结余、每种物料设定的安全库存来进行采购的。

因为装备行业是边设计、边采购、边制造的模式；等到设计部门完全完成零件图再进行物资采购周期不足，因此物资部门只能根据历史上类似项目的 BOM 作为基准采购。一个 30 万火电项目涉及使用的管材达到 2000 种，用量有大有小，用量低的管材可能一个项目只使用几十公斤；物管部只能合并 1～3 个月的项目需求集中招标采购。由于公司要求物资部门控制库存，物资部门倾向于一年中多次招标次采购，最好按月进行。

这种采购模式存在几个问题。

1）由于设计变更，经验 BOM 用量和实际的 BOM 用量存在差异。如果设计部门更改量较大，恰好使用了某种低需求的管材，就可能导致缺料。

2）生产部集中投料与物资部门按项目投料的偏差。对于一些金加工小件，一个火电项目可能只使用1~2件。对于金工小件分厂，设备切换工时都比加工工时大，分厂不愿意按单个项目生产，希望能够成批投料，例如将3个月或6个月内的相同零件号的小件一次性生产。但物资部是按月采购的，没法针对部分小件单独计算用量。

3）物资部一个项目的管材是集中到料，但不同部件工艺差异大，制造周期长短不一；有些部件需要加工3个月，有些部件只要1周。物资部肯定是希望按照项目集中发料给分厂，即使分厂一时不用也提前发料。但分厂希望按照总装分厂需求日期及制造期量反推投料期，并不希望过早提前领料导致分厂物料积压。

当出现管材呆滞或短缺的情况时，物资部门经常要求分厂大代小，即同种材质，用更粗的料来代替细料，但这会增加金工小件分厂的工艺工时。

当然，如果能按照生产计划和BOM，运行MRP计划进行采购是最佳方法，但这个行业交期紧张，设计变更多，制造、采购周期长，理想的情况无法实现。

D公司经过多次跨部门会议讨论，最终采用下面的方式来缓解物资和生产部的矛盾，满足生产分厂的物料需求及避免过高的物资部库存。

1）由分厂提供不同部件准确的制造周期给物资部，例如叶片、阀芯件、汽封圈等。物资部将1个经验BOM分解为不同交付周期的几个经验BOM，这样可以分批到货，避免短周期物料与长周期物料一起到货。例如总装12月份有需求，可能叶片原料6月到货，阀芯件、汽封圈原料7月到货，其他一般管材8月到货。

2）分厂提供希望集中生产的部件的清单，然后使用经济批量模型，根据工序切换工时、工件单价、库存成本等信息，计算出每个部件的合理投料批量，报生产部批准。然后物资部通过设定安全库存的模式来满足分厂集中投产的需求。这里面的投料批量在SAP中并不合并订单，还是1个项目1个生产工单，只是一起投料，各工序同步组织生产。后面为管理方便，将经济批量设为4种模式：第一种是不设经济批量，LOT BY LOT，按项目号组织；第二种是将1个月的需求统一生产；第三种是将3个月的需求统一投料生产；第四种是将半年的需求统一投料生产。其中，第四种要求是针对低值而且设计定型，不容易设计变更的部件。

3）分厂推进周计划领料模式，各分厂每周三告知物资部下周物料的日需求。物资部根据用量、卡车的装载能力，可以一次配送，也可以分批配送给分厂。

第 12 章

医药企业的计划与物流改善

相对于汽车和家电行业，医药行业导入精益六西格玛管理要晚得多，国外的医药企业导入精益六西格玛管理基本在2000年以后，而国内的医药企业导入精益六西格玛基本上都在2010年以后，并且多数企业都是聚焦于现场5S改善、效率提升、质量QC、班组管理和设备管理等有限领域，系统地推进精益六西格玛并像汽车行业那样形成自身完整的“××企业精益运营管理系统”的企业很少见。笔者所在的咨询公司从2010年起开始服务医药行业企业，包括上海医药、华润医药、国药物流、常州制药厂、宁波三生制药、丹麦诺和诺德、上海施贵宝等多家企业，基于咨询经验整理了医药企业计划与物流改善这篇文章，分为医药行业交付价值链分析；医药商业企业的计划与物流改善；医药工业企业的计划与物流改善三个内容。

12.1 医药行业交付价值链分析

12.1.1 医药企业产业链分析

医药产业链包含医院、分销商、纯销商、成品药工业企业、原料药工业企业、辅料供应商、包材供应商等角色。医药成品药工业企业的产品分为原研药和仿制药，而国内多数企业都是生产仿制药的，同质化的产品导致了供应链的部分权力从品牌制造商转到了医院特别是三甲医院手中，同时大的分销企业如国内三大巨头国药分销、上药分销、华润医药商业，也获得了很大的供应链权力，因此与汽车、家电行业品牌制造企业的主导供应链需求，对分销渠道成品压货，内部均衡生产的模式不同，医药工业企业更多的是一种响应式的计划模式，它没法影响医院的订货模式，也没法影响大的分销企业的订货模式，产业链中的牛鞭效应非常严重。而医药行业对成品订单满足率的要求远远高于消费品行业，为了满足这种接近100%交付的需求，工业制造企业的成品库存的周转天数远高于汽车、家电行业。如图12-1所示。

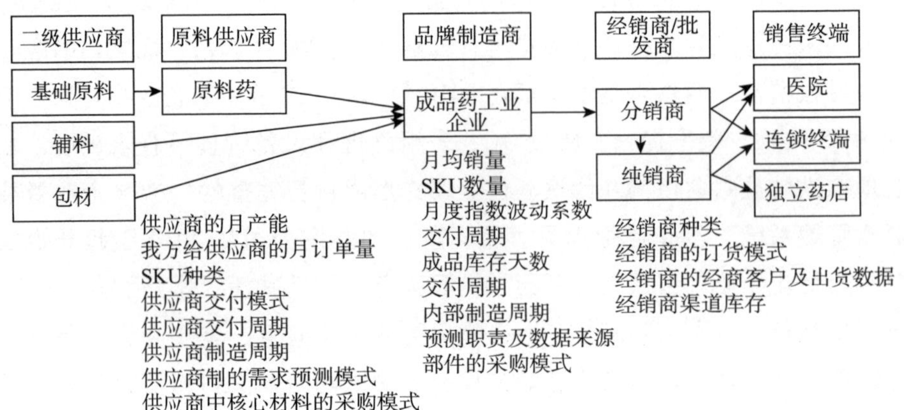

图 12－1　医药产业链

12.1.2　医药行业的需求与订货模式分析

医药行业是一个特殊的消费品行业，监管与风险管控是这个行业最重要的主题，传统上医药的利润较高，保障供应是更重要的主题，渠道库存非常高，可以注意一下，我们每次在医院拿到的药是否有生产日期在 3 个月以内的。对比一下面包供应，笔者常去门口的小超市购买桃李袋装面包，这家工厂在北京，笔者在天津，基本上都能买到昨天生产、当日上市的面包，这两个行业供应链的库存管理水平差异巨大。

在国内医药行业，主要的销售发生在医院，部分非处方药销售发生在零售药房，目前网络购药还没发展起来。这个产业链中包含患者、医院、零售药房、纯销经销商、分销经销商、品牌药制造商、原料药制造商几个角色，下面分别分析需求。

（1）患者的需求分析。

首先，分析医院看病的情况。患者基本上没有选择药品的自由，按照医生的处方抓药；医生都有自己的用药习惯，不会轻易调整用药习惯；而每家医院的医生数，每个医生每天的接诊量基本变化不大，而且除了感冒药等部分品类，药品消费并没有季节性，因此逻辑上每种药品的需求应该是稳定的，但最后传递到成品制药企业的订单需求却波动巨大。

医院药房对医生开出的门诊单的药品必须是 100% 满足的，设想一下，患者去医院看病，医生开完药，去药房取药被告知无货，需要后期快递上门，然后具体交付日期还定不下来，会发生什么后果？所以药品在医院是库存贮备出货，可以认为交期为零，除非某类药品出现整体短缺。基本上，医生希望药房能够 100% 地供货，缺货率为零。

其次，分析患者自行去零售药房购药的情况。一般头疼脑热或者跌打摔伤之类的小病，患者会选择自己去药房购药，多数情况下患者会有指定的品种，例如感冒了去买白加黑。但如果发生缺货的情况时，患者有时候会去邻近的药房买药，更多的情况是会看店面有什么相似种类的药，因此零售药房的库存控制实际上是可以出现一定缺货率的。

（2）医院的需求管理与订货模式。

一家成熟的三甲医院一般会有 5000 个品种的药品在使用，基本上药房是按照固定货位管理，货位大小根据日均用量、药品的体积来确定。采购计划的方式基本是按照最大量、最小量管理，低于最小量则下订单，补充到最大量。

所有医院的一个普遍情况是压缩药房面积来扩大门诊面积，药品的库存在不断下降，导致小批量、多品种、每日送货成为常态。医院药房将医药供应作为纯销经销商的考核指标，其中缺断货率是最关键的指标。准时交付是另一个重要的服务率指标。现在北京、上海这样的大城市，交付周期普遍设定为半天，即医院上午下订单，经销商下午送货；下午下订单，经销商转天上午送货。紧急订单 2 小时送达。由于药房更习惯下午下达订单，因此交付集中在上午。

笔者几年前在做一个项目时，统计了上海地区各家医院的订货频率，基本可以归纳为三种模式：每日订货、每周两订、每周订货一次。

每日订货就是天天下单，这种方式一般都是药房面积紧张的大医院；这种大医院一般都是每天 15∶00 – 16∶00 给各纯销经销商下达转日的订单，要求上午送达，因为在上海和北京这种大城市，传统三甲医院的院内空间极为紧张，医院都会给出明确的送货时间窗口，例如早上 8∶30 – 9∶30是上药分销供货，9∶30 – 10∶30 是国药供货，10∶30 – 12∶00 是其他小配送商供货。对于三甲医院，医药配送商一般都要负责药品摆放到药房货架的工作，为了提升效率，药品都是采用固定货位的管理模式。此外，如果出现漏订或者需求突然波动，库存不准的情况，医院药房也会在上午 12：00 前下达订单，要求配送商下午补货。

每周两次订货基本都是周一、周四订货，要求分销商在周二和周五送货，采用这种订货模式的医院往往是药房面积较大的医院。每周四订货可以确保周五到达，用于周六、周日、周一和周二上午的需求；周一早上药房上班后，根据短缺订货，周一的订货是周二上午送达，只要覆盖周二下午，周三、周四全天和周五上午的需求，在这个基础上再增加一些安全库存覆盖波动。

有些医院药房面积很大，就可以一周订货一次，在上海，有些原来郊区的三甲医院都是这种模式。如果配送商和医院药房关系较好，可以错开周二和周五送货高峰，那就可以充分利用配送能力，降低成本。

（3）纯销经销商的计划模式。

纯销经销商通常经营着几千个品种，每日为几百家客户进行配送，因为药品各环节对资质文件检查非常严格，检验环节很费时，其基本上对单一品种都是 1 周或 2 周从分销经销商处订货一次。如果一周订货一次，每次订货量就是 1 周均用量，然后再加上经验库存；如果 2 周订货一次，每次就是订 2 周的量。一般分销经销商都是持有足够库存的，交付周期都很短，大约 2 ~ 3 天。分销经销商和纯销经销商很多都处在一个城市，交付属于城配，因此订货时并不需要考虑整车运输，按需订货就可以。这样纯销分销商的库存基本上都是 1 ~ 3 周的库存。如果希望进一步降低这个库存，除非增加订货频次，例如每个品种每周订货 1 次甚至 2 次，但这会给物流部、质检部门带来很大的工作量，除了那种价值很高或者体积很大的品种，不会每周多次订货。

（4）分销经销商的计划。

分销经销商包括两种模式：一种是厂家定指标；另一种是按照需求订货。

厂家有指标的情况下，基本都是厂家在季度末、月末整车发货给分销经销商，库存都压在分销商仓库里面，很多国外的药厂都是这种模式，这种模式下库存可能会有 2 ~ 3 个月。

国内的药厂多数是仿制药，基本上都是分销经销商根据库存情况给药厂下订单，药厂自己持有成品库存。

无论哪种情况，分销经销商都会尽量整车订货。药品本身是高附加值的产品，这种整车订货将均衡的需求变化为不均衡的需求，给供应链增加了很大压力。一般来说也会有2～3周的成品库存。

（5）成品药厂的计划模式。

成品药制造厂家都是备库生产，根据月均需求，同时考虑能力利用。由于生产及检验周期长，整个交付周期超过4周，N月需要排N+2月的生产入库计划，为了应对需求波动，成品库存都比较高，基本上有1～2个月的成品安全库存。

成品药企业的SKU数量一般远远多于原料药企业，有些需求比较低的SKU，一个批号的产量可能就要销售3～4个月，少量品种甚至一个批号的产量就能销售一年。对于这种低需求的产品，有时候也会与大的经销商达成一致，按经销商订单生产。

（6）原料药厂家的计划。

原料药厂家对于一般大宗品种会备库生产，为了提高效率，降低成本，会大规模批量制造，因此很多原料药的库存会高达6个月。

中国是原料药出口大国，很多原料药企业50%以上的订单都是国外订单，国外的出口产品都是根据订单生产的，每个月底海外客户会提交下个月的订单，批量交付。国外的很多客户会在标准产品上提出一些个性化的需求，因此虽然整体产品种类不多，但基于客户需求的最终SKU数量还是不少。

总结：医院是库存出货模式，医院库存一般不超过7天；纯销经销商一般是1周或2周订货模式，存货在2～3周；分销经销商库存较高，总代模式会有1～2个月库存，此时厂家库存较低；按需采购模式库存在3周，品牌制造商是备库模式，库存有1～2个月。整个渠道里面积累了4～6个月的成品库存。

由于医院和纯销分销商喜欢采用最大量、最小量的订货模式；分销经销商喜欢采用整车运输模式，本来医院相对稳定的需求，到了品牌制造商处月均需求波动很大。由于品牌制药厂只能拿到分销经销商的订货数据，对发生在医院和药房的出货数据无法掌握，没法控制牛鞭效应。这点与汽车和家电行业差异很大，因此患者基本上不太可能在医院买到近期制造的药品。

12.1.3 当前的医药企业的精益六西格玛推进现状

从2012年开始，笔者所在公司先后协助华润医药、上海医药、国药、正大天晴、宁波三生药业导入了精益六西格玛管理，同时给诺和诺德中国、上海施贵宝等企业导入六西格玛管理，笔者参与了其中的多数项目。

华润集团在2011－2012年逐步全集团导入精益管理，华润医药是在这个背景下导入精益管理的，华润医药的集团管控模式、绩效管理模式已经很成熟，在企业中主要是包含三个内容：现场管理内容，包括班组管理；5S管理和TPM管理；六西格玛课题管理。

上海医药集团是2013年开始导入六西格玛管理的。第一年在商业公司的一个物流中心试点，对仓库效率、运输管理、绩效等几个流程进行了改善。第二年，上海医药集团将六西格玛管理推进到整个集团，包括科园和其他的工业公司。

国药物流是国药集团的子公司，专门负责物流运作，其最初是自主推进精益六西格玛管理的，但推进过程中，对六西格玛推进的一些关键点把握不到位，推进效果不佳。后面知道笔者在这个领域有过一些经验，于是请笔者集中进行了六西格玛培训及几个试点项目的辅导。

宁波三生制药是一家民营制药企业，笔者所在的咨询公司自2016年来与其合作了3年，系统推进了效率管理、班组管理、质量管理、生产计划、设备管理、绩效管理、成本管理、员工培养等多个模块，算是系统推进了精益。

笔者有一个感受，就是在医药领域，精益六西格玛方法是一种有效的工具，可以帮助企业提升管理水平，但医药工业公司如果对比丰田和海尔这类公司，其精益六西格玛改善能够带来的效果还是有一定差异。笔者认为，这主要在于医药公司在整个医药供应链网络中处于相对弱势的地位，大型分销企业和三甲医院都在供应链中处于更强势的地位。供应链计划中核心的环节“均衡化”在医药工业企业中很难实施。三甲医院的需求波动必须100%响应；而且药品是高价值物资，整车发运的要求给需求带来更大的波动。

12.2 医药商业企业的计划与物流改善

12.2.1 价值链诊断

推进精益六西格玛的第一步是进行价值链分析，找出问题点，然后立项进行改善。供应链包括5个相互依赖的流程：客户响应、库存计划与管理、供应、运输和仓储。因此，价值流诊断围绕这几个业务流程展开。如图12－2所示。

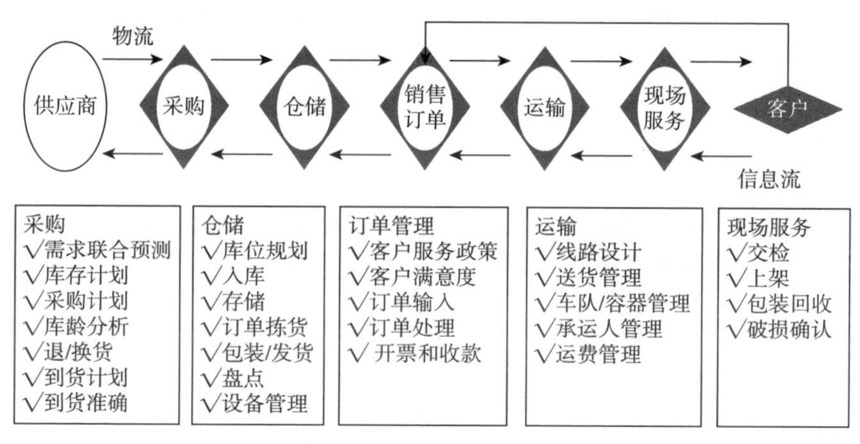

图12－2　价值流诊断

2013年，笔者对某医药商业企业进行了诊断，发现了问题，基于这些问题推进找出了改善专项。如表12－1所示。

表12－1　某医药商业企业问题点

模块	主要问题点	可能的改善机会
成本管理	成本分解未细化到作业层面，不能合理评估单个客户单个订单的物流成本	建立销售的成本和费用意识
		加强对逆向物流、无效物流的分析
		对隐形的价值流失建立精细化的指标体系

续表

模块	主要问题点	可能的改善机会
需求管理	承诺一天两次配送，但如果没有目的性地引导顾客，订单会无规律地波动，配送效率和物流成本高	引导顾客上下午的下单习惯和订单量
		以销售个人为区分单位，建立预测准确性的指标管理
销售订单	无效订单管理薄弱，缺乏分析和改善	以销售为区分，建立无效订单的管理指标
采购管理	日采购到货波动较大	结合周滚动预测、安全库存设定，完善药品采购计划
	缺乏退货率和物流中心退货成本的管理意识	以采购员为单位，建立退货量和退货成本的管理指标（暂不考核）
仓储作业模式规划	面向大医院的作业模式，对持续增加的调拨需求，社区医院及连锁药店的配送效率较低	按产品－客户组合重新规划作业流程及商品布局规划
仓储现场作业	缺少效率的管控方式，不能有效暴露现场的问题	推进标准小时产出管控，建立订单的标准工时库
运输管理	运输管理关键指标不健全，运输装载率低、成本高	系统分析客户服务水平及运输费用关系，在满足客户需求情况下降低运输费用
		建立医院为单位的逆向物流量和逆向物流成本的管理指标
		系统评估每趟配送的空载率

12.2.2 梳理关键指标：对标同行业的企业的指标，找出问题点

分析的切入点主要是判断指标的完整性、与同行业相比指标的水平、指标的达成情况。下面以某商业公司物流中心的整体绩效指标进行分析。

财务类包括总成本和第三方物流收入 2 个指标，是物流中心最重要的

指标，如表12－2所示。

客户类主要是针对投诉的统计。

运营类包括配送准时率、作业的直通率、货损、效率等指标。该物流中心实施了先进的WMS系统，各类运营数据可以从WMS中直接提取。

表12－2 关键管理指标

维度	公司级指标名称	指标权重	计算公式
财务类	物流总成本控制率	20%	累计发生数/预算数
财务类	销售指标（3PL）达成率	15%	销售实际收入/销售预算数
客户类	客户投诉率	10%	客户投诉户次/配送总户次
内部运营类	配送及时率	10%	客户投诉涉及配送不及时的户次/配送总户次
内部运营类	内部流程直通率	10%	验收准确率×拣货准确率×账货相符率
内部运营类	货损金额	10%	报损金额
内部运营类	人均物流作业效率	5%	统计期间的作业量/作业工时/作业人数
内部运营类	系统稳定性	5%	系统监控记录中服务器的故障次数
内部运营类	ISO外审及专项检查合格率	5%	合格项/检查项次总数
学习成长类	员工培训计划实施完成率	5%	实际培训次数/计划次数
学习成长类	变革指数	5%	专项工作的计划完成情况
安全质量类（否决项）	安全生产事故发生次数		安全生产事故次数
	生产质量事故发生次数		生产质量事故次数
	综合治理事故发生次数		综合治理事故次数
	GSP认证通过		认证报告

与一般的仓库相比，医药商业仓库明显更强调质量，这是由医药商业客户的需求决定的。

另一个特点是对效率关注较少，只包含人均效率一个指标，同时入库周期、拣货周期这样的指标并未出现。在实际现场观察中，笔者发现入库周期波动很大，如果恰好遇到仓库出货时，入库作业会完全停止，货车送货排队时间最长能达到6~8小时，供应商对这点意见很大。

配送及时性是按照客户投诉来决定，而不是按预订的送货时间窗口来决定，客户未投诉并不代表准时送达。三甲医院一般都会明确规定送货时间窗口，如果不按照这个时间窗口送货，药房的人会电话通知客户经理，但不见得会明确投诉。当前的运输配送系统并没法记录送达每个客户的实际时间点，如果想考核关键客户的送达时间，就必须开发与快递公司类似的信息系统。

12.2.3 客户需求分析，项目挖掘

供应链改善一般都是从客户需求分析开始的，医药商业业务分为分销和纯销，其中纯销是指针对医院的销售，目前国内三甲医院处于强势地位，表12-3是一家医院对药品配送服务商的考评细则。

表12-3 一家医院对药品配送服务商的考评细则

北京朝阳医院药事业部采购中心关于药品配送商服务质量考评细则

为保证我院临床用药的安全性与及时性，杜绝配送商由于非政策原因导致的恶性断药时间，提升配送公司服务品质，药事业部采购中心将每月对配送商在药品流通环节的运输配送、信息服务、风险控制和投诉处理等方面进行评价（如下表），评价结果将作为结款及药品配送商遴选的重要依据，考评成绩按月公布，当月成绩低于60分，将延期结款；连续两月低于60分，采购中心将向上级主管领导申请，停止问题品种的配送资格，限期整改。

	评价项目	得分			评分依据	具体事件的记录	当月评分
1	药品缺货情况（品种、天数、次数）	差	合格	优秀	得分以缺货品种为主要参考依据，缺货一个品种为合格，缺2个品种为差，缺货次数、天数依次作为参考指标	××药缺货	6
		4分	6分	10分			

续表

	评价项目	得分			评分依据	具体事件的记录	当月评分
2	物流发货及时性	差		优秀	物流按订单要求日期交货为优秀，不能当天送到为差	4 月 24 日当天未送	4
		4		10			
3	物流交货准确性	差		优秀	从药品品种、数量、厂家、批号、效期等方面进行评价，均正确为优秀，有错误则为差		10
		4		10			
4	药品外包装质量	差	合格	优秀	外包装完整为优秀，不影响门诊、病房药房发药为基本合格，外包装损坏为差		10
		4 分	6 分	10 分			
5	询货信息的准确性	差	合格	优秀	信息与实际情况准确为优秀，有巨大偏差为差		10
		4 分	6 分	10 分			
6	缺货、补货信息反馈及时性	差		优秀	反馈及时为优秀，不及时为差		10
		4		10			
7	药品包装变更是否与货同行	差	合格	优秀	与货同行为优秀，及时补为合格，采购打电话主要变更说明 2 次以上为差		10
		4 分	6 分	10 分			
8	药品所附文件清晰完整性	差		优秀	药检报告、进口药品文件完整为优秀，否则为差		10
		4		10			
9	送货人员的服务质量	差	合格	优秀	送货人员码放物品规范性，语言、态度等作为评价指标		10
		4 分	6 分	10 分			
10	破损药品及票据处理及时性	差	合格	优秀	破损药品在采购发出通知后一周内办理清点，并在一月内处理	更换不及时	4
		4 分	6 分	10 分			
总分：							84

其中，考核项 1、6 与缺断货相关；2、3、9 与物流配送服务相关；4、5、7、8 与配送质量相关；10 与退货相关。

1. 药品缺货情况：这个指标要求很高，商业企业给一家医院提供上千种规格，医院会每天下订单，如果按每种规格每周订货 2 次计算，会超过 10000 个订单行。

2. 物流发货及时率：当前的标准交付周期是 12 小时，上午下达的订单下午送达；下午下达的订单转日上午送达。相对来说，上午下达的订单下午送达难度较高。

3. 物流交货准确性：医药商业企业都有严格的复核流程，错误率较低。

4. 药品外包装质量：医药商业对外包装管理比较严格，一般外包装破损的都控制在内部。

5. 询货信息的准确性：北上广的医药商业企业基本都实施了 ERP 和 WMS 系统，信息化控制较好。

6. 缺货、补货信息反馈及时性：对于医药商业企业，供应商可能是其他医药商业企业或者厂家。很多时候，一些挂靠的小的商业企业管理水平较低，无法及时反馈信息，会导致纯销的商业企业也无法及时给医院反馈信息。

7. 药品包装变更是否与货同行。

8. 药品所附文件清晰完整性：国内很多药厂管理不规范，交付时信息不全，如果医药商业企业未及时处理，可能导致发货时出现文件不齐的事情。

9. 送货人员的服务质量：现在医院药房的基本要求是由配送人员将药品上架。而对医药商业企业来说，一次配送需要去多家医院（6～8 个点），既要满足准时性，又要提升效率，难度很大。

10. 破损药品及票据处理及时性：一旦医院提出退换货的要求，纯销企业需要与厂家或分销企业进行沟通后采取处置意见。当周期超过 5 天时，医院就有可能提出意见。

从表 12－3 中可以看到，这家医药商业企业的缺货情况、缺货信息沟通、药品信息管理和退换货都未满足医院客户需求，需要进一步改善。

各家商业企业的课题其实是类似的，降低缺货率，提升仓库作业效率；降低运输成本，缩短供应商送货排队等待时间；降低库存，缩短回款周期等。下面介绍几个重点改善案例。

12.2.4 降低缺断货率的改善案例

（1）项目背景。

公司的纯销订单的缺货率约为 2.5%，出现缺货后的解决周期长，带来较高的客户投诉，公司立项希望解决这个问题。

（2）数据收集与分析。

首先对缺断货的品种逐一分析，发现基本上是以下几个因素：

1）厂家控货问题：厂家有货，但是由于进口延迟或战略性调整、价格等造成的控制发货；

2）价格问题：原材料上涨等原因导致价格倒挂，供应商不供货；

3）供应商控制：在货源欠缺或授权到期等情况下，供应商主观限制发货；

4）付款问题：由于账期已到，未按合同付款，供应商不发货或延迟发货；

5）销量变化：由于新开户或压货等突发原因，厂家或供应商备货不足或备货不及时；

6）安全库存问题：新产品、季节性产品、临推产品、短缺产品、在途时间长的产品、冷链产品、节日周末订货问题，由于经验不足，没有综合考虑或没有重点关注产品库存，导致备货不及时；

7）个人问题：在正常销售情况下，由于采购个人疏忽或度假等原因，没有交接好，导致订货延迟；

8）资源欠缺问题：GMP 认证期间、产能不足、产品线排不开、原材料不足、不生产；

9）其他（突发的外部不可控原因）：供应商发货延迟、资质丢失或不全、天气问题、三方物流的问题、通知不到供应商、厂家换规格等原因。

前 3 项主要是商务政策问题，国家推进环保，原料药涨价是大趋势，而药价的下降也是大趋势，很多成品药企业会逐步退出一些品类的生产，因此需要制定品类管理的战略方法。这几个问题的解决未纳入精益六西格玛专项。

第 4 项是偶发因素，占比不多，企业未及时付款的主因是供应商处理药品退货不及时，因此未按时付款，导致供应商也不继续发货，这类问题通过完善供货合同就可以解决。

项目主要聚焦在问题 5 ~ 8 的解决。

首先，为了有效满足医院客户的订单，需要对客户的历史需求数据进行分析。一般的医药商业企业都实施了 ERP 和 WMS 系统，数据提取很方便。

医院的用药需求在一段时间内是相对稳定的，除非一些突然性疾病。

当前的采购计划流程：其中采购计划主要依靠过往3个月的实际销售、库存周转率设定、供应商的销售预估（例如策划促销活动）、供应商质量（交付的稳定性）。计划流程的逻辑是非常合理的，但实际操作中存在一定问题。如表12－4所示。

表12－4　当前的采购计划流程

编号	活动名称	责任岗位	活动描述	输出物
1	分解年度采购计划	业务部采购经理	业务部采购经理将年初制定的年度采购计划分解到所归属的月份	月度采购计划的最初版本
2	统计历史进销存情况	业务部采购经理	业务部采购经理在SAP系统内运行相关报表，将相关物料最近三个月的采购数据、销售数据及当前库存数据统计出来，填写在月度采购计划表格里	相关物料最近三个月进销存数据
3	供应商是否有销售预估	业务部采购经理	如果供应商有销售预估，则与供应商沟通每月的采购计划	
4	与供应商沟通月度采购计划	业务部采购经理	如果供应商有销售预估，业务部采购经理与供应商商务根据提供的销售预测沟通每月采购计划	月度采购计划的修改版本
5	是否超出正常库存周转率	业务部采购经理	业务部采购经理判断按照供应商的要求采购是否会超过公司要求的正常库存周转率，如果超过进入07步骤，如果未超过进入09步骤	
6	填写非正常采购申请单	业务部采购经理	采购计划如果有超出正常库存周转的部分，业务部采购经理填写“非正常采购入库申请流程”，提请部门及公司领导审批	非正常采购入库申请单

续表

编号	活动名称	责任岗位	活动描述	输出物
7	根据公司采购相关制度审批权限逐级审批，签署是否同意此采购意见	公司领导	公司相关领导根据公司采购相关制度审批权限逐级审批，签署是否同意采购意见，如果领导不批准，再与供应商沟通，直至领导批准	
8	出具月度采购计划	业务部 采购经理	业务经理生成采购计划最终版本	月度采购计划最终版本
9	审核	质量管理部 质量经理	审核月度采购计划，将产品质量也作为制定采购计划的依据	
10	将采购计划交核算经理及相关采购人员	业务部 采购经理	业务部采购经理将制作完成的月度采购计划转交给业务部核算经理和相关采购员	月度采购计划最终版本

基于月销量，系统自动计算波动值，然后用经典的安全库存公式计算出建议安全库存，并基于平均用量给出建议采购量。

每个采购员至少负责 300～500 种药品的采购计划，还要处理各种意外，实际上主要依靠系统建议采购量来采购。

改善措施：笔者前面的文章中介绍过，预测要基于清洗过的历史数据而不是销售出货数据。因为真实销售出货数据可能包含促销数据，需要平顺化。通常，季度冲量时，医药商业企业和医院会有默契，用哪些品种冲量，因此可以针对这些产品进行数据平顺化。此外，单个医院的需求本身相对稳定，药品的需求变化多半是客户的变化。例如工业企业新进入了两家三甲医院，就会对该药品的需求产生波动。因此，需要对每个品种进行销－采－存分析，以及单个客户的周出货分析。笔者辅导的某个商业企业就基于数据仓库，开发了表 12－5、表 12－6 的报表。

表 12-5 销-采-存分析

单位：件

	1	2	3	4	5	6	7	8	9	10	11	12	13
出货数量	42300	32000	48000	47000	44000	42000	40900	42650	46350	41400	43400	42690	48700
采购下单数量		80000		80000		80000		80000	80000			80000	80000
到货数量	80000		80000		80000		80000	80000		80000		80000	
库存	90600	58600	90600	43600	79600	37600	76700	114050	67700	106300	62900	100210	51510

表 12-6 周出货分析

单位：件

客户	1	2	3	4	5	6	7	8	9
1	2720	960	3640	4640	4480	2880	4960	4640	4320
2	320	320							
3	500	500	20	630	850	650	350	100	1000
4	1760	1760	0	1600	1200	1600	1600		1600
5	320	160	1120	1120	1440	1440	1440	960	1780
6	640	10			600	480			60
…									
81									
总量	42430	31380	48030	47200	43600	42100	40950	42650	46350

影响库存的关键因素是采购批量、采购频次。由于商业企业检验耗时耗力，采购员通常是每个品种采购 1 个月 1 次或者 1 个月 2 次。如果一个月采购两次，安全库存为 1 周，则平均库存为安全库存 +1/2 × 采购批量，平均库存在 2 周。

此外，采购员还必须考虑到医药工业企业 GMP 检查的时间，一般的医药工业企业库存天数都超过 1 个月，通常情况下不会出现断货，但 GMP 检查有可能检查出问题，会导致供货短暂出现问题。因此需要推进类似汽车企业的 PFEP 模式，将每个品种的 GMP 检查日期也录入在系统中，由系统自动提前提示。

至于各类意外情况，需要针对供应商进行分析，有些代理商管理水平差，经常出现供货问题，针对这些供应商只能提前备货。

12.2.5 医药物流中心入库流程优化及周期缩短改善案例

（1）项目背景。

每月月初为进仓高峰，物流中心验收区域为 1000m^2 左右，除去人行道和铲车道，可容纳 300 个左右的托盘临时存放，每天采购进仓近 350 个品规、400 个批次、11000 余件商品，高架立体库区入仓缓慢，1 小时的平均入库数量为 120 托盘，进仓压力非常大，入库商品大量积压在收货区域，导致无法及时收货验收排队送货的商品。大批送货车辆在物流中心门口排队，过长的排队时间使得个别送货司机不愿等待，直接将商品带回，导致部分商品缺货。

送货车辆排队周期长是各家医药物流中心的普遍问题，表层原因如下：

1）月初集中送货，某几天的送货量特别大；

2）早上集中到货，导致交单晚的车辆排队时间特别长；

3）检验内容多，部分供应商文件有误，影响作业效率；

4）药品临时作业区储位面积有限，一旦堆满则无法继续卸货作业；

5）入库效率低，当仓库上午 10 点开始拣货作业时，入库效率会下降；

6）移库作业会影响仓库作业效率；

7）由于仓库人员集中吃饭，此时收货作业中止。

（2）项目组有基本的问题解决思路：

收货均衡化：日与日的均衡化，每天的小时之间的均衡化；

提高入库作业效率：减少检验时间；提升入库作业效率；

增加缓存区：减少排队时间；

减少业务量：对于低需求产品，增加采购批量，降低采购频次。

（3）问题分析与改善：

1）能否解决月初集中送货的问题？

商业公司有纯销和分销两种业务，分销业务就是要替厂家大量储备成品库存，实际上月初到货是厂家和商业公司的最佳选择。厂家和商业公司都是上市公司，都要控制库存周转天数，月底厂家发货，月初商业公司收货，这样途中的库存不计算在双方的库存中。某家商业公司应对月初集中送货的方法是采用大批量到货预约制度，在月初的几天相对均衡到货，降低单日负荷。另外一家商业公司采用的是将纯销和分销的产品隔离在不同仓库中，分销产品仓储以整进整出为主。此外，移库作业可以适当推迟到月中或月末进行，避开月初的高峰期。

2）能否解决早上集中到货？

大城市都限制外地卡车在白天时在市区的运行，因此外地送货车辆基本都在早晨时到达配送中心，这是没法避免的。

可以做工作的主要是针对本市车辆的送货。例如在上海，国药和上药互为最大的供应商，两家为了减少排队时间，提升车辆运行效率，就互相约定了送货的时间窗口，车辆送货不排队。

3）如何缩短检验排队时间？

笔者对某商业企业连续 3 天的入库数据进行分析，发现不合格率在 1.8%，而且多数是质量文件不齐备，给验收组或收货组的工作安排和现场工作效率带来很大的影响，为了周转空间，需要对待检和不合格批次做无效的搬运和周转。管理差的供应商会反复出错，只能尽量避免这些供应商在月初高峰时送货。如表 12－7 所示。

表 12－7　不合格批次

单位：批次

日期	验收批次	不合格批次	不合格率
1	9637	158	1.6%
2	3389	54	1.6%
3	6472	148	2.3%
合计	19498	360	1.8%

4）入库效率提升。

入库临时储位面积、高位库穿梭小车设计、作业时间安排都会影响入库效率的提升。如果以某商业公司仓库每天入库1.1万件计算，月初高峰期每天入库2万件，如果80%的货量都在早上8点时到达，穿梭小车每小时能入库120托，临时储存区为300托，如果中午再停一个小时，很明显这个作业要持续到16：00才能完成。在穿梭小车能力固定，到货集中不变的情况下，只能采用中午连续作业的方式。此外，也可通过在入库临时储存区建一个驶入式高位货架区来解决。

通过开发送货预约系统、缩短检验周期、提升入库效率等方法，一定程度缓解了供应商送货排队的问题，但并未彻底解决掉这个问题。

12.2.6 医药商业中心拣货作业效率提升改善案例

（1）项目背景。

仓储部门是公司使用人力最多的部门，而且随着拆零业务的逐步增加，效率呈现下降的趋势，公司立项解决该问题。

（2）数据收集和分析。

在现场观测，可以明显看到员工在现场空闲的情况，作业员工动作节奏也不高，仓储经理解释这是由于作业不均衡造成的。

医药配送中心的整箱作业区域自动化程度较高，因此虽然出入库业务很大，但人数并不多，人数最多的在拆零作业区和复核作业区2个区域。

（3）需求的波动分析和解决：

对1个月的送货箱数比例进行分析，周二配送占29%，周五配送占22%。这主要是医院的订货模式造成的。

总体送货箱数分布如表12－8所示。

表12－8 总体送货箱数分布

1	2	3	4	5
13%	29%	18%	17%	22%

选择某三甲医院3月的订货箱数进行分析，可以发现医院的订货模式：基本上是周二、周五二次集中收货，订货为周一、周四，其他时候主要是补货。其实这很好理解，周四时订货，周五送，用于周五下午，周六、周日全天和周一上午。周一上班之后，下午订货，要求商业公司

周二送货。医院能否每天均衡订货或者错峰订货呢？实际上很难操作，医药交接要求很高，对各类质量文件的审核要求很严格，医院药房不愿意天天订货。

同时发现医院的周需求也是相对稳定的，10～12 周业务量很稳定，至于第 13 周的订货明显偏高，这是由于第 13 周是第一季度最后一周，商业公司需要冲业绩，因此会去做关系好的医院的工作，请求对方提前下单，将转周的需求也一次采购。实际上，周三和周四能达到 18% 和 17% 的比例，已经是商业公司做了很多工作进行均衡化的结果。如表 12－9 所示。

表 12－9　周业务量

单位：箱

	1	2	3	4	5	
10		184	37		379	600
11		424			316	740
12		433			327	760
13		277		263	759	1299
		1318	37	263	1781	3399

下面这个三甲医院周三是主要订货点，是商业公司做了工作的结果。周一早上主要是对库存低的药品进行补货，剩余的品种在周二订货，周三送货。如表 12－10 所示。

表 12－10　订货

单位：箱

	1	2	3	4	5	
10	19	179	303	21	183	705
11	4	233	299	6	199	741
12		91	456	20	218	785
13	1	237	352	1	853	1444
总计	24	740	1410	48	1453	3675

下面这个三甲医院则是将订货放在周三，周四收货。如表 12－11 所示。

表 12－11　收货

单位：箱

	1	2	3	4	5	
10	1	3		901	41	946
11		3		815	4	822
12	1		3	907	3	914
13		8	1	893	5	907
	2	14	4	3516	53	3589

说服医院药房均衡订货的主要方法是提供额外的服务给医院药房。包括药品拆箱、上架，甚至从一级药库往二级药库送货。这种方式只能针对特定的三甲医院进行。

12.2.7　作业效率分析与改善

当前仓库的各个作业岗位到底需要多少人？如何根据业务量的调整来调整人员定额？每个仓库的运营管理人员都面临这两个问题。国内的制造业公司基本都有针对车间的标准工时，以及基于这个标准工时的人员需求计算模型；但很少有公司有针对仓库的标准工时系统。

拣货作业分为多个岗位，本文以零拣区的复核岗位来进行人员核算。

复核岗位：通过录像得到各作业的工时，如表 12－12 所示。

表 12－12　通过录像得到各作业的工时

单位：秒

作业内容	作业 1	作业 2	作业 3	作业 4	作业 5	平均用时
从流水线上取箱	5	5	5	5	5	5
扫描标签	3	3	3	3	3	3
选择合适的纸箱	12	10	10	11	10	11
复核、装箱并扫描药监码	130	140	160	80	300	170
电脑勾兑	5	5	6	4	3	5

续表

作业内容	作业 1	作业 2	作业 3	作业 4	作业 5	平均用时
放置填充物封箱	12	21	22	15	20	18
合计用时	167	184	206	118	341	212

可以发现其他各步骤都可以用平均时间来计算，只有复核、装箱并扫描药监码这个环节的时间不固定，这个时间是由扫码次数决定的。

12.2.8 配送成本降低的改善案例

运输费用是物流中心的最大支出项，包含车辆折旧、人员工资、油费、维修费、保险费。考虑到城市限行、医院场地、装载率等因素，目前医院配送多采用欧式轻型客车，以依维柯或全顺为主。医院药房有严格的接收时间要求，配送车辆必须在时间窗口内送达。因为很多医院有上架要求，每辆车一般配一名司机和一名搬运工。在车辆容积、车辆型号、单车人员配备都固定的情况下，降低单箱运输费用的重点在于，根据销售部的销售预算箱数提前规划好车辆能力，从而提升单车的装载率和车辆的出勤率。

在北上广这样的城市，由于拥堵、单行线等制约，路线优化软件很难应用，路线划分更多的是靠历史经验积累。依靠车载 GPS 数据提取车辆运行速度的历史数据，要求配送员工手工记录交接时间这样相对原始的手段来获得路线数据。

某医药商业公司的路线分为城市线、郊区线和冷藏线。城市线每天配送 2 次，上下午各一次；郊区线一天一次；冷藏线也是一天一次。城市线早上发车时间为 6 点，下午发车时间为 13：00。一般上下午配送的箱数比为 7∶3，上午用时更长。2 个班次合起来运输时间接近 10 小时。郊区线和冷藏线都是早上发车，晚上回。

按照如下的公式计算一条线路的配送时间。

$$标准配送时间 = 时速系数 \times 公里数 + 件数交付系数 \times 件数 + 点数交付时间 \times 点数$$

其中，时速系数按照 40/小时、50/小时、60 公里/小时三挡计算，基于 GPS 历史数据。

点数交付时间：按每个点5分钟核算，固定定额时间。

件数交付系数：每箱交接时间。根据一般医院上架要求等具体要求分解为几个固定值。一件交接为1分钟。虽然整箱和零拣一件交接时间差异很大，但此处不更详细展开。

调度根据车辆容积、客户需求箱数、客户位置等输入数据，将客户分配到每一条线数中。要求上午用时不超过6小时（12：00前送达），送货总量不超过车辆的容积。表12－13是某物流中心经过改善的实际车辆装载率与出车次数。

表12－13　某物流中心经过改善的实际车辆装载率与出车次数

	标准车次装载量（单位：辆）	实际车次装载量（单位：辆）		装载率（实际/标准）		装载率变动
		第一年	第二年	第一年	第二年	
风景海狮	94	54	60	57%	64%	11.1%
金杯	77	45	50	58%	65%	11.1%
南京依维柯	127	120	130	94%	102%	8.3%
五十铃冷藏车	274	230	250	84%	91%	8.7%
全顺冷藏车	84	50	60	60%	71%	20.0%
全顺厢货	218	100	120	46%	55%	20.0%
全顺厢货（小）	205	110	145	54%	71%	31.8%

12.2.9　医院配送用周转箱使用管理

零拣拼箱使用可周转的塑料周转箱替代一次性纸箱，理论上可以降低纸箱成本，这在制造行业已经得到广泛应用。根据汽车行业的统计，周转箱的平均周转周期在2周以内，损坏率低于0.5%，但在医药商业行业的应用效果却不佳。

某物流中心统计了过往1年周转箱在不同医院的回收比例，各家医院之间的差异很大，平均下来周转箱使用8次就会丢失，一个周转箱大约70元，而纸箱只要5元，使用周转箱的成本要远远高于纸箱。如表12－14

所示。

表 12－14 周转箱的回收比例

序号	周转箱使用次数（单位：箱/次）	丢失＋医院库存（单位：个/箱）	丢失频次比例
1	2300	60	2.61%
2	550	20	3.64%
3	1150	45	3.91%
4	1050	45	4.29%
5	1000	70	7.00%
6	2500	210	8.40%
7	3000	260	8.67%
8	2000	210	10.50%
9	2400	270	11.25%
10	400	55	13.75%
11	1200	180	15.00%
12	1150	190	16.52%
13	650	125	19.23%
14	500	100	20.00%
15	450	120	26.67%
16	350	95	27.14%
17	300	90	30.00%
18	800	240	30.00%
19	450	130	28.89%
20	550	190	34.55%
21	450	250	55.56%
合计	23200	2955	12.74%

经过现场观测，发现医院药房收货上架后的周转箱存放环节是关键点。一家医院的药房布置如图 12－3 所示，有专门的周转箱存放的架子，

办公室在药库门口，有效地防止了周转箱流出药房。

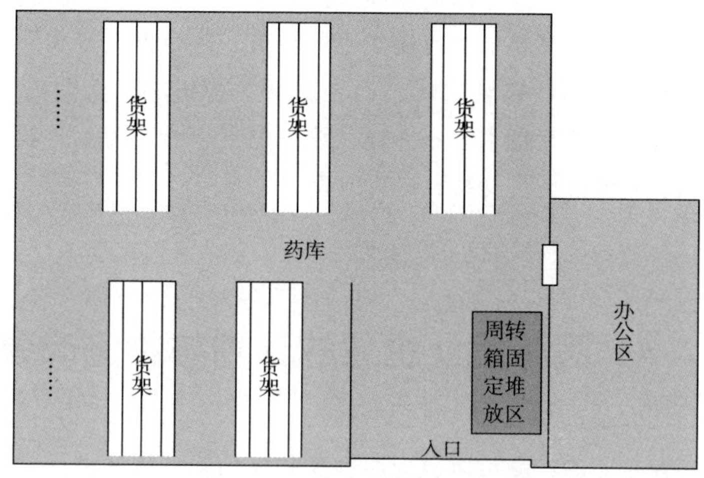

图12－3　一家医院的药房布置

而另外一家医院，没有周转箱存放地点，办公室在药库最里面，而且周转箱用于一级药库和二级药库周转。与客户沟通，药房无意在药库中腾出空间定置周转箱。后面经过与医院客户沟通，对无意使用周转箱的客户不再继续使用周转箱。如图12－4所示。

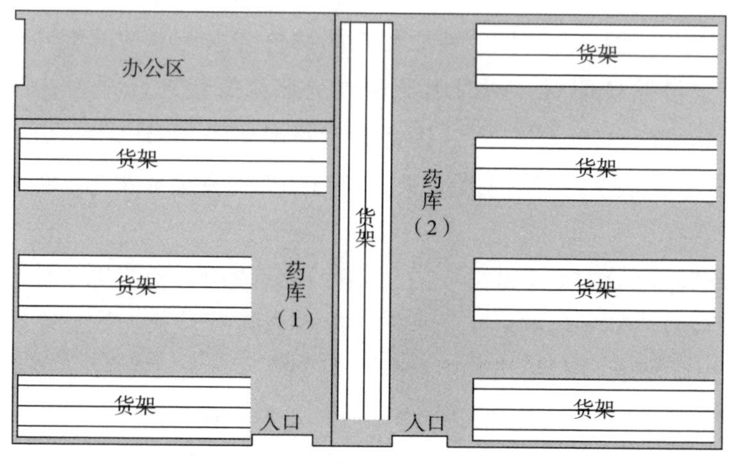

客户2：周转箱无固定回收存放区

图12－4　无周转箱存放地点

其他一些物流中心采用了不同的做法，用塑料袋装零拣药品，并放在周转箱中，在医院药房送货时当场直接取回周转箱。

这个小例子体现了汽车制造业和医药商业的差异。汽车制造商在供应链中处于强势地位，其要求供应商使用周转箱，并对报废率和周转频率进行考核，因此能够降低包装成本；而在医药供应链中，医院处于强势地位，各家医院自身的管理水平不一样，意识也不一样，商业企业往客户端推进精益理念需要根据自身特点进行改善。

12.3 医药工业企业的计划与物流改善

医药工业企业的产品可以分为原料药和成品药，这两类产品的计划模式大不相同，本文侧重于成品药计划。

先简单说一下原料药计划，计划的侧重点是在满足成品药企业订单的前提下，降低总成本，这里总成本包括采购成本、制造成本和成品库存成本。原料药针对国内和国外市场的计划模式也不同，出口的原料药都是订单模式，交付周期一般在40~50天。即第一个月的月初客户给出订单，在第二个月分批交付。而国内市场的原料药一般都是备库模式，接到客户的订单后从库存发货。在预期制造原料药的材料会涨价的情况下，原料药企业可能会大量储备原料，同时由于国内的环保管控比较严，在医药生产中，原料药生产更接近化工厂，因此会有不定期停产的风险，所以企业通常在10月前会完成当前的生产任务，原料药的库存会非常高，但计划本身难度不大。

成品药计划分为需求计划、主计划与物流计划、车间生产计划3个环节。笔者以自己辅导过的一家企业的实际改善进行分析。这家企业采用库存出货模式，成品交付率大约在96%，还是一个不错的水平，但成品库存大约有6~8周，而在制品库存有1个月，原材料库存有1.2个月，公司提出的目标是在不影响交付率的情况下降低各阶段库存，并提升人员效率。

12.3.1 需求计划模式与成品库存

这家公司采用的是1个月订单+1个月预测的模式，每个月的10日以前，销售提交 T+1 月订单、T+2 月预测。其中 T+1 月订单不会撤单，但有可能会中间插单。T+1 月给 T+2 月的订单和 T+3 月的预测。现在存在的问题是订单和预测对号率都不高，其实销售给的预测来源是各个销售经理基于过去几个月的销量的均值，加上一些个人主观判断得到的，然后汇总给销售总监，销售总监加上自己的主观判断，得到一个汇总数据，提交给生产部，并没有一个正规的预测流程。

笔者与销售人员沟通，销售经理认为市场波动大，没办法做预测。笔者要求其提取一个客户的历史订单，发现规律性非常强，但从按月销售的历史数据看，就显得月出货波动非常大。

由于医药的检验要求文件齐全，相对复杂，而且为了控制运输成本，分销公司的计划员倾向于整车采购，虽然需求稳定，每三周订货一次，但归结到各月则显得波动很大。如表 12-15 所示。

表 12-15 采购需求

单位：件

	1	2	3	4	5	6	7	8	9	10	11	12	13
周	12000			12000			12000			12000			12000
月	24000				12000				24000				

笔者在接触过多家企业后发现，国内的医药企业基本都是要求销售经理进行预测，然后销售总监汇总；但外资的医药企业多数是由专门的预测人员进行数据清洗，统计预测，然后由销售人员给出市场变化的信息，对统计预测数据进行调整，生成最终的预测。这是两种完全不同的思路，国内企业的这种做法是认为销售人员最接近市场，了解更多的市场信息，但这种方法在实践中是行不通的。笔者对单个销售经理的预测精度进行分析，发现基本都在 50% 以下。这是因为每个销售经理都有几十种产品，对应 10～20 家分销客户，对每个产品、每个客户进行销售数据分析是很困难的事情。销售经理一般都是对主要品种、主要客户进行销售信息沟通，然后再增加一些数据形成最终数据。很多非主要品种并不提交预测。

销售总监往往是根据月度、季度销售目标对各销售经理提出的数据进行人为调整，所以这种预测方式基本是无效的。

外资企业的预测模式是从数据出发，进行出货数据清洗，将那些异常的销售数据去除或者修正。例如某个月销量突然增加，到底是客户需求真正增加了还是客户囤货，第一种情况肯定要追加订单，后一种情况意味着一段时间订单要削减。在数据清洗后，进行统计预测，然后由销售经理根据市场信息，在统计预测基础上进行微调。

12.3.2 主计划与物料需求计划

由于销售预测准确度不高，主计划员根据自己的理解为每个产品设定安全库存，这个安全库存主要用于覆盖销售的追加订单，然后生成月度主生产计划交给车间。主生产计划要考虑安全库存和经济生产批量。安全库存普遍在2~4周，而经济生产批量很多都是3个月的销量，这也导致了生产成品库存高。主计划是月的形式，并未展成周。

在完成主计划后，采购部负责采购，原材料普遍都在1~2周内到达工厂。采购量基于T+1月订单。由于医药检验需要1~2周的时间，因此都会提前到料。

一次采购一个月的量主要是由于主计划未分解到周，这么多品种，车间安排哪个品种在前或在后都是不确定的，因此采购部只能一次采购一个月的用量，然后再考虑一些品种有采购经济批量，1.2个月的原材料库存就产生了。

笔者最近辅导一个医药制造企业的化验室效率提升项目，最近化验室刚上线了一个月“检品信息管理系统”，其实就是最简单的追踪一个物料的检验申请、化验、交付报告各阶段时间的信息系统，类似于简化版的制造执行系统（MES）。

笔者从数据发现某个原材料23周提请了7个批号的检验，24周又申请了5个批号的检验，其中4个批号与23周的批号是同一个。这种奇怪的现象引起了笔者的注意。

化验室的主管对此意见很大，这额外增加了一次化验，以及4个批号的作业，基本上是一个化验员一天的工作量。

这个主管很肯定地说这是生产部计划没做好，后面发现买少了，所以又进了一批。但按照医药行业的惯例是一个批号一次发完后才会发下一个批号，这个现象又无法解释。

去生产部沟通，才发现生产部没有调整计划，是采购部执行的计划，因此又找采购部相应的采购员。

与采购员沟通了解到，23 周下达了 30 吨的采购计划，厂家的批号是 4～5 吨一批，所以发了 7 个批号，入库验收时其中 4 个批号里面有包装破损的产品，然后送回去更换。24 周的 4 个老批号有 2～3 袋替换的，那个新批号是老批号不够了才给的。

“那应该是换回一个新批号的产品啊？”生产部长问。

“这家分销商每次发货时每个批号都会留 2～3 袋用于破损更换，他们家的纸袋质量确实比较差，每次都有破损，我们提出过更换时集中给一个新的批号，他们不同意。然后我也不了解他们为什么这么做。”

“由于国家环保，现在这个原料药品种国内就一家企业在生产，我们采购都是预付款提货，对方很强势，我也没办法，我也不愿意第 2 周每个批号来零星几袋再去化验室提申请。”采购员说。

“那能否等到替换的回来一起去检验？”笔者问。

根据 GMP 法规，即使供应商是同一个生产批号，不同时间送来的必须分次检验。

其实依据笔者的经验，这个分销商的仓库人员的做法原因很好猜，无非就是有运输破损考核，而又无法完成指标。如果更换新的批号，需要在系统做账，而更换老的批号可以不做账务处理，私下解决。至于退回去的包装破损的原料药是报废还是变通方法处理，就不知道了。

真正的解决方法是制造厂更换包装，估计分销商反馈包装质量问题但厂家也没解决，逼得经销商的物流管理部门只好采用这种长期变通的方法。

12.3.3 车间内部计划控制与效率提升

这家公司的在制品库存接近一个月，平均是 23.6 天，项目组构建了价值流图，如图 12－6 所示。

其中，各阶段库存天数如表 12－16 所示，医药企业有电子化的车间台账，时间准确。其中周期较长的包括颗粒停留、素片停留、包衣停留、寄存 4 个阶段。除了周期较长，车间人员配置也不合理，效率较低。

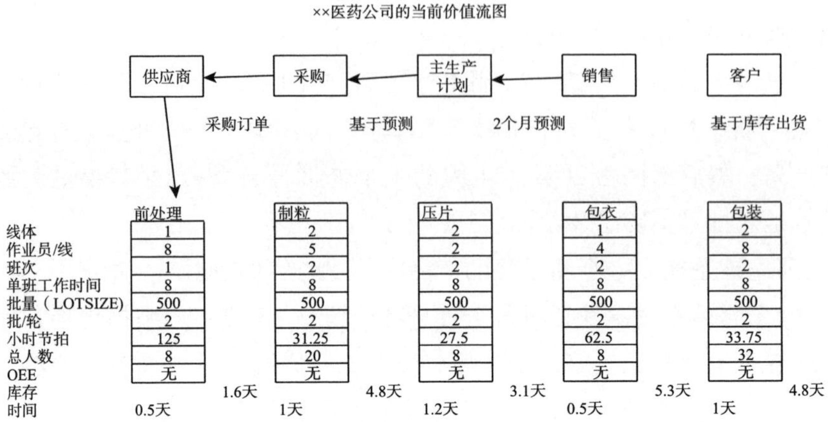

××医药公司的当前价值流图

供应商 ← 采购 ← 主生产计划 ← 销售　　客户

采购订单　基于预测　2个月预测　基于库存出货

	前处理	制粒	压片	包衣	包装
线体	1	2	2	1	2
作业员/线	8	5	2	4	8
班次	1	2	2	2	2
单班工作时间	8	8	8	8	8
批量（LOTSIZE）	500	500	500	500	500
批/轮	2	2	2	2	2
小时节拍	125	31.25	27.5	62.5	33.75
总人数	8	20	8	8	32
OEE	无	无	无	无	无

库存：1.6天　4.8天　3.1天　5.3天　4.8天

时间：0.5天　1天　1.2天　0.5天　1天

图 12－6　在制品库存价值流图

表 12－16　各阶段库存天数

现状	天	数据来源
前处理	0.5	工艺时间
配料停留	1.6	车间台账
颗粒	1	工艺时间
颗粒停留	4.8	车间台账
压片	1.2	工艺时间
素片停留	3.1	车间台账
包衣	0.5	工艺时间
包衣停留	5.3	车间台账
包装	1	工艺时间
寄库	4.8	车间台账
总天数	23.8	

（1）工业工程时间观察。

1）前处理工序：当前是一条产线，每天 1 个班次，1 个班次能加工 2 批产品，8 名员工，进行了人－机联合作业分析，发现人员安排合理。

2）制粒工序：当前有 2 条产线，每条线 5 名员工，每条产线做 1 个批号，需要 2 个班次，进行了人－机联合作业分析，发现人员空闲时间较多。

每批产品大约15个小时就可以完工。如图12－6所示。

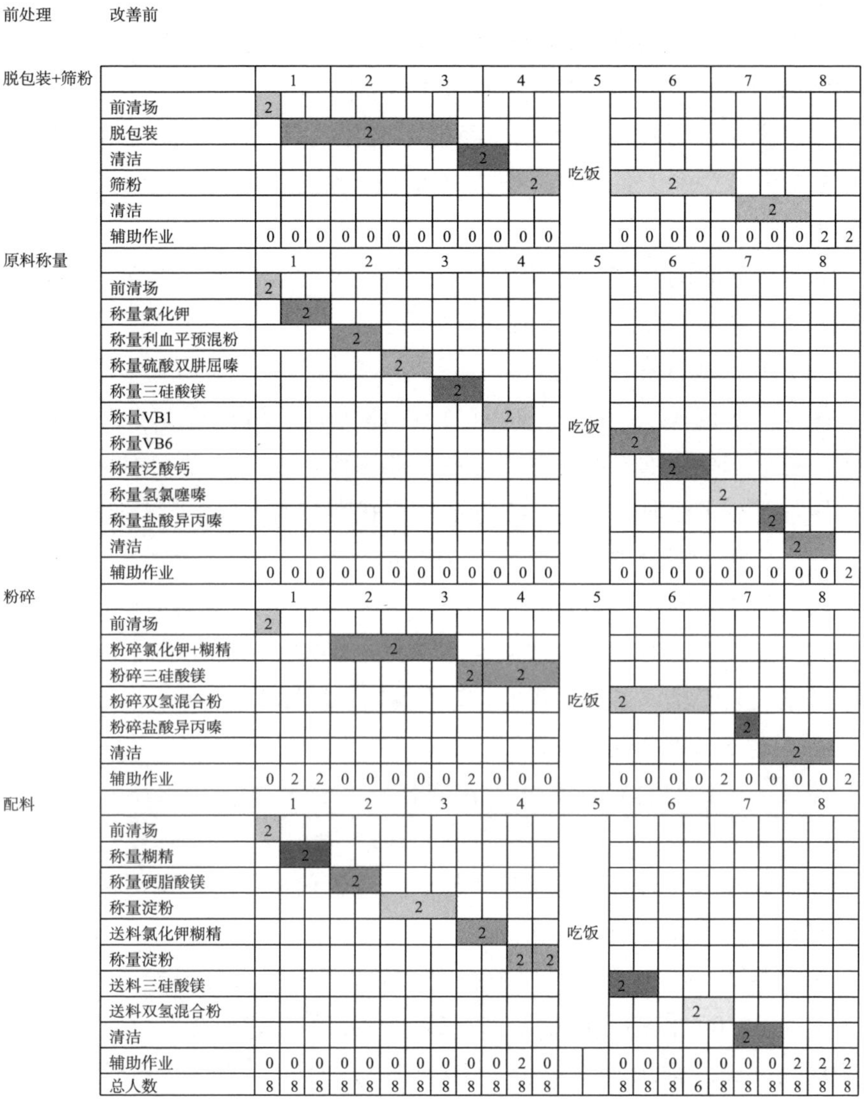

前处理　　改善前

工序	作业	1			2			3			4			5			6			7			8		
脱包装+筛粉	前清场	2																							
	脱包装					2																			
	清洁									2															
	筛粉											2		吃饭				2							
	清洁																					2			
	辅助作业	0	0	0	0	0	0	0	0	0	0	0	0			0	0	0	0	0	0	0	0	2	2
原料称量		1			2			3			4			5			6			7			8		
	前清场	2																							
	称量氯化钾		2																						
	称量利血平预混粉				2																				
	称量硫酸双肼屈嗪						2																		
	称量三硅酸镁								2																
	称量VB1										2			吃饭											
	称量VB6															2									
	称量泛酸钙																	2							
	称量氢氯噻嗪																			2					
	称量盐酸异丙嗪																					2			
	清洁																						2		
	辅助作业	0	0	0	0	0	0	0	0	0	0	0	0			0	0	0	0	0	0	0	0	0	2
粉碎		1			2			3			4			5			6			7			8		
	前清场	2																							
	粉碎氯化钾+糊精						2																		
	粉碎三硅酸镁									2		2													
	粉碎双氢混合粉													吃饭		2									
	粉碎盐酸异丙嗪																				2				
	清洁																						2		
	辅助作业	0	2	2	0	0	0	0	0	2	0	0	0			0	0	0	0	2	0	0	0	0	2
配料		1			2			3			4			5			6			7			8		
	前清场	2																							
	称量糊精		2																						
	称量硬脂酸镁				2																				
	称量淀粉							2																	
	送料氯化钾糊精									2				吃饭											
	称量淀粉											2	2												
	送料三硅酸镁															2									
	送料双氢混合粉																		2						
	清洁																				2				
	辅助作业	0	0	0	0	0	0	0	0	0	0	2	0			0	0	0	0	0	0	0	2	2	2
	总人数	8	8	8	8	8	8	8	8	8	8	8	8			8	8	8	6	8	8	8	8	8	8

图12－6　制粒工序

（2）生产线存在的问题点。

问题1：工艺要求淀粉浆温度要降低到45℃才能制粒，淀粉浆制备到温度降低到工艺温度需要80分钟，预混合制粒需要等待，生产推迟。

问题2：七组分混合在独立房间生产，该工序生产结束后，人员除了少量辅助工作，在下一车生产前处于长时间等待状态。

问题3：干燥结束后水分检测时间过长，三个点检测时间为50分钟，检测结束前，下一车物料和人员都处于等待状态。

改进方法：通过增加冰袋，降低了降温时间。调整了七组分作业人员，从2名减少为1名，将干燥检测人工作独立。每条产线的人数从5人压缩为4人。

压片工序时间观察：压片工序有2条生产线，每条线2人。1批生产大约要20个小时左右。如图12－7所示。

（3）生产线存在的问题点：

压片前库存高：1批生产时间为18.18小时，每天有2小时产量往后结余，每周末集中加班消库存，这也是颗粒和压片库存高的原因。

压片进行生产时，机器一直处于运行状态，人员按工艺要求每15分钟进行一次监测，其余时间人员处于等待状态。

改进方法：同步化生产，压缩辅助作业时间，并适当加班，必须在2个班次内完成1批的生产。这样压片和前处理颗粒就实现了同步生产。

每条线只安排一名员工作业，2条线减少合计2人。

（4）包衣效率与包衣后库存分析。

经过人－机联合作业分析，包衣作业人员效率衔接紧凑，人员配置合理。

产品完成压片后需要送化验室检验，改善前需要3天的时间，进行了作业时间分析，如表12－17所示。

车间是7：00上班，上2个班次，一个批号完成后是第一天的晚上；化验室是8：00上班，上班后15～20分钟，组长进行派工，而车间在第二天送第一天的样到化验室后，需要先登记台账，然后再将请检单交给各组，因此会延后一天在第三天进行派工。检验完成后，第四天上午实验员写报告，第四天下午车间拿报告，第五天进行包衣生产，因此等待是3天。

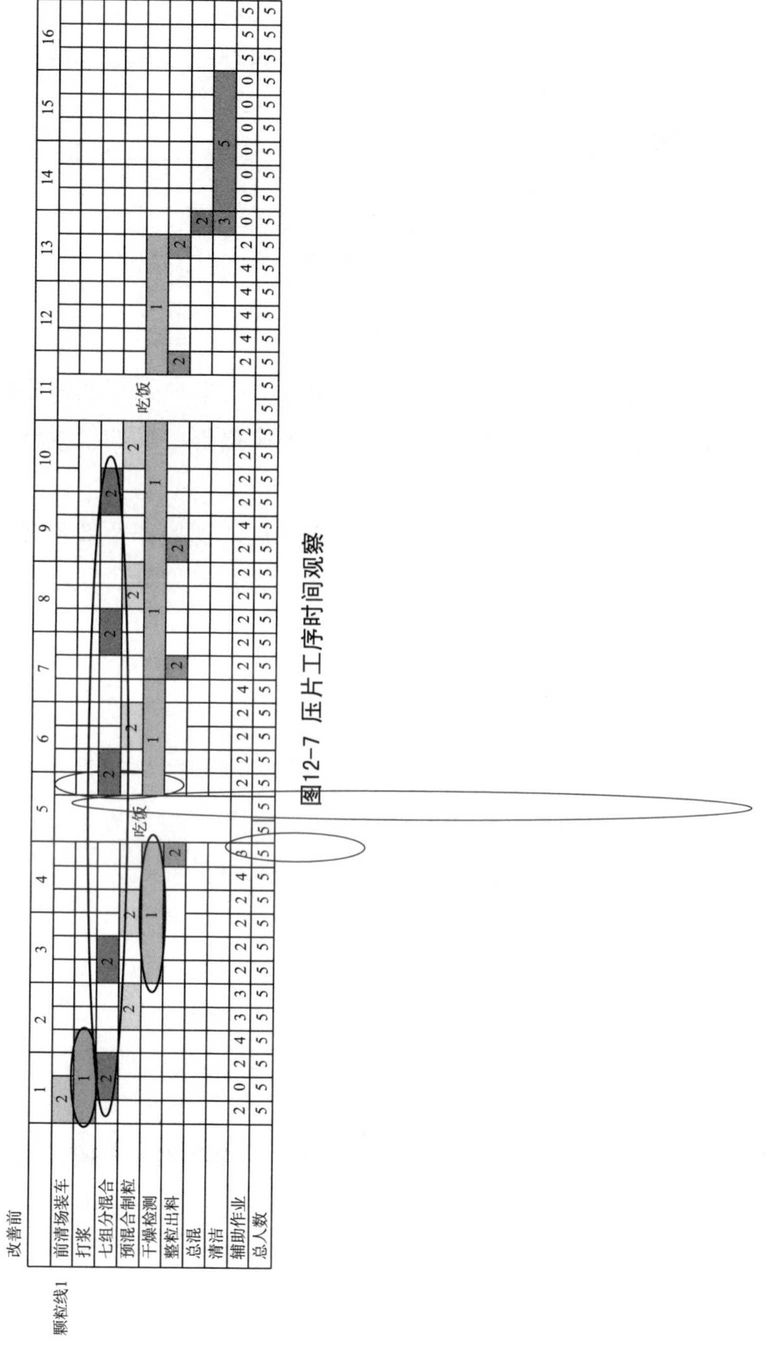

图12-7 压片工序时间观察

表 12－17　压片作业时间分析

<table>
<tr><td></td><td colspan="2">1</td><td colspan="2">2</td><td colspan="2">3</td><td colspan="2">4</td><td colspan="2">5</td></tr>
<tr><td></td><td>早</td><td>中</td><td>早</td><td>中</td><td>早</td><td>中</td><td>早</td><td>中</td><td>早</td><td>中</td></tr>
<tr><td>车间</td><td>压片</td><td>压片</td><td colspan="6">等待 3 天</td><td>包衣</td><td>包衣</td></tr>
<tr><td rowspan="3">化验室</td><td></td><td></td><td colspan="2">9∶00 拍请检</td><td></td><td></td><td></td><td></td><td></td><td></td></tr>
<tr><td></td><td></td><td colspan="2">8∶30 派前批</td><td colspan="2">8∶30 派工本批</td><td></td><td></td><td></td><td></td></tr>
<tr><td></td><td></td><td>检验前批</td><td></td><td>检验本批</td><td>液相设备</td><td colspan="2">12 点前完成报告</td><td></td><td></td></tr>
</table>

改进：生产部开发了一个小软件进行预报工，第一天车间在系统里面填写报检请求，第二天开始检验，第三天下午拿报告，第四天生产。等待周期从 3 天减少到 2 天。

经过系统的工业工程的人－机联合作业分析，现场作业效率改善，车间总人数从 76 人压缩到 62 人，产量不变。制造周期从 24 天压缩到了 16 天。

12.3.4　化验室的交期与效率

化验室管理是各家医药公司的老大难问题，困扰的难题是检验交付周期不稳定，单看一个批次周期是很明确的，但由于请检任务不均衡，排队时间长。公司其他部门对化验室的准时交付问题意见非常大。笔者以自己辅导过的一家化验室进行分析。

首先，化验室的任务包括 3 个来源：车间的每日请检任务、原料仓库的请检任务、其他任务，包括 GMP 认证要求、洁净水等。

任务 1 相对均衡；任务 2 有明显的周期性，月初或月末会集中到料、集中检验；任务 3 是非固定的。

然后利用宽放抽样对化验室人员的作业时间分布进行观测，发现人员利用率明显不高，早上晨会后班长进行作业分配，8：30～10：30 天平室空间非常紧张，天平室共 6 台天平，后面的人员要等待前面的人员用完天平后才能作业，等待时间常常超过 45 分钟，通过增加一个天平室和 3 台天平，作业员的作业交错分布，降低了排队等待时间。

还发现一个问题是 16：30 下班，但很多化验员 14：30 以后就已经完成当班作业，后面2个小时是空闲的。每名化验员每天只处理1个品种，这主要是由于一个品种的待检验批次数量是不固定的，如果车间一个品种只生产一批，那么化验员当日只检验一批，上午该批物料就能进行液相检验，下午时间就会空闲；如果一次检验8批，化验员还是能够一个班次完成，但通常会作业到17：00左右才能完成。如果是先进行大批量的化验，基本是夜班里面液相设备作业。

后面经过数据分析，进行了大小批组合作业，即每名化验员2天完成2个小批和1个大批检验任务。第一个班次先做1个小批的作业，然后进行第2个大批的准备工作，在第一个小批的液相检验完成后，先将第二个大批作业的任务上到液相仪器，然后第二天早上来整理报告，第二天下午进行第三个小批的作业。

通过这种模式，1个作业员从1天1个品种提升效率为2天3个品种，有效提升了作业效率。

改善前如表12－18所示。

表12－18　改善前检验

改善前																		
		工作内容	1	2	3	4	5	6	7	8	9	10	11	12	13	14	15	16
第一人	小批	派工																
		准备																
		液相设备上料																
		液相设备作业																
		完成提前一天的报告							空闲									
第二人	大批（8批）	派工																
		准备																
		液相设备上料																
		液相设备作业																
		完成提前一天的报告																

改善后：通过提升效率，有效降低了排队周期时间。如表12－19所示。

表 12－19　改善后检验

改善后																		
		工作内容	1	2	3	4	5	6	7	8	9	10	11	12	13	14	15	16
第一天	第一个小批	派工，晨会																
		准备																
		液相设备上料																
		液相设备作业																
	大批	准备大批																
		液相设备上料																
		液相设备作业																
		完成提前一天的报告																
第二天	第二个小批	准备																
		液相设备上料																
		液相设备作业																
		完成提前一天的报告																

第 13 章

半导体企业的计划与物流改善案例

前面几个案例分别分析了汽车和家电等企业的供应链，在这 2 个行业中，芯片是供应周期最长的核心部件，芯片厂都是自有品牌企业，技术门槛高，而且一旦选定了某个芯片，很难切换到其他芯片。笔者辅导过很多家电企业，每一家都觉得芯片供应是供应链里面的大问题。本案例聚焦一家知名的芯片企业的计划和物流管理，包含计划流程与改善；能力测算与改善；工装需求管理；入厂物料管理四个部分。

13.1 半导体厂的供应链计划流程

13.1.1 半导体的生产流程及供应链基础

半导体制造包括 4 个主要的过程：芯片制造（fabrication）、晶元测试（probe）、封装（assemble）、产品测试（test）。汽车电子产品等对安全性能要求很高的产品在芯片测试这一步通常还需要进行老化测试（burn - in）。习惯上将前 2 个过程称为半导体前段制造，后 2 个过程称为后段制造。

前段制造的生产周期大约需要 2 ~ 3 个月，而后段制造的生产周期大约只需要 2 ~ 3 周，因此通常情况下前段制造是按照预测生产入库，而后段制造则按照订单生产或按库存生产的混合模式。

半导体供应链的特点：半导体制造是一个典型的资本密集型生产类型，这要求企业充分利用其设备能力，然而半导体企业面对的又是一个具有季节波动性需求的市场，在其他行业，通常可以利用季节性库存储备来应对这种季节性需求，但半导体产品更新换代很快，使得对产品需求的预测很难做准确，保有大量的库存会带来很大的经营风险。这就迫使企业必须在需求高峰的季节采用生产外包的方式。这里以一家跨国的半导体企业 F 公司的供应链结构进行分析。

F 公司的供应链功能性属性分析

销售特征：客户通常是大客户或者大型的经销商，相对制造商具有很强的影响力。产品的定制化程度很高，对准时交货的要求很高。对未来需求预测的准确性受客户所在行业的影响很大，部分行业如汽车电子等需求比较稳定，然而消费电子类客户的需求则波动很大。

生产特征：同时生产多种产品，产品结构和工艺差异很大。有超过3000种成品SKU。

配送特征：分销结构很短，通常是向客户直接供应；如果通过销售商也很少超过2层。送货方式以空运为主。

采购特征：所采购的产品专业化很强，通常一种部品为单一供货点或者2个供货点。

F公司的计划流程及相应的供应链计划系统：是以SAP公司的R/3和APO系统为基础的。

F公司的计划流程基本上与美国生产与库存管理协会（APICS）所推荐的MRPⅡ一致，然而公司并没有直接采用SAP的PP模块，而是根据公司的特殊需求自行开发了一些模块。这些自行开发的模块比标准模块更灵活。

1）长期战略计划：是由财务部门利用自行开发的电子表格进行的，这是一个年度计划。

2）销售及运作计划：这项工作主要由MBG部门负责，包括了2个环节。

需求预测：需求预测采用了SAP APO系统的Demand Plan模块，它的输出为未来18个月的需求预测。该模块只包括了基本的预测算法，如移动平均、指数预测、线性回归等。

30供应需求匹配：是一个月计划过程。采用了公司自行开发的PARCA系统，是用来保证未来3~18个月的产品需求与生产能力相匹配。与SAP的SNP模块相比，这个系统更为灵活，支持集团内部的多工厂管理功能。这个阶段的输出为库存计划、总生产计划和订单计划。

4）主生产计划：此阶段使用的系统是CAST，这是自行开发的计算系统。主生产计划需求运算逻辑是F公司根据自身业务特点编制的，包含按订单制造和按预测制造2个大类。

主计划的输出是1个13周的滚动需求计划，格式如表13-1所示。

表13-1　13周的滚动需求计划

产品	产品族	产品描述	小时节拍	1	2	3	4	5	6
A	6147	×××	1100				5000		
B	6147	×××	1000		2500	2500	2500	2500	2500

续表

产品	产品族	产品描述	小时节拍	1	2	3	4	5	6
C	6147	×××	950	26000	10000	20000	30000	10000	20000

5）物料需求计划：在计算出最终产品的需求后，系统自动计算出对半成品的需求，并按照实现设在SNP中的比例将需求分配给各工厂。

6）工厂排序：这项工作是由制造部的排序计划员利用BEST Version系统，根据订单的交货日期及芯片的库存情况来计算每天的投料计划。BEST Version考虑到芯片的供应及最终订单的情况来产生制造订单。这个系统也是公司自行开发的。

7）生产进度管控：各车间基于MES系统的工单的优先级进行派工管理。

13.1.2 半导体厂的主计划模型选择及关键参数管理

F公司定义了六种按订单制造和两种按预测制造的模型，主计划员需要在系统中为每种产品选择一种模型。如表13－2、表13－3所示。

表13－2 订单制造

规则	描述
BTOC	按照客户净需求制造，如果不选择其他模型，该模型为默认模型
BTOCM	按照客户净需求制造，设定最小起订量
BTOCX	按照客户净需求，乘以×%的宽放系数
BTOCBF	按照客户净需求，系统自动进行需求－能力平衡
BTOCT	生产产品，按照设定的最大量目标
BTOCA	自动进行计算，按照预设的最大量、×%宽放系数、客户净需求中的最大的值

表13－3 预测制造

规则	描述
BTPM	手工计划，提供一个长期计划，对于高优先级的客户，在客户未下达订单时提前备货
BTPL	手工计划，用于退市产品，不考虑客户订单，按照预设的产量进行生产

主计划中最关键的2个参数是生产期量和良率系数，F公司是按工单生产，公司使用自行开发的MES系统，要求工人在每个工序都要在开工时

扫描工单，完工后扫描工单。这样就得到了每个工序的开工时间、完工时间和排队时间。同时要求工人在生产工序录入本工序的产出数量，这样就得到了每个产品每批的良率。

F公司基于工单的周期和良率数据，专门开发了报表供主计划员定期分析生产期量和良率。从工单报表上可以得到每个季度每个产品的系统生产周期、实际生产周期（中位数）、75%分位数周期。如果实际周期短于系统生产周期，则要求生产分厂在系统里面调整缩短生产周期；如果实际周期长于系统生产周期，则要求分厂提出改善措施，必须压缩生产周期。默认的生产周期为封装4天，如果有电镀工序的产品增加1天；测试：每个温度测试给2天周期、老化试验2天、包装2天。

这里面就发生了很有意思的事情，在实际生产中，如果产品良率没有问题，其实测试环节是用不了这么长的周期时间的，为了避免系统报表中体现周期缩短了，一些测试物料管理员在产品实际完工后不及时过账，等到物料的周期时间耗尽时再进行系统报完工。而在封装环节，周期比较紧，物料员经常在最后一道工序还在加工过程中就进行完工扫描，这样可以在系统中缩短周期时间。封装车间通常每班送2次物料到测试车间。当某些物料需要紧急交付时，测试车间如果在MES系统看到这批物料已经完工，会主动跑到封装车间要料，但经常会发现物料实际还未完工，双方矛盾重重。

良率计算也是基于中位数值，这样可以避免批量不良对良率造成的影响。

在笔者见过的企业中，期量和良率实现闭环管理的只有F公司。多数公司都只是针对产品设定了生产周期和良率用于计划排产，但多数公司未实现工单管理，或者名义上有工单，但产品工序转移不按照工单进行，无法计算每个工单的平均生产周期。由于缺少闭环管理，实际周期会逐步加长，当计划员还是按照原有周期安排生产时，经常会出现延期交付。而缺少良率的定期追踪和分析会导致计划数量不足，需要补料；或者导致生产过多的成品。

生产批量的大小对效率及生产周期影响分析：批量大小会影响效率和周期，较大的批量可以减少切换次数，从而提升设备效率；但较大的批量会导致较长的生产周期。根据Little Rule，生产周期＝在制品库存/节拍。

降低在制品库存和生产周期是同一件事，公司确定了一个系数 LT/∑CT，就是用当前的周期时间/各工序的按批次量计算的加工周期，F 公司进行了内部测算，发现公司的封装车间这个系数在 2.5 ~3 倍之间。公司总部下达了缩短生产周期的要求，将部分产品的生产周期目标设定为 3 天。

13.1.3 车间进度控制 – 封装和测试分厂的衔接改善

F 公司以 FOTD 指标来衡量各制造分厂的交付绩效，测试由于是后道工序，对 FOTD 指标考核得极为严格。前文提过，测试生产周期设定为 1 个温度 2 天、包装 2 天。测试车间希望封装车间能够在周一时将这些单温测试的物料交付，但每周都有很多种产品封装不能准时交付，造成测试车间必须在最后 2 天突击生产。

笔者统计过往 8 周的情况，发现平均每周有 138 千颗物料迟到。如表 13 –4 所示。

表 13 –4 过往 8 周的情况

单位：千颗

	31 周	32 周	33 周	34 周	35 周	36 周	37 周	38 周
延迟	160K	180K	80K	70K	110K	100K	160K	200K

项目组统计了一种经常发生延期交付物料实际在各车间的移动情况，发现该产品的计划及产出情况如表 13 –5：很明显这个产品在下料时已经滞后，导致了测试车间在周五时赶工生产，而后线在周二时进行赶工。

表 13 –5 产品的计划及产出情况

单位：千颗

		第一周							第二周						
系统的计划	封装开始						220								
	封装结束									220					
	测试结束													220	
实际	排序开始		32	32	32	32	32	60							
	前线开始			64	32	39	25	17	43						
	前线结束				35	12	11	49	40	30	43				
	后线出						36	14	36	37	54	43			
	测试出									70	36	0	26	64	24

就这个表的数据进行详细分析，如果有经验的计划员可以看出相当多的问题。

同时在周一时各个部门多次协调进行催料。测试生产部门周一早上发现当周要交付的物料还未到期，于是找测试计划员，测试计划员找封装计划员，封装计划员再找封装生产部门，然后再通知测试计划员、测试生产部门。2 天内多个部门反复沟通催料。

实际的原因是封装计划员下料滞后，同时封装车间未掌握测试车间的具体需求时间。

1）每周六总部的主计划员会下达滚动 13 周的主计划，此处存在的问题是单个产品的产出日期是计划在周五出货的，然后按照 MRP 的逻辑，分解出前线的产出日期。但实际上，由于产能和模具有限，每天的生产量最大只有 50 ~ 60 千颗。

2）等封装计划员周一排产、仓库点料，车间最早开始生产一般已经是夜班了。为了减少设备的切换次数，一周的订单量会均衡地拆分为 7 天生产。封装生产周期为 3 天、测试为 4 天，意味着如果需要在 N + 1 周的周六前测试入库，封装投料必须在 14 天前，即 N – 1 周的周六完成，所以说投料已经晚了 2 天。

3）F 公司的车间进度控制逻辑有一个考虑不周全的地方。MES 系统会提示给封装车间调度每个批号的优先级，例如 4 代表封装下周完工就可以。对于这类测试生产周期只有 4 天的产品，意味着封装车间和测试车间完工在同一周。由于考核是按周完工进行的，封装车间并没有意识到这部分产品需要在周一必须交付给测试车间。如图 13 – 1 所示。

该公司使用一个名叫 BRIO QUERY 的数据仓库，可以实时从 MES 系统中提取当前库存的数据，如上图，车间里面每个工单的信息，包含批号、物料号、当前工序、在当前工序已经停滞的时长、订单优先级等内容。

后面项目组针对这些产品制定了 2 个改进措施：

改善 1：要求封装计划员提前投料，在周五时下达计划，周六开始生产；

改善 2：是在车间报表中体现这部分物料的测试需求时间，要求封装车间在第二周的周一时交付给测试车间。

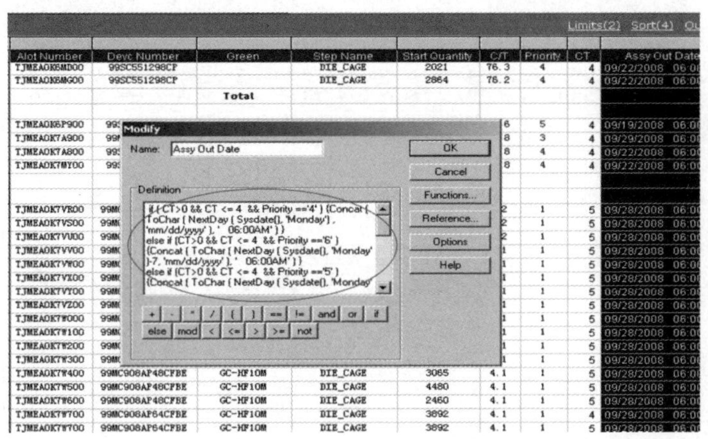

With IT guys help, each lot could be assigned a specific output date.

图 13-1 FMES 系统会提示给封装车间调度每个批号的优先级

13.2 产能测算

半导体工厂投资大，持续提升产能利用率是公司关注的重点，下面按封装、测试、老化分别进行测算。

13.2.1 基于产品特征值的封装工序标准工时计算及设备能力需求测算

F 公司封装产能测算传统上是利用一种“线平衡表，LBC”（LINE BALANCE CHART）进行的。将产品按照封装类型和尺寸的不同，划分到不同的产品族，同一个产品族内的不同产品认为工序工时是接近的。将设备划分到每个产品族，如表 13-6 所示。可以看到，其中一些单台产能较大的设备如电镀产线（PLATING），会按照产品族的实际需求将单台设备产能划分到不同的产品族产线。表中最后一列代表各道工序的产能。以产能最小的一个工序的产能作为该产线的产能。

表 13－6　将设备划分到每个产品族

PROCESS	EQUIP MODEL/ TYPE	OTY EA	UPH K/HR	ASU K/HR	SU %	CO %	PM %	DT %	SC %	CP %	UF %	168 HRS/ WK/Mc K/WK/ Mc	168 HRS/ WK K/WK	168 HRS/ WK K/WK
WAFER MOUNT	LINTEC RAD2500 F/8	0.06	25.49	30.00	1.7	7.1	1.1	3.7	0.2	1.3	85.0	4281	257	257
WAFER SAW	DISCO DFD640	0.45	2.37	2.75	7.8	2.5	1.1	1.1	0.9	0.5	86.1	398	180	250
	DISCO DFD651	0.15	2.78	3.23	7.8	2.5	1.1	1.1	0.9	0.5	86.1	467	70	
DIE BOND	ESEC 2007	0.78	1.91	2.44	5.2	7.3	1.5	4.1	1.0	2.5	78.3	321	250	250
EPOXY CURE	TABAI	0.75	1.99	2.31	3.5	4.7	0.3	4.2	0.2	1.3	85.9	334	250	250
PRE WIRE BOND PLASMA CLEAN	TECHNICS PLASMA 400	0.13	4.52	5.28	4.2	5.1	3.0	0.5	1.0	0.5	85.7	760	99	99
WIRE BOND	K&S 8020	2.00	0.24	0.30	4.9	3.1	0.8	5.6	1.0	3.5	81.1	41	82	256
	K&S 8028	4.00	0.26	0.32	4.9	3.1	0.8	5.6	1.0	3.5	81.1	44	174	
PBI	DIAS IS22	0.50	7.03	8.00	0.7	3.4	0.1	1.7	2.1	4.2	87.9	1182	591	591
MOLD	TOWA UPS 120N	1.30	1.19	1.53	10.8	2.0	3.6	3.3	0.7	2.0	77.6	200	260	260
PMC	BLUE M DC－246SEY	0.36	4.97	5.73	0.7	8.7	1.9	0.7	0.5	0.7	86.8	836	301	301
PLATING	TECHNIC(Tin Lead)	0.30	8.70	11.00	8.0	4.4	3.6	1.5	1.4	2.0	79.1	1462	439	439
	TECHNIC(Lead Free)	0.40	8.70	11.00	8.0	4.4	3.6	1.5	1.4	2.0	79.1	1462	585	
PPB	BLUE M DC－246SEY	0.09	7.46	8.60	0.7	8.7	1.9	0.7	0.5	0.7	86.8	1254	113	251
	BLUE M DC－336SEY	0.11	7.46	8.60	0.7	8.7	1.9	0.7	0.5	0.7	86.8	1254	138	
TRIM/FORM	FICO TFM－2A/HM1900	1.00	3.62	4.81	3.3	8.6	4.3	4.3	1.4	3.0	75.1	607	607	911
	FICO TFM － 2A/HM400 SM(On)	0.50	3.62	4.81	3.28	8.61	4.28	4.30	1.40	3.00	75.1	607	304	

主计划员会将一个产线作为1个工作中心用于主计划排产。

其中ASU代表理论产能，QTY代表设备数量，UPH代表实际小时产能。UPH = ASU × UT（利用率）。

$$UF = 1 - SU - CO - PM - DT - SC - CP$$

SU是指设备切换模具时间：用一段时间的切换次数×单次切换标准工时/总投入时间。

CO是每批物料开接批作业时间：每批物料开接批作业标准工时×批数/总投入时间。

PM是设备计划维修时间：根据设备部门每年的设备保养计划。

DT是设备故障停机时间：根据停机记录。

CP是公司政策停机时间：包含开班时晨会、中午休息时间等。

各道工序的利用率从75%到85%不等，UF数据是相对准确的。一直以来这套LBC的方法在F公司都能有效使用。这里面的前提是1个产品线内的不同产品工时差异不大。但随着BGA和QFN等封装形式的导入，F公司发现这套方法存在较大的缺陷。

不同的工序决定标准工时的特征值不一样。贴片工序可以按“颗”计算能力；打线工序是按照产品的连线个数；MOLD工序是根据产品大小相关；粘球工序与产品大小。由于在这些工序中，打线工序的设备台数最多、投资最大，因此按照最初的产品组合设定了设备组合，设备的ASU是反推出来的。例如最初产品多数是225根线，因此大约1台DB对应10台WB设备。但当单个产品的线数从225增加到450根时，每个产品WB的工时就上升一倍，但D/B等工序单个产品的工时并没有变化。产品线数没变，还是225根线，当面积减少一半，每条框架上容纳的产品就多了一倍，后线的MOLD等工序的单个产品工时会缩小一半。

经过讨论，定额组决定使用线数和每条上的个数2个产品特征值作为变量计算每个产品的标准工时，并基于13周滚动订单计算出各道工序的产品负荷。可以发现产品组合的变化对设备需求影响确实存在。如表13－7所示。

表 13 -7　各道工序的产品负荷

单位：千颗

		2008 - 1	2008 - 2	2008 - 3	2008 - 4	2008 - 5	2008 - 6	2008 - 7	2008 - 8	2008 - 9	2008 - 10	2008 - 11	2008 - 12
Budget	2251/0	2357	2190	2357	2361	2361	2362	2309	2309	2310	2313	2313	2310
	unit	1978	2091	2334	2408	2351	2285	2262	2271	2265	2325	2205	2087
D/B	Avail, unit	2510	2510	2510	2510	2510	2510	2510	2510	2510	2510	2510	2510
	Require	1978	2091	2334	2408	2351	2285	2262	2271	2265	2325	2205	2087
	Delta	532	419	176	102	159	225	248	239	245	185	305	423
W/B, total	Avail, unit	249	249	249	249	249	249	249	249	249	249	249	249
	Require	236	213	230	233	232	234	233	234	234	239	238	229
	Delta	13. 1	36. 1	18. 9	16. 1	16. 6	14. 6	16. 4	15. 1	15. 5	10. 1	11. 1	19. 7
W/B(PGE + Fine pitch)	Avail, unit	206	206	206	206	206	206	206	206	206	206	206	206
	Require	212	182	194	192	194	201	194	194	196	192	200	200
Delta	-6	24	12	14	12	5	12	12	10	14	6	6	
W/B(Normal)	Avail, unit	43	43	43	43	43	43	43	43	43	43	43	43
	Require	24	31	36	41	38	33	39	40	38	47	38	30
	Delta	19. 35	12. 24	6. 92	2. 26	4. 77	10. 00	4. 30	3. 46	5. 26	-4. 20	5. 37	13. 24
Mold	Avail, unit	6	6	6	6	6	6	6	6	6	6	6	6
	Require	5. 6	4. 9	5. 3	5. 3	5. 6	5. 7	5. 6	5. 5	5. 5	5. 5	5. 5	5. 3
	Delta	0. 37	1. 06	0. 73	0. 50	0. 37	0. 35	0. 42	0. 46	0. 55	0. 51	0. 54	0. 73

13.2.2 半导体测试设备效率 OEE 与人机比

半导体测试机台投资大、折旧快，一套 J750 的测试机及上料机价格超过 100 万美元，设备利用率是公司制造管理部门的核心指标。F 公司的 IE 部门负责公司标准工时、设备投资的核算。F 公司是 2004 年从 M 跨国公司剥离的，管理体系沿袭自 M 公司；最初时公司对设备的考核指标是 UOEE，即（好品 + 次品）×标准工时/投入总工时。标准的 OEE 公式应该为：好品×标准工时/投入总工时，但这家公司的生产经理认为：产品的良率是由 PE 负责的，有单独的良率指标考核他们，UOEE 显示出来的是工厂的生产效率。后来随着对公司了解的深入，笔者发现这个 UOEE 存在巨大的操作空间，半导体测试工序并不改变产品的形态和功能，所以一颗料可以反复测试，当设备缺少物料时，工人为了避免设备停机损失 UOEE 指标，会将测好的物料再次投入设备以提升 UOEE。在这个情况下，工厂开发了 OEE 模型，如表 13－8 所示。

表 13－8 OEE 模型

	A	B	C	D	E	F	G	H	I	J
1	schedule working time per week,Hr	168.000			Percentage		Start	Servicing job,s	Other job one,s	Other job two,s
2	Setup time per week, Hr	27.967	average time of changeover,s	2400	0.40%		Lot start	420.00	140.0	
3			No. of changeover per	1			lot end	600.00	60.0	
4			average time of setup temperature ,s	2700			Assist	428.57		
5			No. of setup temperature per week	6	2.68%		VM		476.2	
6			Possibility of PM&PE	0.1	10.00%		load		119.0	
7			Material block during low temperature test,Hr	6	3.57%		unload		47.6	
8	total test time per	3.459	test time(good),s	2.89			find material	405.00		
9			test time(bad),s	2.5			view screen			120.00
10			first time test yield	0.9			communicate			600.00
11			retest yield	0.3			DBS			600.00
12			lotsize	4000			lunch etc			6300.00
13	Assist time per lot,Hr	1.042	lot start,s	420	2.16%		servicing time-adjusted	2359.29	machine time	12450.80
14			lot end, s	600	3.09%		g	5.28	ng	0.42
15			soak time,s	0	0.00%		queue time	85.88		
16			Possibility of material mismatch	0.15						
17			average time for dealing material mismatch,s	2700	2.08%		labor load per lot	0.70	labor load per shift,Hr	9.04
18			MUBA,s	420						
19			MTTA,s	40	1.96%					
20			average queue time for assist,s	85.88	5.09%					
21			index loss per 16tube,s	90	2.76%					
22			unit/tube	42						
23	No of output by lot	31.114	total,%		33.79%					
24	UOEE	64.054%	labor-machine ratio	4						
25	$UOEE = (\frac{A-B}{X+Y} * X) / A$			Definition:						
26				A : schedule working time per week				X: total test time per lot		
27				B:setup working time per week				Y: assist time per lot		

设备利用率模型：这里假定设备利用率损失包括 2 部分：与批次相关

的部分和与批次无关的部分，利用宽放抽样、秒表计时和 Wright 公式 3 个方法来计算各种损失。在表格中，A 代表每周总时间，B 代表与批次无关的损失时间，X 代表做一批的标准时间，Y 代表每做一批的时间损失，(A－B)/（X＋Y）则计算出了每周所做产品的批次，批次×X/A 就得到了设备利用率。通过这种方式，可以分析当改变 lotsize、人机比和 MUBA 等参数时对设备利用率的影响。

人机比模型的 Wright 公式介绍：Wright 公式是用来计算一名工人看管多台机器时机器排队时间的经验公式，确定了机器排队时间，然后再根据机器运行时间和控制外工作（机器必须停下来工人才能做的工作）确定合理的人机比例。“随着一名工人看管的机器数量的增加，工人和机器之间的协作关系也就越来越复杂，机器干涉时间和随之发生的延迟时间也就越来越大。”因而确定合理人机比例是非常必要的。

一般在实际生产中，机器干涉时间（排队时间）一般占总工作时间的 2% 到 30%，最多甚至达到 50%，但是不通过科学的方法计算衡量，就无法确切地知道在现有的人机比例下机器干涉时间是多少，对机器利用率的影响又是多少。而 Wright 公式就是解决这一问题的经验总结。当一名工人看管的机器数量小于或者等于 6 时，我们可以用下图来衡量。首先计算出机器运行时间和控制外时间（servicing time）的比值，根据人机比例查出机器干涉时间的百分比，从而计算机器利用率是否达到要求。

如图 13－2 所示，当一名工人看管的机器小于 7 时，机器干涉时间和机器运行时间与控制外时间的关系。

如果一名工人看管的机器台数超过了 6 台，则可以用以下公式计算：

$$I=50\left[\sqrt{(1+X-N)^2+2N}-(1+X-N)\right]$$

I 为机器干涉时间百分比；

X 为平均机器运行时间与平均控制外工作时间的比值；

N 为一名工人看管的机器台数。

用这种逻辑，车间 1 个人可以看管 4 台设备，而实际上车间是安排 1 个人负责 3 台设备。车间对这个模型的数据和计算逻辑未提出异议，但坚持说由于离职率高，车间很多都是新工人，按照纯理论确实可以 1 人 4 机，但实际上无法做到 1 人 4 机，最终经过 TWI 训练，还是按照 1 人 4 机安排产线。

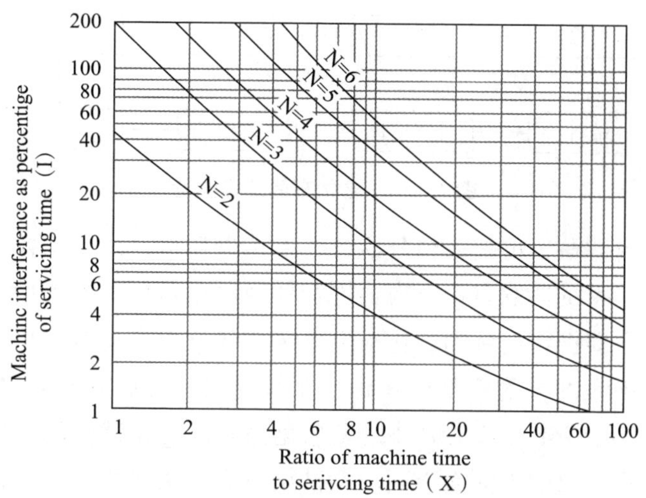

图 13-2 机器干涉时间和机器运行时间与控制外时间的关系

13.2.3 老化车间设备，测试板及人员需求测算

（1）老化制造简介。

芯片在封装完毕后，可能存在潜在缺陷，这些会导致芯片性能不稳定或者功能上存在潜在缺陷，如果这些存在潜在缺陷的芯片被用在关键设备上，有可能发生故障，造成用户财产损失或者生命危险。而老化试验的目的就是在一定时间内，把芯片置于一定的温度下，再施于特定的电压，加速芯片老化，使芯片可靠性提前度过早期失效期，直接到达偶然失效期（故障偶发期），保证交到顾客手中的芯片工作性能的稳定性和可靠性。

在实际生产中，老化试验由于设备昂贵、试验时间长而极大地增加了成本，而且延长了生产周期，进而导致影响按时交货和生产计划的有效实施。所以，如何控制工人数量，提高工人手工上下料的生产效率，进而缩短生产周期保证交货时间，对半导体生产有着重要的意义。

F 公司半导体老化试验车间有员工 113 名、物料自动装卸机 7 台（其中三台 QFP 自动装卸机、四台 SOIC 28 自动装卸机）、老化炉 53 台。

老化试验车间的工作主要由装卸物料（芯片）、BENCH 测试、入炉老化试验和外观检验几个部分组成。工作流程如图 13-3 所示。

当一批新的物料到达车间后，由物料员检查流程单与实际物料是否相

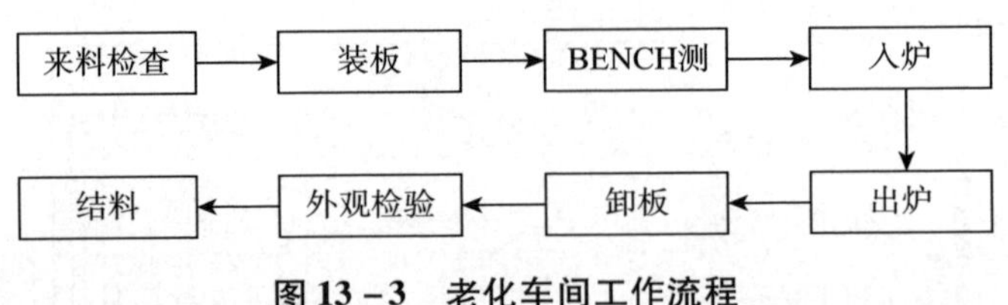

图 13-3　老化车间工作流程

符，检查来料数量，再把来料分给各个手工操作员，由手工操作员检查芯片上的印字，每批抽取 200 粒物料进行外观质量目检。检查后没有问题就开始装板——即把物料装到老化板上，装料部分由自动装卸机和操作工共同完成，其中大部分物料都由操作工手工完成。之后开始做 Bench 测试。Bench 测试之后就装入老化炉开始做老化试验，老化试验的长短根据物料的不同和客户要求的不同而不同。测试结束后再由操作工手工或者自动装卸机卸下物料，之后进行 100% 外观质量目检。最后结料——即清点良品数量和次品数量，与来料数量进行比较，填写物料的生产流程单。

从这里我们可以看到，老化生产控制涉及老化板、老化炉、自动卸料机及人员需求。

（2）老化设备需求模型。

老化设备主要包括老化板和老化炉及驱动板，老化试验机由老化炉和测试机组成，一台测试机配套两台老化炉。老化炉内分为四个装载框，每个框内可以装 13 块老化板，所以一台老化炉可以同时测试 52 块老化板上的芯片。老化车间共有 53 台老化炉，老化炉、老化板、驱动板需求公式如下：

- tpw = site_ hours/（tbt + w. burn_ in_ duration）;
- chamber_ capacity = tpw × bib_ avg_ good_ sockets ×（1 – reburn_ burn_ in_ rate）×slots_ per × chamber_ util;
- bib_ capacity = tpw × bib_ avg_ good_ sockets ×（1 – reburn_ burn_ in_ rate）×chamber_ util
- driver_ capacity = bib_ cap;
- chambers_ rqd = dmd_ qty / chamber_ capacity;
- bib_ rqd = dmd_ qty / bib_ capacity;
- drivers_ rqd = bib_ rqd;

TPW：一块老化板每周周转次数；

SITE HOURS：每小时计划生产时间，在F公司，这个时间为每周168小时；

W. burn_ in_ duration：老化测试时间；

TBT：一块老化板从离开老化炉到重新进入老化炉的时间间隔，在F公司，假定该时间为6小时。这段时间包括将第一批物料从老化板上卸下，然后将第二批物料安装在老化板上，并将老化板安装在老化炉上的时间；

Chamber_ capacity：老化炉的产能；

Bib_ avg_ good_ sockets：每块老化板上可用的插座的比例，通常取95%；

Re - burn_ burn_ in rate：重新老化试验的比例，这是按照产品的特性得到的；

Slot_ per：每个老化炉装载框可装老化板的数量；

Chamber_ util：每个老化炉的装载框个数；

BIB_ capacity：老化板的产能；

Driver_ capacity：驱动板的产能；

Chamber_ req：老化炉的需求个数；

BIB_ REQ：老化板需求个数；

Drivers_ req；驱动板的需求个数；

Dmd_ qty：PARCA系统产生的产品需求数量。

每个月，当MBG主计划员结束MPS分析后，制造部从系统中导出产品的需求，然后利用上面的公式计算出老化板、老化炉和驱动板的需求。如果对驱动板和老化版的需求超出实际驱动板和老化板的数量，则请计划员平衡生产计划或者申请购买新的夹具。

老化制造人力资源需求研究

老化生产需求的人力资源包括3个部分，出入炉人员、操作自动卸料机的人员及手工装卸料人员。

由于自动装卸机非常昂贵，而且都是专用设备，当需求从一类产品切换到另外一类产品时，设备调整很困难，因此从老化板装卸物料的工作多数依然是由人手工完成的。

（3）手工装卸料人员标准工时。

1）手工作业区域设施布置研究。

装卸物料工序是整个 BAT3 唯一需要工人手工作业的工序，工人作业动作单一、工作强度大，作业需要人力多，也是老化试验车间的瓶颈工序。

手工装卸物料劳动强度较大，但是工人的负荷到底有多少，需要我们运用工作抽样的方法去研究。我们取置信度 95%，误差 10%。

工人的工作状态分为：来料检查、打印流程单、填写流程单、手工装料、搬运老化板、手工卸料、点数、外观目检、培训新员工、检查弯脚、空闲。

我们根据随机抽样的方法抽取数据进行分析，如表 13 –9 所示。

表 13 –9　手工装卸料工人负荷抽样记录

单位：次

	来料检查		手工装料			手工卸料				结料		其他	
时间	打印流程单	外观检查	手工装料	填写生产记录	搬运老化板	手工卸料	检查弯脚	点数	填写生产记录	点数	外观目检	指导新员工	空闲
8:23	1	2	3		2	1						1	
8:30	1	1	4			2				2			
8:46			4			4		2					
…	…	…	…	…	…	…	…	…	…	…	…	…	…
…	…	…	…	…	…	…	…	…	…	…	…	…	…
…	…	…	…	…	…	…	…	…	…	…	…	…	…
19:04			2			4	2	1	1				
19:17					1	5	1				2		
总数	5	11	197	11	6	170	11	15	11	21	21	30	24
%	1.0%	2.0%	37.0%	2.0%	1.0%	32.0%	2.0%	3.0%	2.0%	3.8%	3.8%	5.8%	4.6%

由工作抽样的分析结果可以看到，工人工作负荷达到了 95.4%。其中工人手工装料占用了工人工作时间的 37%，手工卸料占用工作时间的 32%，所以手工装卸料占用工作总时间的 69%，再加上外观目检和点数的工作，容易让工人产生疲劳的工作占 76.6%。

2）手工装卸物料劳力需求研究。

工作研究的一个重要目的就是标准化，为各种工作制定出标准。制定出工人标准产能，为工人每天的工作定出一个目标，一方面有利于每天生产任务的完成；另一方面也有利于提高工人的工作积极性。

首先在生产线上用秒表测量工人的手工作业速度。每一种物料测量10个数据。

在表13－10中，我们也计算出了工人每日装卸物料（日出货量）的标准产能。可以看出，SOIC28的日出货量最高。

表13－10　工人每日装卸物料（日出货量）的标准产能

Labor Requirement by PARCA_MRS

	Select	UPH	Number	20051	20052	20053	20054	20055	20056	MC/DL		200501	20052	20053	20054	20055	20056	Ave
	Calendar day																	
Burn-in DL	QFP Loading	0.97	3	0.0	1.7	2.0	3.0	3.0	3.0	2		0.0	0.8	1.0	1.5	1.5	1.5	1.1
	SOIC Loading	1.97	4	0.0	1.6	1.6	1.9	1.1	1.6	2		0.0	0.8	0.8	1.0	0.5	0.8	0.7
	TSSOP Loading	1.97	0	0.0	0.0	0.0	0.0	0.0	0.0	2		0.0	0.0	0.0	0.0	0.0	0.0	0.0
	chamber			53	53	53	53	53	53	7		7.6	7.6	7.6	7.6	7.6	7.6	7.6
	Vision											1	1	1	1	1	1	1.0
	QA Gate											1	1	1	1	1	1	1.0
	MTL Handler											1	1	1	1	1	1	1.0
	Supervisor											1	1	1	1	1	1	1.0
	Leader											2	2	2	2	2	2	2.0
	Training&Quality											2	2	2	2	2	2	2.0
	R Shift MTL Handler											1	1	1	1	1	1	1.0
	R Shift Clerk											1	1	1	1	1	1	1.0
										sta output	Reburn-in rate							
Burn-in load	PDIP			0	25	27	22	30	25	7.4	0.1	0.0	0.3	0.3	0.2	0.3	0.3	0.2
	QFN			0	228	172	129	175	131	3.2	0.1	0.0	5.7	4.3	3.2	4.4	3.3	3.5
	QFP			0	282	289	337	281	279	3.7	0.1	0.0	6.0	6.2	7.2	6.0	6.0	5.2
	QFP_mach			0	35	56	108	94	92	3.7	0.1	0.0	0.0	0.0	0.2	0.2	0.0	0.1
	QFP_mach_6300			0	170	164	206	246	232	3.7	0.1	0.0	0.0	0.0	0.0	0.0	0.0	0.0
	SOIC16			0	4	3	3	10	8	8.8	0.1	0.0	0.0	0.0	0.0	0.1	0.1	0.0
	SOIC24			0	78	69	55	51	47	11.0	0.1	0.0	0.6	0.5	0.4	0.4	0.3	0.4
	SOIC28			0	43	34	34	102	83	11.3	0.1	0.0	0.3	0.2	0.2	0.7	0.6	0.3
	SOIC32			0	5	5	5	53	96	5.0	0.1	0.0	0.1	0.1	0.1	0.8	1.5	0.4
	SOIC28_mach			0	236	248	288	163	245	11.3	0.1	0.0	0.0	0.0	0.0	0.0	0.0	0.0
	PCIC			0	19	15	14	11	16	11.0	0.1	0.0	0.1	0.1	0.1	0.1	0.1	0.1
	TSSOP			0	82	88	111	161	179	4.9	0.1	0.0	1.3	1.4	1.8	2.9	2.9	1.7
	TSSOP_mach			0	0	0	0	0	0	4.9	0.1	0.0	0.0	0.0	0.0	0.0	0.0	0.0
	BGA			0	2	1	1	2	1	3.5	0.1	0.0	0.0	0.0	0.0	0.0	0.0	0.0
	total output			0	1206	1170	1313	1400	1435	Manual Labor		0.0	14.4	13.1	13.5	15.9	15.0	12.0
										Total Skilled Labo		58	123	118	122	130	128	114
										Total demand		59	127	122	126	135	132	117

我们把SOIC28的产能比例定为1，把SOIC28的日出货量与其他物料的日出货量的比值定为其他物料的产能比例，用来折算工人手工装卸物料的标准产能，以此衡量其生产量。

所以，我们根据MPS生成的订单需求计划，就可以建立一个模型来自动计算人力需求。

13.3 工装需求测算

芯片测试板（Probe Card）是用于芯片测试的关键器件，每种产品都有其专用的测试板，是根据测试产品的不同特殊性设计的，每个测试板的价格为 3000 ~ 5000 美元。F 公司共有大约 200 余种、超过 1500 套测试板。在芯片测试部门设有 1 个测试板管理部门（分为维修工程师组和日常管理小组）负责维护和管理测试板的日常使用及新测试板的采购。这个小组目前有 3 个衡量指标：由于测试板维护不及时导致的生产停线（PCR 板停机率）；每年用于测试板维修和新测试板采购的总费用；测试板限制使用的百分率。目前由于测试板维护不及时导致生产线停线的比例低于 2%。但测试板的费用很高，每年超过 100 万美元。测试板限制使用的百分率大约是在 15% 的水平，公司希望降低测试板限制使用的百分率，并且降低测试板的年费用。

PCR 板的管理流程可以分解为需求管理流程和日常使用管理流程 2 部分，其 SIPOC 图如图 13 – 4、图 13 – 5 所示。

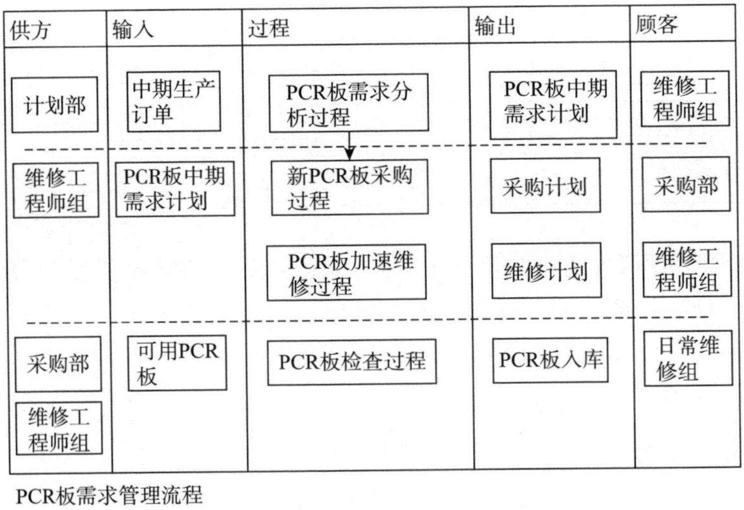

供方	输入	过程	输出	顾客
计划部	中期生产订单	PCR板需求分析过程	PCR板中期需求计划	维修工程师组
维修工程师组	PCR板中期需求计划	新PCR板采购过程	采购计划	采购部
		PCR板加速维修过程	维修计划	维修工程师组
采购部	可用PCR板	PCR板检查过程	PCR板入库	日常维修组
维修工程师组				

PCR板需求管理流程

图 13 – 4　PCR 板需求管理流程

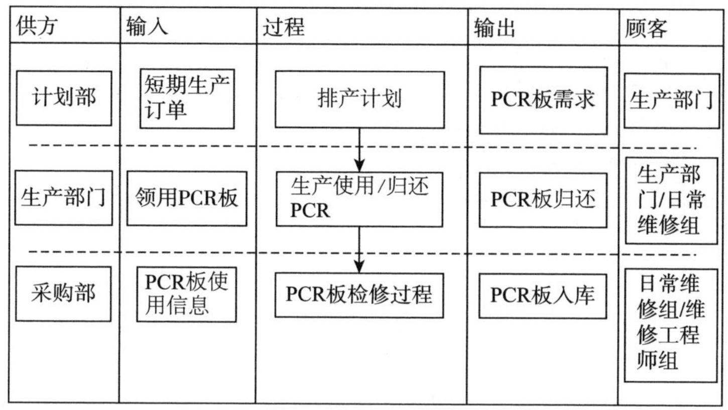

图 13－5　PCR 板日常使用管理流程

对于维修工程师及日常维修小组来说，PCR 板出现故障的概率和每次维修的时间是不规律的。一直以来，测试板的安全库存公式都是凭借经验确定的。而这个经验公式是建厂时从美国工厂沿袭而来的。每多一个测试板就需要 5000 美元的额外投资。

维修部分为维修工程师组和日常维修组 2 个部分。维修工程师负责新测试板的采购及测试板比较复杂的维修。日常维修组负责简单的维修、清理以及测试板的库存管理。由于维修工作负荷不均匀，某些时刻 PCR 板不能及时维修。

需求是不均衡的，而 PCR 板是根据峰值购买的，有时候某些 PCR 板需求下降后，当 PCR 板出现故障后，就不去做维修了。但这会增加限制使用 Hold Rate 率。

（1）测量阶段。

1）PCR 板使用的时间段的测量。

公司现有一套电子化的测试板管理系统（PCTS），在该系统中测试板被定义了 7 个状态，Hold、Production run、Production Ready、Inspection/Qualify、Rebuild、Extended repair。

测试板管理系统的逻辑图如图 13－6 所示。

新 PCR 板采购，首先要经过验收（Qualify），验收合格后进入待生产使用状态（Production Ready）。生产部需要时领用，PCR 板转为生产使用

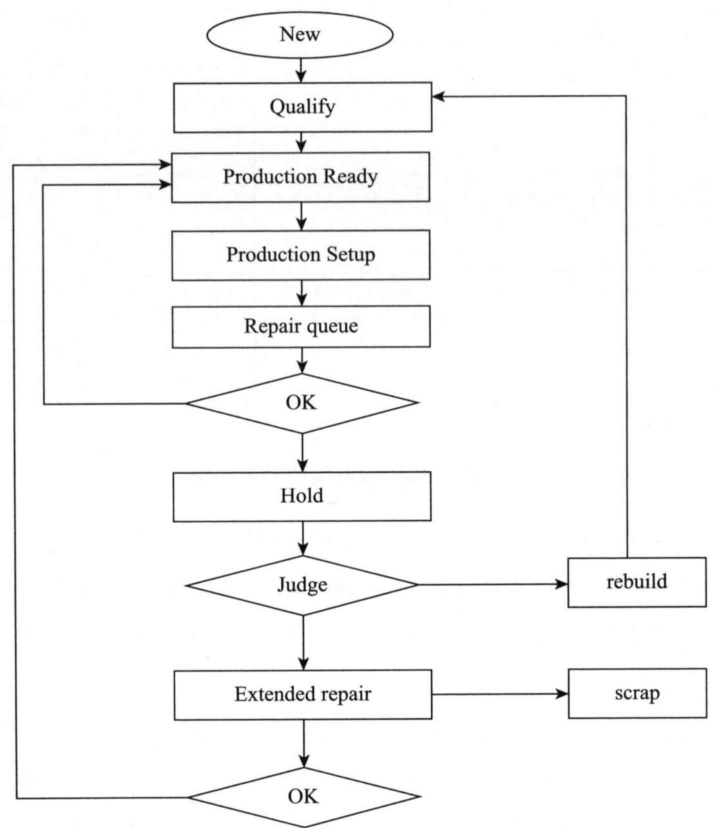

图 13－6　测试板管理系统的逻辑图

状态（Production Setup）。生产中 PCR 板出现故障或者转换产品时，生产线交回 PCR 板，PCR 板处于待维修状态（Repair queue），随后 PCR 日常管理小组工人检查清理 PCR 板，将好的 PCR 板及小的问题自行处理后的 PCR 板入库（转为待生产状态），有问题的 PCR 板转为限制使用状态等待工程师小组来处理。一部分 PCR 板由工程师小组自行维修后入库（待生产状态），另一部分 PCR 板交付给供应商维修，维修后的 PCR 板需要重新验收后才能入库。

小组决定对 3 种需求比较高的 PCR 板进行分析，收集了其 2008 年 1 ~ 6 月的系统过账数据，整理的分布如表 13－11 所示。

表 13 – 11　系统过账数据

	7504（11 PCR）		7517（14 PCR）		7543（9 PCR）	
	次数	平均时间	次数	平均时间	次数	平均时间
验收（Qualify）	5	44	12	96	4	84
待生产	42	648	237	57	278	45
生产使用	37	376	224	93	278	49
等待维修	35	7	238	4	13	3
限制使用	8	247	25	354	13	350
大修	2	239	7	143	3	172
供应商维修	5	247	9	255	4	428
报废	0		2		1	

2）系统分析。

PCR 板过账都是利用 barcode 自动扫描的，次数可以保证 100% 准确。对于过账时间的准确性，内部生产部、PCR 日常管理小组、PCR 维修工程师之间交接都要求物料和实物一起交接，因此过账时间是可信的。

3）成本数据。

PCR 管理成本分为固定成本和可变成本。可变成本中包括 PCR 板的购买成本、大修成本及外包维修成本 3 个组成部分。

购买成本：购买一块 PCR 板需要 3000 ~ 5000 美元。PCR 板需求数量是由产品需求预测数 + 安全库存决定的。

目前的安全库存对所有产品都应用相同的公式，如表 13 – 12 所示。

表 13 – 12　安全库存对所有产品都应用相同的公式

单位：块

PCR 需求	1	2	3	4	5	6	7
安全库存	2	2	3	3	3	3	4

当 PCR 板需求为 1 ~ 2 时，安全库存为 2 块。PCR 板需求为 3 ~ 6 时，安全库存为 3 块。PCR 板需求为 7 以上时，安全库存为 4 块。

如果减少安全库存的数量，可以降低成本。但必须满足支持生产的需要。

大修成本：大修主要是更换 PCR 板上的探针，每颗探针成本 3 ~ 10 美元，每颗探针有标准使用寿命，寿命到期后需要更换，降低这项成本不包括在此项目中。

外包维修成本：PCR 板由基板和探针组成，当基板出现故障时，需要送回经销商翻修，每次大约 500 美元。降低这项成本也不包括在此项目中。

4）PCR 板停机率数据收集。

当前记录的由于 PCR 板故障导致的停机率在 1.5%。

停机率定义：当 PCR 板出现故障，从设备停机到新的 PCR 板安装，生产开始的时间/总运行时间。

注：如果 PCR 板被 Hold，没有新 PCR 板可以替换，生产会转为其他产品。

5）分析。

从已有的数据中，小组决定对 Hold 时间、repair queue 和 PCR 板安全库存三个方面进行进一步的研究。

因果矩阵图：有 2 个关键的考核指标：停机率及采购成本。从前面的分析可以得知，采购成本只和 PCR 板安全库存成正比。因此输出参数为停机率和 PCR 板安全库存输入，包括 8 个输入参数。

这 8 个输入参数的值都可以很方便地从 PCR 板管理系统中得到。如表 13 - 13所示。

表 13 - 13　8 个输入参数

输入/输出	停机率	PCR 板安全库存
1. 验收	负	负
2. 生产使用	正	正
3. 等待维修	正	正
4. 限制使用	正	正
5. 大修时间	正	正
6. 大修比例	正	正
7. 供应商维修	正	正
8. 供应商维修比例	正	正

如果希望降低成本、降低停机率，就要提高平均故障时间，降低维修排队 2 ~ 8 个参数。

PCR 板之间的对比：小组首先选择了 3 种需求比较高的 PCR 板进行分析，数据如表 13 – 14 所示。

表 13 – 14　PCR 板之间的对比

	7504（11 PCR）		7517（14 PCR）		7543（9PCR）	
	次数	平均时间（小时）	次数	平均时间（小时）	次数	平均时间（小时）
验收（Qualify）	5	44	12	96	4	84
待生产	42	648	237	57	278	45
生产使用	37	376	224	93	278	49
等待维修	35	7	238	4	13	3
限制使用	8	247	25	354	13	350
大修	2	239	7	143	3	172
供应商维修	5	247	9	255	4	428
报废	0		2		1	

验证 PCR 板之间的差异：验收、数据分布。如表 13 – 15 所示。

表 13 – 15　验证 PCR 板之间的差异

单位：小时

板子类型	均值	次数	1	2	3	4	5	6	7	8	9	10	11	12
7504	45	5	15	37	93	8	72							
7517	100	12	3	15	9	13	4	2	5	29	1006	24	44	46
7543	87	4	8	5	217	117								

时间分布不符合正态分布，由 Kruskal – Wallis 检验，均值不相等。

实际现场观察，发现 PCR 板验收是一个低技术的工作，也非常简单。一般来说，只要 2 个小时就可以完成。大部分时间是在排队，此外，周末工程师不上班，也会导致时间长。如果验收不通过，时间就会很长。

待生产：PCR 板经过验收或维修，直到再次使用这段时间。这个指标越高，说明 Idle 的 PCR 板越多。

生产使用时间：是指一个 PCR 板从维修车间领用到退回维修车间这段时间。每次更换 PCR 板需要 15 ~45 分钟，这个时间与 PCR 板自身设计密切相关。这是一个主要的输入参数，体现了 PCR 板的性能，7504 明显高于其他两种。从实际数据可以看出，超过 20% 的 PCR 板使用时间短于 2 个小时，小组成员在现场跟踪了 1 天的 PCR 更换过程，发现生产人员领用 PCR 后，需要在测试机上调整 PCR 板与机器接口，这个时间是不固定的，从 15 分钟到 3 个小时都有。如果始终不能正常测试，生产部就会归还该 PCR 板并更换新的 PCR 板。在正常测试开始后，如果产品测试良率下降，也要调整或者更换新的 PCR 板。

等待维修：从生产线将有故障的 PCR 板交给维修部门，维修部门的工人检查清理探针，按照检查结果将 PCR 板转为待生产，限制使用这段时间。这是一项技术难度很低的工作，工人声称会根据生产线需求的紧急程度来安排优先顺序。

限制使用是日常维修小组工人将 PCR 板转为 HOLD 状态，到工程师开始大修或者送供应商翻修之间的时间。维修部门分为维修工程师组和日常维修组 2 个小组，维修工程师都是上周一至周五的白班，与生产线具体联系并不密切，因此在维修优先级上并没有考虑生产线的需求。

大修主要是更换探针及随后的电路测试，这是一项精细和耗时的工作。

供应商维修主要是更换 PCR 主板上的一些专用电子电容器件，供应商承诺在收到 PCR 板后 7 天内发货。供应商位于上海，通常是采用 EMS 递送，在 PCR 板需求紧急的情况下，也会采用更贵的 UPS 运输等形式。

- 当前流程很明显的缺点在于维修工程师组与生产沟通不畅，维修工程师组并不知道哪种 PCR 板需要紧急维修。
- 我们可以看到日常维修小组在维修 PCR 板时能够按照生产优先程度维修。
- PCR 板间的差异主要集中在单次生产使用时间和限制使用比例上。因此在建立仿真模型时，不同 PCR 板只有这 2 个参数取值有差异。

（2）改进阶段。

1）优先排序。

规定每天早上，工程师小组要运行该报告以决定当天维修的优先权。

如图 13－7 所示。

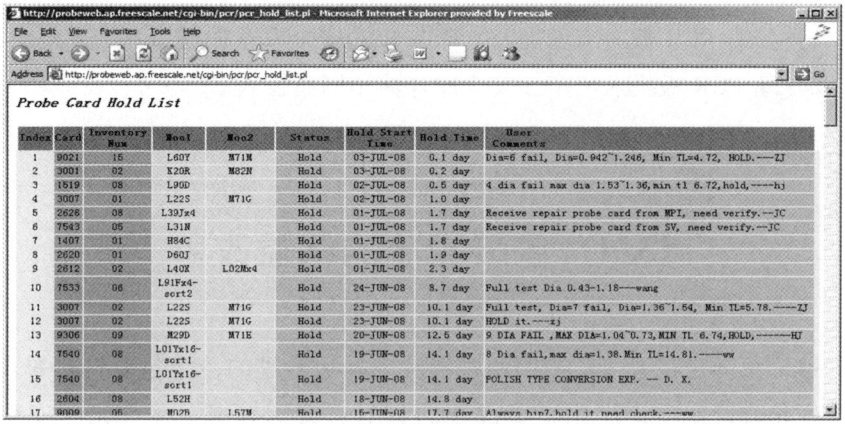

http://probeweb.ap.freescale.net/cgi-bin/pcr/pcr_hold_list.pl - Microsoft Internet Explorer provided by Freescale

File Edit View Favorites Tools Help

Back Search Favorites

Address http://probeweb.ap.freescale.net/cgi-bin/pcr/pcr_hold_list.pl Go

Probe Card Hold List

Index	Card	Inventory Num	Mool	Moo2	Status	Hold Start Time	Hold Time	User Comments
1	9021	15	L60Y	M71M	Hold	03-JUL-08	0.1 day	Dia=6 fail, Dia=0.942~1.246, Min TL=4.72, HOLD.---ZJ
2	3001	02	K20R	M82N	Hold	03-JUL-08	0.2 day	
3	1519	08	L90D		Hold	02-JUL-08	0.5 day	4 dia fail max dia 1.53~1.36,min tl 6.72,hold,----hj
4	3007	01	L22S	M71G	Hold	02-JUL-08	1.0 day	
5	2628	08	L39Jx4		Hold	01-JUL-08	1.7 day	Receive repair probe card from MPI, need verify.--JC
6	7543	05	L31N		Hold	01-JUL-08	1.7 day	Receive repair probe card from SV, need verify.--JC
7	1407	01	H84C		Hold	01-JUL-08	1.8 day	
8	2620	01	D60J		Hold	01-JUL-08	1.9 day	
9	2612	02	L40X	L02Mx4	Hold	01-JUL-08	2.3 day	
10	7533	06	L91Fx4-sort2		Hold	24-JUN-08	8.7 day	Full test Dia 0.43-1.18---wang
11	3007	02	L22S	M71G	Hold	23-JUN-08	10.1 day	Full test, Dia=7 fail, Dia=1.36~1.54, Min TL=5.78.----ZJ
12	3007	02	L22S	M71G	Hold	23-JUN-08	10.1 day	HOLD it.---zj
13	9306	09	M29D	M71E	Hold	20-JUN-08	12.5 day	9 DIA FAIL ,MAX DIA=1.04~0.73,MIN TL 6.74,HOLD,-------HJ
14	7540	08	L01Yx16-sort1		Hold	19-JUN-08	14.1 day	8 Dia fail,max dia=1.38.Min TL=14.81.-----ww
15	7540	08	L01Yx16-sort1		Hold	19-JUN-08	14.1 day	POLISH TYPE CONVERSION EXP. -- D. X.
16	2604	08	L52H		Hold	18-JUN-08	14.8 day	
17	9009	06	M02B	L57M	Hold	15-JUN-08	17.7 day	Always bin7,hold it need check.---ww

图 13－7 优先排序

2）根据 PCR 板的实际性能设定安全库存。如表 13－16 所示。

表 13－16 根据 PCR 板的实际性能设定安全库存

	7504	7517	7543
Tester/PCR	6	6	6
7	96.2%	89.0%	88%
8	99.1%	95.9%	94.5%
9	99.9%	98.6%	98.1%

Pro－model 是一款成熟的离散时间仿真软件，小组利用该软件建立了模型。

在当周小组首先利用 3 种 PCR 板的实际参数，假定 PCR 板需求为 6 的情况下，总 PCR 板分别为 7、8、9 时的结果。然后发现如果要求停机率在 98% 的水平，7504 需要 2 块安全库存，而 7517/7543 需要 3 块安全库存。

传统上，当 PCR 板需求为 6 时，都会采购 3 块作为安全库存。

通过这种方法，可以方便地衡量出每一种 PCR 板的安全库存。小组预期可以至少减少 20 块 PCR 板的采购，即节约 10 万美元。

（3）维持阶段。

优先维修报告的追踪使用：在 31、35、42 周，项目经理随机抽查了维修工程师组对优先级报告的追踪使用情况，发现该规定被严格遵守。

采购新 PCR 板的规定：

1）已有 PCR 板需求增加时，PCR 板的安全库存根据仿真结果得出；

2）新 PCR 板投入生产，安全库存使用旧有公式。

13.4 包装物流的精益改善

这个案例是在 F 工厂按照精益物流规划法推进的一个包装材料的入厂物流优化改善专项，优化了零部件的订货、交货频率，标准化了安全库存；测量的零部件的包装尺寸，准确定义了外包仓库占用面积的衡量方法，发展了一种根据主生产计划计算未来仓库面积需求的方法。通过改善，外包仓库的面积从 850 平方米降为 425 平方米，降低了 12.75 万元/年的租金，搬运服务费降低 25%，从 6.8 万元/年降低到 5.1 万元/年。

（1）项目背景。

F 公司内部的包装材料仓库面积为 170 平方米，工厂满负荷下只能存放 5～6 天的包装材料。由于国外进口的包装材料订货周期一般为 6～8 周，工厂通常持有 3～5 周的安全库存，工厂内部仓库面积不足以支撑运作，租用了大田物流一个紧邻公司的外包仓库存放进口包装材料，按照实际需求从大田仓库调入内部仓库，租用面积为 850 平方米，租金 30 元/平方米/月。从 2008 年 10 月份开始，工厂产出降低了 30%，预计在 2009 年工厂也不会满负荷运转，公司领导希望减少外租库的面积来降低物流费用。

包装材料共有 15 大类 100 余种，涉及 21 家供应商，供应商有位于本地的也有国外的，交货频次和交货方式都有很大差异，仓库部门缺少足够的能力来解决这个问题，于是要求精益办来解决这个问题。

（2）供应商送货模式。

供应商将货物先送到工厂送货中心，然后收货中心留下一部分物料存在厂内，其余的物料发往大田仓库，每周一、周三、周五从大田往来物料。

国外供应商送货频次低于 1 次/周，物料接收后会送一部分往大田仓库；本地供应商的材料会从收货中心送往内部仓库和车间（部分体积大的材料）。国内的外地供应商一般都在工厂附近租用仓库，根据需求每周2~3次向工厂供货，因此可将其视为本市供应商。如图13－8所示。

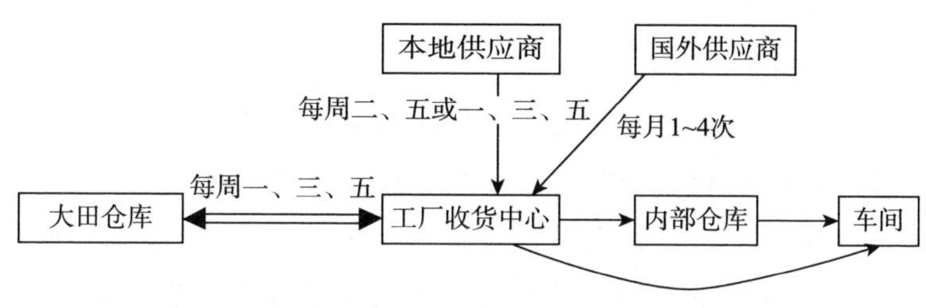

图13－8 供应商送货模式

（3）本地和国外包装材料的零件计划和当前送货频次分析。

国内和国外包装材料管理差异主要在于：

1）计算需求方法、频率：本地供应商的需求是根据日均用量、库存量和安全库存量计算得出的。而国外供应商包装材料的需求是根据滚动13周的订单计算相关需求量，再考虑安全库存和库存量（在途及手边库存）得到的。

2）调货过程：本地供应商的包装材料一周调入2~3次，不会调往大田仓库暂存，而国外供应商的包装材料考虑到运输费用，通常一个月只调入1~4次，这些包材接收后，大部分会调往大田外包仓库，然后每周一、周三、周五调入公司仓库，调货量也是按照日均用量计算的。

（4）仓库和采购部的困惑。

对仓库人员来说，包装材料必须确保生产线能够100%地获得物料。此外，他还被要求控制包装材料的入厂物流成本。对仓库人员来说，最大的困扰在于生产线日需求的波动和厂内仓库面积170平方米的限制。主生产计划的波动也是一个难题。

采购员的困惑在于如何确定实际的外包仓库占用面积。合同中关于租用面积的条款：每个月按照实际使用面积收费。实际租用面积很难定义和衡量，库存本身是个动态的数据；即使有库存数据，由于缺少物料体积等基础数据，也无法测算出仓库面积。按照大田给出的数据，8月~11月F公司租用面积都是850平方米。实际上，从9月底开始工厂的产出已经降低，并没有用到这么多面积，但F公司仓库经理方面无法知道真实占用外包仓库的面积。

这里我们可以看到有2个关键的指标：

- 100%的支持生产，厂内不缺货；
- 物流总费用降低。

（5）缺货分析。

定义：生产线每天早上制定当天的出货计划，然后到仓库领取包装材料，不会由于包装材料的短缺而导致生产线更改生产计划。

在过去3个月内，没有由于包装材料短缺而引起的生产计划调整。改善小组进一步与仓库及生产人员沟通才理解这里面的情况。对于国外原材料，由于安全库存量比较高，不会出现货物短缺的情况；对于本地货物，供应商处都有库存，不会出现短缺的情况。所谓的短缺，只是说内部仓库的库存不能满足当天的生产需要，但这可以通过紧急从大田或者本地供应商处调货来满足。从大田的紧急调货按照正常单次付费，而从供应商处调货并不额外计费。历史上紧急调货、总调货次数比例在2%左右。

（6）当前的物流成本计算方式。

大田物流费用：外包仓库面积30元/平方米/月，当前是850平方米。

大田运输费用：单向每次120元。

定义：运输服务的次数×单次服务费用。

过去3个月共有66次运输，分别为24次、21次、21次。

外包仓库的搬运费用：搬运费用5元/立方米。

定义：进出大田仓库的物料数量×每件的体积×单位体积运费

搬运费用的记录：每个物品进出仓库都有大田和工厂双方的签字单。

基线：9月、10月、11月3个月的搬运费用是3400元、3100元、2800元。

天津本地供应商（共5家）运输费用：采购部和供应商每年谈定一个送货频率，分别为2次/周、3次/周，根据用量大小凭经验确定。运输费用包含在零件总价格中，每次200～400元，视供应商离工厂距离而定，7月～9月平均12900元。

国外供应商的运输费用（共1两家）：包括空运费用和报关费用。其中空运费用是重量×单价，少于30公斤有最低价，F公司每次订货量都远远大于30公斤，而且这部分费用只和用量有关，在物流优化项目中不考虑这项费用。报关费用每单 125 元人民币，过去 3 个月分别是 25 元、27 元、26 元。目前总费用为 47000 元/月。在产出减少 30% 的情况下，希望物流成本降低 30%。这是一个很大的挑战，因为通关费用、运输费用多和次数相关，与货量关系不紧密。

（7）仓库实际占用面积的测算方式。

改善小组重点对占用面积的定义和实际情况召开了 1 次会议，并走访了大田仓库 2 次。小组认为过去的合同定义过于模糊。合同中条款“F 公司公司按照实际使用面积付费”存在 2 个问题。

1）库存是一个动态的值，从大田角度应该按照最大值来计算仓库面积，但这个值很难获得。通常仓库只是每周一次储存库存报告。

2）缺少从实际库存计算占用面积的合理方法。同样的货物码高及摆放方式不同，占用面积也不同。

改善小组基于公司的实际情况，发展出了一个标准的方法来衡量实际使用面积。

库存峰值的确定：每周一大田会发一个实时的库存数据给工厂仓库，每个月会有 4 ~5 个数据，取最高的数据为实际库存。

注：这是因为大田仓库周末的库存值通常是一周里面最高的。

本地供应商每周一、周三、周五或周二、周五给工厂送货，周五时占用面积最多；而国外零部件多为周五凌晨到货，工厂会在周五下午发货给大田，大田周末时库存数量最高。

从库存数据计算仓库实用面积：大田仓库存放的物料共 86 种，分为 15 个大类。同类产品单位体积差异不大，可认为同类产品单位面积相同，小组开发了标准面积折算法来计算占用面积。

大田仓库标准单位面积折算法：大田的仓库共 60 个标准库位，每个库位放 4 个标准拍。记录每个拍所放物品及有效容积，这样就能计算出每个大类产品所占的面积，用库存数/面积得到每个大类单位面积存放数量。

占用面积计算公式：占用面积 = 库存量/单位面积存放数量/最大有效容积比率。

（8）实地测量的面积使用。

目前大田的 240 个拍位中只有 165 个有货，其他是空的。

165 个货位的有效容积是 70%。工厂运到大田仓库时都是整拍运送，但调货时是按照箱来调货，不满拍是自然形成的。

一个标准库位可以放 4 个标准拍，项目组发现很多非标准的小拍也占用了 1/4 库位，这也浪费了面积。

在仓库中，项目组还发现了许多不用的货品和过期的货品。

小组成员根据物流管理的基本理论及经验建立了表 13－17 的因果矩阵。

表 13－17　因果矩阵

	支持生产	外包仓库租费	搬运费	大田运输费	通关费用	本地供应商运输费
1. 国外零部件安全库存	正相关	正相关	正相关			
2. 国外供应商订货频次	正相关	负相关	负相关	负相关	正相关	
3. 本地供应商订货频次	正相关	间接负相关	间接负相关	间接负相关		正相关
4. 本地供应商安全库存	正相关	间接正相关	间接正相关	间接正相关		
5. 内部仓库有效容积率		间接正相关	间接正相关	间接正相关		
6. 外部仓库有效容积率		正相关				
7. 主生产计划波动	负相关					
8. 实际日用量波动	负相关					
9. 国外零件订货周期	负相关					

解释：对支持生产的要求来说，正相关意味着输入变量值增可以更好地支持生产。对于物流费用来说，正相关意味着输入变量增加，费用增加。

希望更好地支持生产同时降低物流费用：

对 1、2、3、4 变量就需要平衡输入变量的取值。

对 5、6 要尽可能增大其取值。

对 7、8、9 要降低其取值。

此时，仓库经理提出一些问题。

1）目前订单下降，要求仓库降低外包面积，如果订单回暖，仓库是否该增加面积？该如何基于滚动 13 周的计划来测算面积？到底多少外包面积是合理的？

2）如果采购计划员增加进口物料的采购频次，理论上可以降低仓库面积，那最佳采购频次是多少？什么情况下总物流成本最低？

待解决的关键问题：

1）如何根据滚动 13 周订单预测计算出每种材料的预期库存水平？

2）如何根据包装材料的库存数量计算外包仓库的面积占用？

项目组先从第 2 个问题开始分析：

根据库存量计算仓库面积需要解决的是每种物料的标准体积，即每种包装材料每托盘能盛放的数量。这个数据最初没有，项目组建立了一个 PFEP（PLAN FOR EVERY PART）表单，测定了标准数量/托盘。

其次，需要计算每种物料的合理容积利用率。

（9）有效容积率分析。

项目组决定基于现有的外包仓库物料的容积率进行分析，到外包仓库逐个工位进行目测容积率。外包仓库共 240 个拍位，有货的拍位 174 个，174 个拍位的有效容积率为 70%。如表 13－18 所示。

表 13－18　容积率

	拍数	使用（%）
纸箱	19	61%
干燥剂	8	41%
盖子	6	88%
料管	10	30%
包装盘	62	65%
泡棉	29	99%
载带	31	79%
合计	165	71%

不同的物料在大田仓库的空间利用率是不同的，泡棉由于发货和调货都是整拍操作，所以其容积使用率接近 100%。干燥剂和料管的容积使用率最低，这主要是由于料管和干燥剂的供应商所用的为小拍，而仓库人员

验货后就直接将小拍发送到大田仓库。

项目组当即规定了新的流程，往来大田仓库必须用标准大拍。然后设定了每种物料的合理空间利用率，这样装载率可以提升到78%，节省12拍、46平方米的面积。如表13－19所示。

表13－19　合理空间利用率

	总计（单位：拍）	使用（%）	当前面积（单位：拍）	目标（%）	目标面积（单位：拍）
纸箱	19	61%	11.6	61%	11.59
干燥剂	8	41%	3.3	61%	4.88%
盖子	6	88%	5.26	100%	6
料管	10	30%	3	61%	6.1
包装盘	62	65%	40.25	65%	40.3
泡棉	29	99%	28.6	99%	28.71
载带	31	79%	24.5	100%	31
合计	165	71%	116.51	78%	128.58

（10）当前库存周转天数统计。

本地零部件大约0.9周的库存，而国外供应商零部件有大约5.5周的库存。当前库存可支持生产4.1周。如表13－20所示。

表13－20　当前库存周转天数统计

	内部仓库	外部仓库	当前周需求折算面积	周转率
本地供应商（平方米）	136	0	150	0.9
国外供应商（平方米）	170	565	134	5.5
无需求物料（平方米）	0	30		
空（平方米）	0	255		
合计（平方米）	306	850	284	4.1

进口零件虽然只占用需求的53%（150/284），但占了85%的实际使用面积。项目组首先关注国外供应商的库存管理，即如何根据滚动13周的未来计划来预测进口物料的面积。

（11）进口零件库存管理。

平均库存公式：平均库存 = 安全库存 + 1/2 × 周需求/周订货频次。

这个公式的前提是需求 – 预测的均值为0。于是，项目组随机选择了1个安全库存一直设为2周的产品2008年27～39周的数据做了均值检验，发现预测与实际使用均值一致。如表13 – 21所示。

表13 – 21　进口零件库存管理

单位：件

	1	2	3	4	5	6	7	8	9	10	11	12	13
预测	3154	3207	3166	3163	3138	3043	3058	3056	3601	4113	4804	5682	6346
实际使用	4515	3150	3150	3150	3150	3320	2700	2550	2718	3130	3550	4330	7200

如果希望降低库存，就要减少安全库存和提高订货频次，但会增大缺货风险及报关等成本。

（12）进口零件安全库存。

进口零件采购是根据主生产计划做出的。

订货量 = 现有库存 + 在途库存 + 安全库存 – 需求

库存人员的安全库存逻辑：每个产品缺省的安全库存设定为3周，如果感觉某种产品波动比较大，则安全库存设为4周；如果波动很小同时需求比较大的产品，安全库存设为2周。波动大小是凭借个人的感觉来确定的。

安全库存已经有了非常成熟的公式：

$$SS = Z \times STD \times L^{1/2}$$

这个公式的前提为需求减预测的波动服从正态分布。利用上述公式计算了产品的安全库存周数，适当调整了安全库存设置。

（13）国外订货商订货频率分析。

历史上只有进口包装盘为每周1次，其他零件多数为每2周一次，少量需求非常低的零件每月进口一次，由仓库人员根据用量主观决定。现在由于需求下降了30%，包装盘也改为2周进口一次。

小组讨论了物流所涉及的成本：由于物料只有使用后才付费给供应商，因此这个成本中不包括资金成本。

因为订货次数只有1次/月、2次/月、4次/月这几种情况，于是用电子表格建立了穷举法的成本模型。如表 13－22 所示。

表 13－22 穷举法的成本模型

单位：元

成本项	1 次/月	2 次/月	4 次/月
清关费用	125	250	500
大田面积费用	286	103	23
大田运输费用	191	69	15
大田搬运费用	95	34	8
总费用	697	456	546

模型基于这样的假设：进口零件到达工厂后，总是留下 1 周的用量，其余的发往大田仓库。在过去满负荷时，进口零件到货后会只留下 5 天的库存量。

包装材料的订货次数与体积密切相关，F 公司进口零件多数都应该选择每月订货 2 次，这样总成本最低。

（14）本地零件库存管理。

本地零件有每周二、周五和每周一、周三、周五进货两种方式。

周二进货安全库存为 2 天（需要支持 3 天生产波动），周五进货安全库存为 3 天（需要支持 4 天生产波动）。这样周五进货后，工厂库存为 7 天（4＋3）。周一、周三、周五进货方式，安全库存都是 2 天。周五进货后，工厂库存为 5 天（2＋3）。

（15）报废材料分析处理。

对仓库所存物料分析，有 30 平方米面积存放的是不再有需求的物品，也有一些根本不是包装材料的物品，项目组列出了清单，并及时处理。

通过前面的分析，得到了仓库面积需求。由于租用面积必须是 85 平方米的整倍数，租用面积调整为 425 平方米。

（16）改善活动总结。

1）建立了 PFEP 表：包含每种产品的标准数量/托、容积率、安全库存、采购频次。

2）库存及面积占用模型：根据 13 周滚动计划，计算每种产品的预期库存及预期占用面积。

3）仓库人员联系厂务部门当周处理了仓库中的不必要物品。

4）制定了新的发货用标准拍的流程，如果入厂物料是非标准拍，在接收中心改为标准拍。

（17）效果追踪。

1~3月的包装材料的入厂物流费用，年降低物流成本合计19万元人民币。如图13-9所示。

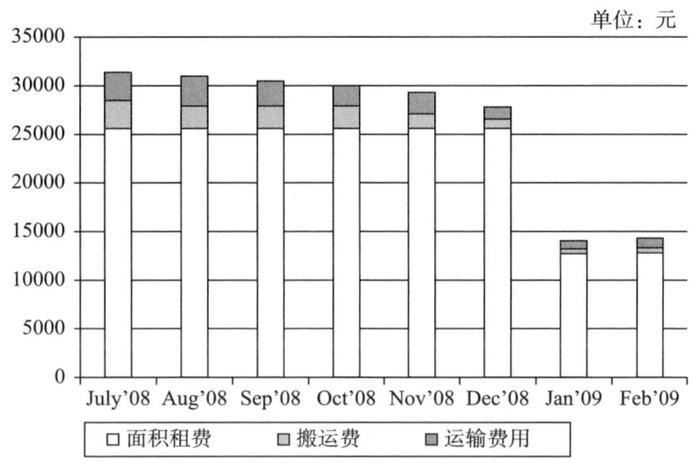

图13-9　包装材料的入厂物流费用

第 14 章

包装印刷企业的交付改善案例

前面的案例主要是关于供应链中链主企业的计划流程改善，这个案例转到作为供应商的一家包装印刷企业计划过程改善，本案例中数据已经修改。

14.1 企业的供应链计划管理现状

这家企业位于北京，简称为×企业，年产值超过 10 亿元，是国内一流的彩色印刷包装企业，产品为高端彩色包装袋，其客户包括宝洁、纳爱斯等国内知名快消品企业。

调研中发现的主要问题如下：

1）在历年的客户满意度调查中，对交期的不满总是居前列，如果一直没有明显改善，将给公司带来越来越多的负面影响；

2）现有的供应链系统对客户的紧急订单响应较慢，达不到客户的要求；

3）生产各工序都存在不同程度的“瓶颈”现象，不论淡旺季，都是影响交货期的重大因素，如双挤、方底袋、吹膜等；

4）生产计划变动大，影响生产效率，增加储运负担，带来诸多浪费；

5）生产计划执行力不到位，直接影响交期；

6）没有切实可靠的销售计划，导致无采购计划和合理的生产计划；

6）由于无可靠的采购计划，原材料供应及时性没有保障，影响生产；

7）生产过程中始终存在质量问题的困扰，严重影响生产；

8）现有系统的物料主数据对供应链的支持不够，对供应链整合是很大的障碍。

公司高层确定本项目范围为：销售预测、采购计划、订单评审、生产计划、车间计划、车间日报、物料主数据管理、供应链月报。由公司总经理牵头，生产副总和销售副总参与，生产计划部长作为项目组长负责推进。笔者作为咨询顾问全程指导了该项目的推进，这个项目采用了六西格玛流程改善的方法。

项目组首先回顾了关键的流程绩效指标。

1）承诺交期的准时交付率：目前只有49%，而客户要求的交付率还不足40%。

交付率的统计方式：公司有CRM系统，其中记录了客户订单下达时间、客户要求的交付时间、承诺的交付时间、实际完工入库时间、实际发货时间数据。

2）库存周转天数平均45天，其中成品20天、在制品10天、原材料15天。

库存周转天数的数据基于公司财务部门提供的数据，是当前库存/上月实际销售。

公司管理层提出供应链改善项目目标是将承诺交付率提升到60%以上，同时将库存周转天数降低到40天。

14.2 流程梳理

14.2.1 产品交付价值流图

首先项目组绘制了产品交付价值流图，如图14－1所示。

从价值流图中可以直观地看出交期冲突的问题：客户正常订单是2~3周，而未开工订单（10天）+制造周期天数（12天）是高于这个天数的，这必然带来交付率低的问题。而且客户紧急订单是7天，短于内部制造周期，意味着无法响应客户的需求。

影响未开工订单数量的因素较多，例如淡旺季、客户订单集中度、原料供应情况、客户订单与生产设备的匹配等。因此客户订单交付率一般都是与季节性相关的。但承诺订单交付率是已经考虑了手边未计划订单、原料供应、订单与生产设备匹配做出的承诺，管理得好的企业这个指标应该接近90%。

成品库存高主要是一些客户下达订单后不及时提货，积压在公司。客户订单下达有两种模式，一种是客户每个月的中旬提供下个月的订单给×公司，并分解到周，然后根据需求下达提货单。另外一种是客户每周都下

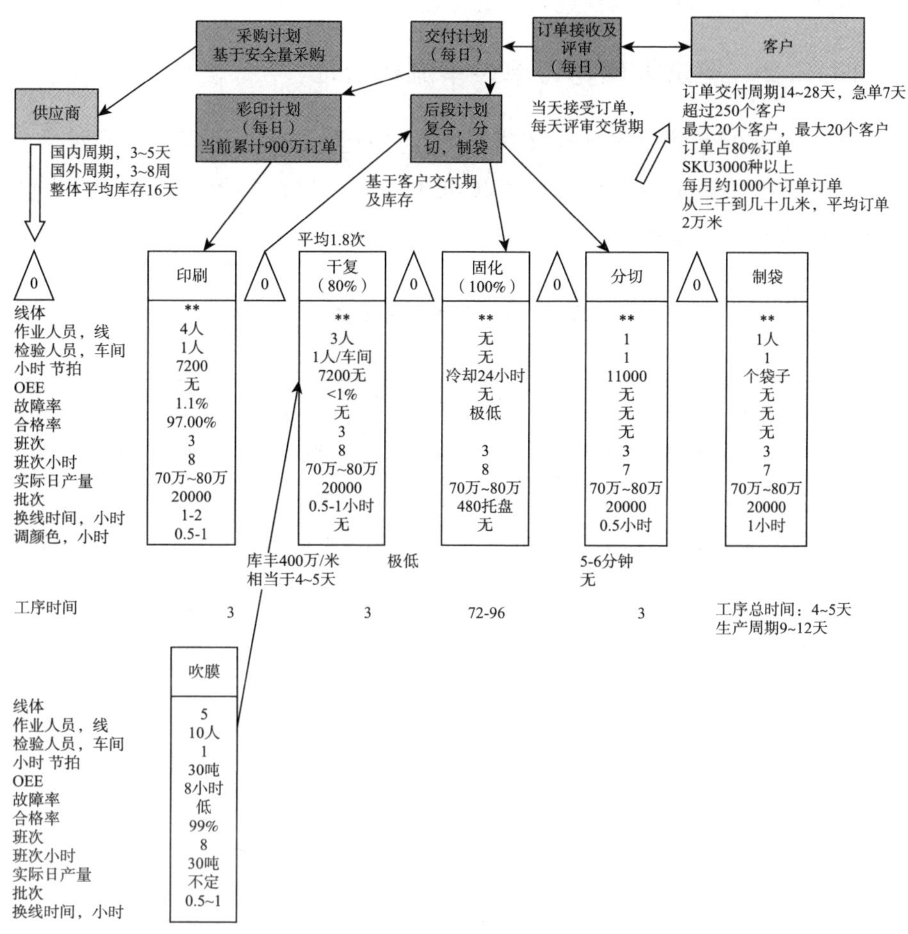

图 14－1 产品交付价值流图

达采购订单，并在采购订单中规定交货日期。第一种情况下，客户容易调整月底的订单需求。

原材料库存高主要是由于客户需求波动大、采购周期不足，因此原材料都是按照历史需求来采购的。

内部生产周期过长，在干复前库存较高，固化工艺时间长，分切制袋生产周期长。

此外，项目组注意到采购部完全是基于历史数据进行采购，而不是基于销售部的预测或订单。

进一步，项目组按照需求流程、主生产计划流程、采购流程、车间计划与生产进度控制 4 个流程进行了诊断。

14.2.2 需求管理与订单评审流程梳理

（1）当前的销售预测包含销售部的年度预算和月度预测两个计划。

年度销售预算是各销售部按月预测销售额，单位是万元，并没有针对单个产品的预算。如表 14－1 所示。

表 14－1 年度销售预算

单位：万元

	1	2	3	4	5	6	7	8	9	10	11	12
销售一部	1000	1000	1000	1000	1000	1000	1000	1000	1000	1000	1000	1000
销售二部	500	500	500	500	500	500	500	500	500	500	500	500
销售三部	1200	1200	1200	1200	1200	1200	1200	1200	1200	1200	1200	1200
销售四部	1100	1100	1100	1100	1100	1100	1100	1100	1100	1100	1100	1100
国际事业部	800	800	800	800	800	800	800	800	800	800	800	800

月度预测比年度预测稍微细化，但也只预算到了单个客户层级，也没有到产品上。如表 14－2 所示。

表 14－2 月度预测

单位：万元

	客户	1	2	3	4	5	6	7	8	9	10	11	12
销售一部	A	100	100	100	100	100	100	100	100	100	100	100	100
	B	200	200	200	200	200	200	200	200	200	200	200	200
	C	300	300	300	300	300	300	300	300	300	300	300	300
	D	400	400	400	400	400	400	400	400	400	400	400	400

销售部并没有给生产运营部门产品层级的滚动预测，生产部是严格基于订单排产，采购部是基于历史用量进行采购。

（2）当前的订单评审流程。

公司目前的订单评审是在自行开发的 CRM 中进行的，销售录入订单后，经过生产初评、工艺评审、采购评审、生产部评审、销售确认环节，要求在销售录入订单的2天内完成。

生产初评：主要是考虑未排产订单、产品的制造周期。例如当前有5天未安排订单，产品制造周期是10天，那么给出的承诺交期是15天或客户要求日期。

工艺评审：主要是从工装工具的可用性进行分析。

采购评审：根据物料的BOM计算出物料需求，然后考虑当前库存、未排产订单、已经排产但未领料的订单需求，计算出库存可用性。在诊断中发现很多物料未纳入BOM，需要手工计算需求量。

生产部正式评审：根据工艺和采购的反馈，调整预期交付日期。

销售部评审：根据生产部承诺的交付日期，以及客户订单紧急程度，或者接受生产部的交付日期或者驳回，重新评估。

订单评审完成后，CRM会将订单交期导入ERP系统中指导主计划员排产。

这个流程主要的问题是对承诺交期的确认。

首先，×公司内部是有每个产品的标准制造周期的，根据产品的工艺难度，周期7～14天，然后生产部接收订单时是将未安排订单的天数+标准制造周期作为承诺交期的。

销售部对这个逻辑不满意，销售经理说："第一，未安排订单中有些是不着急的订单，因此直接这么计算，生产部给自己安排了过多的安全量。第二，从客户角度来说，对每个单一产品，客户希望的是固定的交期，不能同一产品这次14天，下次21天。难道和客户说，因为现在业务忙，所以只能交期延后吗？第三，就是按照这个交期，生产部也经常交不上货。第四，这个周期我们销售部理解是正常生产周期，对于一定比例的紧急订单，应该可以压缩这个周期，对客户的紧急订单要有一定的响应。"

生产经理说："首先，每天都有新订单进来，一个订单今天评审时确实有一定宽放量，但转天就有紧急订单进来需要先安排，然后几天后这个订单也变成紧急的了。所以交期承诺的时候必须有一定裕量。至于压缩交付周期，能压缩的只是印刷前的排队时间，但这个订单排前面了，别的订单就要往后排。其次，问题的关键点是紧急订单比例过高，客户不按照约定的交付周期下达订单，这里面有些客户计划比较好，紧急订单少，另外有些客户整天下紧急订单。再次，旺季时公司每天印刷米数是固定的，超过产能的需求只能往后排。最后，咱们公司产品种类多，设备种类也多，而且设备也不通用，有时候某些特殊设备产能不足，也会导致特定订单交期延后。”

其实×公司的问题是订单交付模式企业的同类问题。有些问题是管理问题，有些问题是技术问题。例如旺季总订单超过产能，这个是管理决策问题，需要公司高层来进行“产能配额”分配，然后各客户经理按照配额来接单。

×公司的订单承诺流程中存在2个问题：一是产品工艺路线，能力测算模型未建立；二是“能力预留”未有效管理。

能力测算：笔者在国内服务过很多企业，这些企业多数是滚动发展起来的，设备类型各式各样，同样的产品可以由不同的设备进行生产，同时这些产品在不同设备上的工时是不同的，而且通常并不成比例管理。所谓比例关系是指：如果AB两个产品在甲乙两个机台生产，如果A生产一件在甲机台是10小时，在乙机台是5小时；B生产一件在甲机台是8小时，在乙机台是4小时，我们可以认为甲乙两个设备是比例关系，那排产就容易了。如果不成比例关系，排产就涉及了优化调度问题。此外，市场需求又波动很大，而且随着时间推移，总是有旧产品逐步退出市场，新产品逐步进入市场，需要生产工艺部即时进行产品－加工中心的工艺路线与工时调整。笔者见过的大多数企业都和这个×公司一样，直接用一个简单粗暴的方法来衡量产能，×公司在进行订单交付日期评定时，不考虑产品种类差异，直接按照米数测算，问题是不同的产品印色不一样，例如10色印刷机只有1台，如果10色的产品过多，那么这些产品的排队时间比平均排队时间长，如果按平均排队时间就会无法按期交付。

解决这个问题需要进行产品－工艺路线固化，具体做法在改善阶段详细讲述。

“能力预留”：这个概念很容易理解，客户随时可能下达新的订单，如果严格按照当前未排产订单＋制造周期进行承诺，一旦出现紧急订单，不紧急的订单只能推后，也没法完成。难点在于到底预留几天是合理的。销售坚持说客户的订单频次和数量都是不可预测的，因此没有办法得到合理的宽放天数。

这个天数没有定式，需要根据数据分析的结果来得到，而且不同的客户、不同的产品族也有差异。后面在数据分析阶段会详细分析。

14.2.3 物料采购流程梳理

采购的物料分为两类，主材薄膜在 BOM 中有计划，而油墨、胶水、辅料、粒子在 BOM 中并没有涵盖。

当前×公司是按照工单投料，一次将一个工单所需要的各类物料投放到车间。主材薄膜计算：当前的系统能够自动提供当前库存、未开工订单对应的薄膜需求量，计算出缺口水平。这个功能相对完善。

没有包含在 BOM 中的物料，胶水、辅料和油墨这几种产品通用性较高，一般很少出现缺货的情况。而粒子与产品结构关系很大，每次都需要采购部根据产品的工艺单来手工查询并录入到电子表格中计算。采购部一直希望工艺部能够将粒子的种类和用量放在 BOM 中，但工艺部始终不愿意做这件事。

笔者召开了工艺、采购、生产等部门的专题会讨论这个问题，原来在一定程度上粒子是可以替换使用的，当物料短缺时或者价格波动变化时，工艺可以临时调整粒子的种类和用量并下达在工艺单中，如果维护在 BOM 中，更改粒子时调节 BOM 结构非常麻烦，因此一直未维护。后面项目组经过讨论决定，由工艺部门在 BOM 中维护标准的粒子种类和用量。在出现物料短缺时，工艺部门下达手工单，采购部临时按照手工单采购。

改善前的系统提供的是过去 3 个月的按月的胶水，辅料和油墨的车间领用量，采购部根据采购周期的长短，分别设置 2～6 周的安全库存。因为这些物料未包含在 BOM 中，采用历史用量也是一个相对可行的方法，但通过分解出库数据，发现不同产品周与周之间出库波动较大，同样是一个月使用 4000，第一种和第二种使用情况对安全库存差异较大。如表 14－3 所示。

表 14－3 分解出库数据

单位：件

	1	2	3	4	总需求
1	1000	1000	1000	1000	4000
2	1200	800	1500	500	4000

后面在系统中将过往 3 个月的出货改为按 8 周的出库数据，然后根据波动大小来计算安全库存水平。

14.2.4 主生产计划流程梳理

×公司的计划分为前段计划和后段计划；前段计划包含印刷、吹膜和挤复三个计划。印刷和吹膜是独立进行的，然后在挤复工序印刷品表层和薄膜加压在一起。后端计划是固化、分切和制袋，由车间自主完成。

印刷生产工单是和客户订单对应的，大约有3000 种 SKU；吹膜的产出薄膜种类大约不到 20 种，很多产品的薄膜是通用的，切换一次要 0.5 ~ 1 小时，吹膜要考虑生产经济批量。一般来说是先排挤复计划，然后再排印刷和吹膜计划。印刷后待挤复的产品有 3 ~ 4 天在制品库存。主计划员直接将工单安排到机台上，工单顺序完全是基于个人经验的黑箱。公司一直希望压缩这个周期，但始终无法实现。主计划员自己也讲不清楚为什么印刷计划要在挤复计划前平均 4 天，只知道如果低于这个周期，很容易出现印刷半成品和薄膜不匹配的情况。

当前的前段计划有 2 个主要问题：印刷产品 - 印刷设备的工艺路线不固化，导致计划随意性大；吹膜的切换计划不合理，导致整个生产周期长。后面在改善阶段具体讲述如何解决。

后段计划是车间自主进行的，笔者发现制造周期波动非常大，主要是因为产品组合变化后，对人员需求差异大，例如同样是雀巢咖啡的包装，不同产品印刷 1 万平方米，对前道工序基本时间差异不大，但到了后段，1 万平方米的产品分割成的产品袋子数的差异能有十倍，但传统上前段排产时未对后段人员、设备需求进行测算。后段制造的工艺路线、人员工时并没有在系统中维护。

进行完流程诊断，找出了基本问题，但有些问题需要进一步数据分析才能得到结论，因此笔者设计了一张表，要求 ×公司生产部和信息部开发一个专用报表来进行分析。

14.3 订单交付的数据分析

表14-4 订单交付

订单ID	合同号	品名	成品数量	单位	客户	订单下达日期	客户要求交期	生产承诺交期	评审完成日期	印刷日期	复合日期	入库日期	承诺达成标记	客户达成标记
						10/29	11/20	11/20	10/29	10/31	11/12	12/4	0	0

表14-4包含订单下达、客户要求交期、承诺交期、印刷开工日期、复合日期、成品入库日期，由于产品入库后，发货时并不追踪订单生产订单号，因此这个表未包含发货日期。

在项目实施前，这个表不包含印刷日期、复合日期、入库日期3列，而且也只是分析交付完成率，包括客户要求的完成率和承诺完成率，未进行多维度分析。

分析切入点和分析方法。

首先，最重要的分析点是产品是否可预测？包括季节性、周期性、趋势等。只要在上表中插入月和周两列，然后使用MONTH和WEEKNUM这2个函数，统计2年的数据进行分析就可以。由于×公司的主要客户是宝洁、联合利华、纳爱斯、雀巢等快消品行业，包装更新非常快，一种包装生命周期都很短，所以去年同期数据基本无用。而消费品行业促销多，作为供应商是无法掌握客户促销的具体信息的，因此传统预测基于过去3个月的出货量均值进行预测的方法也基本无效。所以×公司只能根据客户订单来安排生产。

其次，需要进行单个客户的订货模式分析。这里面主要从客户订货频次和订货交期分布来进行分析。在表14-4中插入周几一列，用WEEKDAY函数，可以得到客户下单是周几；然后插入交付天数一列，用客户要求交期－订单下达日期就可以得到。

项目组对关键客户进行了分析，选择了一个客户，数据如表14－5所示。

表14－5 分析关键客户

客户要求交付天数	订单笔数	笔数占比	订单米数	数量占比	订单到入库周期（天）	订单到印刷	印刷到复合	复合到入库
0～6天	84	9%	326	10%	13	5	5	3
7～13天	512	54%	1759	54%	14	5	5	3
14～21天	278	29%	860	27%	15	6	5	3
21天以上	74	8%	293	9%	19	8	8	3
	948	1	3238	1				

订单频次分析，针对单一客户。

1）客户订货模式分析：多数客户每周会下达2次订单，一些客户会固定在周二、周五订货。具体到单个SKU上，客户极少会一周内下2次计划。

2）客户紧周期比例（短于7天）约为9%、7～13天的订单约为54%、14～20天约为29%、21天以上约为9%。

3）不同级别的客户SA、A、B、C的订单准时交付率无大的差异。

对于×企业，一般未交付订单存量天数平均为5天，内部制造周期8～10天，其中印刷－复合6天、后段生产3天，正常交付期应该为10～13天。这个交期不能满足客户的需求，客户有大约64%的订单是短于14天的。

解决思路有2条：1个是降低未交付订单存量天数，1个是降低内部制造周期。

客户订单下达是不受控的，降低存量周转天数只能是针对部分量大/需求稳定的产品提前投产，这部分订单可以从库存出货。但可惜的是经过数据分析，发现无法基于历史数据进行统计预测。×公司的客户多是快消品行业，包装形式种类多，产品上市、退市非常快。没有客户订单的情况下提前生产，必然会导致成品呆滞品出现，客户不负责解决。虽然有部分客户如宝洁会给出滚动 13 周预测，但其并不承诺按照预测提货。这个预测仅供供应商备料。供应商还是要按照订单安排生产。因为不能提前储备生产，订单存量天数是不受控的。这个天数在 5 天左右。

基于这种情况，项目组提出 2 个改善措施：

- 对于关键客户，实现与客户达成共识的交付周期交付；
- 对于一般客户的交期承诺，可以直接按照当前库存天数 + 制造周期 +2 天缓冲进行承诺。

改善的重点是降低内部制造周期。J 销售人员认为对于关键客户第一周周五下达订单，第三周周三前生产入库，周六送达客户；以及第二周周二补充的订单，周六入库，第四周周一送达客户是可以接受的。考虑到存量订单，周五的订单，第二周周三、周四、周五投产，第三周周一、周二、周三入库，制造周期需要控制在 6 天。

项目组决定该项目的 4 个重点改善课题：

1）合理的订单交期答复；

2）降低内部制造周期，从 8 ~ 10 天到 6 天；

3）物料的准时供应；

4）关键资源的利用率提升。

14.4　重点改善推进

改善 1：合理的交期确定。

×企业的瓶颈工序是印刷工序，其印刷车间有 N 台大型印刷设备，每天投资都超过 1000 万元人民币。设备按照印刷能力可分为 6 色、8 色、10 色、12 色印刷机。其中 12 色印刷机可以同时进行 2 批 6 色产品生产。此外，不同的设备精度还有一定差异，高端的产品只能在指定设备生产。×企业有数千种产品，改善前并没有在系统中进行产品 - 工艺设备路线划分，订单交期评审全依靠主计划员的经验来决定，不透明，销售部意见很大。

笔者首先提出需要将每种产品都设定标准工艺路线，预设在某个机台上。

×公司主计划员最初认为这种方式不可行，其认为客户的需求是波动的，即使将产品预先设置在某个机台上，如果订单变化了，还需要不停地调整工艺路线，这种做法是无效的。

笔者指出×公司当前的做法是将A类产品固定机台生产，B类、C类产品根据需求随机安排在不同设备组上生产。这种做法将产品-机台分配管理流程复杂化了，而且不利于工人熟练作业。BC种类多、产量低。工人没吃透产品，会影响作业效率和质量。笔者坚持要将所有B类、C类产品预先固化在印刷机台上，然后选择几个A类产品作为“平衡器”，用于调整需求波动时设备产能匹配。事实上，调整几款A类产品就可以平衡需求。这样做可以大幅度降低计划的复杂度和现场管理的复杂度。而且，将产品-工艺设备路线固化后，可以更准确地给出交期预估。例如虽然整体的未交付订单库存天数是5天，但某些机台累计的订单只有2~3天，其他的有7天。如果统一进行交期评估，就会带来偏差。

改善后的机台存量天数预测，不同类型的机器存量差异较大，实际上以前的交期承诺是基于平均累计订单数量做出的，有些特殊品种需要在特定机台上进行，累计的订单天数要远远超过平均数，导致做出不合理的订单承诺。如表14-6所示。

表14-6 存量及预测

机台	存量（万米）	预测（万米）	存量（天）
1	290	120	17
2	77	200	6
3	168	66	12
4	33	97	3
5	40	210	4
6	25	96	1.5

续表

机台	存量（万米）	预测（万米）	存量（天）
7	85	104	9
8	47	160	5
9	19	50	2
未固定	67	100	6

在进行分线能力测算之后，可以明确发现哪些设备超过产能，或者工艺人员进行工艺调节来进行产品－设备匹配，或者销售接单时有所侧重。

这个措施极大地提升了订单的承诺交付率。

这种方法从技术上推进比较简单，但要解决工人分配的问题，车间是实行综合计件制，工人都喜欢做A类产品，以往将A类产品固定在不同机台，工人觉得公平相对容易实现。而改进后，可能将A类产品调到其他机台作业，原机台的工人会觉得利益受到损害。这里面就要给出一定小订单的切换补贴。

改善2：降低制造周期。

目前印刷－复合需要3天主要是考虑减少复合切换次数和控制薄膜在制品库存，如果适当增大复合切换次数和薄膜库存，这个周期可以控制在3天。

这里最重要的是对吹膜车间实施轮次生产计划，以3天为一个周期，将所有需要的薄膜都生产一遍，这样从印刷到复合的生产周期可以从5天压缩为3天。

后段生产3～4天主要是由于分割、制袋、包装是以人力为主，不同的成品组合情况下，有时局部工序会超人力产能。通过建立按工序的人力需求模型，均衡化复合工序的产出可以降低后段制造周期，一般控制在2天。

这样内部制造周期就压缩为5～6天，再加上5天左右的排单周期，多数的客户需求可以得到满足。

对于客户的紧周期订单，在物资具备的情况下，可以按照7天的标准期量进行承诺。

改善3：提升印刷设备利用率。

印刷设备是×公司的核心设备，提升了印刷设备产出则能提升公司整体产出。但公司领导经常能看到印刷设备非正常停机。笔者要求项目组做了一次宽放抽样（如表 14－7 所示），立刻找出了问题点：

- 项目组采用宽放抽样对机台的状态进行了统计；
- 项目组在宽放抽样时记录了当时设备的车速；
- 项目组记录了当班的实际产出。

表 14－7 宽放抽样

时间	小时	设备	产品	班次	设备状态	人数	工作描述	设备速率
8:00	8	2	/	D	停	1		/
8:15	8	2	/	D	停	2		/
8:30	8	2	/	D	停	2		/
8:45	8	2	A	D	开	1		50
9:00	9	2	/	D	停	1	调试	/
9:15	9	2	/	D	停	1	调试	/
9:30	9	2	A	D	开	2		150
9:45	9	2	A	D	开	3	看样	170
10:00	10	2	A	D	开	2		170
10:15	10	2	A	D	开	3		170
10:30	10	2	A	D	开	1		170
10:45	10	2	A	D	开	1		170
11:00	11	2	A	D	开	1		170
11:15	11	2	A	D	开	1		170
11:30	11	2	A	D	开	2		170
11:45	11	2	A	D	开	2		170
12:00	12	2	A	D	开	1		170
12:15	12	2	A	D	开	3		170
12:30	12	2	A	D	开	2		170
12:45	12	2	A	D	开	1		170

续表

时间	小时	设备	产品	班次	设备状态	人	工作描述	设备速率
13:00	13	2	A	D	开	2		170
13:15	13	2	/	D	停	2	调试	/
13:30	13	2	/	D	停	2	调试	/
13:45	13	2	B	D	开	3		140
14:00	14	2	B	D	开	3		170
14:15	14	2	B	D	开	3		170
14:30	14	2	B	D	开	2		170
14:45	14	2	B	D	开	2		170
15:00	15	2	B	D	开	2		170
15:15	15	2	B	D	停	2	停机	0
15:30	15	2	B	D	停	0	停机	/
15:45	15	2	/	D	停	0	停机	/
开动占比					69%			

用产量/观测时车速，得到理论计算的有效工时为 299 分钟，宽放抽样的数据为 315 分钟，宽放抽样结果与理论计算的有效工时接近，数据可用。

可以观测到 15：15 后，工人完成了当班任务，不继续作业。

这 2 个产品的切换并不需要更换 6 个颜色，我们也观测到实际切换时间只有 30 分钟，但排产时是按照 60 分钟计算的。

可以观测到开班调试时间比规定的标准时间长。

工人提前 40 分钟就关停了设备，印刷设备的速率是基本确定的，影响效率主要在于设备切换。目前 × 公司规定切换 1 个辊子的标准工时是 12 分钟，两种产品切换。后一种产品是几色，则给出色数 ×12 分钟作为切换标准工时。但实际上，有时候如果前一种产品的第 N 个辊子的颜色恰好和第二种产品第 N 个辊子颜色一样，就不用切换了。但 × 公司的公司会自己计算标准产量，切换标准工时，当日定额完成后就停止生产。

当日这个例子就是计划部给定的切换时间是 60 分钟，而实际只要 30 分钟。

后来项目组给每个产品编了一个颜色序列号编码，然后系统自动对比前后 2 个产品的序列号，得到实际需要的切换辊子数，按照这个数量给工人计算标准工时。通过这种方法促使了印刷设备的效率提升。

改善 4：物料的库存。

原来 × 公司是根据过往 3 个月的平均用量设定安全库存的。基于月用量设定安全库存存在很大问题，例如一个月用量为 2000，每周用量 500 和隔周用量 1000 的安全库存模式完全不同。要么库存过高，要么出现缺货。笔者辅导该公司建立了 1 个滚动 8 周的周用量表，然后将其中的一些异常值过滤掉，结合供应商的送货周期重新设定了物料的安全库存公式，并且实施了固定间隔周期订货的采购模式。

通过以上 4 个措施，在制品库存和生产周期得到了有效控制，基本控制在 6 天的水平，同时提高了印刷机台的利用率。

推荐作者得新书！

博瑞森征稿启事

亲爱的读者朋友：

感谢您选择了博瑞森图书！希望您手中的这本书能给您带来实实在在的帮助！

博瑞森一直致力于发掘好作者、好内容，希望能把您最需要的思想、方法，一字一句地交到您手中，成为管理知识与管理实践的桥梁。

但是我们也知道，有很多深入企业一线、经验丰富、乐于分享的优秀专家，或者忙于实战没时间，或者缺少专业的写作指导和便捷的出版途径，只能茫然以待……

还有很多在竞争大潮中坚守的企业，有着异常宝贵的实践经验和独特的洞察，但缺少专业的记录和整理者，无法让企业的经验和故事被更多的人了解、学习……

对读者而言，这些都太遗憾了！

博瑞森非常希望能将这些埋藏的"宝藏"发掘出来，贡献给广大读者，让更多的人从中受益。

所以，我们真心地邀请您，我们的老读者，帮我们搜寻：

推荐作者

可以是您自己或您的朋友，只要对本土管理有实践、有思考；可以是您通过网络、杂志、书籍或其他途径了解的某位专家，不管名气大小，只要他的思想和方法曾让您深受启发。

可以是管理类作品，也可以超出管理，各类优秀的社科作品或学术作品。

推荐企业

可以是您自己所在的企业，或者是您熟悉的某家企业，其创业过程、运营经历、产品研发、机制创新，等等。无论企业大小，只要乐于分享、有值得借鉴书写之处。

总之，好内容就是一切！

博瑞森绝非"自费出书"，出版费用完全由我们承担。您推荐的作者或企业案例一经采用，我们会立刻向您赠送书币 1000 元，可直接换取任何博瑞森图书的纸书或电子书。

感谢您对本土管理原创、博瑞森图书的支持！

推荐投稿邮箱：bookgood@126.com　　推荐手机：13611149991

企业案例·老板传记

	书名. 作者	内容/特色	读者价值
企业案例·老板传记	**你不知道的加多宝:原市场部高管讲述** 曲宗恺　牛玮娜　著	前加多宝高管解读加多宝	全景式解读,原汁原味
	借力咨询:德邦成长背后的秘密 官同良　王祥伍　著	讲述德邦是如何借助咨询公司的力量进行自身与发展的	来自德邦内部的第一线资料,真实、珍贵,令人受益匪浅
	娃哈哈区域标杆:豫北市场营销实录 罗宏文　赵晓萌　等著	本书从区域的角度来写娃哈哈河南分公司豫北市场是怎么进行区域市场营销,成为娃哈哈全国第一大市场、全国增量第一高市场的一些操作方法	参考性、指导性,一线真实资料
	六个核桃凭什么:从0过100亿 张学军　著	首部全面揭秘养元六个核桃裂变式成长的巨著	学习优秀企业的成长路径,了解其背后的理论体系
	像六个核桃一样:打造畅销品的36个简明法则 王　超　范　萍　著	本书分上下两篇:包括"六个核桃"的营销战略历程和36条畅销法则	知名企业的战略历程极具参考价值,36条法则提供操作方法
	解决方案营销实战案例 刘祖轲　著	用10个真案例讲明白什么是工业品的解决方案式营销,实战、实用	有干货、真正操作过的才能写得出来
	招招见销量的营销常识 刘文新　著	如何让每一个营销动作都直指销量	适合中小企业,看了就能用
	我们的营销真案例 联纵智达研究院　著	五芳斋粽子从区域到全国/诺贝尔瓷砖门店销量提升/利豪家具出口转内销/汤臣倍健的营销模式	选择的案例都很有代表性,实在、实操!
	中国营销战实录:令人拍案叫绝的营销真案例 联纵智达　著	51个案例,42家企业,38万字,18年,累计2000余人次参与……	最真实的营销案例,全是一线记录,开阔眼界
	双剑破局:沈坤营销策划案例集 沈　坤　著	双剑公司多年来的精选案例解析集,阐述了项目策划中每一个营销策略的诞生过程,策划角度和方法	一线真实案例,与众不同的策划角度令人拍案叫绝、受益匪浅
	宗:一位制造业企业家的思考 杨　涛　著	1993年创业,引领企业平稳发展20多年,分享独到的心得体会	难得的一本老板分享经验的书
	简单思考:AMT咨询创始人自述 孔祥云　著	著名咨询公司(AMT)的CEO创业历程中点点滴滴的经验与思考	每一位咨询人,每一位创业者和管理经营者,都值得一读
	边干边学做老板 黄中强　著	创业20多年的老板,有经验、能写、又愿意分享,这样的书很少	处处共鸣,帮助中小企业老板少走弯路
	三四线城市超市如何快速成长:解密甘雨亭 IBMG国际商业管理集团　著	国内外标杆企业的经验+本土实践量化数据+操作步骤、方法	通俗易懂,行业经验丰富,宝贵的行业量化数据,关键思路和步骤
	中国首家未来超市:解密安徽乐城 IBMG国际商业管理集团　著	本书深入挖掘了安徽乐城超市的试验案例,为零售企业未来的发展提供了一条可借鉴之路	通俗易懂,行业经验丰富,宝贵的行业量化数据,关键思路和步骤

互联网+

	书名. 作者	内容/特色	读者价值
互联网+	**新营销** 刘春雄　著	新营销的新框架体系是场景是产品逻辑,IP是品牌逻辑,社群是连接逻辑,传播是营销逻辑	助力品牌商实现由传统营销到新营销的理念和行动的跨越,助力企业打赢升级转型之仗
	企业微信营销全指导 孙　巍　著	专门给企业看到的微信营销书,手把手教企业从小白到微信营销专家	企业想学微信营销现在还不晚,两眼一抹黑也不怕,有这本书就够

续表

互联网+	企业网络营销这样做才对:B2B大宗B2C 张　进　著	简单直白拿来就用,各种窍门信手拈来,企业网络营销不麻烦也不用再头疼,一般人不告诉他	B2B、大宗B2C企业有福了,看了就能学会网络营销
互联网+	互联网时代的银行转型 韩友诚　著	以大量案例形式为读者全面展示和分析了银行的互联网金融转型应对之道	结合本土银行转型发展案例的书籍
互联网+	正在发生的转型升级·实践 本土管理实践与创新论坛　著	企业在快速变革期所展现出的管理变革新成果、新方法、新案例	重点突出对于未来企业管理相关领域的趋势研判
互联网+	触发需求:互联网新营销样本·水产 何足奇　著	传统产业都在苦闷中挣扎前行,本书通过鲜活的案例告诉你如何以需求链整合供应链,从而把大家熟知的传统行业打碎了重构、重做一遍	全是干货,值得细读学习,并且作者的理论已经经过了他亲自操刀的实践检验,效果惊人,就在书中全景展示
互联网+	移动互联新玩法:未来商业的格局和趋势 史贤龙　著	传统商业、电商、移动互联,三个世界并存,这种新格局的玩法一定要懂	看清热点的本质,把握行业先机,一本书搞定移动互联网
互联网+	微商生意经:真实再现33个成功案例操作全程 伏泓霖　罗晓慧　著	本书为33个真实案例,分享案例主人公在做微商过程中的经验教训	案例真实,有借鉴意义
互联网+	阿里巴巴实战运营——14招玩转诚信通 聂志新　著	本书主要介绍阿里巴巴诚信通的十四个基本推广操作,从而帮助使用诚信通的用户及企业更好地提升业绩	基本操作,很多可以边学边用,简单易学
互联网+	阿里巴巴实战运营2:诚信通热卖技巧 聂嵘海　著	诚信通TOP商家赚钱的密码箱,手把手教你操作,拿来就用	图文并茂,内容齐全,直接可以对照使用
互联网+	抖音营销如何做:未来抖商 刘大贺　著	解密从0到1亿粉丝的实操路径,深度剖析抖音营销全系统策略	企业做抖音营销的第一书
互联网+	微商团队长:从入门到精通 罗品牌　著	由浅入深,涵盖微商团队长必学技能的方方面面	只要照着做,就能当好微商团队长
互联网+	互联网精准营销 蒋　军　著	怎么在互联网时代整体策划、包装品牌和产品,并在此基础上为企业设计商业模式,技术实现并运营落地	为有基础的小微企业(大企业的新项目)1年实现销售额过亿,2年对接资本,3年左右准IPO
互联网+	今后这样做品牌:移动互联时代的品牌营销策略 蒋　军　著	与移动互联紧密结合,告诉你老方法还能不能用,新方法怎么用	今后这样做品牌就对了
互联网+	互联网+"变"与"不变":本土管理实践与创新论坛集萃·2016 本土管理实践与创新论坛　著	本土管理领域正在产生自己独特的理论和模式,尤其在移动互联时代,有很多新课题需要本土专家们一起研究	帮助读者拓宽眼界、突破思维
互联网+	创造增量市场:传统企业互联网转型之道 刘红明　著	传统企业需要用互联网思维去创造增量,而不是用电子商务去转移传统业务的存量	教你怎么在"互联网+"的海洋中创造实实在在的增量
互联网+	重生战略:移动互联网和大数据时代的转型法则 沈　拓　著	在移动互联网和大数据时代,传统企业转型如同生命体打算与再造,称之为"重生战略"	帮助企业认清移动互联网环境下的变化和应对之道
互联网+	画出公司的互联网进化路线图:用互联网思维重塑产品、客户和价值 李　蓓　著	18个问题帮助企业一步步梳理出互联网转型思路	思路清晰、案例丰富,非常有启发性
互联网+	7个转变,让公司3年胜出 李　蓓　著	消费者主权时代,企业该怎么办	这就是互联网思维,老板有能这样想,肯定倒不了
互联网+	跳出同质思维,从跟随到领先 郭　剑　著	66个精彩案例剖析,帮助老板突破行业长期思维惯性	做企业竟然有这么多玩法,开眼界

续表

行业类:零售、白酒、食品/快消品、农业、医药、建材家居等			
书名．作者		内容/特色	读者价值
零售·超市·餐饮·服装	**总部有多强大,门店就能走多远** IBMG 国际商业管理集团　著	如何把总部做强,成为门店的坚实后盾	了解总部建设的方法与经验
	超市卖场定价策略与品类管理 IBMG 国际商业管理集团　著	超市定价策略与品类管理实操案例和方法	拿来就能用的理论和工具
	连锁零售企业招聘与培训破解之道 IBMG 国际商业管理集团　著	围绕零售企业组织架构、培训体系建设等内容进行深刻探讨	破解人才发现和培养瓶颈的关键点
	中国首家未来超市:解密安徽乐城 IBMG 国际商业管理集团　著	介绍了乐城作为中国首家未来超市从无到有的传奇经历	了解新型零售超市的运作方式及管理特色
	三四线城市超市如何快速成长:解密甘雨亭 IBMG 国际商业管理集团　著	揭秘一家三四线连锁超市的经验策略	不但可以欣赏它的优点,而且可以学会它成功的方法
	新零售　新终端 迪智成咨询团队　著	梳理和提炼新零售的系统打法,将之落地在新终端建设上	让新零售这一看似形而上的商业概念有了可以落地的立足点
	新零售动作分解:建材　家居家具 盛斌子　著	第一本锁定在家居建材、家电、家装等耐用消费品领域谈新零售的书	第一本谈新零售的具体动作、策略、方法、招术的书,拿来就用
	新零售进化趋势与未来格局 李政权　著	通过业态、品类、体验、场景等,逐一呈现新零售的未来进化	就新零售未来的发展方向与进化趋势给出一个确定性的未来
	涨价也能卖到翻 村松达夫　【日】	提升客单价的 15 种实用、有效的方法	日本企业在这方面非常值得学习和借鉴
	移动互联下的超市升级 联商网专栏频道　著	深度解析超市转型升级重点	帮助零售企业把握全局、看清方向
	手把手教你做专业督导:专卖店、连锁店 熊亚柱　著	从督导的职能、作用,在工作中需要的专业技能、方法,都提供了详细的解读和训练办法,同时附有大量的表单工具	无论是店铺需要统一培训,还是个人想成为优秀的督导,有这一本就够了
	百货零售全渠道营销策略 陈继展　著	没有照本宣科、说教式的絮叨,只有笔者对行业的认知与理解,庖丁解牛式的逐项解析、展开	通俗易懂,花极少的时间快速掌握该领域的知识及趋势
	零售:把客流变成购买力 丁　昀　著	如何通过不断升级产品和体验式服务来经营客流	如何进行体验营销,国外的好经营,这方面有启发
	餐饮企业经营策略第一书 吴　坚　著	分别从产品、顾客、市场、盈利模式等几个方面,对现阶段餐饮企业的发展提出策略和思路	第一本专业的、高端的餐饮企业经营指导书
	餐饮新营销 杨　勇　程绍珊　著	在新环境下,对餐饮营销管理进行了全面深入的解读,提供了方式方法	全面性、系统性,区别于市面上的纯操作类作品
	电影院的下一个黄金十年:开发·差异化·案例 李保煜　著	对目前电影院市场存大的问题及如何解决进行了探讨与解读	多角度了解电影院运营方式及代表性案例
	赚不赚钱靠店长:从懂管理到会经营 孙彩军　著	通过生动的案例来进行剖析,注重门店管理细节方面的能力提升	帮助终端门店店长在管理门店的过程中实现经营思路的拓展与突破
耐消品	**商用车经销商运营实战** 杜建君　王朝阳　章晓青　等著	从管理到经营,从销售到服务,系统化运作全指导	为经销商经营开阔思路,掌握方法
	汽车配件这样卖:汽车后市场销售秘诀 100 条 俞士耀　著	汽配销售业务员必读,手把手教授最实用的方法,轻松得来好业绩	快速上岗,专业实效,业绩无忧

续表

耐消品	**润滑油销售:这样说这样做更有效** 张金荣　著	针对渠道、经销商、终端的超实用话术	上车看,下车用,3 分钟就能学会。
	新经销:新零售时代,教你做大商 黄润霖　著	从选址、产品、促销、团队、规模阐述新经销变与不变的市场手法和操作思路	实地拜访近 100 位经销商在传统营销手法上的创新、新营销工具的发现
	珠宝黄金新营销 崔德乾　著	营销、品牌、产品、连接、场景、社群、服务、传播、管理及产业价值链	新营销在珠宝行业的实战应用,业内必备第一书
	跟行业老手学经销商开发与管理:家电、耐消品、建材家居 黄润霖　著	全部来源于经销商管理的一线问题,作者用丰富的经验将每一个问题落实到最便捷快速的操作方法上去	书中每一个问题都是普通营销人亲口提出的,这些问题你也会遇到,作者进行的解答则精彩实用
白酒	**酒水饮料快消品餐饮渠道营销手册** 朱伟杰　著	主要针对快消品(酒水、饮料)的餐饮渠道,提供了区域、商圈、不同业态的规划和促销安排等多种工具,并提出了经销商、批发商等相关人员的管理方法	一本酒水饮料如何在餐饮渠道销售的全能手册,内容深入翔实,可以直接照搬套用,这样的便利简直千金不换
	白酒到底如何卖 赵海永　著	以市场实战为主,多层次、全方位、多角度地阐释了白酒一线市场操作的最新模式和方法,接地气	实操性强,37 个方法、6 大案例帮你成功卖酒
	变局下的白酒企业重构 杨永华　著	帮助白酒企业从产业视角看清趋势,找准位置,实现弯道超车的书	行业内企业要减少 90%,自己在什么位置,怎么做,都清楚了
	1. 白酒营销的第一本书(升级版) **2. 白酒经销商的第一本书** 唐江华　著	华泽集团湖南开口笑公司品牌部长,擅长酒类新品推广、新市场拓展	扎根一线,实战
	区域型白酒企业营销必胜法则 朱志明　著	为区域型白酒企业提供 35 条必胜法则,在竞争中赢销的葵花宝典	丰富的一线经验和深厚积累,实操实用
	10 步成功运作白酒区域市场 朱志明　著	白酒区域操盘者必备,掌握区域市场运作的战略、战术、兵法	在区域市场的攻伐防守中运筹帷幄,立于不败之地
	酒业转型大时代:微酒精选 2014-2015 微酒　主编	本书分为五个部分:当年大事件、那些酒业营销工具、微酒独立策划、业内大调查和十大经典案例	了解行业新动态、新观点,学习营销方法
快消品·食品	**中国快消品营销的这些年** 史贤龙　著	作者精华文章的合集,一本书浓缩了过去十五年,中国营销的实战历程与前沿思考	快消品营销行业的案例和方法都原汁原味呈现,在反映当时风貌的同时,展望与反思
	营销中国茶:2 小时读懂茶叶营销 史贤龙　著	从不同视角对中国的茶营销进行了思考,内容涉及中国茶产业战略困境、茶企规模化、茶品牌崛起、茶文化、茶营销、茶消费、茶零售、茶道等	内容丰富扎实,文字流畅,浓缩的都是精华,让你 2 小时读懂茶叶营销
	这样打造快消品标杆市场 罗宏文　著	帮助你解决如何成功打造标杆市场和进行持续增量管理两大问题	一套系统的方法论,通俗易懂,可以直接套用
	5 小时读懂快消品营销:中国快消品案例观察 陈海超　著	多年营销经验的一线老手把案例掰开了、揉碎了,从中得出的各种手段和方法给读者以帮助和启发	营销那些事儿的个中秘辛,求人还不一定告诉你,这本书里就有
	快消品招商的第一本书:从入门到精通 刘　雷　著	深入浅出,不说废话,有工具方法,通俗易懂	让零基础的招商新人快速学习书中最实用的招商技能,成长为骨干人才
	乳业营销第一书 侯军伟　著	对区域乳品企业生存发展关键性问题的梳理	唯一的区域乳业营销书,区域乳品企业一定要看

续表

快消品·食品	金龙鱼背后的粮油帝国 余　盛　著	讲述金龙鱼品牌及母公司丰益国际的商业冒险故事	在精彩的阅读体验中学到营销管理的方法
	食用油营销第一书 余　盛　著	10多年油脂企业工作经验,从行业到具体实操	食用油行业第一书,当之无愧
	中国茶叶营销第一书 柏　龑　著	如何跳出茶行业"大文化小产业"的困境,作者给出了自己的观察和思考	不是传统做茶的思路,而是现在商业做茶的思路
	调味品企业八大必胜法则 张　戟　著	八大规律性的关键成功要素,背后都有本土调味品企业的成功实践	"观点阐述+案例描述",行业必读
	调味品营销第一书 陈小龙　著	国内唯一一本调味品营销的书	唯一的调味品营销的书,调味品的从业者一定要看
	快消品营销人的第一本书:从入门到精通 刘　雷　伯建新　著	快消行业必读书,从入门到专业	深入细致,易学易懂
	变局下的快消品营销实战策略 杨永华　著	通胀了,成本增加,如何从被动应战变成主动的"系统战"	作者对快消品行业非常熟悉、非常实战
	快消品经销商如何快速做大 杨永华　著	本书完全从实战的角度,评述现象,解析误区,揭示原理,传授方法	为转型期的经销商提供了解决思路,指出了发展方向
	快消品营销:一位销售经理的工作心得2 蒋　军　著	快消品、食品饮料营销的经验之谈,重点图书	来源与实战的精华总结
	快消品营销与渠道管理 谭长春　著	将快消品标杆企业渠道管理的经验和方法分享出来	可口可乐、华润的一些具体的渠道管理经验,实战
	成为优秀的快消品区域经理(升级版) 伯建新　著	用"怎么办"分析区域经理的工作关键点,增加30%全新内容,更贴近环境变化	可以作为区域经理的"速成催化器"
	销售轨迹:一位快消品营销总监的拼搏之路 秦国伟　著	本书讲述了一个普通销售员打拼成为跨国企业营销总监的真实奋斗历程	激励人心,给广大销售员以力量和鼓舞
	快消老手都在这样做:区域经理操盘锦囊 方　刚　著	非常接地气,全是多年沉淀下来的干货,丰富的一线经验和实操方法不可多得	在市场摸爬滚打的"老油条",那些独家绝招妙招一般你问都是问不来的
	动销四维:全程辅导与新品上市 高继中　著	从产品、渠道、促销和新品上市详细讲解提高动销的具体方法,总结作者18年的快消品行业经验,方法实操	内容全面系统,方法实操
农业	饲料营销有方法:策略　案例　工具 陈石平　著	跳出饲料看饲料,根据饲料营销的关键成功要素(KSF)提出7大核心命题	紧跟农牧产业发展大势,提高饲料企业营销竞争力
	新农资如何换道超车 刘祖轲　等著	从农业产业化、互联网转型、行业营销与经营突破四个方面阐述如何让农资企业占领先机、提前布局	南方略专家告诉你如何应对资源浪费、生产效率低下、产能严重过剩、价格与价值严重扭曲等
	中国牧场管理实战:畜牧业、乳业必读 黄剑黎　著	本书不仅提供了来自一线的实际经验,还收入了丰富的工具文档与表单	填补空白的行业必读作品
	中小农业企业品牌战法 韩　旭　著	将中小农业企业品牌建设的方法,从理论讲到实践,具有指导性	全面把握品牌规划,传播推广,落地执行的具体措施
	农资营销实战全指导 张　博　著	农资如何向"深度营销"转型,从理论到实践进行系统剖析,经验资深	朴实、使用!不可多得的农资营销实战指导
	农产品营销第一书 胡浪球　著	从农业企业战略到市场开拓、营销、品牌、模式等	来源于实践中的思考,有启发
	变局下的农牧企业9大成长策略 彭志雄　著	食品安全、纵向延伸、横向联合、品牌建设……	唯一的农牧企业经营实操的书,农牧企业一定要看

续表

医药	**在中国，医药营销这样做：时代方略精选文集** 段继东　主编	专注于医药营销咨询15年，将医药营销方法的精华文章合编，深入全面	可谓医药营销领域的顶尖著作，医药界读者的必读书
	医药新营销：制药企业、医药商业企业营销模式转型 史立臣　著	医药生产企业和商业企业在新环境下如何做营销？老方法还有没有用？如何寻找新方法？新方法怎么用？本书给你答案	内容非常现实接地气，踏实谈问题说方法
	医药企业转型升级战略 史立臣　著	药企转型升级有5大途径，并给出落地步骤及风险控制方法	实操性强，有作者个人经验总结及分析
	新医改下的医药营销与团队管理 史立臣　著	探讨新医改对医药行业的系列影响和医药团队管理	帮助理清思路，有一个框架
	医药营销与处方药学术推广 马宝琳　著	如何用医学策划把“平民产品”变成“明星产品”	有真货、讲真话的作者，堪称处方药营销的经典！
	医药行业大洗牌与药企创新 林延君　沈　斌　著	一方面，围绕着变革，多角度阐述药企的应对之道；另一方面，紧扣实践，介绍近百家医药企业创新实践案例	医改变革10年，医药企业如何应对大洗牌？重磅出击的药企人必读书
	新医改了，药店就要这样开 尚　锋　著	药店经营、管理、营销全攻略	有很强的实战性和可操作性
	电商来了，实体药店如何突围 尚　锋　著	电商崛起，药店该如何突围？本书从促销、会员服务、专业性、客单价等多重角度给出了指导方向	实战攻略，拿来就能用
	OTC医药代表药店销售36计 鄢圣安　著	以《三十六计》为线，写OTC医药代表向药店销售的一些技巧与策略	案例丰富，生动真实，实操性强
	OTC医药代表药店开发与维护 鄢圣安　著	要做到一名专业的医药代表，需要做什么、准备什么、知识储备、操作技巧等	医药代表药店拜访的指导手册，手把手教你快速上手
	引爆药店成交率1：店员导购实战 范月明　著	一本书解决药店导购所有难题	情景化、真实化、实战化
	引爆药店成交率2：经营落地实战 范月明　著	最接地气的经营方法全指导	揭示了药店经营的几类关键问题
	引爆药店成交率：专业化销售解决方案 范月明　著	药品搭配分析与关联销售	为药店人专业化助力
	处方药合规推广实战宝典 赵佳震　著	推广体系搭建、推广人员岗位工作内容、推广服务外包商管理等六个方面	解决“医药代表转型”和“推广服务外包商管理”的困惑
	医药代理商实操全指导：新环境　新战法 戴文杰　著	结合医药市场政策环境解读新环境下医药招商的战法，着重分析药品产业链的盈利机会	医药销售业务人员的必备读物
	攻略基层诊所：医药营销这样做 张江民　著	对基层诊所的开发、维护和动销，拿来就用的方式方法	实战是本书的主旨，只要用心去看，就能在基层诊所市场中运用
	互联网医药的未来 动脉网　编著	介绍了互联网医药发展的现状与趋势	帮助创业者和投资人看清未来，把握当下
	处方药零售这样做 田　军　著	阐述了处方药零售的重要性，以及做处方药零售市场的具体措施和方法	系统性了解和掌握处方药零售方法
建材家居	**成为最赚钱的家具建材经销商** 李治江　著	从销售模式、产品、门店等老板们最关注和最需要的方面解决问题、提供方法	只要你是建材、家具、家居用品的经销商老板，这就是一本必读的书
	定制家居黄金十年 韩　锋　翁长华　著	梳理了定制家居的商业模式和发展情况	帮助定制家居看清方向，把握当下
	家具建材促销与引流 薛　亮　李永峰　著	十大促销模式的详细方法和工具	让你天天签大单

续表

建材家居	**家具行业操盘手** 王献永　著	家具行业问题的终结者	解决了干家具还有没有前途？为什么同城多店的家具经销商很难做大做强等问题
	建材家居营销：除了促销还能做什么 孙嘉晖　著	一线老手的深度思考，告诉你在建材家居营销模式基本停滞的今天，除了促销，营销还能怎么做	给你的想法一场革命
	建材家居营销实务 程绍珊　杨鸿贵　主编	价值营销运用到建材家居，每一步都让客户增值	有自己的系统、实战
	家居建材门店6力爆破 贾同领　著	合盘道出一线品牌销量秘籍	6力招招见血，既有招数，又有策略
	建材家居门店销量提升 贾同领　著	店面选址、广告投放、推广助销、空间布局、生动展示、店面运营等	门店销量提升是一个系统工程，非常系统、实战
	10步成为最棒的建材家居门店店长 徐伟泽　著	实际方法易学易用，让员工能够迅速成长，成为独当一面的好店长	只要坚持这样干，一定能成为好店长
	手把手帮建材家居导购业绩倍增：成为顶尖的门店店员 熊亚柱　著	生动的表现形式，让普通人也能成为优秀的导购员，让门店业绩长红	读着有趣，用着简单，一本在手、业绩无忧
	建材家居经销商实战42章经 王庆云　著	告诉经销商：老板怎么当、团队怎么带、生意怎么做	忠言逆耳，看着不舒服就对了，实战总结，用一招半式就值了
工业品	**销售是门专业活：B2B、工业品** 陆和平　著	销售流程就应该跟着客户的采购流程和关注点的变化向前推进，将一个完整的销售过程分成十个阶段，提供具体方法	销售不是请客吃饭拉关系，是个专业的活计！方法在手，走遍天下不愁
	解决方案营销实战案例 刘祖轲　著	用10个真案例讲明白什么是工业品的解决方案式营销，实战、实用	有干货、真正操作过的才能写得出来
	变局下的工业品企业7大机遇 叶敦明　著	产业链条的整合机会、盈利模式的复制机会、营销红利的机会、工业服务商转型机会……	工业品企业还可以这样做，思维大突破
	工业品市场部实战全指导 杜　忠　著	工业品市场部经理工作内容全指导	系统、全面、有理论、有方法，帮助工业品市场部经理更快提升专业能力
	工业品营销管理实务 李洪道　著	中国特色工业品营销体系的全面深化、工业品营销管理体系优化升级	工具更实战，案例更鲜活，内容更深化
	工业品企业如何做品牌 张东利　著	为工业品企业提供最全面的品牌建设思路	有策略、有方法、有思路、有工具
	丁兴良讲工业4.0 丁兴良　著	没有枯燥的理论和说教，用朴实直白的语言告诉你工业4.0的全貌	工业4.0是什么？本书告诉你答案
	资深大客户经理：策略准，执行狠 叶敦明　著	从业务开发、发起攻势、关系培育、职业成长四个方面，详述了大客户营销的精髓	满满的全是干货
	两化融合管理系统贯标流程与方法 戴　勇　张华杰　张百荣　编著	全面梳理贯标流程和方法	帮助企业成功贯标
	一切为了订单：订单驱动下的工业品营销实战 唐道明　著	其实，所有的企业都在围绕着两个字在开展全部的经营和管理工作，那就是“订单”	开发订单、满足订单、扩大订单。本书全是实操方法，字字珠玑、句句干货，教你获得营销的胜利
金融	**交易心理分析** (美)马克·道格拉斯　著 刘真如　译	作者一语道破赢家的思考方式，并提供了具体的训练方法	不愧是投资心理的第一书，绝对经典
	精品银行管理之道 崔海鹏　何　屹　主编	中小银行转型的实战经验总结	中小银行的教材很多，实战类的书很少，可以看看

续表

金融	**支付战争** Eric M. Jackson 著 徐彬 王晓 译	PayPal 创业期营销官，亲身讲述 PayPal 从诞生到壮大到成功出售的整个历史	激烈、有趣的内幕商战故事！了解美国支付市场的风云巨变
	中外并购名著专业阅读指南 叶兴平 等著	在5000多本并购类图书中精选的200著作，在阅读的基础上写的读书评价	精挑细选200本并一一评介，省去读者挑选的烦恼，快捷、高效
	新三板信息披露全流程：操作与工具 和珩科技 著	详细拆解董秘日常工作过程中所需的信息披露流程	董秘案头必备用书
	成功并购300本：一本书搞定并购难题 浩德军师并购联盟 著	从财务，税务，法律等角度详细解答疑问	能解决80%的并购问题
	互联网时代的银行转型 韩友诚 著	以大量案例形式为读者全面展示和分析了银行的互联网金融转型应对之道	结合本土银行转型发展案例的书籍
房地产	**产业园区/产业地产规划、招商、运营实战** 阎立忠 著	目前中国第一本系统解读产业园区和产业地产建设运营的实战宝典	从认知、策划、招商到运营全面了解地产策划
	人文商业地产策划 戴欣明 著	城市与商业地产战略定位的关键是不可复制性，要发现独一无二的“味道”	突破千城一面的策划困局
	中国城市群房地产投资策略 吕俊博 著	全方位、多角度分析城市群房地产现状是趋势	让亿元资产投资更理性、更安全
	电影院的下一个黄金十年：开发・差异化・案例 李保煜 著	对目前电影院市场存大的问题及如何解决进行了探讨与解读	多角度了解电影院运营方式及代表性案例
能源	**全能型班组：城市能源互联网与电力班组升级** 国网天津市电力公司 编著	借鉴国内外优秀企业的转型升级思路，通过对于新型班组组织模式和运行机制的大胆设想，力图构建充分适应内外环境变化的全能型班组	看看庞大的国企在新环境下是如何顺应时代的
	国网天津电力全能型班组建设实务 国网天津市电力公司 编著	本书聚焦于天津电力公司在探索全能型班组转型升级时的优秀实践	电力行业的班组实践，具体、可操作性强

经营类：企业如何赚钱，如何抓机会，如何突破，如何“开源”

	书名．作者	内容/特色	读者价值
抓方向	**让经营回归简单．升级版** 宋新宇 著	化繁为简抓住经营本质：战略、客户、产品、员工、成长	经典，做企业就这几个关键点！
	混沌与秩序Ⅰ：变革时代企业领先之道 **混沌与秩序Ⅱ：变革时代管理新思维** 彭剑锋 尚艳玲 主编	汇集华夏基石专家团队10年来研究成果，集中选择了其中的精华文章编纂成册	作者都是既有深厚理论积淀又有实践经验的重磅专家，为中国企业和企业家的未来提出了高屋建瓴的观点
	活系统：跟任正非学当老板 孙行健 尹贤 著	以任正非的独到视角，教企业老板如何经营公司	看透公司经营本质，激活企业活力
	重构：快消品企业重生之道 杨永华 著	从7个角度，帮助企业实现系统性的改造	提供转型思想与方法，值得参考
	公司由小到大要过哪些坎 卢强 著	老板手里的一张“企业成长路线图”	现在我在哪儿，未来还要走哪些路，都清楚了
	企业二次创业成功路线图 夏惊鸣 著	企业曾经抓住机会成功了，但下一步该怎么办？	企业怎样获得第二次成功，心里有个大框架了
	老板经理人双赢之道 陈明 著	经理人怎养选平台、怎么开局，老板怎样选/育/用/留	老板生闷气，经理人牢骚大，这次知道该怎么办了

续表

抓方向	**简单思考:AMT 咨询创始人自述** 孔祥云　著	著名咨询公司(AMT)的 CEO 创业历程中点点滴滴的经验与思考	每一位咨询人,每一位创业者和管理经营者,都值得一读
	企业文化的逻辑 王祥伍　黄健江　著	为什么企业绩效如此不同,解开绩效背后的文化密码	少有的深刻,有品质,读起来很流畅
	使命驱动企业成长 高可为　著	钱能让一个人今天努力,使命能让一群人长期努力	对于想做事业的人,'使命'是绕不过去的
思维突破	**盈利原本就这么简单** 高可为　著	从财务的角度揭示企业盈利的秘密	多方面解读商业模式与盈利的关系,通俗易懂,受益匪浅
	经营:打造你的盈利系统 高可为　著	从盈利角度梳理了系统化的经营方式	让企业掌舵者把控经营全局
	创模式:23 个行业创新案例 段传敏　著	23 位行业精英的创新对话	创业者、转型者的实战参考
	企业良性成长:用顶层设计突破瓶颈 刘建兆　著	全方位介绍企业顶层设计的方法和思路	帮助企业用顶层设计突破成长瓶颈
	移动互联新玩法:未来商业的格局和趋势 史贤龙　著	传统商业、电商、移动互联,三个世界并存,这种新格局的玩法一定要懂	看清热点的本质,把握行业先机,一本书搞定移动互联网
	画出公司的互联网进化路线图:用互联网思维重塑产品、客户和价值 李　蓓　著	18 个问题帮助企业一步步梳理出互联网转型思路	思路清晰、案例丰富,非常有启发性
	重生战略:移动互联网和大数据时代的转型法则 沈　拓　著	在移动互联网和大数据时代,传统企业转型如同生命体打算与再造,称之为"重生战略"	帮助企业认清移动互联网环境下的变化和应对之道
	创造增量市场:传统企业互联网转型之道 刘红明　著	传统企业需要用互联网思维去创造增量,而不是用电子商务去转移传统业务的存量	教你怎么在"互联网+"的海洋中创造实实在在的增量
	7 个转变,让公司 3 年胜出 李　蓓　著	消费者主权时代,企业该怎么办	这就是互联网思维,老板有能这样想,肯定倒不了
	跳出同质思维,从跟随到领先 郭　剑　著	66 个精彩案例剖析,帮助老板突破行业长期思维惯性	做企业竟然有这么多玩法,开眼界
	互联网+"变"与"不变":本土管理实践与创新论坛集萃·2016 本土管理实践与创新论坛　著	加速本土管理思想的孕育诞生,促进本土管理创新成果更好地服务企业、贡献社会	各个作者本年度最新思想,帮助读者拓宽眼界、突破思维
	消费升级:实践　研究(文集) 本土管理实践与创新论坛　著	38 位管理专家及 7 位学者的精华思想,从经营、管理、行业及思想研究四个方面阐述中国企业在消费升级下的实践与研究	思想启发,行业借鉴
财务	**写给企业家的公司与家庭财务规划——从创业成功到富足退休** 周荣辉　著	本书以企业的发展周期为主线,写各阶段企业与企业主家庭的财务规划	为读者处理人生各阶段企业与家庭的财务问题提供建议及方法,让家庭成员真正享受财富带来的益处
	互联网时代的成本观 程　翔　著	本书结合互联网时代提出了成本的多维观,揭示了多维组合成本的互联网精神和大数据特征,论述了其产生背景、实现思路和应用价值	在传统成本观下为盈利的业务,在新环境下也许就成为亏损业务。帮助管理者从新的角度来看待成本,进一步做好精益管理

续表

财务	财报背后的投资机会 蒋　豹　著	以具体的公司案例分析，教你迅速看出财务报表与企业经营的关系、所反映的企业经营现状，从而找到投资机会	前四大会计所员工为读者解密财报，发现投资机会
管理类：效率如何提升，如何实现经营目标，如何“节流”			
书名．作者		内容/特色	读者价值
通用管理	**让管理回归简单·升级版** 宋新宇　著	从目标、组织、决策、授权、人才和老板自己层面教你怎样做管理	帮助管理抓住管理的要害，让管理变得简单
	让经营回归简单·升级版 宋新宇　著	从战略、客户、产品、员工、成长、经营者自身等七个方面，归纳总结出简单有效的经营法则	总结出的真正优秀企业的成功之道：简单
	让用人回归简单 宋新宇　著	从用人的原则、用人的难题与误区、用人的方法和用人者的修炼四大方面，总结出适合中小企业做好人才管理工作的法则	帮助管理者抓住用人的要害，让用人变得简单
	历史深处的管理智慧1：组织建设与用人之道 刘文瑞　著	对历史之典故、政事、人事、政制进行管理解析，鉴照企业人才的选用育留	推动理论与实践的对接，实现理性与情感的渗透，用中国话语说明管理智慧
	历史深处的管理智慧2：战略决策与经营运作 刘文瑞　著	对历史之典故、政事、人事、政制进行管理解析，鉴照企业战略设计与经营实践	推动理论与实践的对接，实现理性与情感的渗透，用中国话语说明管理智慧
	历史深处的管理智慧3：领导修炼与文化素养 刘文瑞　著	对历史之典故、政事、人事、政制进行管理解析，鉴照企业领导职业能力提升与文化修养	推动理论与实践的对接，实现理性与情感的渗透，用中国话语说明管理智慧
	管理的尺度 刘文瑞　著	对管理中的种种普遍性问题进行了批评	提高把握管理尺度的能力
	管理学在中国 刘文瑞　著	系统性介绍了管理学在中国的发展和演变	了解管理学在中国的发展脉络，更清晰理解管理学的本质
	看电影，懂管理 刘文瑞　著	16部经典电影，带你感悟管理智慧	能够帮助读者放松身心，驰骋想象，在不知不觉中增长智慧
	管理：以规则驾驭人性 王春强　著	详细解读企业规则的制定方法	从人与人博弈角度提升管理的有效性
	打造集成供应链：走出挂一漏十的改善困境 王春强　著	详解集成供应链全过程	帮助企业优化供应链管理
	用好骨干员工：关键人才培养与激励 王　敏　著	系统化分享关键人才打造与激励方法	企业能实在用人的最大化价值
	改变世界的管理学大师1：管理学的前世今生 刘文瑞　编著	介绍了古典管理学时期的大师事迹和思想	深入了解管理大师们的思想和智慧
	成为企业欢迎的咨询师 张国祥　著	从调研到落地，手把手教你咨询流程	不走弯路，方便直接的学到老咨询师的套路
	员工心理学超级漫画版 邢　雷　著	以漫画的形式深度剖析员工心理	帮助管理者更了解员工，从而更轻松地管理员工
	老板有想法，高层有干法：企业中的将帅之道 王清华　著	深入剖析老板与高管的异同	各司其职，各行其是，相辅相成
	分股合心：股权激励这样做 段磊　周剑　著	通过丰富的案例，详细介绍了股权激励的知识和实行方法	内容丰富全面、易读易懂，了解股权激励，有这一本就够了
	边干边学做老板 黄中强　著	创业20多年的老板，有经验、能写、又愿意分享，这样的书很少	处处共鸣，帮助中小企业老板少走弯路

续表

通用管理	**成为敏感而体贴的公司** 王　涛　著	本书为作者对企业的观察和冥想的随笔记录。从生活中的一个现象入手,进而探索现象背后的本质	从全新角度认识公司
	中国企业的觉醒:正直　善良　成长 王　涛　著	围绕着企业人如何发生转化展开,对中国人、中国文化及由此导致的企业现状的观察和思考	企业除了要利润,还需要道德
	有意识的思考:轻松化解问题的7个思考习惯 王　涛　著	本书是对思想、思考过程、思考方式进行的细致观察	养成好的思考习惯,更深刻地看问题
	中国式阿米巴落地实践之从交付到交易 胡八一　著	本书主要讲述阿米巴经营会计,“从交付到交易”,这是成功实施了阿米巴的标志	阿米巴经营会计的工作是有逻辑关联的,一本书就能搞定
	中国式阿米巴落地实践之激活组织 胡八一　著	重点讲解如何科学划分阿米巴单元,阐述划分的实操要领、思路、方法、技术与工具	最大限度减少“推行风险”和“摸索成本”,利于公司成功搭建适合自身的个性化阿米巴经营体系
	中国式阿米巴落地实践之持续盈利 胡八一　著	把企业做成平台,企业才能做大(格局);把平台做成阿米巴,企业才能做强(专业);把阿米巴做成合伙制,企业才能做久(机制)	中国式阿米巴落地实践三部曲的最后一部,告诉你企业如何做大做强做久
	集团化企业阿米巴实战案例 初勇钢　著	一家集团化企业阿米巴实施案例	指导集团化企业系统实施阿米巴
	阿米巴经营的中国模式 李志华　著	让员工从“要我干”到“我要干”,价值量化出来	阿米巴在企业如何落地,明白思路了
	欧博心法:好管理靠修行 曾　伟　著	用佛家的智慧,深刻剖析管理问题,见解独到	如果真的有‘中国式管理’,曾老师是其中标志性人物
	领导这样点燃你的下属 孟广桥　著	领导者如何才能让员工积极主动地工作?如何让你的员工和下属保持工作的热情,自动自发?看了这本书就知道	只要你希望手下的"兵将"永远充满工作的斗志,这本书将使你获益良多
流程管理	**1. 用流程解放管理者** **2. 用流程解放管理者2** 张国祥　著	中小企业阅读的流程管理、企业规范化的书	通俗易懂,理论和实践的结合恰到好处
	跟我们学建流程体系 陈立云　著	畅销书《跟我们学做流程管理》系列,更实操,更细致,更深入	更多地分享实践,分享感悟,从实践总结出来的方法论
	人人都要懂流程 金国华　余雅丽　著	当前各企业流程管理方面最为典型的痛点现象及问题案例	通俗易懂,适合企业全员阅读
质量管理	**IATF16949质量管理体系详解与案例文件汇编:TS16949转版IATF16949:2016** 谭洪华　著	针对IATF的新标准做了详细的解说,同时指出了一些推行中容易犯的错误,提供了大量的表单、案例	案例、表单丰富,拿来就用
	五大质量工具详解及运用案例:APQP/FMEA/PPAP/MSA/SPC 谭洪华　著	对制造业必备的五大质量工具中每个文件的制作要求、注意事项、制作流程、成功案例等进行了解读	通俗易懂、简便易行,能真正实现学以致用
	ISO9001:2015新版质量管理体系详解与案例文件汇编 谭洪华　著	紧密围绕2015年新版质量管理体系文件逐条详细解读,并提供可以直接套用的案例工具,易学易上手	企业质量管理认证、内审必备
	ISO14001:2015新版环境管理体系详解与案例文件汇编 谭洪华　著	紧密围绕2015年新版环境管理体系文件逐条详细解读,并提供可以直接套用的案例工具,易学易上手	企业环境管理认证、内审必备

续表

质量管理	**ISO9001:2015 完整文件汇编:制造业** 贺红喜　著	按照 ISO9001 标准并超出标准的要求,提供了一套完整的制造业的质量管理体系文件	原汁原味完整收入,直接可以拿来就用
	SA8000:2014 社会责任管理体系认证实战 吕　林　著	作者根据自己的操作经验,按认证的流程,以相关案例进行说明 SA8000 认证体系	简单,实操性强,拿来就能用
	精益质量管理实战工具 贺小林　著	制造类企业日常工作中所需要的精益管理工具的归纳整理,并进行案例操作的细致分析	可以直接参考,实际解决生产中的具体问题
战略落地	**重生——中国企业的战略转型** 施　炜　著	从前瞻和适用的角度,对中国企业战略转型的方向、路径及策略性举措提出了一些概要性的建议和意见	对企业有战略指导意义
	公司大了怎么管:从靠英雄到靠组织 AMT 金国华　著	第一次详尽阐释中国快速成长型企业的特点、问题及解决之道	帮助快速成长型企业领导及管理团队理清思路,突破瓶颈
	低效会议怎么改:每年节省一半会议成本的秘密 AMT 王玉荣　著	教你如何系统规划公司的各级会议,一本工具书	教会你科学管理会议的办法
	年初订计划,年尾有结果:战略落地七步成诗 AMT 郭晓　著	7 个步骤教会你怎么让公司制定的战略转变为行动	系统规划,有效指导计划实现
人力资源	**HRBP 是这样炼成的之"菜鸟起飞"** 新　海　著	以小说的形式,具体解析 HRBP 的职责,应该如何操作,如何为业务服务	实践者的经验分享,内容实务具体,形式有趣
	HRBP 是这样炼成的之中级修炼 新　海　著	本书以案例故事的方式,介绍了 HRBP 在实际工作中碰到的问题和挑战	书中的 HR 解决方案讲究因时因地制宜、简单有效的原则,重在启发读者思路,可供各类企业 HRBP 借鉴
	HRBP 是这样炼成的之高级修炼 新　海　著	以故事的形式,展现了 HRBP 工作者在职业发展路上的层层深入和递进	为读者提供 HRBP 在实际工作中遇到种种问题的解决方案
	新任 HR 高管如何从 0 到 1 黄渊明　著	全景式展现新任高管华丽转身全过程	助力新任高管安全着陆
	HR 的劳动法内参 李皓楠　著	100 个劳动法案例和分析	轻松掌握劳动法知识,方便运用
	把面试做到极致:首席面试官的人才甄选法 孟广桥　著	作者用自己几十年的人力资源经验总结出的一套实用的确定岗位招聘标准、提升面试官技能素质的简便方法	面试官必备,没有空泛理论,只有巧妙的实操技能
	人力资源体系与 e - HR 信息化建设 刘书生　陈　莹　王美佳　著	将作者经历的人力资源管理变革、人力资源管理信息化咨询项目方法论、工具和成果全面展现给读者,使大家能够将其快速应用到管理实践中	系统性非常强,没有废话,全部是浓缩的干货
	回归本源看绩效 孙　波　著	让绩效回顾"改进工具"的本源,真正为企业所用	确实是来源于实践的思考,有共鸣
	世界 500 强资深培训经理人教你做培训管理 陈　锐　著	从 7 大角度具体细致地讲解了培训管理的核心内容	专业、实用、接地气

续表

人力资源	**曹子祥教你做激励性薪酬设计** 曹子祥　著	以激励性为指导，系统性地介绍了薪酬体系及关键岗位的薪酬设计模式	深入浅出，一本书学会薪酬设计
	曹子祥教你做绩效管理 曹子祥　著	复杂的理论通俗化，专业的知识简单化，企业绩效管理共性问题的解决方案	轻松掌握绩效管理
	把招聘做到极致 远　鸣　著	作为世界500强高级招聘经理，作者数十年招聘经验的总结分享	带来职场思考境界的提升和具体招聘方法的学习
	人才评价中心．超级漫画版 邢　雷　著	专业的主题，漫画的形式，只此一本	没想到一本专业的书，能写成这效果
	走出薪酬管理误区 全怀周　著	剖析薪酬管理的8大误区，真正发挥好枢纽作用	值得企业深读的实用教案
	集团化人力资源管理实践 李小勇　著	对搭建集团化的企业很有帮助，务实，实用	最大的亮点不是理论，而是结合实际的深入剖析
	我的人力资源咨询笔记 张　伟　著	管理咨询师的视角，思考企业的HR管理	通过咨询师的眼睛对比很多企业，有启发
	本土化人力资源管理8大思维 周　剑　著	成熟HR理论，在本土中小企业实践中的探索和思考	对企业的现实困境有真切体会，有启发
企业文化	**36个拿来就用的企业文化建设工具** 海融心胜　主编	数十个工具，为了方便拿来就用，每一个工具都严格按照工具属性、操作方法、案例解读划分，实用、好用	企业文化工作者的案头必备书，方法都在里面，简单易操作
	企业文化建设超级漫画版 邢　雷　著	以漫画的形式系统教你企业文化建设方法	轻松易懂好操作
	华夏基石方法：企业文化落地本土实践 王祥伍　谭俊峰　著	十年积累、原创方法、一线资料，和盘托出	在文化落地方面真正有洞察，有实操价值的书
	企业文化的逻辑 王祥伍　著	为什么企业之间如此不同，解开绩效背后的文化密码	少有的深刻，有品质，读起来很流畅
	企业文化激活沟通 宋杼宸　安　琪　著	透过新任HR总经理的眼睛，揭示出沟通与企业文化的关系	有实际指导作用的文化落地读本
	在组织中绽放自我：从专业化到职业化 朱仁健　王祥伍　著	个人如何融入组织，组织如何助力个人成长	帮助企业员工快速认同并投入到组织中去，为企业发展贡献力量
	企业文化定位·落地一本通 王明胤　著	把高深枯燥的专业理论创建成一套系统化、实操化、简单化的企业文化缔造方法	对企业文化不了解，不会做？有这一本从概念到实操，就够了
生产管理	**精益思维：中国精益如何落地** 刘承元　著	笔者二十余年企业经营和咨询管理的经验总结	中国企业需要灵活运用精益思维，推动经营要素与管理机制的有机结合，推动企业管理向前发展
	300张现场图看懂精益5S管理 乐　涛　编著	5S现场实操详解	案例图解，易懂易学
	高员工流失率下的精益生产 余伟辉　著	中国的精益生产必须面对和解决高员工流失率问题	确实来源于本土的工厂车间，很务实
	车间人员管理那些事儿 岑立聪　著	车间人员管理中处理各种“疑难杂症”的经验和方法	基层车间管理者最闹心、头疼的事，‘打包’解决

续表

生产管理	**1. 欧博心法:好管理靠修行** **2. 欧博心法:好工厂这样管** 曾　伟　著	他是本土最大的制造业管理咨询机构创始人,他从400多个项目、上万家企业实践中锤炼出的欧博心法	中小制造型企业,一定会有很强的共鸣
	欧博工厂案例1:生产计划管控对话录 **欧博工厂案例2:品质技术改善对话录** **欧博工厂案例3:员工执行力提升对话录** 曾　伟　著	最典型的问题、最详尽的解析,工厂管理9大问题27个经典案例	没想到说得这么细,超出想象,案例很典型,照搬都可以了
	工厂管理实战工具 欧博企管　编著	以传统文化为核心的管理工具	适合中国工厂
	苦中得乐:管理者的第一堂必修课 曾　伟　编著	曾伟与师傅大愿法师的对话,佛学与管理实践的碰撞,管理禅的修行之道	用佛学最高智慧看透管理
	比日本工厂更高效1:管理提升无极限 刘承元　著	指出制造型企业管理的六大积弊;颠覆流行的错误认知;掌握精益管理的精髓	每一个企业都有自己不同的问题,管理没有一剑封喉的秘笈,要从现场、现物、现实出发
	比日本工厂更高效2:超强经营力 刘承元　著	企业要获得持续盈利,就要开源和节流,即实现销售最大化,费用最小化	掌握提升工厂效率的全新方法
	比日本工厂更高效3:精益改善力的成功实践 刘承元　著	工厂全面改善系统有其独特的目的取向特征,着眼于企业经营体质(持续竞争力)的建设与提升	用持续改善力来飞速提升工厂的效率,高效率能够带来意想不到的高效益
	3A顾问精益实践1:IE与效率提升 党新民　苏迎斌　蓝旭日　著	系统的阐述了IE技术的来龙去脉以及操作方法	使员工与企业持续获利
	3A顾问精益实践2:JIT与精益改善 肖志军　党新民　著	只在需要的时候,按需要的量,生产所需的产品	提升工厂效率
	化工企业工艺安全管理实操 黄　娜　编著	化工企业工艺安全管理全指导	帮助企业树立安全意识,强化安全管理方法
	手把手教你做专业的生产经理 黄　娜　著	物流、信息流、资金流,让生产经理管理有抓手	从菜鸟到能把控全局
员工素质提升	**TTT培训师精进三部曲(上):深度改善现场培训效果** 廖信琳　著	现场把控不用慌,这里有妙招一用就灵	课程现场无论遇到什么样的情况都能游刃有余
	TTT培训师精进三部曲(中):构建最有价值的课程内容 廖信琳　著	这样做课程内容,学员有收获培训师也有收获	优质的课程内容是树立个人品牌的保证
	TTT培训师精进三部曲(下):职业功力沉淀与修为提升 廖信琳　著	从内而外提升自己,职业的道路一帆风顺	走上职业TTT内训师的康庄大道
	培训师,如何让你的事业长青:自我管理的10项法则 廖信琳　著	建立了一套完整的培训师自我管理体系,为培训师的职业成长与发展提供有益的指引	培训师如何在自己的职业道路上越走越高,事业长青,一直有所收获与成长?本书将给你答案
	管理咨询师的第一本书:百万年薪　千万身价 熊亚柱　著	从问题出发,发现问题、分析问题、解决问题,让两眼一抹黑的新人快速成长	管理咨询师初入职场,让这本书开启百万年薪之路

续表

员工素质提升	**手把手教你做专业督导:专卖店、连锁店** 熊亚柱　著	从督导的职能、作用,在工作中需要的专业技能、方法,都提供了详细的解读和训练办法,同时附有大量的表单工具	无论是店铺需要统一培训,还是个人想成为优秀的督导,有这一本就够了
	跟老板"偷师"学创业 吴江萍　余晓雷　著	边学边干,边观察边成长,你也可以当老板	不同于其他类型的创业书,让你在工作中积累创业经验,一举成功
	销售轨迹:一位快消品营销总监的拼搏之路 秦国伟　著	本书讲述了一个普通销售员打拼成为跨国企业营销总监的真实奋斗历程	激励人心,给广大销售员以力量和鼓舞
	在组织中绽放自我:从专业化到职业化 朱仁健　王祥伍　著	个人如何融入组织,组织如何助力个人成长	帮助企业员工快速认同并投入到组织中去,为企业发展贡献力量
	企业员工弟子规:用心做小事,成就大事业 贾同领　著	从传统文化《弟子规》中学习企业中为人处事的办法,从自身做起	点滴小事,修养自身,从自身的改善得到事业的提升
	手把手教你做顶尖企业内训师:TTT 培训师宝典 熊亚柱　著	从课程研发到现场把控、个人提升都有涉及,易读易懂,内容丰富全面	想要做企业内训师的员工有福了,本书教你如何抓住关键,从入门到精通
	28 天速成文案高手 秦　士　安　丽　著	解构优秀品牌和出彩文案背后的逻辑,28 天循序渐进成为文案高手	让优质文案变成"智慧工厂"般的工序管理与稳定出品
	让投诉顾客满意离开:客户投诉应对与管理 孟广桥　著	立足于投诉处理的实践,剖析了不同投诉者投诉的特点和应对措施,并提供各种技巧方法、赢得客户信赖所需培养的品质修炼、处理投诉应掌握的法律法规等工具	是投诉处理人员适应岗位职能需要、提升工作技能的良师益友,是企业变诉为金、培养业务骨干的法宝

营销类:把客户需求融入企业各环节,提供"客户认为"有价值的东西

	书名.作者	内容/特色	读者价值
营销模式	**精品营销战略** 杜建君　著	以精品理念为核心的精益战略和营销策略	用精品思维赢得高端市场
	变局下的营销模式升级 程绍珊　叶　宁　著	客户驱动模式、技术驱动模式、资源驱动模式	很多行业的营销模式被颠覆,调整的思路有了!
	动销操盘:节奏掌控与社群时代新战法 朱志明　著	在社群时代把握好产品生产销售的节奏,解析动销的症结,寻找动销的规律与方法	都是易读易懂的干货!对动销方法的全面解析和操盘
	弱势品牌如何做营销 李政权　著	中小企业虽有品牌但没名气,营销照样能做的有声有色	没有丰富的实操经验,写不出这么具体、详实的案例和步骤,很有启发
	老板如何管营销 史贤龙　著	高段位营销 16 招,好学好用	老板能看,营销人也能看
	洞察人性的营销战术:沈坤教你 28 式 沈　坤　著	28 个匪夷所思的营销怪招令人拍案叫绝,涉及商业竞争的方方面面,大部分战术可以直接应用到企业营销中	各种谋略得益于作者的横向思维方式,将其操作过的案例结合其中,提供的战术对读者有参考价值
	动销:产品是如何畅销起来的 吴江萍　余晓雷　著	真真切切告诉你,产品究竟怎么才能卖出去	击中痛点,提供方法,你值得拥有
	1000 铁杆女粉丝 张兵武　著	连接是女性与生俱来的特质。能善用连接的营销人员,就像拿到打开女性荷包的钥匙	重新认识女性的传播力量
	360°谈营销:一位营销咨询师 20 年实战洞察 王清华　古怀亮　著	各个角度,全方位,多视点剥营销	思路单一,此书帮你破

续表

营销模式	**营销按钮:扣动一触即发的力量** 老　苗　著	提供各种奇形怪状的营销武器	一定会带给你不一样的思维震撼
	孙子兵法营销战 刘文新　著	逐句解读孙子兵法,以及在营销方面的感悟	帮助营销人用智慧打营销仗
销售	**资深大客户经理:策略准,执行狠** 叶敦明　著	从业务开发、发起攻势、关系培育、职业成长四个方面,详述了大客户营销的精髓	满满的全是干货
	大客户销售这样说这样做 陆和平　著	大客户销售十大模块68个典型销售场景应对策略和话术,直接拿来就用	从"为什么要这么干"到"干什么、怎么干"
	成为资深的销售经理:B2B、工业品 陆和平　著	围绕"销售管理的六个关键控制点"一一展开,提供销售管理的专业、高效方法	方法和技术接地气,拿来就用,从销售员成长为经理不再犯难
	销售是门专业活:B2B、工业品 陆和平　著	销售流程就应该跟着客户的采购流程和关注点的变化向前推进,将一个完整的销售过程分成十个阶段,提供具体方法	销售不是请客吃饭拉关系,是个专业的活计！方法在手,走遍天下不愁
	向高层销售:与决策者有效打交道 贺兵一　著	一套完整有效的销售策略	有工具,有方法,有案例,通俗易懂
	学话术　卖产品 张小虎　著	分析常见的顾客异议,将优秀的话术模块化	让普通导购员也能成为销售精英
组织和团队	**升级你的营销组织** 程绍珊　吴越舟　著	用"有机性"的营销组织替代"营销能人",营销团队变成"铁营盘"	营销队伍最难管,程老师不愧是营销第1操盘手,步骤方法都很成熟
	用数字解放营销人 黄润霖　著	通过量化帮助营销人员提高工作效率	作者很用心,很好的常备工具书
	成为优秀的快消品区域经理(升级版) 伯建新　著	用"怎么办"分析区域经理的工作关键点,增加30%全新内容,更贴近环境变化	可以作为区域经理的"速成催化器"
	成为资深的销售经理:B2B、工业品 陆和平　著	围绕"销售管理的六个关键控制点"一一展开,提供销售管理的专业、高效方法	方法和技术接地气,拿来就用,从销售员成长为经理不再犯难
	一位销售经理的工作心得 蒋　军　著	一线营销管理人员想提升业绩却无从下手时,可以看看这本书	一线的真实感悟
	快消品营销:一位销售经理的工作心得2 蒋　军　著	快消品、食品饮料营销的经验之谈,重点突出	来源于实战的精华总结
	销售轨迹:一位快消品营销总监的拼搏之路 秦国伟　著	本书讲述了一个普通销售员打拼成为跨国企业营销总监的真实奋斗历程	激励人心,给广大销售员以力量和鼓舞
	用营销计划锁定胜局:用数字解放营销人2 黄润霖　著	全方位教你怎么做好营销计划,好学好用真简单	照搬套用就行,做营销计划再也不头痛
	快消品营销人的第一本书:从入门到精通 刘　雷　伯建新　著	快消行业必读书,从入门到专业	深入细致,易学易懂
产品	**产品开发管理方法·流程·工具:从作坊式到规范化** 任彭枞　著	产品研发管理体系全指导	既有工具,又能开拓思路
	新产品开发管理,就用IPD(升级版) 郭富才　著	10年IPD研发管理咨询总结,国内首部IPD专业著作	一本书掌握IPD管理精髓

续表

产品	**这样打造大单品：案例 策略 方法** 迪智成咨询团队 著	囊括十三个不同行业、企业的实际案例，从不同角度详细剖析、总结了这些品牌厂家打造大单品的成功经验或者失败教训	厘清大单品打造的策划与路径，得出持续经营的思路与方法
	研发体系改进之道 靖 爽 陈年根 马鸣明 著	提出一套系统性的方法与工具	指引企业少走弯路，提高成功率
	资深项目经理这样做新产品开发管理 秦海林 著	以IPD为思想，系统讲解新产品开管理的细节	提供管理思路和实用工具
	产品炼金术Ⅰ：如何打造畅销产品 史贤龙 著	满足不同阶段、不同体量、不同行业企业对产品的完整需求	必须具备的思维和方法，避免在产品问题上走弯路
	产品炼金术Ⅱ：如何用产品驱动企业成长 史贤龙 著	做好产品、关注产品的品质，就是企业成功的第一步	必须具备的思维和方法，避免在产品问题上走弯路
品牌	**中小企业如何建品牌** 梁小平 著	中小企业建品牌的入门读本，通俗、易懂	对建品牌有了一个整体框架
	采纳方法：破解本土营销8大难题 朱玉童 编著	全面、系统、案例丰富、图文并茂	希望在品牌营销方面有所突破的人，应该看看
	中国品牌营销十三战法 朱玉童 编著	采纳20年来的品牌策划方法，同时配有大量的案例	众包方式写作，丰富案例给人启发，极具价值
	今后这样做品牌：移动互联时代的品牌营销策略 蒋 军 著	与移动互联紧密结合，告诉你老方法还能不能用，新方法怎么用	今后这样做品牌就对了
	中小企业如何打造区域强势品牌 吴 之 著	帮助区域的中小企业打造自身品牌，如何在强壮自身的基础上往外拓展	梳理误区，系统思考品牌问题，切实符合中小区域品牌的自身特点进行阐述
渠道通路	**深度分销：掌控渠道价值链** 施 炜 著	制造商通过掌控渠道价值链，将管理触角延伸至零售层面及顾客现场，对市场根部精耕细作，从而挖掘需求，构筑区域市场尤其是三四级市场的竞争壁垒	深度分销是中国企业对世界营销的独特贡献。实践证明，互联网时代深度分销仍有生命力
	快消品营销与渠道管理 谭长春 著	将快消品标杆企业渠道管理的经验和方法分享出来	可口可乐、华润的一些具体的渠道管理经验，实战
	传统行业如何用网络拿订单 张 进 著	给老板看的第一本网络营销书	适合不懂网络技术的经营决策者看
	采纳方法：化解渠道冲突 朱玉童 编著	系统剖析渠道冲突，21个渠道冲突案例、情景式讲解，37篇讲义	系统、全面
	学话术 卖产品 张小虎 著	分析常见的顾客异议，将优秀的话术模块化	让普通导购员也能成为销售精英
	向高层销售：与决策者有效打交道 贺兵一 著	一套完整有效的销售策略	有工具，有方法，有案例，通俗易懂
	通路精耕操作全解：快消品20年实战精华 周 俊 陈小龙 著	通路精耕的详细全解，每一步的具体操作方法和表单全部无保留提供	康师傅二十年的经验和精华，实践证明的最有效方法，教你如何主宰通路

管理者读的文史哲·生活

书名．作者		内容/特色	读者价值
思想·文化	**德鲁克管理思想解读** 罗 珉 著	用独特视角和研究方法，对德鲁克的管理理论进行了深度解读与剖析	不仅是摘引和粗浅分析，还是作者多年深入研究的成果，非常可贵
	德鲁克与他的论敌们：马斯洛、戴明、彼得斯 罗 珉 著	几位大师之间的论战和思想碰撞令人受益匪浅	对大师们的观点和著作进行了大量的理论加工，去伪存真、去粗存精，同时有自己独特的体系深度

续表

思想·文化	**德鲁克管理学** 张远凤　著	本书以德鲁克管理思想的发展为线索,从一个侧面展示了20世纪管理学的发展历程	通俗易懂,脉络清晰
	王阳明"万物一体"论:从"身-体"的立场看(修订版) 陈立胜　著	以身体哲学分析王阳明思想中的"仁"与"乐"	进一步了解传统文化,了解王阳明的思想
	自我与世界:以问题为中心的现象学运动研究 陈立胜　著	以问题为中心,对现象学运动中的"意向性""自我""他人""身体"及"世界"各核心议题之思想史背景与内在发展理路进行深入细致的分析	深入了解现象学中的几个主要问题
	作为身体哲学的中国古代哲学 张再林　著	上篇为中国古代身体哲学理论体系奠基性部分,下篇对由"上篇"所开出的中国身体哲学理论体系的进一步的阐发和拓展	了解什么是真正原生态意义上的中国哲学,把中国传统哲学与西方传统哲学加以严格区别
	中西哲学的歧异与会通 张再林　著	本书以一种现代解释学的方法,对中国传统哲学内在本质尝试一种全新的和全方位的解读	发掘出掩埋在古老传统形式下的现代特质和活的生命,在此基础上揭示中西哲学"你中有我,我中有你"之旨
	治论:中国古代管理思想 张再林　著	本书主要从儒、法墨三家阐述中国古代管理思想	看人本主义的管理理论如何不留斧痕地克服似乎无法调解的存在于人类社会行为与社会组织中的种种两难和对立
	车过麻城　再晤李贽 张再林　著	系统全面而又简明扼要地展示了李贽独到的学术眼力和超拔的理论建树	帮助读者重新认识李贽的思想
	中国古代政治制度(修订版)上:皇帝制度与中央政府 刘文瑞　著	全面论证了古代皇帝制度的形成和演变的历程	有助于读者从政治制度角度了解中国国情的历史渊源
	中国古代政治制度(修订版)下:地方体制与官僚制度 刘文瑞　著	全面论证了古代地方政府的发展演变过程	有助于读者从政治制度角度了解中国国情的历史渊源
	中国思想文化十八讲(修订版) 张茂泽　著	中国古代的宗教思想文化,如对祖先崇拜、儒家天命观、中国古代关于"神"的讨论等	宗教文化和人生信仰或信念紧密相联,在文化转型时期学习和研究中国宗教文化就有特别的现实意义
	史幼波《大学》讲记 史幼波　著	用儒释道的观点阐释大学的深刻思想	一本书读懂传统文化经典
	史幼波《周子通书》《太极图说》讲记 史幼波　著	把形而上的宇宙、天地,与形而下的社会、人生、经济、文化等融合在一起	将儒家的一整套学修系统融合起来
	史幼波《中庸》讲记(上下册) 史幼波　著	全面、深入浅出地揭示儒家中庸文化的真谛	儒释道三家思想融会贯通
	梁涛讲《孟子》之万章篇 梁　涛　著	《万章》主要记录孟子与万章的对话,涉及孝道、亲情、友情、出仕为官等	作者的解读能帮助读者更好地理解孟子及儒学
	两晋南北朝十二讲(修订版) 李文才　著	作为一本普及性读物,作者尊重史实,运用"历史心理学"的叙事方法,分12个专题对两晋南北朝的历史进行阐述	让读者轻松了解两晋南北朝的历史
	每个中国人身上的春秋基因 史贤龙　著	春秋368年(公元前770-公元前403年),每一个中国人都可以在这段时期的历史中找到自己的祖先,看到真实发生的事件,同时也看到自己	长情商、识人心
	与《老子》一起思考:德篇 **与《老子》一起思考:道篇** 史贤龙　著	打通文史,回归哲慧,纵贯古今,放眼中外,妙语迭出,在当今的老子读本中别具一格	深读有深读的回味,浅尝有浅尝的机敏,可给读者不同的启发

续表

思想·文化	**说服天下:《鬼谷子》的中国沟通术** 翟玉忠　著	由内圣而外王,从心力的培育到具体的说服理论,再到生动的说服案例	从商业到军事再到日常生活,沟通说服已经变得越来越重要
	读《管子》,知天下财富:轻重术与中国古典经济思想 翟玉忠　著	中国农业社会规模庞大的市场产生了复杂发展的经济理论——以《管子》轻重十六篇为核心的轻重术	本书分为道、术两大部分,有思想、有谋略,相信你会从中有所收获
	中国商道:从古典商书说开去 翟玉忠　著	对中国先秦和明清两个商品经济大发展时期商业典籍的第一次系统整理和诠释	中华商道一脉相承,造就了无数商业奇迹,成就了无数商业巨子。今人读之,必能获益
	跟陈忠建学写名家书法Ⅰ **跟陈忠建学写名家书法Ⅱ** 陈忠建　著	中国台湾著名书法教育家,用视频手把手教你摹写历代名家笔触	用拟古千字文的形式,学习名家的技巧
	像美国人一样讲话:教你记住800 句最地道的美语 马方旭　著	本书基本囊括了在美国最常用最地道的 800 习惯用语表达,包含中英双语翻译,以及清晰明了的注解帮助增强记忆,加入视频等流行的记忆方法	易读易懂,趣味十足
	别让你的执着毁了孩子 廖信琳　著	让职场人在家庭教育中不再焦虑,重塑亲子互动模式	只要放下你的执拗,孩子可以更优秀
	非暴力抵抗的诞生 甘　地　著	甘地在南非的自传,介绍了非暴力抵抗诞生的历史	深入了解甘地及其伟大思想
	中东历史与现状二十讲 黄民兴　著	介绍了中东历史和现状的 20 个重要问题	为研究和教学人员提供指导和依据
	郑子太极拳理拳法 杨竣雄　著	走进郑子太极拳完整训练体系的大门,随着书中另一主角——师父的课程安排与每日功课的练习	当您学完这套书后,在掌握拳架的同时具备诸多正确的太极理念与系统知识
	内功太极拳训练教程 王铁仁　编著	杨式(内功)太极拳(俗称老六路)的详细介绍及具体修炼方法,身心的一次升华	书中含有大量图解并有相关视频供读者同步学习
	中医治心脏病 马宝琳　著	引用众多真实案例,客观真实地讲述了中西医对于心脏病的认识及治疗方法	看完这本书,能为您节约 10 万元医药费